Archive, Familienforschung und Geschichtswissenschaft
Annäherungen und Aufgaben

Veröffentlichungen des
Landesarchivs
Nordrhein-Westfalen 7

ARCHIVE, FAMILIENFORSCHUNG UND GESCHICHTSWISSENSCHAFT

Annäherungen und Aufgaben

Herausgegeben von
Bettina Joergens und
Christian Reinicke

Düsseldorf 2006

Die Deutsche Bibliothek – CIP-Einheitsaufnahme
Archive, Familienforschung und Geschichtswissenschaft – Annäherungen
und Aufgaben/ hrsg. von Bettina Joergens und Christian Reinicke, Landes-
archiv Nordrhein-Westfalen, 2006
(Veröffentlichungen des Landesarchivs Nordrhein-Westfalen 7)
ISBN 3-927502-10-3

Gedruckt auf alterungsbeständigem Papier
© Landesarchiv Nordrhein-Westfalen 2006
Graf-Adolf-Straße 67, D-40210 Düsseldorf

Satz und Layout: Roland Linde, Münster
Herstellung: Books on Demand GmbH, Norderstedt

Printed in Germany

Inhaltsübersicht

Grußwort *von Wilfried Reininghaus*   7

Grußwort *von Robert Kretzschmar*   9

Einleitung: Personenstandsarchive und Familienforschung
von Bettina Joergens und Christian Reinicke   12

1   Archive und Öffentlichkeit

Familienforschung und Archive. Eine Beziehung vom Kopf auf
die Füße gestellt
von Bettina Joergens   24

Zwei Personenstandsarchive in Nordrhein-Westfalen oder:
Wie gründet man ein Archiv? Ein Beitrag zur Archivgeschichte
des Landes Nordrhein-Westfalen
von Christian Reinicke   39

2   Personenstandsquellen in Archiven

Vom Kirchenbuch zum Personenstandsarchiv Detmold.
Die Entwicklung des Personenstandswesens in Westfalen-Lippe
von Ragna Boden und Christoph Schmidt   56

Personenstandsüberlieferung in katholischen Archiven
von Joachim Oepen   74

Personenstandsüberlieferung in evangelischen Archiven
unter besonderer Berücksichtigung von Westfalen und Lippe
von Wolfgang Günther und Maja Schneider   88

Abfahrt vom großen Hafen in Hamburg. Quellen zur
Auswanderung im Hamburger Staatsarchiv
von Peter Gabrielsson   110

3   Archivalien von Morgen

Die Novellierung des Personenstandsgesetzes
von Udo Schäfer   122

Die Führung von Personenstandsbüchern im Standesamt
von Klaus Kaim   136

4 Geschichtswissenschaftliche Perspektiven

Zivilstandsregister, historische Demographie und
Sozialgeschichte anhand von niederrheinischen Beispielen
von Peter Kriedte 146

Netzwerkanalyse im Personenstandsarchiv? – Probleme und
Perspektiven einer historischen Verflechtungsanalyse
von Stefan Gorißen 159

Forschungen zur historischen Arbeitsmigration und ihre
Quellengrundlagen
von Wilfried Reininghaus 175

Auswanderung aus Lippe – alte und neue Fragen der Forschung
von Stefan Wiesekopsieker 186

Das Amerikanetz: eine elektronische Brücke für
Auswanderungsforscher
von Friedrich Schütte 212

Frühe „Auswanderer" aus der Vogtei Heiden (Lippe).
Ein Verzeichnis von 1708 als genealogische und sozialgeschichtliche Quelle
von Wolfgang Bechtel und Nicolas Rügge 223

Meistererzählung und Leidensgeschichten. Anmerkungen zum
kollektiven und personalen Gedächtnis von Flüchtlingen und
Vertriebenen
von Thomas Kailer 237

Der Zweite Weltkrieg: Suche nach vermissten oder vertriebenen
Angehörigen, wie geht das? Ein Beispiel aus der Praxis
von Simone Verwied 266

Genealogie im Internet - Genealogische Datenbanken
von Günter Junkers 277

Autorinnen und Autoren 290

Abbildungsverzeichnis 291

Grußwort

von Wilfried Reininghaus

Nordrhein-Westfalen ist das einzige Bundesland, in dem es Personen-standsarchive gibt. Ihre Entstehungsgeschichte beschreibt Dr. Christian Reinicke in diesem Band. Sie sind seit der organisatorischen Neugliederung der staatlichen Archive seit dem 1. Januar 2004 in das Landesarchiv Nord-rhein-Westfalen integriert. Das ältere dieser beiden Archive, das rheinische Personenstandsarchiv in Brühl, heute die Abteilung 7 des Landesarchivs, konnte 2005 auf sein 50jähriges Bestehen an seinem jetzigen Standort Brühl zurückblicken. Dies war der Anlass, der Fachgruppe 1 (Archivare an staat-lichen Archiven) im Verband deutscher Archivarinnen und Archivare e.V. anzubieten, ihre Frühjahrstagung am 11. März 2005 in Brühl auszurichten. Ich freue mich sehr, dass die Fachgruppe dieser Einladung gefolgt ist, und danke ihrem Vorsitzenden, Dr. Robert Kretzschmar, für sein Grußwort und aktive Teilnahme an der Tagung.

Das zweite Personenstandsarchiv im Landesarchiv Nordrhein-Westfa-len, als Staats- und Personenstandsarchiv Detmold als Abteilung 6 integ-riert, beging 2005 seinen 40. Geburtstag und feierte nicht nur mit einem Ju-biläumsfest am 23. Juli 2005, sondern auch am 31. August 2005 mit dem 2. Detmolder Sommergespräch. Dabei wurden gezielt Fragen der Auswer-tung von Personenstandsunterlagen angesprochen.

Beide Veranstaltungen dienten dazu, die Aufmerksamkeit der facharchivischen Welt auf Personenstandsarchive zu lenken. Niemand wird bestreiten wollen, dass sie in der Vergangenheit nicht im Mittelpunkt der Fachdiskussion in den Archiven standen. Beide Veranstaltungen wollten Akzente setzen, um das Interesse an den Unterlagen, die die Personen-standsarchive betreuen, zu vergrößern. Zwei Gründe gab und gibt es dafür: Zum einen bedienen diese Unterlagen vielfältige Forschungsinteressen, nicht nur die der Familienforschung. Die Aufsätze dieses Bandes, die aus den Vorträgen der Tagungen in Brühl und Detmold hervorgingen, belegen dies nachdrücklich. Zum anderen stehen wichtige gesetzliche Änderungen bevor, über die Dr. Udo Schäfer (Staatsarchiv Hamburg) als Federführer der Archivverwaltungen von Bund und Ländern in Brühl sprach. In der Zwischenzeit ist die Novellierung des Personenstandgesetzes durch die vorgezogenen Neuwahlen zum Bundestag zwar unterbrochen, aber nicht von der Agenda der Politik abgesetzt. Schon wegen der fortschreitenden

Technisierung der Personenstandsaufschreibungen muss es zu einer Novelle des Gesetzes kommen.

Umso größere Aufmerksamkeit dürfen die Beiträge zu diesem Band beanspruchen. Zu danken habe ich allen Autorinnen und Autoren, die ihre Texte zur Verfügung gestellt haben. Mein Dank gilt Dr. Christian Reinicke (Brühl) und Dr. Bettina Joergens (Detmold), die als Organisatoren beider Tagungen und als Herausgeber dieses Bandes maßgeblich dafür verantwortlich sind, dass Ergebnisse der Tagung einer breiten Öffentlichkeit zeitnah vorgestellt werden. Das große Engagement aller Mitarbeiterinnen und Mitarbeiter in Brühl und Detmold ermöglichte ein angenehmes, offenes Gesprächsklima und damit einen intensiven Austausch. Auch hierfür sei gedankt.

Dem Band wünsche ich viele Leser, den Personenstandsarchiven weiterhin viele Benutzer!

Prof. Dr. Wilfried Reininghaus,
Präsident des Landesarchivs Nordrhein-Westfalen

Grußwort

von Robert Kretzschmar

Lieber Herr Professor Reininghaus,
lieber Herr Dr. Reinicke,
meine sehr verehrten Damen und Herren,
liebe Kolleginnen und Kollegen,

für die Fachgruppe 1 im Verband deutscher Archivarinnen und Archivare darf ich Sie alle ganz herzlich hier in Brühl begrüßen. Ich freue mich sehr, dass Sie unserer Einladung gefolgt sind.

Es ist dies die fünfte Frühjahrstagung unserer Fachgruppe, in der die Archivarinnen und Archivare an staatlichen Archiven zusammen geschlossen sind. Wir haben 2001 in Stuttgart damit begonnen, jenseits der großen Archivtage eine Frühjahrstagung abzuhalten. Sie soll die Möglichkeit bieten, im kleineren Kreis besondere Projekte einzelner Archive oder Archivverwaltungen vorzustellen oder Themen zu diskutieren, die einen besonderen Bezug zum jeweiligen Veranstaltungsort haben. Dazu kommt, dass ich in der „Aktuellen Viertelstunde" am Ende der Tagung, die ich immer ansetze, kurze Informationen zur Verbandsarbeit gebe. Die Frühjahrstagung soll so vor allem die Diskussion innerhalb der Fachgruppe fördern, vielleicht auch einmal Meinungsbildungen vorbereiten, wenn etwas Wichtiges anliegt, was den Verein insgesamt berührt oder auch nur die Fachgruppe.

Sie ist daher auch nicht als Großveranstaltung gedacht, sondern eher als eine Expertenrunde, zu der die zusammen kommen, die etwas zum Thema zu sagen haben, eine Runde, in der man sich dementsprechend dann auch intensiv austauscht, in der wirklich die Möglichkeit zur Diskussion besteht, die den Charakter eines Workshops hat. Und sie ist auch ganz bewusst als eintägige Veranstaltung konzipiert, damit man zumindest aus den angrenzenden Bundesländern am Veranstaltungstag an- und wieder abreisen kann. Wir wollten keine weitere mehrtägige, aufwändige Tagung schaffen, sondern einfach die Möglichkeit, neben dem Archivtag einmal im Jahr eher regional zusammen zu kommen.

Und da bewegen wir uns im jährlichen Wechsel quer durch die Bundesrepublik. Wir haben 2001 mit Stuttgart im Süden gestartet, waren 2002 im Hohen Norden in Schleswig, 2003 und 2004 dann eher östlich in Berlin und

Leipzig, und nun sind wir 2005 im Westen angekommen. Mit Brühl haben wir dabei einen besonders schönen Tagungsort gefunden, mit einem herausragenden Ambiente. Mein herzlicher Dank gilt dem Landesarchiv Nordrhein-Westfalen für die Auswahl dieses Ortes. Gerne überbringe ich die Glückwünsche des Verbands deutscher Archivarinnen und Archivare zu dem Jubiläum bzw. den Jubiläen, die hinter der Wahl des Tagungsortes stehen. Meine herzliche Gratulation dazu und alle guten Wünsche für die Zukunft unter dem Dach des Landesarchivs Nordrhein-Westfalen.

Zu danken habe ich dem Landesarchiv und vor allem aber dem Personenstandsarchiv Brühl für die Konzeption und die Vorbereitung dieser Tagung. Lieber Herr Reininghaus, lieber Herr Reinicke, vielen Dank dafür, dass Sie diese Tagung so engagiert geplant haben. Besser kann man es bei einer solchen Kooperation gar nicht haben, als dass die Dinge so vorbereitet werden.

Inhaltlich geht es um ein Thema, das für die Archivverwaltung Nordrhein-Westalen spezifisch ist und einen besonders engen Bezug zum Tagungsort hat. Wenn wir uns mit der Einrichtung der Personenstandsarchive auseinander setzen, so ist dies freilich eingebettet in weitergehende grundsätzliche Zusammenhänge, die im heutigen Programm zu greifen sind. Herr Prof. Reininghaus hat ja schon einen Überblick über das Programm gegeben. Wir sprechen rechtliche Fragen an, thematisieren das Verhältnis von Archiven und Familienforschung, betrachten die einschlägige Personenstands-Überlieferung in anderen Archiven, befassen uns mit genealogischen Angeboten im Internet und vergegenwärtigen uns aktuelle Forschungsansätze.

Diese Vielfalt der Aspekte spiegelt sich in der beruflichen Herkunft der Referentinnen und Referenten, und man findet sie auch im Publikum wieder. Ich finde es sehr schön, dass wir auch mit dieser Frühjahrstagung einen Personenkreis ansprechen konnten, der weit über die Fachgruppe 1 hinausgeht, dass besonders auch Archivarinnen und Archivare aus kommunalen und kirchlichen Archiven heute teilnehmen, und natürlich auch Vertreter genealogischer Vereine und Familienforscher. Damit bestätigt sich, dass gerade die Überlieferung der Personenstandsarchive und die damit verbundenen Forschungs- und Auswertungsmöglichkeiten ein guter Ausgangspunkt sein können, über kundendorientierte Angebote der Archive im breiteren Kreis zu diskutieren. In Baden-Württemberg haben wir diese Diskussion vor einigen Jahren sehr intensiv geführt, als wir unsere Auswanderer-Datei ins Netz gestellt haben. Und sicher ist hier auch eine Überlieferung tangiert, über die man mit der Forschung ins Gespräch kommen sollte. In diesem Sinne entspricht das heutige Programm ganz meiner Überzeugung, dass archivfachliche Fragen und archivische Angebote auch mit denen erörtert werden sollen, für die Archive letztendlich da sind. Dies hat ja auch jüngst eine Arbeitsgruppe der Deutschen Forschungsgemeinschaft gefordert mit ihrem Positionspapier „Die Archive in der Informationsgesellschaft. Standortbestimmung und Perspektiven"; auch darin ist ja die Notwendigkeit des Dialogs mit der Forschung und mit interessierten Nutzerkreisen betont.

Welch breites Interesse in der Gesellschaft an einschlägigen Überlieferungen zur Familienforschung, zur Genealogie besteht, hat im Übrigen vor Kurzem der Deutsche Genealogentag in Leonberg bei Stuttgart mit seinen rund 750 Teilnehmern anschaulich belegt. Und es ist ja auch bemerkenswert, dass unlängst „Der Spiegel" der Suche nach den eigenen Wurzeln einen größeren Artikel gewidmet hat. Ich sehe die heutige Tagung vor diesem Hintergrund. Wir befassen uns mit Überlieferungen und archivischen Angeboten, die für viele in unserer Gesellschaft interessant sind und eine Bedeutung haben.

Dass das Personenstandsarchiv seine Entstehung dem weltanschaulich begründeten Interesse des NS-Staates an der Erhaltung von Quellen verdankt, die in besonderem Maße als „sippen-, abstammungs- und vererbungskundlich nutzbar" galten, steht auf einem ganz anderen Blatt und könnte nun schon fast auf den 75. Deutschen Archivtag einstimmen, der sich im September 2005 mit den Archiven im Nationalsozialismus befassen wird.

Doch das nur noch als Ausblick und zurück zur heutigen Tagung. Ich danke nochmals allen sehr, die an der Vorbereitung beteiligt waren. Und ich freue mich, dass wir so ausgewiesene Referentinnen und Referenten gewinnen konnten. An dieser Stelle auch schon einen ganz herzlichen Dank an sie für die Bereitschaft, heute hier mitzuwirken.

Dr. Robert Kretzschmar,
Vorsitzender der Fachgruppe 1 im VdA-Verband
deutscher Archivarinnen und Archivare

Einleitung: Personenstandsarchive und Familienforschung

von Bettina Joergens und Christian Reinicke

„Menschen machen Geschichte." Man mag diese Feststellung als Binsenweisheit abtun, doch spätestens die Recherche in den Beständen (nicht nur) öffentlicher Archive könnte den Eindruck fördern, dass Verwaltungen, Regierungen, Institutionen und Organisationen „Geschichte machen". Bisweilen ist auch die Rede davon, dass Archivarinnen und Archivare bei der Überlieferungsbildung das „Regierungshandeln" und das „Verwaltungshandeln" „abbilden" würden. Wie können die Menschen, Einzelpersonen also, die lebten, agierten und die Welt deuteten, in den Archiven gesucht, gefunden und untersucht werden?

Die Erforschung von herausragenden Persönlichkeiten mit besonderen Funktionen, von prominenten Männern und Frauen, von Amtsinhabern, von Personen, die zahlreiche Spuren, z.B. einen größeren schriftlichen Nachlass hinterließen, die in den Medien Beachtung fanden und deren Personal- und Steuerakte als archivwürdig eingestuft wurde, stellt in der Regel kein größeres Problem dar. Auch Informationen über Personen, die häufig mit der Justiz und mit Ordnungsbehörden in Berührung kamen, werden mit großer Wahrscheinlichkeit auffindbar sein. Was ist jedoch mit den „einfachen" Menschen, mit den Vorfahren aus bäuerlichen Schichten, Arbeiterinnen und Arbeitern, Putzfrauen oder etwa mit dem Holzschuhmacher, dessen Geschichte der französische Historiker Alain Corbin erfand? [1]

Genau diese Frage, die auch zahlreiche Familienforscher bewegt, stand im Zentrum von drei Tagungen des Landesarchivs Nordrhein-Westfalen in den Jahren 2004 und 2005: die Frühjahrstagung der Fachgruppe 1 Archivare an staatlichen Archiven im Verband deutscher Archivarinnen und Archivare (VdA) am 11. März 2005 im Personenstandsarchiv Brühl[2] und die

---

1 Corbin, Alain, Auf den Spuren eines Unbekannten. Ein Historiker rekonstruiert ein ganz gewöhnliches Leben, Frankfurt/M./New York 1999.

2 Reinicke, Christian/Joergens, Bettina, 5. Frühjahrstagung der Fachgruppe 1 im VdA in Zusammenarbeit mit dem Landesarchiv Nordrhein-Westfalen Personenstandsarchiv Brühl, in: Der Archivar 58, (2005), H. 2, S. 118-119. S.a. http://www.archive.nrw.de/ archive/staatl/lav/index.html.

beiden ersten Detmolder Sommergespräche am 7. Juli 2004 und am 31. August 2005 im Staats- und Personenstandsarchiv Detmold.[3]

Aus Anlass des 50jährigen Jubiläums des Personenstandsarchivs Brühl an seinem jetzigen Standort sowie des 40jährigen Jubiläums des Personenstandsarchivs Detmold widmete sich die 5. Frühjahrstagung der Fachgruppe 1 der Geschichte der einzigen beiden Personenstandsarchive in Deutschland und der personenstandsgeschichtlichen Überlieferung auch in Kirchenarchiven. Das Thema der Tagung weist auf den Veranstaltungsort hin: Zum ersten Mal standen die „Personenstandsarchive" im Mittelpunkt einer eintägigen archivischen Fachtagung. Personenstandsarchive stellen einen besonderen Archivtypus dar, der ausschließlich in Nordrhein-Westfalen vertreten ist, in Brühl und in Detmold. Gemeinsamkeiten zwischen diesen beiden Archiven herauszustellen war deshalb auch ein besonderes Anliegen der Tagung. Begleitend wurde eine gemeinsame Ausstellung „Bausteine zur Geschichte der Personenstandsarchive in Nordrhein-Westfalen" eröffnet, die im Lesesaal des Personenstandsarchivs Brühl zu sehen war. Die Veranstaltung am 11. März 2005 in Brühl, an der etwa 50 Kolleginnen und Kollegen teilnahmen, hatte drei Schwerpunkte: Archivgeschichte (Christian Reinicke), rechtliche Rahmenbedingungen der Archivgutnutzung der Personenstandsunterlagen in Personenstands- und in Kirchenarchiven (Udo Schäfer, Joachim Oepen und Wolfgang Günther), die Personenstandsüberlieferung in Kirchenarchiven (Oepen und Günther) und Forschungsperspektiven. Bettina Joergens diskutierte die gegenwärtigen und künftigen Herausforderungen der Archive angesichts der großen Anzahl von Familienforschern, die zunehmend Daten sammeln und im Internet recherchieren. Günther Junkers und Peter Kriedte erörterten Möglichkeiten der Auswertung von Zivilstandsregistern für die historische Demographie und Sozialgeschichte.

Es handelte sich zwar um eine Fachtagung der staatlichen Archive, die jedoch die – notwendige – archivspartenübergreifende Diskussion förderte. Insbesondere Vertreter der Kirchenarchive beteiligten sich rege. Kirchliche

---

3 Darüber hinaus veranstaltete das Rheinische Archiv- und Museumsamt 2005 am 7. und 8. Januar ein internationales Symposion „Personen – Geschichte - Archive". Dort waren die nordrheinwestfälischen Personenstandsarchive mit zwei Vorträgen vertreten: Joergens, Bettina, Archive und Öffentlichkeitsarbeit. Überlegungen am Beispiel der Nordrheinwestfälischen Personenstandsarchive Detmold und Brühl und Reinicke, Christian, Benutzung von Kirchenbüchern im Personenstandsarchiv Brühl. Der Tagungsband ist in Vorbereitung.

Archive stellen neben den Personenstandsarchiven die für Familienforscher wichtigsten Unterlagen bereit: Kirchenbücher. Sie sind ebenso mit der Flut genealogischer Anfragen konfrontiert, mit Wünschen nach digitalen Reproduktionen und mit rechtlichen Fragen im Zusammenhang mit dem Personenstandsgesetz, worüber Udo Schäfer als Archivar und Jurist referierte. Ähnlich wie bei den Detmolder Sommergesprächen wollten die Archivare nicht alleine mit Archivaren diskutieren, sondern luden die Forschung zur Diskussion ein, z.B. den Historiker Peter Kriedte und den Genealogen Günther Junkers.

Die Detmolder Sommergespräche wurden im Jahr 2004 von Bettina Joergens ins Leben gerufen.[4] Zu diesen Tagungen sind seit dem jährlich alle Interessierten eingeladen, insbesondere Familienforscher, Hobbyhistoriker, wissenschaftliche Historiker, Archivarinnen und Archivare aller Archivsparten und Vertreter von Behörden im Sprengel des Staats- und Personenstandsarchivs Detmold, besonders aber Standesbeamte. Vorrangiges Ziel dieser eintägigen Veranstaltungen ist, dass alle Beteiligten miteinander reden, Vorbehalte abbauen und voneinander lernen. Dies gilt ebenso für die Referentinnen und Referenten, die teils von der universitären Forschung kommen (Georg Fertig, Thomas Kailer, Relinde Meiwes und Stefan Wiesekopsieker) oder teils als ausgebildete Historiker und Archivare die Perspektive von Archiven verschiedener Archivsparten diskutieren (Peter Gabrielsson, Bettina Joergens, Franz Meyer, Monika Minninger, Jutta Prieur-Pohl, Wilfried Reininghaus, Nicolas Rügge, Maja Schneider). Darüber hinaus referierten der Sprecher des genealogischen Arbeitskreises in Lippe Wolfgang Bechtel und die professionelle Genealogin und Biographiedienstleisterin Simone Verwied. Dass auch Klaus Kaim, Fachberater des Fachverbandes der Standesbeamtinnen und Standesbeamten in Westfalen-Lippe e.V. aus Hamm, und Jörg List, Leiter des Dezernats 21 (Ordnungsrechtliche Angelegenheiten, Staatshoheitsangelegenheiten) der

---

4   Joergens, Bettina/Schmidt, Christoph, Wo und wie Familiengeschichten abgebildet werden. Zum 1. Sommergespräch im Staats- und Personenstandsarchivs Detmold, in: Der Archivar 58 (2005), H. 1, S. 39-41; Joergens, Bettina, Einwandern, Auswandern, Flüchten und Spuren Suchen. 2. Detmolder Sommergespräch im Staats- und Personenstandsarchiv Detmold, 31. August 2005, in: AHF-Information, 2005, Nr. 090, URL: www.ahf-muenchen.de/Tagungsberichte/Berichte/pdf/2005/090-05.pdf; dies., 2. Detmolder Sommergespräch. Einwandern, Auswandern, Flüchten und Spuren Suchen. 2. Detmolder Sommergespräch im Landesarchiv NRW Staats- und Personenstandsarchiv Detmold, in: Der Archivar 59 (2006), H. 1, S. 84f..

Bezirksregierung Detmold, über die Schriftgutproduktion sprachen und so Informationen zum Quellenwert etwa von Personenstandsregistern und Einbürgerungsakten gaben, war ein besonderer Gewinn. Bei beiden Tagungen wurden darüber hinaus extra erarbeitete Führungen durch das Archiv angeboten. Die Besucher konnten dabei besonders das Personenstandsarchiv Detmold und beispielhaft Unterlagen zur Migrationsgeschichte (2005) kennen lernen.

Bei den Detmolder Sommergesprächen werden Themen und Fragen aus dem Bereich der von Laien betriebenen Familienforschung aufgegriffen, quellenkundlich erkundet und wissenschaftlich kontextualisiert. Beim ersten Detmolder Sommergespräch war der thematische Zuschnitt zunächst allgemein gehalten: „Wo und wie werden Familiengeschichten abgebildet? Familienforschung trifft Archiv trifft Standesamt trifft Kirche trifft Forschung" lautete der Titel der Tagung. Dabei ging es um die Fragen, aus welchen Archivbeständen familienhistorische Erkenntnisse gewonnnen werden können. Dazu galt es zunächst zu erörtern, in welchem Schriftgut neben den Personenstandsunterlagen Informationen über Familienangehörige aktenkundig geworden sein können, etwa in der Überlieferung der Amtsgerichte und der Standesamtsaufsichtsbehörden bei den Kreisen und Bezirksregierungen, sowie der Kirche. Selbstverständlich wurden die wichtigsten familienkundlichen Quellen – auch bei einer Archivführung – näher betrachtet: die Kirchenbücher, Kirchenbuchduplikate, Zivilstandsregister und Standesamtsregister. Bechtel und Fertig legten aus Sicht des versierten Hobbygenealogen und von der Warte der historischen Demographieforschung aus dar, zu welchen Ergebnissen die Auswertung der Personenstandsunterlagen führen kann, welche Hürden zu nehmen sind (etwa Überlieferungslücken) und welche Erkenntnisse auch für die Geschichtswissenschaft (z.B. über das Heiratsverhalten) daraus gewonnen werden können.

Das zweite Detmolder Sommergespräch widmete sich bereits einem Spezialthema der Familienforschung: der Migrationsgeschichte. Dabei ging es besonders um die Arbeitsmigration, um die Auswanderung nach Amerika und um Zwangsmigration im Zusammenhang mit den beiden Weltkriegen. Die Referentinnen und Referenten zeigten Wege bei der Ahnenforschung nach dem „toten Punkt" auf, wenn die eigenen Vorfahren aufgrund ihrer wirtschaftlichen Situation zuwanderten, aus politischen Gründen nach Übersee auswanderten oder zur Zeit der Weltkriege flohen oder die gesamte Familie durch die rassistisch und antisemitisch motivierte Vernichtungspolitik der Nationalsozialisten verloren. Archivare, Historiker

15

und Behördenvertreter eröffneten aus verschiedenen Perspektiven ein weites Feld der Quellen und Archivbestände, die für die Migrationsforschung in Frage kommen, wo sie zu finden sind, welchen Aussagewert sie haben und wo deren Grenzen liegen. Gleichzeitig zeigten sie Beispiele für (familien-)historische Fragestellungen, Auswertung und Interpretation. Insbesondere Thomas Kailer diskutierte die Bedeutung der Familienforschung für die Erinnerung und für das Familiengedächtnis. Er zeigte auf, wie das familiäre Erinnern im dynamischen Wechselverhältnis mit dem kulturellen Gedächtnis steht. Zu denken ist hierbei v. a. an die gesellschaftspolitischen Debatten über das Erinnern an die Vertreibungen aus den ehemaligen deutschen Gebieten, die auf das individuelle Familiengedächtnis rückwirken und wiederum zur „gemeinsamen Verfertigung von Vergangenheit" führen.[5]

Nicht nur der Historiker Kailer von der Universität Gießen trug dazu bei, die Bedeutung der Suche nach den eigenen Ahnen in einen breiteren historischen und gesellschaftlichen Kontext zu stellen und Verbindungslinien zwischen Fragestellungen der Geschichtswissenschaft und der Familienforschung aufzuzeigen. Auch Wilfried Reininghaus und Relinde Meiwes verwiesen mit ihren Vorträgen über die Arbeitsmigration vom 18. bis zum 20. Jahrhundert auf wirtschafts-, regional- und geschlechterhistorische Forschungen, lieferten Definitionen verschiedener Formen von Migration und wichtige Hinweise auf relevante archivische Quellen zur westfälischen Migration und zur Erforschung der Geschichte von Arbeitsmigrantinnen.

Sicherlich wurden die anwesenden Familienforscher dadurch auch angeregt, die eigene Neugierde auf Themen jenseits des Stammbaumes zu lenken, d.h. die Fragestellung zu erweitern. Umgekehrt konnten die Familienforscher und deren Anliegen bei Archivaren, Wissenschaftlern und „Schriftgutproduzenten" an Ansehen gewinnen – ein wichtiger Schritt in

---

5 Vgl. aktuell dazu die Tagung „Migrationserfahrungen und Migrationsstrukturen" vom Stuttgarter Arbeitskreis für Historische Migrationsforschung e.V.; Eckart Olshausen; Alexander Schunka vom 21.-22.01.2006 in Stuttgart. Tagungsbericht: http://hsozkult.geschichte.hu-berlin.de/tagungsberichte/id=1077. – Vgl. hierzu die Ausstellungen „Aufbau West. Neubeginn zwischen Vertreibung und Wirtschaftswunder, Westfälisches Industriemuseum Zeche Zollern II/IV, Dortmund, 18.09.2005-26.03.2006; „Migrationen 1500-2005. Zuwanderungsland Deutschland, Deutsches Historisches Museum, Berlin 22.10.2005-12.02.2006; „Flucht, Vertreibung, Integration, Haus der Geschichte der Bundesrepublik Deutschland, Bonn vom 03.12.2005-17.04.2006, sowie den Katalog: Stiftung Haus der Geschichte der Bundesrepublik Deutschland (Hg.), Flucht, Vertreibung, Integration, Bielefeld 2005.

Richtung Verständigung. Diese Verständigung kann einerseits zu neuen Überlegungen zur Präsentation von archivischen Findmitteln führen, andererseits auch ein Verständnis seitens der Forschung für die archivische Ordnung und Grenzen der Dienstleistung befördern oder Vertretern von Behörden den sekundären Wert, den Wert „ihres" Schriftguts für die Forschung vor Augen führen. Archive sind als „Häuser der Geschichte" der ideale Ort für solche Annäherungsprozesse.[6]

Der vorliegende Sammelband ist ein Gemeinschaftswerk der beiden nordrhein-westfälischen Personenstandsarchive, in dem die meisten, sehr unterschiedlichen Vorträge der VdA-Tagung in Brühl und der beiden Detmolder Sommergespräche aufgenommen wurden; sie wurden für den Druck leicht überarbeitet. Darüber hinaus ergänzen weitere Beiträger diesen Band insbesondere mit Überlegungen zur Auswertung von historischen Quellen nicht nur für die Familienforschung (Stefan Gorißen, Stefan Wiesekopsieker, Wolfgang Bechtel und Nicolas Rügge). Der Band umfasst vier große Themenbereiche, die auf den multiperspektivischen Charakter der Tagungen unter dem Motto „Archive stellen sich zur Diskussion" verweisen: 1) Archive und Öffentlichkeit, 2) Personenstandsquellen in Archiven, 3) Archivalien von Morgen sowie 4) Geschichtswissenschaftliche Perspektiven.

Die Geschichte von Archiven ist gleichzeitig immer eine Geschichte des Verhältnisses zwischen Herrschaft bzw. Staat und Untertanen bzw. Bürgern.[7] Die Fragen, zu welchem Zweck verwahrt der Staat Daten über die Bürger und welche Rechte haben die Bürger an diesen Daten, etwa auch Informationen über andere Bürger einzusehen, sind Aspekte der Gründungsgeschichte der beiden Personenstandsarchive in Nordrhein-Westfalen. Wie Christian Reinicke darlegt, ist das Personenstandsarchiv Brühl mittelbar ein Produkt nationalsozialistischer Überwachungspolitik. 1954/1955 wurden die beiden rheinischen Archivteile Schloss Gracht und Festung Ehrenbreitstein/Koblenz in Brühl zusammengelegt. Das westfälisch-lippische Personenstandsarchiv Detmold wurde 1964 gegründet.

---

6   Vgl. Joergens, Bettina in diesem Band; dies., Das Staats- und Personenstandsarchiv Detmold – ein Zentrum für die Familienforschung in Westfalen und Lippe, in: Archivmitteilungen (Landeskirchliche Archiv der Ev. Kirche) (2005), Nr. 15, S. 42-49.

7   Vgl. Scholz, Michael, Die Öffnung der Archive für jedermann. Zur Geschichte der öffentlichen Benutzung, in: Brandenburgische Archive. Mitteilungen aus dem Archivwesen des Landes Brandenburg 10 (1997), S. 4-8; Vismann, Cornelia, Akten. Medientechnik und Recht, Frankfurt/M. 2000.

Beide Archive sind frei zugängliche Forschungsstätten für die private Familienforschung, die Suche nach Ahnen und die wissenschaftliche genealogische Forschung im demokratischen Staat. Die private Familienforschung dient längst nicht mehr dem „Ariernachweis", sondern der eigenen und familiären Selbstvergewisserung, der Suche nach Familienangehörigen und dem Ergründen familiärer „Wurzeln". Bettina Joergens diskutiert die unterschiedlichen Motivlagen, die viele Senioren, aber auch immer jüngere Menschen auf die Spur ihrer Ahnen setzen. Sie sind inzwischen die größte Gruppe der Archivnutzer nicht nur beider Personenstandsarchive, neben den Gruppen mit rechtlichen, amtlichen und wissenschaftlichen Nutzungszielen. Archivarinnen und Archivare sind mannigfach mit laienhaften Anfragen nach Geburts-, Heirats- und Sterbedaten konfrontiert. Nicht selten wird seitens der Archive ein negatives Bild der Familienforscher gepflegt; umgekehrt sehen manche Genealogen in den Archivaren „Verhinderer" der Forschung, weil sie nicht zuletzt persönliche Daten schützen. Der Weg führt nicht selten ins Internet – offenbar die neue Konkurrenz der Archive. Der Aufsatz von Joergens ist ein Beitrag zu der Frage, welche (positiven) Herausforderungen sich daraus für die Archive ergeben.

Im zweiten Abschnitt stehen die Personenstandsquellen, deren Genese, Provenienzen und Aufbewahrungsorte im Zentrum. Joachim Oepen befasst sich mit der Personenstandsüberlieferung in katholischen, vorzüglich rheinischen Archiven, während Maja Schneider und Wolfgang Günther evangelische Archivbestände in Westfalen und Lippe, besonders im Landeskirchenarchiv in Bielefeld und im Archiv der Lippischen Landeskirche in Detmold im Blick haben. So wie die kirchlichen Archivare thematisieren auch Ragna Boden und Christoph Schmidt die rechtlichen Fragen der Benutzung von Personenstandsquellen. Boden und Schmidt geben einen Überblick über die Geschichte des staatlichen Personenstandswesens und damit über die Bestände der staatlichen Personenstandsarchive, wobei sie beispielhaft die Detmolder Bestände in den Vordergrund rücken. Peter Gabrielsson überschreitet mit seinem Beitrag die Grenzen des Landes Nordrhein-Westfalen: Er stellt die Quellen über Auswanderer im Staatsarchiv Hamburg vor. Nirgends sonst findet sich eine so große und dichte Überlieferung von Informationen über Personen, die besonders im 19. Jahrhundert Europa verließen. Das von Gabrielsson präsentierte Datenbankprojekt „Link To Your Roots" ist beinahe einzigartig und eine zukunftsweisende Online-Recherchemöglichkeit für die Suche nach Auswanderern.[8]

Auch mit dem Kapitel „Archivalien von Morgen" soll der Blick in die Zukunft gerichtet werden. Archivare – und vielleicht künftig auch Historiker – interessieren sich in hohem Maße für das Schriftgut, das künftig in Archiven aufbewahrt und der Forschung bereitgestellt wird. Sowohl Udo Schäfer (Staatsarchiv Hamburg) als auch Klaus Kaim befassen sich näher mit den standesamtlichen Personenstandsregistern. Diese liegen zwar – zumindest in Nordrhein-Westfalen – wenigstens bis zum 30. Juni 1938 als Zweitregister in den Archiven, sie sind jedoch nur äußerst eingeschränkt nutzbar. Sie unterliegen nicht dem Archiv-, sondern dem Personenstandsgesetz. Dieses sieht lediglich die Erforschung der direkten Verwandtschaftslinien vor. Die Recherche von familiären Seitenlinien ist ausgeschlossen. Die Register dürfen auch nicht vorgelegt werden. Wissenschaftliche Forschung ist nur mit Sondergenehmigungen möglich. Udo Schäfer erläutert den Stand der Bemühungen um eine Novellierung des Personenstandsrechts, das u.a. auf eine Benutzung der Personenstandsregister analog zum Bundesarchivgesetz abzielt. Klaus Kaim, Fachreferent beim Fachverband der Standesbeamtinnen und Standesbeamten e.V., geht dagegen auf die Inhalte in den Personenstandsunterlagen seit deren Entstehung im Jahr 1876 ein und verdeutlicht, dass sich im Laufe der über einhundertjährigen Geschichte seit Einführung der Standesämter die Informationen in den Registern veränderten, wenn etwa die Religionszugehörigkeit einmal genannt wird und später wieder nicht.

Die Kenntnis vom Quellenwert der Personenstandsquellen, seien es Kirchenbücher, Kirchenbuchduplikate, Zivilstandsregister oder Standesamtsregister, ist zwingend für die Auswertung dieser Unterlagen. Dadurch ergeben sich wichtige Anhaltspunkte für die meist notwendige Ergänzung durch andere Quellen, um weitergehende historische Fragestellungen verfolgen zu können. Denn weder die Geschichtswissenschaft noch die fortgeschrittene, von Laien betriebene Familienforschung kommt mit nur einer Quellengattung aus, wie die Beiträge im vierten und größten Kapitel des Buches zeigen.

---

8   Die Geschichte der Auswanderung zwischen 1830 und 1974 hat seit 2005 auch zum ersten Mal eine groß angelegte museale Darstellung im Deutschen Auswandererhaus Bremerhaven gefunden (www.dah-bremerhaven.de).

Peter Kriedte und Stefan Gorißen geben methodische Anregungen für die Auswertung und Interpretation der Personenstandsquellen. Während Kriedte den Übergang von den Kirchenbüchern zu den Zivilstandsregistern im Rheinland im Herbst 1798 und deren Aussagemöglichkeiten für die historische Demographie und Sozialgeschichte am Beispiel von Krefeld und Grefrath erforscht, diskutiert Gorißen Methoden eines qualitativen – im Gegensatz zu einem quantitativen Ansatz – Zugangs zu Personenstandsquellen. Ihm geht es dabei um die Ermittlung von familiären und außerfamiliären Netzwerken im bergisch-märkischen Raum in der Frühen Neuzeit und dabei um ein Überschreiten genealogischer Grenzen.

Die anderen Beiträge sind Fragen der Migration gewidmet: Reininghaus untersucht die Arbeitswanderung von Frauen und Männern vornehmlich aus und nach Westfalen-Lippe. Er setzt sich dabei mit unterschiedlichen sozialen Gruppen, Berufsfeldern, Motiven und Formen der Migration auseinander. Stefan Wiesekopsieker liefert erstmals einen Gesamtüberblick über die Auswanderung aus Lippe und deren Erforschung.[9] Darüber hinaus eröffnet er Perspektiven für die Auswanderungsforschung nicht nur für die lippische Regionalgeschichte. Der Journalist Friedrich Schütte präsentiert seine umfangreichen Recherchen zur Amerikaauswanderung von Westfalen im 19. Jahrhundert, wie er sie in seinem im Jahr 2005 erschienenen Buch dokumentiert hat und wie sie auch in der von ihm initiierten Internetseite des Amerikanetzes, dessen Sprecher er ist, nachzulesen sind (www.amerikanetz.de).[10] Wolfgang Bechtel und Nicolas Rügge stellen beispielhaft eine sehr frühe Quelle aus dem Staats- und Personenstandsarchiv Detmold vor, die Auskunft über Auswanderer aus der Vogtei Heiden (Lippe) im Jahre 1708 gibt. Mit Wanderungen und v.a. Zwangsmigration zur Zeit des Zweiten Weltkrieges und deren Erinnerung befassen sich die Autoren Thomas Kailer und Simone Verwied. Sie verweisen mit ihren Beiträgen in die Gegenwart, auf das aktuelle – politisch und emotional aufgeladene – Erinnern an Vertreibung und Flucht. Kailer diskutiert auf methodischer Ebene verschiedene Formen des Erinnerns, dessen individuelle, familiäre und gesellschaftliche Bedeutung und dessen Erfassung mittels „Zeitzeugen"-Interviews und stellt damit wesentliche Aspekte seines Habilitationsprojektes vor. Dagegen vermittelt Simone Verwied – ganz aus

9   Panek, Kornelia (Hg.), Zur Auswanderungsforschung im Rheinland zuletzt zusammenfassend: Schöne neue Welt. Rheinländer erobern Amerika, 2 Bde., Nümbrecht 2001.
10 Schütte, Friedrich, Westfalen in Amerika, Münster 2005; vgl. Rezension des Buches von Reininghaus, Wilfried, in: Lippische Mitteilungen 75 (2006).

der Praxis kommend – am Beispiel von Deutschstämmigen in Bessarabien Wege der Spurensuche von Vertriebenen und liefert somit Familienforschern eine erste Handreichung zur Überwindung des „toten Punktes", der häufig dann eintritt, wenn Familienangehörige den Geburts- oder Heiratsort verließen.

Die Heterogenität der Autorinnen und Autoren sowie der Beiträge in Inhalt, Methode und Stil mag ungewohnt sein und wie ein „Sammelsurium" wirken. Sie ist jedoch gewollt und zielt auf eine mehrfach angemahnte und zu fördernde multilaterale Diskussion nicht nur zwischen Archivaren und wissenschaftlichen Historikern im universitären Kontext, sondern ebenso mit Laien-Historikern, nicht historisch gebildeten Familienforschern und Produzenten künftigen Archivguts, sprich: Behörden.[11] Der vorliegende Sammelband, dem in den nächsten Jahren weitere folgen sollen, will ein Beitrag zu dieser Diskussion sein, die offenbar schon zwischen Archivaren, die in der Regel auch Historiker sind, und der Geschichtswissenschaft an den Universitäten schwierig geworden ist. Dabei geht es an dieser Stelle weniger um die wichtigen allgemeinen und teilweise abstrakten Fragen wie etwa die Auswahl des zu übernehmenden bzw. zu kassierenden Schriftguts sowie dessen Erschließung und Online-Präsentation. Vielmehr werden hier die Diskussionen entlang historischer Fragestellungen geführt und die Kompetenzen von Archivaren, z. B. in der Quellenkunde, von Historikern in der historischen Kontextualisierung und Interpretation und von Familienforschern im Auffinden von Einzelpersonen zusammengetragen.

---

11 S. z. B. DFG-Workshop „Die Geschichtswissenschaften und die Archive. Perspektiven der Kooperation" am 5. Oktober 2004 im Westfälischen Landesmuseum Münster.

1

Archive und Öffentlichkeit

Lesesäle der Personenstandsarchive Brühl (oben) und Detmold (unten)

Familienforschung und Archive

Eine Beziehung vom Kopf auf die Füße gestellt

von Bettina Joergens

Wer kennt nicht die in Archivarskreisen hinter vorgehaltener Hand, manchmal auch unverhohlen geäußerten abfälligen Bezeichnungen für Familienforscher? „La peste des généalogistes" werden sie in Frankreich genannt oder „Geschlechtskranke" hierzulande. Es herrscht also keine gute Meinung über Familienforscher und Genealogen. Und doch: Sie sind unsere Kundinnen und Kunden, und zwar eine zahlenmäßig bedeutende Klientel.

Es scheint, dass nicht nur zwischen Archivaren und historischer Forschung ein Graben besteht, sondern erst recht zwischen Archivaren und Genealogen. Das Verhältnis der Archive zur historischen Forschung wurde bei einem Symposion in Münster im Jahr 2004 diskutiert. Hier möchte ich mit meinen folgenden Überlegungen in vier Abschnitten eine Debatte über die Beziehung zwischen Archivaren und Familienforschern anregen.[1]

Archive und Familienforscher

Im Vordergrund der Kritik der Archivare steht die mangelnde Wissenschaftlichkeit der Familienforschung. Ahnen Suchende beträten Archive wie andere Museen – völlig ohne Vorbildung und Lesekenntnis. Georg Scheibelreiter kritisierte in Archivum 1992 den „Dilettantismus"[2], mit dem „everymen", zahllose Beschäftigung suchende Rentner in die Archive strömten. Dort angekommen, fielen sie mit ihrer Unselbständigkeit bei der Recherche Archivaren zur Last. Am liebsten würden sie ihren Stammbaum vom Dienst habenden Archivar vervollständigen lassen oder wenigsten die Familienmitglieder per Knopfdruck einer Datenbank entreißen. Kopfschütteln verursachen dann z. B. Amerikaner, die innerhalb einer halben Stunde spontanen Archivbesuches fundierte genealogische Erkenntnisse samt Auswanderungsgeschichte ihrer Vorfahren ins Reisegepäck packen möchten.

---

1 Vgl. Archivum. Archives and Genealogical Science XXXVII (1992).
2 Scheibelreiter, Georg, Zur Typologie und Kritik genealogischer Quellen, in: Archivum. Archives and Genealogical Science XXXVII (1992), S. 1-26, hier S. 1.

Mit „Unbekümmertheit" näherten sich Ahnenforscher den Archivalien, aus denen sie lediglich nackte Datengerüste zögen. Wie Datenjunkies sammelten sie Informationen über Personen, mit denen sie sich blutsverwandt wähnten, und bauten daraus Äste und Zweige für Stammbäume, deren Erkenntniswert sich für das wissenschaftliche Publikum nicht erschließe. „Grau ist die Genealogie; ängstlich und geduldig, ist mit Dokumenten beschäftigt, mit verwischten, zerkratzten, mehrmals überschriebenen Pergamenten", so Michel Foucault Nietzsche kommentierend.[3]

Häufig stellen Archivare die Sinnhaftigkeit des als manisch bezeichneten Forschens über „sozial niedrige Bevölkerungsgruppen"[4] in Kirchenbüchern, Eheprotokollen oder genealogischen Sammlungen in Frage. Für die einen erscheinen die Familiengeschichten der ‚einfachen Leute' als wenig relevant im Gegensatz zur Historie sogenannter großer Persönlichkeiten der Politik- und Kulturgeschichte.

Für die anderen ist diese Laienforschung zu positivistisch ausgerichtet, zu wenig theoriegeleitet und methodenreflektiert. Außerdem wird kritisiert, dass die Genealogie Lebensverhältnisse, Kultur-, Sozial- und Politikgeschichte ausblende und somit für die Geschichtsforschung nicht von Bedeutung sei bzw. eine überholt geglaubte Herangehensweise an Geschichte wieder belebe. Sind die Familienforscher die „Barfuß-Historiker" oder „Barfuß-Archivnutzer" von heute? So könnte man anknüpfend an Hans-Ulrich Wehlers Polemik gegen die Alltagsgeschichte[5] fragen. Um diesen Vorurteilen und dieser Kritik zu begegnen, ist ein Perspektivwechsel angebracht.

Familienforscher und Archive

In der Tat haben die meisten Familienforscherinnen und Familienforscher keine historisch-wissenschaftliche Ausbildung und treten oft durchaus

---

3   Foucault, Michel, Nietzsche, die Genealogie, die Historie, in: Conrad, Christoph / Kessel, Martina (Hg.), Kultur & Geschichte. Neue Einblicke in eine alte Beziehung, Stuttgart 1998, S. 43-71, hier S. 43. Michel Foucault bezieht sich in seinem 1974 erschienenen Buch „Von der Subversion des Wissens", darin: Nietzsche, die Genealogie, die Historie, auf Nietzsche, Friedrich, u.a. Die fröhliche Wissenschaft und Zur Genealogie der Moral.
4   Scheibelreiter 1992, S. 1.
5   Wehler, Hans-Ulrich, Neuromantik und Pseudorealismus in der neuen ‚Alltagsgeschichte', in: ders., Preußen ist wieder chic … Politik und Polemik in zwanzig Essays, Frankfurt/M. 1983, S. 99-106; s. a. Kocka, Jürgen Kritik und Identität, in: Neue Gesellschaft. Frankfurter Hefte (1986), H. 10, S. 890-897.

‚unbekümmert' mit ihren Anliegen an uns heran. Ihre Fragen sind grundsätzlicher Art: „Was ist ein Bestand?"; „Wie finde ich etwas in einem Findbuch?"; „Warum finde ich hier nichts über Baden-Württemberg?"[6] oder „Haben sie Bilder von meiner Familie?"; und häufig ist das Entsetzen über die ungewohnte Schrift in den Originalen groß. In Detmold tritt dann Erleichterung ein, wenn sie auf die alphabetisch nach Namen geordnete Kirchenbuchkartei hingewiesen werden.

Die häufig mangelnde Erfahrung im Umgang mit Archiven führt immer wieder zu bemerkenswerten Anfragen. Häufig sind sie so allgemein gestellt, dass man mit einer Gegenfrage antworten muss, wie in folgenden Beispielen: „Können Sie mir ... alle Informationen über die folgende Familie in Rehme (evang.) Westfalen" um 1800 mitteilen? Oft wird uns dabei ein großer Spielraum eingeräumt, der nicht unter den juristischen Begriff des „Ermessens" fällt: „Kopien hätte ich gern von den Blättern, die Brenker zur Familie Gregorius aufgeschrieben hat (falls es mehr als zehn Seiten sind, bitte nur die wichtigsten Seiten)."

Vielfach muss erarbeitet werden, worin nun die Frage besteht. Am Telefon und bei der Beratung im Lesesaal erzählen Kunden nicht selten ihre Lebensgeschichten. Oft weiß man nicht recht, an welcher Stelle man als Archivarin weiter helfen kann. Im folgenden Fall sind wir zu dem Entschluss gekommen, der Anfragende wollte gar nichts wissen: „Zufällig habe ich im Staatsarchiv Anderlecht folgendes gesehen:" Und nun kommen Lebensdaten einer 1895 geborenen Detmolderin und ihres Ehemannes samt Scheidungsdatum. Mit diesem Brief wurde uns vor Augen geführt, dass das, was in Anderlecht offenbar leicht recherchierbar ist, hier dem Personenstandsgesetz (PStG) unterliegt; vorausgesetzt die Daten sind überhaupt hier vorhanden, denn sie hat in Belgien geheiratet. Wir haben diese Information dankend zur Kenntnis genommen.

Haben die Ahnenforscher erfahren, was hier alles zu finden ist, erhalten wir oft Folgebriefe und -aufträge: „...im vorletzten Jahr konnten Sie mir Informationen zu meinen Großmüttern geben. Heute suche ich erneut nach den Vorfahren meines Großvaters väterlicherseits." Hier treffen auch Anfragen mit ausführlichem Anhang ein: Listen mit Personen, zu denen wichtige Lebensdaten fehlen, oder ganze Stammbäume mit markierten Lücken geben den Mitarbeiterinnen zeitraubende Aufgaben auf, besonders

---

6   Diese wie die anderen Fragen sind Zitate aus realen Anfragen an das Staats- und Personenstandsarchiv Detmold.

wenn sich die Fragen auf die Standesamtsregister beziehen. Solche Anfragen kommen auch gerne als letzter Hilferuf, nachdem die Internetrecherche – vornehmlich in Datenbanken der Mormonen[7] – sie an ein Ende führte. Viele sind dann ganz erstaunt, dass es etwas gibt, was sie via Google oder bei Familysearch nicht finden konnten. Manchmal stoßen wir auch an unsere Grenzen, etwa als wir neulich gefragt wurden, in welchem Haus die Mutter des Schreibers wohnte. Das war noch nicht alles: „'Oft saß sie [die Mutter; BJ] mit anderen Kindern auf einem Kirschbaum, hinter dem Haus wo sie aufwuchs....' Gibt es diesen Kirschbaum noch?" Man könnte diese Aufzählung endlos fortsetzen. Sie ergibt aber kein vollständiges und kein korrektes Bild von den Familienforschern, sondern nur einen Ausschnitt aus dem Alltag der Benutzerberatung.

Viele Familienforscher, die hier nicht zitiert werden, sind äußerst versiert und arbeiten durchaus professionell. Nicht wenige Historiker und Fachkollegen betreiben – ausgestattet mit entsprechender Kompetenz – die Recherche über ihre und andere Familien. Auf diesem Gebiet tummeln sich nicht nur diejenigen, die Felder eines Stammbaums ähnlich wie die eines Kreuzworträtsels ausfüllen; und sie befragen nicht nur Kirchenbücher, sondern auch anderes Archivgut. Sie haben längst den Stammbaum der eigenen Familie verlassen und forschen über Häuser, Höfe, Namensgeschichten und Dörfer. Sie interessieren sich für die sozialen Verhältnisse, in denen ihre Vorfahren lebten, deren Religiosität oder politische Aktivitäten. Sie stellen in ihren Recherchen die Bewohner einer Region in den Vordergrund: Bauern, Arbeiter, Mütter, Näherinnen. Inzwischen gilt das Interesse auch nicht mehr nur der männlichen Linie, sondern auch der weiblichen. Es werden außerdem nichteheliche Kinder hinzugezogen und Opfer wie Täter des NS-Regimes benannt.

Die Grenzen zur Orts- und Heimatgeschichte, manchmal auch zur systematischen Biographieforschung, mikrohistorischen Familien- und Alltagsgeschichte, zu einer „Geschichte von unten" sind bisweilen fließend.[8]

---

7   Mormonen: Kirche Jesu Christi der Heiligen der letzten Tage; Genealogische Gesellschaft v. Utah. Vgl. Mehr, Kahlile, International activities and services of the Genealogical Society of Utah, in: Archivum. Archives and Genealogical Science XXXVII (1992), S. 148-157.

8   S. z. B. Ehalt, Hubert Ch. (Hg.), Geschichte von unten. Fragestellungen, Methoden und Projekte einer Geschichte des Alltags, Wien/Köln u.a. 1984; Schlumbohm, Jürgen, Lebensläufe, Familien, Höfe: die Bauern und Heuerleute des osnabrückischen Kirchspiels

Familienforscher liefern damit wichtige Daten für die Regional- und Lokalforschung, auch wenn sie sich wehren, lediglich Wasserträger etwa der historischen Demographie zu sein.[9]

Es gibt außerdem inzwischen zahlreiche Spezialgebiete der Familienforschung, z. B. die Auswanderungs- und die Vertriebenenforschung, Computergenealogie, nach Regionen und Religionszugehörigkeit verteilt sowie Militär- und Wappenexperten. Familienforscher sind vielseitig vernetzt, kommunizieren digital und verbreiten Informationen im World Wide Web im Schneeballsystem.

Im Mittelpunkt steht immer der Mensch. Auch die Alltagsgeschichte stellte den Menschen, egal welchen Standes, wieder ins Zentrum der Historiographie; und auch die Biographieforschung erlebt seit einigen Jahren eine Renaissance. Man könnte angesichts der beliebten Familienforschung sogar von einem „autobiographischen Verlangen" sprechen.[10] Was ist das für eine Sehnsucht, die zu einem regelrechten Boom der Familienforschung führt?

Überlegungen zu Bedürfnislagen und zu den Motiven der Familienforschung

Große Illustrierte griffen dieses Phänomen als Titelgeschichte auf, etwa Spiegel und GEO: „Die Spur der Ahnen. Zwischen Selbstfindung und Detektivarbeit – das wachsende Interesse an der eigenen Herkunft", heißt es dort; oder: „Was die Nazis einst zwangsweise verlangten, betreiben Bun-

---

Belm in proto-industrieller Zeit, 1650 – 1860, Göttingen 1994; s. a. Die Spur der Ahnen, in: GEO, 2004, S. 149.

9   Dies war die Argumentation der Familienforscher beim 1. Detmolder Sommergespräch am 07. Juli 2004 gegenüber dem Münsteraner Historiker PD Dr. Georg Fertig.

10   Raulff, Ulrich, Der große Lebenshunger. Erlösende Literatur. Das biographische Verlangen wächst, in: FAZ v. 4.3.1997; s. a. Gallus, Alexander, Biographik und Zeitgeschichte, in: Aus Politik und Zeitgeschichte. Beilage zur Wochenzeitung Das Parlament (2005), H.1-2, S. 40-46; Ulrich Beck zur Biographisierung der Gesellschaft in der sogenannten zweiten Moderne, s. Beck, Ulrich, Eigenes Leben, in: Ders./Vossenkuhl, Erdmann/ Ziegler, Ulf, „Eigenes Leben". Ausflüge in die unbekannte Gesellschaft, in der wir leben, München 1995, S. 9-15. S. a. zahlreiche Filme, sei es „Frieda" oder „Ray Charles", oder Romane, z. B. Eco, Umberto, Die geheimnisvolle Flamme der Königin Loana, München/Wien 2004; Leupold, Dagmar, Nach den Kriegen. Roman eines Lebens, München 2004.

28

desbürger neuerdings als Hobby".[11] An „die Stelle der großen ‚Vergangenheitsbewältigung' tritt mehr und mehr eine sehr private Geschichtsversessenheit", wird berichtet. In GEO ist von einem Ahnenforscher zu lesen, der bereits 50.000 Verwandte in seinem Stammbaum gesammelt hat – ich vermute auf mehreren Tapetenrollen gelistet.

Man liest weiter, dass im Internet nur noch pornographische Seiten häufiger angesteuert werden als Seiten zur Genealogie. Der Suchdienst des Roten Kreuzes zählt jährlich bis zu 4.000 Anfragen nach vermissten Vätern, Großvätern u.a. männlichen Angehörigen. Wir wissen, dass ein gutes Drittel der Archivbenutzer und Anfragenden Familienforscher sind, Tendenz steigend. Sie kommen täglich, bei Schnee und Hitze, als ob sie keine Familie hätten. Andere bezahlen gerne und viel für professionelle genealogische Dienste, Programme, Literatur und Hilfsmittel. Die Genealogie ist ein Markt, in dem auch manche arbeitslose Historiker ihr Auskommen gefunden haben.

Aber warum interessieren sich Menschen für den Stammbaum ihrer Familie? Was versprechen sie sich davon? Darüber gibt es meines Wissens keine umfängliche Forschung. Auch im Archivwesen wird nur selten über diese Benutzergruppe, ihre Rechercheweisen und Hintergründe nachgedacht.[12] In den Illustrierten scheint die Frage aber geklärt zu sein: Insbeson-

---

11 Beyer, Susanne, Gesucht: die eigene Herkunft, in: SPIEGEL (2004), H. 29, S. 118-120; Die Spur der Ahnen, in: GEO. Das neue Bild der Erde, 9.9.2004, S. 130-156, hier S. 149; s. a. „Ahnenforschung ist eine heile Sache". Interview mit Historiker Jarren, in: SPIEGEL Online vom 22. November 2004; Fleisch am Knochen. Was die Nazis einst zwangsweise verlangten, betreiben Bundesbürger neuerdings als Hobby: die Erforschung ihrer Familiengeschichte, in: SPIEGEL (1990), H. 23, S. 81-84; Hartlap, Detlef, Was die Namen erzählen. Die Deutschen sind von neuer Leidenschaft erfasst – zur Onomastik, der Namenskunde, in: Prisma. Wochenmagazin zur Zeitung (2004) H. 16, S. 4f.

12 Es fehlen eingehende Forschungen über die Recherchestrategien von Archivbenutzern. Vgl. die für die Publikation stark gekürzte Transferarbeit: Joergens, Bettina, Virtuelle Findmittel – das Ende sachthematischer Inventare? Eine Evaluierung sachbezogener Online-Findsysteme, in: Unger, Stefanie (Hg.), Archivarbeit zwischen Theorie und Praxis. Ausgewählte Transferarbeiten des 35. und 36. Wissenschaftlichen Kurses an der Archivschule Marburg, Marburg 2004, S. 123-152; s. a. Keyler, Regina, Der Zusammenhang zwischen Erschließung und Benutzung. Eine Untersuchung an Beständen des Hauptstaatsarchivs Stuttgart, in: Brübach, Nils (Hg.), Archivierung und Zugang. Transferarbeiten des 34. wissenschaftlichen Kurses der Archivschule Marburg, Marburg 2002, S. 81-109, hier S. 81-84; Unger, Stefanie (Hg.), Archive und ihre Nutzer – Archive als moderne Dienstleister. Beiträge des 8. Archivwissenschaftlichen Kolloquiums der Archivschule Marburg, Marburg 2004. Zu Benutzerbefragungen: Barteleit, Sebastian / Meibur-

dere die 25-35jährigen würden in der Ahnenforschung v. a. den „Spaßfaktor" suchen, vielleicht auch eine Art Detektivspiel darin sehen. Unbestritten ist auch, dass Zukunft Herkunft brauche. Obwohl es eher scheint, als ob Gegenwart Herkunft bräuchte.

Zu Zeiten der Patchworkfamilie, in denen sogenannte traditionelle Familienstrukturen im Auflösen begriffen sind, würde die Frage nach dem „Woher" relevanter. Manche mögen darin eine verklärte Rückbesinnung auf die romantisierte Familie sehen. „…gerade das Beunruhigende ist oft Auslöser für die vertiefte Forschung: Selbstmorde in den Familien, Trunksucht, berufliches Scheitern", so Susanne Beyer im „SPIEGEL".[13] Es sei alles in allem der Wunsch nach „Selbsterkenntnis", getragen von dem Gedanken, dass man geprägt sei durch „seine Geschichte". Vielleicht könnte man diese Sehnsucht mit dem *Run* auf Ratgeberliteratur vergleichen. Und wenn ein Held, ein Vorbild, Prominenz oder doch tatsächlich Karl der Große als Vorfahre ausgemacht werden konnten, verhelfe dies zu „gesteigertem Selbstbewusstsein." Hier werden schnell Brücken zur Psychologie und Psychoanalyse geschlagen. Handelt es sich also um einen pathologischen Befund?

ger, Anette / Menzel, Thomas, Benutzeranalyse im Bundesarchiv, Transferarbeit, Berlin, Freiburg, Koblenz April 2002 (unveröff. Ms.), S. 4-7; Filthaut, Jörg, Online-Benutzernavigation für Genealogen am Beispiel der Abteilung deutsche Zentralstelle für Genealogie / Sonderbestände des sächsischen Staatsarchivs Leipzig: Ein Optimierungskonzept für Benutzungsabläufe, in: Unger, Archivarbeit 2004, S. 49-87. Auf den letzten großen Archivtagen spielten Benutzungs- und Recherchestrategien ebenso kaum eine Rolle: nicht in Cottbus 2001, nicht 2002 in Trier (Archive und Forschung) und nur am Rande 2003 in Chemnitz, nicht 1995 in Hamburg (Archive und Gesellschaft) und nicht 1999 in Weimar (Archive und Kulturgeschichte). Auch archivwissenschaftliche Publikationen nehmen sich nur selten der Zielgruppe „Familienforscher" an, ob sie nun von der Öffentlichkeitsarbeit, dem Verhältnis zu Kunden oder der Bereitstellung von Findmitteln handeln. Das International Council on Archives gab 1992 einen Band des „Archivum" zum Thema „Archives and Genealogical Sciences" heraus. Vgl. Volkmar Weiss, Persönliches und öffentliches Interesse? – Gegensätze bei Genealogen als Archivbenutzern?, in: http://www.volkmar-weiss.de/interesse.html vom 08.03.2005. Es gibt auch nur wenige qualitative Forschungen über die Interessen und Recherchestrategien verschiedener Benutzergruppen (s. Transferarbeit), z. B. die Analyse von Email-Anfragen von Duff, Wendy / Johnson, Catherine A., A Virtual Expression of Need. An Analysis of E-mail Reference Questions, in: The American archivist 64 (Spring/Summer 2001), S. 43-60; vgl. Dekker, Cornelis, L'Archivistique Néerlandaise et la généalogie, in: Archivum. Archives and Genealogical Science XXXVII (1992), S. 165-172.

13 S. Beyer 2004, S. 118-120.

Für viele habe die Familienforschung auch eine soziale Funktion, abgesehen davon, dass man in genealogischen Vereinen und im Archiv Gleichgesinnte trifft. 30.000 Menschen sollen inzwischen in solchen Vereinen in Deutschland organisiert sein. Auswanderer suchten häufig nach „living relations". Und auch andere seien glücklich, wenn sie lebende Verwandte finden. Ist die Familienforschung eine Reaktion auf die zunehmende Individualisierung, Diversifizierung und Dynamisierung von Gesellschaft, wie die Journalisten meinen? Verstärken soziale Unsicherheiten und Orientierungssuche den Wunsch nach einem „festen Grund in der eigenen Geschichte".[14] Das vermuten auch die Sozialpsychologen Heiner Keupp und Harald Welzer.[15] Sicherlich sind das interessante Erklärungsansätze. Aber sie bleiben an vielen Stellen an der Oberfläche.[16]

Ich möchte daher mit ein paar weiteren Überlegungen die Diskussion vorantreiben.[17] Zunächst einmal wäre zu fragen, ob es nicht völlig normal ist, sich seiner familiären Herkunft zu vergewissern, und dass Menschen den Zugang zur Geschichte über sich selbst finden.[18] Was früher Adeligen vorbehalten war, ist nun das Werk von Bürgern, Zimmermeistern und Bauern. Und warum sollten nur Prominente Autobiographisches schaffen - ganz im Sinne Bertold Brechts gefragt?

„Man weiß, mit welchem Nutzen die Nationen ihre Geschichte aufzeichnen. Den gleichen Nutzen hat auch der einzelne Mensch von der

---

14 Die Spur der Ahnen, in: GEO 9.9.2004, S. 136.

15 Oral History-Projekt „Tradierung von Geschichtsbewusstsein" am psychologischen Institut Hannover, eine quantitative Mehrgenerationenstudie darüber, wie die nationalsozialistische Vergangenheit im Bewusstsein und im Unbewußtsein der Deutschen fortwirkt. Frage: Was ‚ganz normale' Deutsche aus der NS-Vergangenheit erinnern, wie sie darüber sprechen und was davon auf dem Wege kommunikativer Tradierung an die Kinder- und Enkelgeneration weitergegeben wird. („Tradierung von Geschichtsbewußtsein": Thesen und Entgegnungen, in: Werkstatt Geschichte 30 (2001), S. 61-72).

16 Beispielsweise führen nicht-lineare Lebensläufe nicht zwangsläufig zu einer harmonisierenden und idealisierenden Biografie, sondern können ihren Ausdruck auch in optimistisch stimmender postmoderner Literatur finden, s. z. B. Felixa, Magdalena, Die Fremde. Roman, Berlin 2005.

17 Vgl. Humphery-Smith, Cecil, The Teaching of Genealogy, in: Archivum. Archives and Genealogical Science XXXVII (1992), S. 130-139. – geht z. T. auch den Gründen für die Familienforschung seit dem Mittelalter nach.

18 Auch in der universitären Geschichtsforschung werden die Themen und Fragestellungen nicht völlig frei von der Biographie der Wissenschaftler /-innen gewählt. Dies wird aber kaum thematisiert, wie es die Vertreter/-innen der Standpoint Theory fordern.

Aufzeichnung seiner Geschichte. Me-Ti sagte: Jeder möge sein eigener Geschichtsschreiber sein, dann wird er sorgfältiger und anspruchsvoller leben."[19]

Schlagworte wie „Zukunft braucht Herkunft" sind dennoch weder neu noch ein weit reichender Erkenntnisgewinn. Die Historiker Hans Medick und David Sabean plädieren für eine sozialanthropologische Perspektive auf Familiengeschichten. Sie forderten bereits 1984 die Zunftkollegen auf, „sich nicht mit den Oberflächen-Manifestationen zu begnügen, in welche die Selbstartikulation familialer Erfahrungen in verschiedenen Klassen und Zeiten erscheint".[20] Leider haben sie dabei nicht die Familienforschung unserer Kunden im Blick. Diese spielen im geschichtswissenschaftlichen Diskurs kaum eine Rolle. Norbert Frei verlangt in seinem Kommentar auf Harald Welzers Oral-History-Projekt „Tradierung von Geschichtsbewusstsein" nach einer „zeitgeschichtlichen Einordnung" der Forschungsbefunde. Dies müsste auch auf das allgemeine gegenwärtige Sprechen und Forschen über die eigene Familie bezogen werden. Es fehlen wohl bisher eine systematische Historisierung und eine Soziologie der von Laien betriebenen Genealogie.[21]

Der lapidare Hinweis auf soziale Unsicherheiten als einer der Hintergründe für das Bedürfnis nach familiärem Halt, wenigstens auf Papier, stößt zumindest teilweise ins Leere: Die meisten Familienforscher sind – nach meinen Beobachtungen – bereit und offenbar in der Lage, viel Geld für ihr Hobby auszugeben. Viele von ihnen sind männliche Rentner, die etwa zwischen 1930 bis 1940 geboren wurden. Sie zählen zu den Profiteu-

---

19 Brecht, Bertolt, Auch der Einzelne hat seine Geschichte, in: ders., Werke. Große kommentierte Berliner u. Frankfurter Ausg., hg. von Werner Hecht u.a., Bd. 18: Prosa 3, Berlin/Weimar/Frankfurt 1995, S. 131, Z. 11-15.

20 Medick, Hans / Sabean, David, Emotionen und materielle Interessen in Familie und Verwandtschaft, in: dies. (Hg.), Emotionen und materielle Interessen. Sozialanthropologische und historische Beiträge zur Familienforschung, Göttingen 1984, S. 27-54, hier S. 30. Vgl. 10 Jahre vorher: Geschichte und Gesellschaft: Historische Familienforschung und Demographie, 1(1975), H. 2/3; s. a. Mitterauer, Michael, Historisch-anthropologische Familienforschung. Fragestellungen und Zugangsweisen, Wien/Köln 1990.

21 Historische und literaturwissenschaftliche Forschungen über die Bedeutung der Genealogie und des biografischen Schreibens müsste noch in eingehenden Untersuchungen in Verbindung mit der aktuellen Familienforschung in den Archiven gebracht werden. S. dazu u. a. die Publikationen von Ulrike Gleixner und Siegrid Weigel. Vgl. Ulrike Gleixners Beitrag zum Internationalen Archivsymposion am 7./8. Juni 2005 in Brauweiler.

ren der Bildungs- und Sozialreformen in den 1960er und 70er Jahren in Deutschland. Diese Generation war die erste in der BRD, die in der Regel wirtschaftlich und sozial weit besser gestellt war als ihre Eltern, und ihre Renten und Pensionen sind relativ gut ausgestattet. Viele der heutigen Rentner sind außerdem mobil, gebildet und haben verhältnismäßig viel Zeit. In der „Bilanzierungsphase ihres Lebens angekommen"[22] sind sie auf sich selbst zurück geworfen und nach Ende eines aktiven Berufslebens mit lange verdeckten Fragen an sich und ihre Angehörigen konfrontiert. Vielfach führt auch der Tod des letzten Elternteils zur Offenlegung von Friktionen, Tabus und vergessen geglaubten Schmerzen, etwa dem über den Verlust des Vaters als Folge des Zweiten Weltkrieges. „Söhne ohne Väter", so der Titel des Buches von Hermann Schulz, Hartmut Radebold und Jürgen Reulecke, machen sich erst heute auf die Suche nach dem Grab und anderen Spuren des Vaters, z. B. in Archiven.[23]

Der Umgang mit der NS-Vergangenheit scheint allgemein gelöster zu sein. Man hat gerade den Eindruck einer „diskursiven Offenheit"[24], was u. a. mit den Erfahrungszusammenhängen der jetzigen Senioren zu begründen ist. Die Menschen dieser Altersgruppe hatten das NS-Regime oft nur noch zu Kriegszeiten (im Deutschen Jungvolk) (bewusst) erlebt. Sie konnten sich daher meist nicht mehr derart für das Regime begeistern wie die ältere in den 1920er Jahren geborene erste Generation von Hitlerjungen und Mädchen des Bundes Deutscher Mädchen. Helmut Kohl (Jg. 1930) sprach daher von der ‚Gnade der späten Geburt'. Denn die seit 1930 Geborenen galten auch bei den britischen Besatzern als „politisch schuldlos". D.h. alle, die 1933 noch keine 18 Jahre alt waren, galten als schuldlos. Verkündet wurde dies übrigens in der Westdeutschen Rundschau am 20. Juli 1946, an dem Tag, an dem die britische Militärregierung auch die Gründung des Landes Nordrhein-Westfalen bekannt gab.[25] Ob jetzt deshalb tatsächlich alle „Tabus gebrochen" werden in der Erinnerung an die NS-Zeit, wie in GEO nachzulesen ist, bleibt zu bezweifeln. Man denke nur an

---

22 Frei, Norbert, Parallele Universen? Warum wir nach den Schnittpunkten zwischen Historiographie und Familienerinnerung fragen sollten, in: Werkstatt Geschichte 30 (2001), S. 69-72.

23 Schulz, Hermann / Radebold, Hartmut / Reulecke, Jürgen, Söhne ohne Väter. Erfahrungen der Kriegsgeneration, Berlin 2004.

24 Frei 2001, S. 70.

25 Brunn, Gerhard / Reulecke, Jürgen, Kleine Geschichte von Nordrhein-Westfalen 1946-1996, Köln u.a., S. 64.

die aktuellen Debatten über die Verbrechen der Wehrmacht anlässlich der Ausstellungen des Hamburger Instituts für Sozialforschung. Aber es werden Kontinuitätslinien über familiäre, politische und soziale Zäsuren, wie Weltkriege, Flucht und Vertreibung gezogen.

Ist das denn nur ein Interesse von männlichen Rentnern? Warum trifft man im Lesesaal, in den genealogischen Vereinen und bei entsprechenden Tagungen nur eine geringe Zahl von Frauen? In der Wissenschaft ist weithin erforscht, dass Frauen weniger selbstverständlich über sich selbst sprechen und gar schreiben. Der Begriff ,Autor' ist schließlich eng mit der Autorität verwandt. Aber wie thematisieren sie ihre Familiengeschichte, oder richten sie den Blick mehr nach vorne? Wir wissen darüber noch zu wenig.[26] Völlig ungeklärt ist das Interesse der jüngeren und jungen Menschen an der Genealogie. Sind es die üblichen Stubenhocker oder ist es die Arbeitslosigkeit? Viele erhoffen sich Aufklärung von Tabus in der Familie. Wiederum andere suchen im Archiv die „Wurzeln" ihrer Familien, die vor wenigen Jahren als sogenannte Spätaussiedler hierher kamen. Möglicherweise ist es eine der zahlreichen Formen, angesichts wahrgenommener Abweichungen von vorausgesetzten Modelllebensläufen[27] Biographie zu thematisieren und sich in (die) Geschichte(n) anderer zu versetzen, wie das beim (Reality-) Fernsehen, beim Lesen (historischer) Romane oder Illustrierten geschieht.[28]

Im Grunde bleibt es unklar, warum die Familienforschung quer durch alle Bevölkerungsgruppen eine derartige Faszination ausübt, und was die jeweiligen Spurensucher antreibt. Auf die Frage, warum sich aber Archivarinnen und Archivare mit den Motiven der Familienforschung auseinandersetzen sollten, seien vornehmlich zwei Argumente angeführt:

Erstens tragen wir als Wissenschaftler und Archivare dazu bei, wie Geschichte in der Gesellschaft vermittelt, diskutiert und sich angeeignet wird. Das Bedürfnis an historischer Orientierung scheint groß zu sein. Aber kön-

---

26 Zahlmann, Stefan / Scholz, Sylka (Hg.), Scheitern und Biographie. Die andere Seite moderner Lebensgeschichten, Gießen 2005.

27 Vgl. ebda.

28 Vgl. das vom Verlag Gruner + Jahr formulierte Ziel der Herausgabe des neuen Magazins „Park Avenue": „Wir wollen mit ,Park Avenue' den Lesern in einer rastlosen Zeit Orientierung geben durch Geschichten, die von Menschen handeln, die etwas leisten, die Dinge bewegen und die als Persönlichkeiten einfach spannend sind. Wir fühlen uns der angelsächsischen Tradition des ,Storytelling' verbunden.", s. F.A.Z. vom 17. Mai 2005, S. 48.

nen wir dieses Feld medienwirksamen (Laien-)Historikern wie Guido Knopp, d.h. Fernseh- und Kinofilmen überlassen, die eher als Dokumentation von Wahrheiten denn als Interpretationen wahrgenommen werden (s. z. B. den Film „Der Untergang")? Hier wäre schon zu fragen und zu diskutieren, welche Art der Geschichtsaneignung, welche Wissenssysteme, Bilder von historischen Zusammenhängen generiert werden, wenn der Stammbaum und die Blutsbande im Vordergrund stehen, und wenn mit Begriffen wie „Herkunft", „Abkunft" und „Ursprung" direkte Kausallinien zur eigenen Person und zur Gegenwart hergestellt werden.

Zweitens – weniger wissenstheoretisch und mehr berufspraktisch argumentiert – erfordern bestimmte Fragen an die Geschichte und an die Quellen spezifische Erschließungsstrategien, Formen der Bereitstellung von Archivgut, etwa in digitaler Form, und möglicherweise Innovationen bei der Kundenberatung und -betreuung.

Denn Familienforscher sind unsere größte Kundengruppe. Ohne sie wären unsere Lesesäle ziemlich leer. Sie frequentieren die Archive meist mit der Selbstverständlichkeit, wie es die Archivgesetze mit den Begriffen „jeder" oder „jedermann" vorsehen. Sie sind gleichzeitig Steuerzahler, und wir sind deren Dienstleister.

So wie wir Service und Beratung gestalten und diese Gruppe ernst nehmen, wird auch unsere Arbeit und unsere Funktion öffentlich wahrgenommen. Und meiner Einschätzung nach ist es besonders heutzutage wichtig, die Bedeutung von Archiven öffentlich kund zu tun und Partner zu suchen. Es genügt demnach nicht, die Familienforscher in der Statistik zu begrüßen, aber sie ansonsten zu belächeln. Wie kann man die verkrampfte Beziehung entkrampfen und vom Kopf auf die Füße stellen?

Versöhnungsangebot: der Familienforscher als Kunde

Entkrampfter scheint man mit den Familienforschern im Ausland umzugehen, etwa in den USA, wo man bedenkenlos Familienforscher als *volunteers* einstellt, oder in Großbritannien, wo die Archivportale Familienforschern viele wichtige Informationen quasi auf dem Tablett servieren, oder in den Niederlanden, wo Archivgut und Findmittel weit aus besser und schneller zugänglich sind als i.d.R. hier.[29]

---

29 S. a. für Dänemark: Bei der Wieden, Brage, Benutzerorientierung in Dänemark, in: Archiv Nachrichten Niedersachsen. Mitteilungen aus niedersächsischen Archiven (2004) H. 8, S. 87-90.

Auch hierzulande wird seit Jahren an der besseren Zugänglichkeit von Archivgut und Findmitteln gearbeitet, etwa an der Digitalisierung von Findmitteln und an der Standardisierung von Metadaten.[30] Sachthematische Inventare und Projekte wie ,Link to your Roots' beim Staatsarchiv Hamburg sind für die Forschung wichtige Hilfestellungen. Viele Archive bieten auf ihren Internetseiten jetzt auch Anleitungen für die Archivbenutzung an, so dass auch Laien den Weg zu uns finden, etwa ins Staatsarchiv Marburg oder ins Bundesarchiv. Im Folgenden seien ein paar Ansätze zur Verbesserung der Dienstleistung i. S. einer Versöhnung zwischen Archiven und Familienforschung aus Detmold vorgestellt.

1) Unerfahrene Archivnutzer machen viel Arbeit, weil sie ausführliche Erläuterungen und Hilfestellungen benötigen. Diese kann man ihnen nicht verwehren. Wir haben in Detmold ein Standardantwortschreiben für sehr allgemein gehaltene oder diffuse Anfragen entwickelt. Wir arbeiten z. Z. außerdem an einer Broschüre, einem etwa achtseitigen Faltblatt[31], in dem erste Informationen über das Recherchieren im Archiv und die wichtigsten Bestände enthalten sind. Dadurch erhoffen wir uns eine Verbesserung der Beratungsleistung und gleichzeitig eine Verkürzung der Beratungs- und Bearbeitungszeit. Insbesondere bei Anfragen, die sich auf die standesamtlichen Personenstandsregister beziehen, händigen wir Formulare für Rechercheaufträge aus.

2) Um die Recherche in den Personenstandsregistern effizienter zu gestalten, bemühen wir uns um die Vervollständigung der Namensverzeichnisse zu den chronologisch geführten Registern bei den Standesämtern. Die Standesämter leihen uns die Originale aus oder senden uns Kopien zu. Diese scannen wir als Images ein. Sie sind damit vom Platz aus recherchierbar. Nach einer Novelle des Personenstandsgesetzes kann man wenigstens Teile dieser Verzeichnisse auch den Benutzern im Lesesaal zur Verfügung stellen.[32]

3) Ohnehin müssen wir auf die – doch demnächst zu erwartende – Novelle vorbereitet sein, auch wenn die Erneuerung des Gesetzes zunächst

30 S. Bischoff, Frank M. / Hofman, Hans / Ross, Seamus (Hg.), Metadata in Preservation. Selected Papers from ERPANET Seminar at the Archives School Marburg, 3-5 September 2003, Marburg 2004.

31 Joergens, Bettina / Wasilenko, Anna / Weimer, Katja, Familienforschung im Archiv. Der richtige Weg zu Ihrem Stammbaum, hg. v. Landesarchiv NRW Staats- und Personenstandsarchiv Detmold, Detmold 2005.

32 Vgl. hierzu den Beitrag von Udo Schäfer in diesem Band.

verschoben worden ist. Das betrifft nicht alleine den erhöhten Bedarf an Magazinkapazitäten wegen der dann abgabefähigen Register ab 1938, sondern auch eine stärkere Frequentierung des Lesesaals, mehr Anfragen und mehr Beratungsbedarf. Darauf müssen wir – auch inhaltlich - vorbereitet sein. Das wiederum bedeutet zum einen eine Einarbeitung des Lesesaalpersonals in die gesetzlichen Fristenregelungen und zum anderen eine Erhöhung der Anzahl der auszuhebenden und zu reponierenden Archivalien. Denn nicht nur Familienforscher werden vermehrt Lebensdaten ihrer Vorfahren seit 1874 erforschen. Wir werden dann auch bei der wissenschaftlichen Forschung das Interesse an dieser Quelle wecken können.

4) Nicht nur Historikerinnen und Historiker, sondern auch zahlreiche Laienforscher sind an schnell, digital und von zu Hause aus zugänglichen Daten interessiert.[33] Die meisten Aussteller beim Deutschen Genealogentag in Leonberg boten den rund 600 Teilnehmern Daten, Datenträger, Software zur Datenübermittlung und Informationen über Daten an. Viele Familienforscher recherchieren außerdem erst ausführlich im Internet – manchmal Jahre –, bis sie das Archiv als Quelle der Quellen entdecken. Für uns bedeutet dies, in der virtuellen, digitalen Welt noch präsenter zu sein – um auch jüngere Familienforscher zu erreichen. Wir werden daher mit der Publikation digitalisierter Kirchenbuchduplikate und Zivilstandsregister beginnen. Nicht nur der Name des Projektes – „Edition Detmold" –, sondern bis auf kleine Variationen auch das Konzept beruht auf den Vorarbeiten und Erfahrungen der Brühler Kollegen, die hier Pionierarbeit leisteten.[34] Wir lassen z. Z. vorhandene Mikrofilme unserer Bestände digitalisieren, so dass demnächst Images der Kirchenbuchduplikate und Zivilstandsregister aus den Regierungsbezirken Detmold und Münster vorliegen werden. Diese werden dann sukzessive zusammen mit einer wissenschaftlichen Beschreibung und ggf. einer von Familienforschern geleisteten Abschrift auf CD-Roms veröffentlicht.[35]

5) Familienforscher werden also mit ins Boot geholt. Einer hat sogar einen so guten Kontakt zu den lippischen Kirchengemeinden, dass ihm erlaubt wird, Kirchenbücher zu scannen und uns bzw. unseren Kunden die Digitalisate zur Verfügung zu stellen. Gleichzeitig arbeiten wir an einem

---

33 Vgl. den Beitrag von Günther Junkers in diesem Band.

34 Die CD's beider Editionen Brühl (bisher über 90 Vol.) und Detmold erscheinen im Verlag Patrimonium Transcriptum Bonn; vgl. www.patrimonium-transcriptum.org.

35 Die ersten CD's sind 2006 veröffentlicht worden.

Inventar, das eine Übersicht über Standorte und Medien vorhandener Personenstandsregister aus der Zeit vor 1874 gibt.

6) Hier sei ein weiteres Beispiel für die Kooperation von Familienforschern und Archivaren genannt: das Detmolder Sommergespräch: Das Detmolder Sommergespräch wird im Jahr 2006 zum dritten Mal durchgeführt. Bei dieser Tagung kommen Familienforscher, Archivare, Historiker und Behördenvertreter zusammen und führen eine Art Roundtable-Gespräch. Das Archiv ist der beste Ort für eine solche Veranstaltung. Hier treffen die verschiedenen Anliegen und Interessen aufeinander; und hier liegen die Quellen. Im letzten Jahr standen die Personenstandsregister und die Kirchenbücher als primäre Quellen für die Familienforschung im Mittelpunkt der Referate. Das Konzept kam bei den 70 Teilnehmerinnen und Teilnehmern der Tagung gut an.

Deshalb nehmen die Pläne für das diesjährige Sommergespräch bereits konkrete Formen an. Am 31.8.2005 standen familienhistorische, quellenkundliche Fragen zu Ein- und Auswanderung sowie Migration im Kontext der Weltkriege im Zentrum der Vorträge: Wie geht man vor, wenn Vorfahren etwa aufgrund ihrer wirtschaftlichen Situation hierher kamen oder aus politischen Gründen nach Übersee auswanderten, wenn sie zur Zeit der Weltkriege ihre Familien verloren und sie selbst verschollen sind? Quellenkundliche Vorträge folgen praktischen Handlungsanleitungen, und diese wiederum Referenten, die neue Fragestellungen und Interpretationen vorschlagen, so dass die Vertreter und Vertreterinnen dieser verschiedenen Wissenskulturen wieder genauso gewinnbringend miteinander diskutieren wie im letzten Jahr.[36]

Wenn man davon ausgeht, dass das Archiv ebenso wenig wie das Gehirn nur ein hohles Speichergefäß ist, sondern verschiedene Wissenskulturen und Informationsstrukturen jenseits und diesseits der Archivtore miteinander im Wechselverhältnis stehen bzw. in ein produktives Verhältnis miteinander gebracht werden sollen[37], dann plädiere ich für eine - nicht unkritische - Verständigung zwischen Familienforschern und Archivaren. Die Vision könnte ein Service- und Mulitiplikatorenzentrum für die Familien-, Biographie- und Alltagsforschung sein – ganz i. S. der „postcustodial era".[38]

36 Eine Auswahl der Vorträge beider Sommergespräche sind in diesem Band aufgenommen worden.

37 Vgl. die für die Publikation stark gekürzte Transferarbeit: Joergens 2004.

38 Bastian, Jeannette, Taking Custody, Giving Access: A postcustodial Role for a New Century, in: Archivaria 53 (2002), S. 76-93.

Zwei Personenstandsarchive in Nordrhein-Westfalen oder: Wie gründet man ein Archiv?

Ein Beitrag zur Archivgeschichte des Landes Nordrhein-Westfalen

von Christian Reinicke

Personenstandsarchive[1] in Nordrhein-Westfalen bezeichnen einen Archivtypus, der in Deutschland kein weiteres Mal vertreten ist. Dies verlangt nach einer historischen Erklärung, die dieser Vortrag, heute zu Beginn einer Tagung, die erstmalig nur dem Thema „Personenstandsarchive" gewidmet ist, versuchen will. Es kann jedoch nur um Bausteine einer Archivgeschichte gehen, denn eine Geschichte dieses Archivs wie auch eine Archivgeschichte des ganzen Landes Nordrhein-Westfalen gibt es noch nicht. Noch eine weitere Vorbemerkung ist notwendig: Die Quellenlage ist von erheblichen Verlusten in der eigenen Geschäftsregistratur[2] geprägt, wesentliche Entscheidungen, die zur Gründung dieses Archivs führten, können nicht vollständig erschlossen werden.[3] Trotzdem konzentriert sich der Beitrag vor allem auf die Entstehungsgeschichte des Personenstandsarchivs Brühl[4] und versucht, einige Bausteine seines Fundaments

1 Engelbert, Günther, Die Bedeutung der nordrhein-westfälischen Personenstandsarchive für die genealogische und wissenschaftliche Forschung, in: Der Herold NF 8 (1975), S. 17-23.
2 Der Beitrag präsentiert erste Ergebnisse der noch nicht abgeschlossenen Neuordnung der älteren Geschäftsregistratur des Personenstandsarchivs Brühl.
3 Ergänzend zu den Akten der Geschäftsregistratur beider Personenstandsarchive wurde die Überlieferung des damals zuständigen Kultusministeriums von Nordrhein-Westfalen, die sich heute im Landesarchiv Nordrhein-Westfalen Hauptstaatsarchiv Düsseldorf befindet, ausgewertet.
4 Rohr, Wilhelm, Das Personenstandsarchiv auf der Festung Ehrenbreitstein, in: Mitteilungen der Westdeutschen Gesellschaft für Familienkunde 16 (1952), Sp. 35-46; Klein, Wilhelm, Die standesamtlichen Nebenregister im Personenstandsarchiv Brühl, in: Mitteilungen der Westdeutschen Gesellschaft für Familienkunde 18 (1957/58), Sp. 109-124.

zusammenzutragen; einzelne Vergleiche mit dem Personenstandsarchiv Detmold[5] sollen dabei Gemeinsamkeiten herausstellen.

Jubiläen beziehen sich nach allgemeinem Verständnis auf ein Tagesdatum. Eine Tagung wie die heutige, eine Ausstellung oder andere Veranstaltungen nehmen ein solches Datum gerne zum Anlass. Bei beiden Personenstandsarchiven führt aber die Suche nach einem exakten Gründungsdatum erstaunlicherweise zu einem differenzierten Ergebnis. An ihrem Anfang stand weniger ein Gründungsakt oder ein Gründungserlass, sondern in beiden Fällen wird man eher von einem längeren Gründungszeitraum sprechen müssen.

Um dies zu erläutern, muss man in die Zeit vor dem Zweiten Weltkrieg zurückgehen. Konzentriert man sich zunächst auf das ältere beider Personenstandsarchive, nämlich Brühl, so umfasst der Gründungszeitraum zwei längere Zeitabschnitte: Der erste führt bis in die Mitte der dreißiger Jahre zurück, der zweite beginnt nach dem Ende des Zweiten Weltkriegs und dauert bis zur Zusammenlegung beider Archivteile 1954/1955 im heutigen Brühl an. Die Idee einer Zusammenführung aller personenstandsrelevanten Quellen war in der historisch-genealogischen Forschung schon lange ein Wunsch und ist dies bis heute. Die Pervertierung und der Missbrauch der genealogischen Forschung aber aus politisch/ideologischen Gründen während der Zeit des Nationalsozialismus machten auch vor dieser Idee nicht halt.[6] So kündigte am 15. Juni 1937 ein Runderlass des Reichs- und Preußischen Justizministers die beabsichtigte Zentralisierung der Kirchenbücher und der Zivilstandsregister an, soweit sie im Besitz staatlicher und kom-

5 Kittel, Erich, Einrichtung des Personenstandsarchivs Detmold, in: Der Archivar 18 (1965), Sp. 245-248; ders., Das Staatsarchiv Detmold. Sein Weg vom Lippischen Landesarchiv zum dritten Staatsarchiv des Landes Nordrhein-Westfalen, in: Archivalische Zeitschrift 67 (1971), S. 151-158; Engelbert, Günther, Das Personenstandsarchiv Detmold, in: Genealogie 15 (1966), S. 199-201.

6 Allgemein: Ribbe, Wolfgang, Geschichte der Genealogie, in: ders./Henning, Eckart (Hg.), Handbuch der Genealogie, Neustadt/A. 1972, S. 5-13, bes. S. 12f.; jetzt auch: Schulle, Diana, Das Reichssippenamt. Eine Institution nationalsozialistischer Rassenpolitik, Berlin 2001, S. 19-29; vgl. auch: Weiss, Volkmar, Der genealogische Verein Roland (Dresden) im Dritten Reich, in: Sächsisches Staatsministerium des Innern (Hg.), Archive und Gesellschaft – 50 Jahre Sächsisches Staatsarchiv Leipzig, Dresden 2004, S. 118-127. Auf Zusammenhänge mit der Geschichte der Volkszählungen weisen hin: Aly, Götz/Roth, Karl Heinz, Die restlose Erfassung. Volkszählen, Identifizieren, Aussondern im Nationalsozialismus, Frankfurt/M. 2000, bes. S. 18ff.

munaler Behörden waren.[7] Dazu kam es jedoch vorerst nicht. Erst vier Jahre später, als am 1. April 1941 das Landessippenamt der Rheinprovinz[8] gegründet wurde, erhielt die Zentralisierung neuen Auftrieb. Seit Ende 1942 wurden alle erreichbaren personenstandsrelevanten Quellen der damaligen Rheinprovinz aus Gründen des Kriegsschutzes im Landessippenamt auf dem Ehrenbreitstein in Koblenz zusammengezogen, jetzt auch unter Einschluss der Kirchenbücher, die sich noch in kirchlichem Besitz befunden hatten.[9] Der Erlass bezog sich auf:

1. Zivilstandsregister, die vor dem 1. Januar 1830 begonnen worden waren.
2. Zivilstandsregister, die nach dem 31. Dezember 1829, aber vor dem 1. Januar 1876 begonnen worden waren, sofern es von ihnen keine Zweitschriften gab.
3. Zweitschriften der Zivilstandsregister, die vor dem 1. Januar 1876 begonnen worden waren.
4. Vormundschafts- und ähnliche Akten der Gerichte und der früheren Vormundschaftsbehörden.
5. Kirchenbücher, die vor dem 1. Januar 1830 begonnen worden waren.
6. Kirchenbücher, die nach dem 31. Dezember 1829, aber vor dem 1. Januar 1876 begonnen worden waren, sofern es von ihnen keine Zweitschriften gab.
7. Zweitschriften von Kirchenbüchern, die vor dem 1. Januar 1876 begonnen worden waren.
8. Kirchliche Register der Dissidenten und Sekten sowie spezielle jüdische Register aus der Zeit vor dem 1. Januar 1876.

Mit der Durchführung des Erlasses waren die unteren Verwaltungsbehörden beauftragt. Über die Ablieferungen waren vier Listen zu führen, die z.T. heute noch erhalten sind.[10] Da der Erlass, besonders die darauf folgen-

---

7 Reichsministerialblatt für die innere Verwaltung 1937 Nr. 25; auch in: Zeitschrift für Standesamtswesen 17 (1937), Nr. 12 S. 1.

8 Schulle 2001, S. 295f.

9 Gemeinsamer Runderlass der Reichs- und Preußischen Minister der Justiz und des Innern vom 28. 12. 1942, Reichsministerialblatt für die innere Verwaltung 1943, S. 21. Zum Zusammenhang: Weiß, Petra, Die Bergung von Kulturgütern auf der Festung Ehrenbreitstein, in: Jahrbuch für Westdeutsche Landesgeschichte 26 (2000), S. 421-452.

10 Z.B. die Listen für den Regierungspräsidenten von Köln in: Landesarchiv Nordrhein-Westfalen Hauptstaatsarchiv Düsseldorf (im folgenden: LAV NRW HSAD) BR 2068. Ich verdanke diesen Hinweis Herrn Dr. Peter Klefisch (HSAD).

den Verfügungen der Regierungspräsidenten, meist eine sehr kurze Frist bis zur Beendigung der Sicherungsmaßnahmen vorsahen, gelang die Durchführung der Maßnahmen kaum fristgerecht. Auch versuchten einige Städte, z.B. Bonn und Köln, sich der Zentralisierung zu entziehen, indem sie angaben, dass sie gleichwertige oder bessere Sicherungsmöglichkeiten hätten, was nur Bonn tatsächlich gelang.[11]

Gleichzeitig mit der zentralen Sicherung der Kirchenbücher und der Zivilstandsregister wurde eine Verfilmungsaktion aller auf dem Ehrenbreitstein konzentrierten Quellen begonnen, womit die Firma Gatermann aus Duisburg beauftragt wurde.[12] Ende 1944 / Anfang 1945 wurden die Kirchenbücher in mehreren Transporten in das Salzbergwerk Salzdetfurth/Hannover ausgelagert, die Zivilstandsregister blieben in Ehrenbreitstein. Die Verfilmungsstelle ging nach Schloss Rathsfeld/Thüringen.

Der zweite Zeitabschnitt beginnt im Sommer 1945, als es der im Mai 1945 neu eingerichteten Archivverwaltung beim Oberpräsidenten der Nordrheinprovinz, aus der ein Jahr später die Landesarchivverwaltung beim Ministerpräsidenten von Nordrhein-Westfalen entstand,[13] bereits kurz nach Kriegsende gelang, die ausgelagerten Kirchenbücher wieder ins Rheinland zurück zu holen,[14] sie wurden diesmal jedoch nicht im teilweise beschädigten und inzwischen auch als militärische Dienststelle genutzten Ehrenbreitstein gelagert, sondern gelangten nach Schloss Gracht/Liblar. Auf dem Ehrenbreitstein änderte sich in dieser Hinsicht zunächst nichts, die Zivil- und Personenstandsregister aus der Zeit von 1796/1798 bis 1899 verblieben dort.

Für etwa 10 Jahre gab es nun zwei Dienststellen eines Personenstandsarchivs: die Kirchenbuchabteilung in Schloss Gracht sowie die Abteilung Per-

---

11 Dadurch lassen sich auch einige Ungleichgewichtigkeiten in der heute vorhandenen Überlieferung im Personenstandsarchiv erklären. Die Möglichkeit einer eigenen Sicherung hatte auch der Leiter des Reichssippenamtes, Kurt Mayer, selbst nicht ausgeschlossen (vgl. Schreiben des Oberpräsidenten der Rheinprovinz an den Regierungspräsidenten von Köln vom 2. 10. 1942, in: LAV NRW HSAD BR 2068).

12 LAV NRW HSAD NW 4-309, S. 82.

13 Romeyk, Horst, Kleine Verwaltungsgeschichte Nordrhein-Westfalens, Siegburg 1988, S. 55, 141ff.

14 LAV NRW HSAD NW 4-238, S. 12; NW 4-119, S. 8, 10.

sonenstandsregister in Ehrenbreitstein.[15] Die Verfilmungsstelle wanderte in den nächsten Jahren von Gracht nach Ehrenbreitstein.[16]

Die unbefriedigende Situation, zwei Standorte einer Dienststelle, die auf zwei Bundesländer aufgeteilt war, und nicht zuletzt die baulichen Mängel an beiden Orten führten seit Dezember 1952 im Archivreferat des damaligen Kultusministeriums von Nordrhein-Westfalen zu verstärkten Überlegungen für eine Lösung dieses Problems.[17] Seit einigen Jahren waren die finanziellen und organisatorischen Nachteile der Trennung beider Dienststellen diskutiert und nach verschiedenen neuen Standorten gesucht worden. Dabei spielte auch eine Forderung des Rechnungshofes Nordrhein-Westfalen[18] von Anfang 1951 eine Rolle, der eine kostengünstigere Lösung für das Personenstandsarchiv verlangt hatte. Weitere Gründe waren: die Erleichterung bei der Benutzung der Kirchenbücher, die häufig Rückgriffe auf die „etwas stiefmütterlich" behandelten Zivilstandsregister[19] notwendig machten, die exponierte Lage des Ehrenbreitsteins, und die damals verkehrsgünstigere Lage Brühls. „Jedenfalls kann man unter allen Umständen die uneingeschränkte Gewissheit haben, dass eine Verlegung des Personenstandsarchivs I nach Schloß Brühl dem Gesamtinteresse des Archivs nur dienlich und förderlich ist und von allen seinen Interessenten rückhaltlos begrüßt würde".[20] Der damalige Archivreferent im Kultusministerium, Wilhelm Classen (1903-1965)[21], scheint dabei als erster den Vorschlag gemacht zu haben, beide Dienststellen im Schloss Augustusburg in Brühl zusammenzuführen, denn Ende 1952 formulierte er in einem internen Vermerk: „Als geeignete Stelle für eine in Zukunft durchzuführende Vereinigung beider Teile des Personenstandsarchivs kommt Schloß Brühl in Betracht. Brühl liegt für beide Teile der ehemaligen Rhein-

15 LAV NRW HSAD NW 4-309, S. 32. [LAV NRW PSAB, Altregistratur Nr. 1, Bericht Kobés an den Chef der Landeskanzlei von Nordrhein-Westfalen vom 3. 6. 1947.]

16 [Landesarchiv Nordrhein-Westfalen Personenstandsarchiv Brühl, im folgenden:] LAV NRW PSAB, Altregistratur Nr. 1: Am 16. 11. 1948 wurde das Filmarchiv von Gracht nach Oberehrenbreitstein gebracht.

17 LAV NRW HSAD NW 4-247, S. 5ff.

18 LAV NRW HSAD NW 4-247, S. 7.

19 LAV NRW PSAB Altregistratur A 1 / 2 Bericht "Verwendbarkeit von Räumen des Schlosses Brühl für die Zwecke des Personenstandsarchivs I" [1953], S. 5.

20 LAV NRW HSAD NW 4-247, S. 111. Vgl. auch LAV NRW PSAB Altregistratur A 1 / 2 Bericht „Verwendbarkeit von Räumen des Schlosses Brühl für die Zwecke des Personenstandsarchivs I" [1953], S. 5.

21 Nachruf in: Der Archivar 18 (1965), Sp. 443-446 (Friedrich Wilhelm Oediger).

provinz gelegen."[22] Der Zeitpunkt war außerdem recht günstig gewählt. Verschiedene Ereignisse, u.a. anstehende Personalveränderungen seit Mitte 1952 in Ehrenbreitstein, kamen hinzu, so dass nach weiterer etwa einundeinhalb Jahren die Zusammenlegung beider Archivteile tatsächlich realisiert werden konnte. Mitte September 1954 wurde die Kirchenbuchabteilung in das nahe Brühl verlegt, etwa ein Jahr später, Ende Oktober bis Mitte Dezember 1955, folgte die Abteilung Personenstandsregister, der Abschluss der Verlegungen wurde abschließend im Amtsblatt des Kultusministeriums veröffentlicht.[23] Damit war, soweit es die Standorte angeht, der Endpunkt einer über 10jährigen Vorgeschichte erreicht.

Für das Personenstandsarchiv Detmold geht der Gründungszeitraum bis in den Anfang der fünfziger Jahre des letzten Jahrhunderts zurück. Bereits 1953 kamen Überlegungen für eine zentrale Übernahme der Nebenregister von 1876 bis 1938 im Zuständigkeitsbereich des Oberlandesgerichts Hamm im Innenministerium von Nordrhein-Westfalen auf.[24] Ende 1956 konkretisierten sich die Pläne: „Nachdem die geschlossene Aufbewahrung der standesamtlichen Zweitregister aus den Oberlandesgerichten Düsseldorf und Köln im Personenstandsarchiv I in Brühl sich seit Jahren bewährt hat, wird erwogen, auch die standesamtlichen Nebenregister im Oberlandesgericht Hamm in einem Personenstandsarchiv zusammenzufassen".[25] Es zog sich jedoch noch einige Jahre hin, die Verzögerungen waren auch durch die damals sehr beengten Raumkapazitäten des Staatsarchivs Detmold begründet, die dann zum ersten Neubau eines Staatsarchivs in Nordrhein-Westfalen nach dem Zweiten Weltkrieg führten.[26] Aber in der zweiten Jahreshälfte 1964 erhielt das bis dahin einzige Personenstandsarchiv in Nordrhein-

22 LAV NRW HSAD NW 4-247, S. 111.
23 Amtsblatt Kultusministerium NRW 1954, Nr. 180 S. 143; 1955, Nr. 188 S. 162.
24 Erlass des Innenministers von Nordrhein-Westfalen vom 7. 7. 1953 an die Regierungspräsidenten (I-14.60 zu Nr. 105/53), erwähnt in: Landesarchiv Nordrhein-Westfalen Staats- und Personenstandsarchiv Detmold (im folgenden: LAV NRW StA/ PSADt) Altregistratur Ordner II.2.1.
25 Erlass des Innenministers von Nordhein-Westfalen an die Regierungspräsidenten vom 10. 12. 1956 (I B 3/14-60.10-661), erwähnt in: LAV NRW StA Dt Altregistratur Ordner II.2.1.
26 Kittel, Erich, Einweihung des Archivneubaues in Detmold, in: Der Archivar 17 (1964), Sp. 90-92; Staatshochbauamt Detmold (Hg.), Nordrhein-Westfälisches Staatsarchiv Detmold – Personenstandsarchiv Westfalen-Lippe, Willi-Hofmann-Straße, Detmold. Erweiterungsbau 1990. Dokumentation, Detmold (1990).

Westfalen einen Partner: Am 13. November 1964 wurden in einem gemeinsamen Runderlass des Kultus- und des Innenministers von Nordrhein-Westfalen die Zuständigkeiten beider Personenstandsarchive definiert und die Existenz des Personenstandsarchivs Detmold aktenkundig.[27] Bereits am 15. September 1964 waren in einer Verordnung zur Ausführung des Personenstandsgesetzes beide Personenstandsarchive beauftragt worden, für die Aufbewahrung und Fortführung der vom 1. Januar 1876 bis zum 30. Juni 1938 geführten standesamtlichen Nebenregister und der vor dem 1. Januar 1876 geführten Zweitregister der Zivilstandsregister sowie für deren Benutzung zu sorgen.[28] Das Personenstandsarchiv Detmold nahm als Abteilung des Staatsarchivs Detmold endgültig am 1. Januar 1965 seine Tätigkeit auf. Am 6. Dezember 1965 fand dann die erste bisher nachweisbare gemeinsame Dienstbesprechung beider Personenstandsarchive unter Leitung des Archivreferenten im Kultusministerium von Nordrhein-Westfalen statt. Sie befasste sich u.a. mit der gegenseitigen Abstimmung bei Benutzungsanträgen, mit der Umsetzung des § 61 des Personenstandsgesetzes und mit der Herstellung von Fotokopien[29] — Fragen, die bis heute aktuell geblieben sind und z.T. auch auf dieser Tagung behandelt werden.

Diese beiden z.T. vergleichbaren längeren Vorgeschichten der heutigen Personenstandsarchive Nordrhein-Westfalens haben nur die äußeren Kerndaten benannt. Im Folgenden soll es um einige spezielle Aspekte des Archivtyps „Personenstandsarchiv" gehen, und zwar um die „Idee zentrales Personenstandsarchiv", das Personal sowie die Bestände und deren Benutzung. Dabei werden sich einige weitere Gemeinsamkeiten beider Personenstandsarchive in Nordrhein-Westfalen herausstellen.

Bereits kurz nach Kriegsende war es gelungen, z.T. mit Unterstützung der englischen Besatzungstruppen, die ausgelagerten Kirchenbücher ins Rheinland zurückzuholen. Die Verfilmungsstelle der Firma Gatermann war ebenfalls inzwischen von Schloss Rathsfeld an ihren Stammsitz nach Duisburg zurückgekehrt. Die entscheidende Phase dürften die beiden Sommermonate Juli/August 1945 gewesen sein. Verschiedene Ideen wurden von unterschiedlicher Seite etwa zeitgleich entwickelt, wobei sich nicht immer

---

27 Ministerialblatt Nordrhein-Westfalen 1965, Nr. 221 S. 3.
28 Gesetz- und Verordnungsblatt für das Land Nordrhein-Westfalen 1964, Nr. 211 S. 312.
29 Protokoll in: LAV NRW StA Dt Altregistratur II.2.1.

genau entscheiden lässt, welcher Gedanke von wem als erster formuliert wurde. Im Juli 1945 machte Karl Heinz Kobé (1888-1959), der sich damals als Leiter der Kirchenbuchabteilung bezeichnete,[30] der Britischen Militärregierung den Vorschlag[31] einer zentralen „Genealogischen Archivstelle der Rheinischen Provinzialverwaltung", in anderen Berichten dieser Wochen wählte er die Bezeichnung „Genealogisches Archiv der Nordrheinprovinz".[32] Wenige Tage später, Ende Juli 1945, schlug der bisherige Leiter des inzwischen aufgelösten Landessippenamtes, Jakob Zilliken, Wilhelm Kisky (1881-1953),[33] der mittlerweile mit dem Wiederaufbau der staatlichen Archivorganisation im Rheinland beauftragt worden war,[34] ebenfalls die Zentralisierung der Zweitbücher der Personenstandsregister unter der Bezeichnung „Rheinisches Zentralinstitut für Personenstandsfragen"[35] vor. Dieser Begriff war aber nicht vor Verwechslungen sicher, er erinnert auffallend an das aufgelöste Institut für Volkskörperforschung an der Universität zu Köln, für dessen schriftlichen Nachlass sich in diesen Wochen auch das entstehende „Genealogische Zentralarchiv" interessierte.[36] Etwa zur gleichen Zeit tauchte in Thüringen und Sachsen-Anhalt ebenfalls die Idee eines sogar „Europäischen Zentralarchivs für Genealogie" auf, das von Vater und Sohn Langheinrich in Wolfsgrün, die sich um die ausgelagerten Archivalien, übrigens auch Brühler Archivalien, kümmerten und diese Idee propagierten.[37] Über einige Zwischenstufen, die hier nicht weiter verfolgt werden können, entstand daraus 1967 die Zentralstelle für Genealogie, die seit 1995 im Sächsischen Staatsarchiv Leipzig beheimatet ist.[38]

---

30 Nachruf in: Der Archivar 13 (1960), Sp. 120-122 (Friedrich Wilhelm Oediger); vgl. auch: Rey, Manfred van/ Schlossmacher, Norbert (Hg.), Von der Urkunde zur CD. Geschichte und Bestände von Stadtarchiv und Stadthistorischer Bibliothek Bonn, Bonn 2000, S. 48.
31 LAV NRW HSAD NW 4-256, S. 42.
32 LAV NRW HSAD NW 4-256, S. 71-76.
33 Nachruf in: Der Archivar 7 (1954), Sp. 211-220 (Carl Wilkes).
34 Dazu sein Bericht: Die Landesarchivverwaltung von Nordrhein-Westfalen, Düsseldorf 1950.
35 LAV NRW HSAD NW 4-256, S. 37-40.
36 Dabei findet die „Kartei Bergheim" besonderes Interesse: LAV NRW HSAD NW 4-238, S. 117ff., ebd. NW 4-26, S. 7-11; ebd. NW 4-245.
37 LAV NRW HSAD NW 4-309, S. 80: Bericht in "Neue Zeit" Berlin vom 9. 6. 1946.
38 Weiss, Volkmar, Die Deutsche Zentralstelle für Genealogie und ihre Aufgaben, in: Jahrbuch der Arbeitsgemeinschaft für historische Forschung 1995 (1996), S. 30-33; ders., Die Geschichte der Leipziger Zentralstelle von 1945 bis 1967. Ein Beitrag zur Geschichte der Genealogie in der DDR, in: Genealogie 48 (1999), S. 577-591; Grohmann, Ingrid, Das Sächsische Staatsarchiv Leipzig als DZfG: Organisation und Aufgaben, in: Genealogie 51

Ende Juli 1945 scheint Kisky den Gedanken eines genealogischen Zentralarchivs aufgegriffen zu haben; dabei dürften seine persönlichen Interessen an der Genealogie im Rheinland sein Engagement für diese Idee gefördert haben, denn in einem Entwurf über den Aufbau der Landesarchivverwaltung, der in diesen Tagen entstand, ging er wohl zunächst noch von der vollständigen Rückgabe aller Kirchenbücher sowie der Standesregister an ihre rechtmäßigen Eigentümer aus, vor allem, wenn sie unter Druck beschlagnahmt worden waren.[39] Am 27. Juli 1945 teilte er den Regierungspräsidenten in ihrer Funktion als Standesamtsaufsicht, den Generalvikariaten und der Justizverwaltungsstelle, dem Vorgänger des späteren Justizministeriums von Nordrhein-Westfalen, in knappen Worten mit: „Das Landessippenamt ist aufgelöst und die gesammelten Kirchenbücher und Standesregister werden von der Archivverwaltung übernommen und durch das Personenstandsarchiv ersetzt."[40] Gleichzeitig begann die Suche nach einem geeigneten Standort, wobei man zunächst auch an die Nähe von Düsseldorf gedacht hatte.[41] Wenn man also von einem Gründungsdatum für das Personenstandsarchiv sprechen kann, so hätte dieser Tag, der 27. Juli 1945, vermutlich die besten Chancen gegenüber anderen.

Die Dienststelle Ehrenbreitstein nahm kurze Zeit später, das genaue Datum lässt sich nicht genau feststellen, ebenfalls ihre seit dem 25. November 1944 unterbrochene Tätigkeit wieder auf. Am 30. Oktober 1945 registriert das erhaltene Geschäftstagebuch die erste eingegangene Anfrage.

Im Herbst 1945 arbeiteten also beide Dienststellen wieder. Seit dieser Zeit war das Personenstandsarchiv auch im Etat des Oberpräsidiums Nordrhein wieder vorgesehen.[42] Die Normalität schien wieder erreicht.

Der Aufbau war aber damit noch nicht abgeschlossen. Es fehlten vor allem noch die Personen sowie die innere Organisation und die genaue Beschreibung der Aufgabengebiete, besonders im Verhältnis beider Dienststellen, Ehrenbreitstein und Gracht, zueinander. Erst in den folgenden Jahren kam es schrittweise zu weiteren organisatorischen Maßnahmen, die

(2002), S. 215-220; vgl. auch Wermes, Martina/Weiss, Volkmar, Übersicht über die Bestände der Deutschen Zentralstelle für Genealogie in Leipzig, in: Genealogisches Jahrbuch 33/34 (1993/94), S. 137-156.

39 LAV NRW HSAD NW 4-237, S. 10; ebd. NW 4-119, S. 5-8 (Punkt 6).
40 LAV NRW HSAD NW 4-238, S. 5-10, vgl. S. 63 (Bericht Kiskys vom 15. 1. 1946).
41 LAV NRW HSAD NW 4-238, S. 11ff.
42 LAV NRW HSAD NW 4-273.

den Typus „Personenstandsarchiv" festigten. Bei der Personenauswahl kann man mit wenigen Ausnahmen von einer weitgehenden Kontinuität bis in die Anfänge des Landessippenamtes sprechen; es gab, wie in vielen anderen gesellschaftlich-politischen Bereichen auch,[43] keine „Stunde Null": Die Leitung der Kirchenbuchabteilung hatte Karl Heinz Kobé übernommen, eine Unterbrechung seiner Tätigkeit hatte wohl kaum stattgefunden, denn Kobé war bereits seit dem 1. Juli 1942 Referent im Landessippenamt gewesen und hatte seit dieser Zeit die Zentralisierung der Kirchenbücher und Standesregister betrieben. Auffallenderweise spricht er in seinen zahlreichen Berichten an Kisky nie von irgendwelchen politischen Schwierigkeiten während der letzten Jahre, wie man es bei anderen Personen dieser Zeit sonst häufig lesen kann. Trotzdem hatte es zahlreiche Konflikte mit seinem ehemaligen Vorgesetzten, dem schon genannten Zilliken, und anderen gegeben, sie werden aber grundsätzlich nur als sachliche bezeichnet und bezogen sich z.B. auf besondere organisatorische Maßnahmen zur Verfilmung der Kirchenbücher und deren Auslagerung.

Die Leitung von Ehrenbreitstein übernahm Ludwig Grünewald (gest. 1951); auch hier gab es eine weitgehende Personalkontinuität über das Kriegsende hinaus. Vergleichbare fortgesetzte Tätigkeiten gab es bei fast allen weiteren Personen, ohne dass ihnen die Funktionen ordentlich übertragen oder bestätigt worden waren; sie stammten überwiegend noch aus dem ehemaligen Landessippenamt. Erst allmählich wurden sie in der Nachkriegszeit abgelöst oder es kamen neue Personen hinzu: Kobé musste seine Funktion im April 1950 an seinen Nachfolger, Willy Klein (1903-1972)[44], der seit etwa zwei Jahren in Gracht tätig war, abgeben. Der Nachfolger von Grünewald, Wilhelm Rohr (1898-1968), schied endgültig zum 1. Juni 1952 aus dem Dienst des Personenstandsarchivs aus und wechselte in das Bundesarchiv.[45] Spätestens seit dieser Zeit war Willy Klein Leiter beider Dienststellen und das Personenstandsarchiv hatte eine einheitliche Leitung, wenn auch zwei verschiedene Standorte. Beide Dienststellen hatten außerdem immer nur sehr wenig Personal: 1948 waren z.B. an bei-

---

43 Broszat, Martin/Henke, Klaus-Dietmar/Woller, Hans (Hg.), Von Stalingrad zur Währungsreform. Zur Sozialgeschichte des Umbruchs in Deutschland, München 1988.

44 Nachruf in: Der Archivar 27 (1974), Sp. 145f. (Wolfgang Huschke).

45 LAV NRW PSAB Altregistratur A 1 / 1: 24. 5. 1952 Ausscheiden von Wilhelm Rohr und gleichzeitig Übertragung der Geschäftsführung an Wilhelm Klein.

den Orten zusammen nur 12 Personen, was sich in den nächsten Jahren auch nicht entscheidend änderte.[46]

Die Tätigkeits- und Jahresberichte dieser Zeit bis in die zweite Hälfte der 50er Jahre des vergangenen Jahrhunderts wiederholen fast stereotyp immer wieder dieselben Tätigkeiten: Neuordnung der Kirchenbücher und deren Rückgaben sowie Kontrolle der Zivilstandsregister und deren Inventarisierung, Suche nach verschwundenen und verlorenen Exemplaren, Zusammenführung aller Personenstandsregister bis 1900 und spätere Ergänzung der vorhandenen Serien bis 1938, Ersatz von verlorenen oder vernichteten Erstschriften der Personenstandsregister durch deren Zweitschriften und nicht zuletzt Klagen über bauliche Mängel der Gebäude, zusammengefasst: die Bewältigung der Kriegsschäden und -folgen. Dabei wurden auch Maßnahmen fortgesetzt, die offenbar das Landessippenamt nicht zu Ende geführt hatte, wie die trotz aller Materialknappheit fortgesetzte Verfilmung von Kirchenbüchern oder die Bestandsergänzung aus Standesamtsbezirken, die bisher keine Nebenregister abgegeben hatten. Herausragende Ereignisse in den ersten 10 Jahren nach Kriegsende sind die Abgaben der Kirchenbücher an die Pfarreien, in deren Besitz sie 1939 gewesen waren;[47] ebenso wurden die Kirchenbücher an das Saarland und an das Bistum Trier

---

46 LAV NRW HSAD NW 4-257. Die geringe Personalausstattung hatte von Anfang an erhebliche Auswirkungen für die Arbeitsorganisation und das Selbstverständnis des Personenstandsarchivs. Bereits in den ersten Jahren seines Bestehens konnte die vorgeschriebene Beischreibung der von den Standesämtern eingehenden Hinweismitteilungen und Randvermerke nicht vollständig in einem Jahr bewältigt werden. Dies baute einen Bearbeitungsrückstand auf, der bis heute nicht aufgeholt ist. Erst seit 1999 ist durch eine technische Umstellung die Erfassung der jahrgangsweisen Bearbeitung der Hinweismitteilungen in EDV für die letzten sechs Jahre gelöst. Der Rückstand bei den älteren Mitteilungen muss vorläufig noch bestehen bleiben.

47 Die Zahlen sind nur schwer festzustellen, da die erhaltenen Übersichten unvollständig zu sein scheinen und nach sehr unterschiedlichen, kaum vergleichbaren Kriterien angelegt wurden. Endgültige Zahlen sind wegen der noch nicht abgeschlossenen Neuordnung und Auswertung der Altregistratur des Personenstandsarchivs Brühl zur Zeit noch nicht möglich. Einen Einzelfall schildert: Stempel, Walter, Staatliche und kirchliche Maßnahmen zur Sicherung kirchlicher Archivalien im Rheinland in den Kriegsjahren 1942 bis 1945 am Beispiel des Kirchenkreises Wesel, in: Mohr, Rudolf (Hg.), Alles ist euer, ihr aber seid Christi. Festschrift für Dietrich Meyer, Köln 2000, S. 159-180. Zum Zusammenhang auch: Flesch, Stefan u.a. (Hg.), Das Archiv der Evangelischen Kirche im Rheinland. Seine Geschichte und seine Bestände, Düsseldorf 2003, bes. S. 34.

abgegeben.[48] Auch Eupen erhielt seine Zivilstandsregister aus der Zeit von 1796 bis 1899 zurück.[49] Einen großen Einschnitt bedeutete 1953 die Aufteilung der Kirchenbücher und der Zivilstandsregister zwischen Nordrhein-Westfalen und Rheinland-Pfalz.[50] Ebenfalls 1953 kam es zu einer bemerkenswerten Aufgabenerweiterung: War bisher das Personenstandsarchiv mit der Aufbewahrung der bis 1899 geführten standesamtlichen Nebenregister beauftragt gewesen, so wurde diese Aufgabe jetzt erheblich erweitert und auf alle bis zum 30. Juni 1938 geführten Nebenregister aus den Oberlandesgerichtsbezirken Köln und Düsseldorf ausgedehnt; diese Beständeergänzung war bereits nach etwa einem Jahr abgeschlossen.[51] Einen besonderen Fall der Bestandsergänzung war die Übernahme von Filmen von personenstandsrelevanten Quellen ehemaliger jüdischer Gemeinden des Rheinlands.[52] Diese Filme stellen die einzige Überlieferung der durch den Krieg vernichteten Originale dar. Auch andere Bundesländer erhielten damals einige dieser Filme, die im Auftrag des ehemaligen Reichssippenamtes[53] hergestellt worden waren.

Die Organisation der persönlichen Benutzung in Gracht wie in Ehrenbreitstein kam vermutlich erst allmählich in Gang. Es dürfte zunächst die schriftliche Bearbeitung von Anfragen vorherrschend gewesen sein. Die Jahresberichte sprechen jedoch von einer ständig zunehmenden Benutzung, leider liegen für die ersten Nachkriegsjahre keine genauen Zahlen vor.[54]

---

48 LAV NRW PSAB Altregistratur A 1 / 1: Berichte zum 20. 7. 1948 (Trier) und zum 8. 5. 1950 (Saarland).

49 LAV NRW PSAB Altregistratur A 1 / 1: Am 16. 5. 1950 wurden 2.464 Bände an die belgische Mission in Düsseldorf übergeben.

50 LAV NRW PSAB Altregistratur A 1 / 1: Bericht zum 13. 10. 1952 an den Kultusminister. Die Staatskanzlei von Nordrhein-Westfalen hatte am 8. 1. 1952 der Abgabe bereits zugestimmt; vgl. Dorfey, Beate, Die Teilung der Rheinprovinz und die Versuche zu ihrer Wiedervereinigung (1945-1956). Das Rheinland zwischen Tradition und Neuorientierung, Köln/Pulheim 1993; dies., Stationen, Determinanten und Ausmaß der Konsolidierung des Landes, in: Borck, Heinz-Günther (Hg.), Beiträge zu 50 Jahre Geschichte des Landes Rheinland-Pfalz, Koblenz 1997, S. 89-113.

51 Ministerialblatt NRW 1953, S. 255; ebd. 1954, S. 612.

52 LAV NRW PSAB Altregistratur A 16: Schreiben des Genealogischen Archivs vom 8. 9. 1947 und vom 16. 4. 1947 von Kobé an Wilhelm Kisky; ebd. A 19: Bericht Kobé an Kisky vom 22. 8. 1947. Die Filme wurden bis 1951/52 von der Firma Gatermann bzw. vom Personenstandsarchiv auf die Bundesländer verteilt.

53 Schulle 2001, S. 217ff., 341ff.

54 LAV NRW HSAD NW 4-119: Monatsberichte 1946.

Erst seit September 1948 gab es ein Benutzerzimmer in Gracht.[55] Ehrenbreitstein hatte zu dieser Zeit von Montag bis Freitag von 8-16.00 Uhr und am Sonnabend von 8-13.00 Uhr für die persönliche Benutzung geöffnet. Ein Benutzertagebuch wurde erst seit dem 1. Juni 1949 in Gracht eingeführt,[56] ein Tagebuch für Ein- und Ausgänge und für Benutzergebühren war seit Mai 1950 Pflicht.[57] Das erste Merkblatt[58] für die Benutzung von Kirchenbüchern entstand im Sommer 1950. In Ehrenbreitstein sieht es etwas anders aus: Das alte Geschäftstagebuch des Landessippenamtes wurde bei der Aufnahme der Diensttätigkeit im Oktober 1945 weitergeführt. Seitdem am 30. Oktober 1945 die erste Anfrage dort eingetroffen war, setzte sich die Anfragenentwicklung, vor allem die Nachfrage nach Auskünften aus Personenstandsurkunden, kontinuierlich fort. Bereits im Juli 1946 war die Zahl 200 bei eingehenden Nachfragen pro Monat nach Urkundenanforderungen überschritten und steigerte sich in den folgenden Jahren kontinuierlich. Bis Ende 1955, dem Umzug nach Brühl, trafen dort durchschnittlich 200-250 Anfragen pro Monat ein (Abb. Nr. 1 und 2),[59] es ist daher nicht überraschend, wenn 1954/1955 die Kurve allmählich sinkt. In beiden Dienststellen begann man in diesen Jahren noch mit kleineren Publikationen, wir würden heute von Öffentlichkeitsarbeit sprechen, in deren Rahmen die ersten knappen Bestandsübersichten veröffentlicht wurden.[60]

55 LAV NRW PSAB Altregistratur A 17: 12. 5. 1947 Kobé an Gatermann: "Ich habe mich entschlossen, in möglichster Kürze hier ein Benutzerzimmer einzurichten. Dann werden wohl die Beschwerden der Herren Familienkundler aufhören. Dazu muß ich zwei Zimmer erst instand setzen lassen. Aber es wird schon gehen."; ebd. A 1 / 1: 30. 12. 1947 Kobé an Kisky über die Einrichtung eines Benutzerzimmers. LAV NRW HSAD NW 4-309, S. 21.
56 LAV NRW HSAD NW 4-26, S. 7-11 Punkt 9.
57 LAV NRW PSAB Altregistratur A 1 / 1: 8. 5. 1950.
58 LAV NRW PSAB Altregistratur A 1 / 1: zum 2. 8. 1950.
59 Ein Vergleich mit den entsprechenden Zahlen für Gracht ist zur Zeit noch nicht möglich. Da dort erst 1949 ein Geschäftstagebuch eingeführt wurde, müssen vergleichbare Angaben sekundär erschlossen werden. Dies wird erst nach Abschluss der Ordnungsarbeiten an der Altregistratur möglich sein. Die weitere Entwicklung der Anfragenstatistik nach 1956 ist ein noch zu bearbeitendes eigenes Thema.
60 Z.B. Rohr 1952, bes. Sp.37-43; vgl. auch: Huschke, Wolfgang, Zur wissenschaftlichen Auswertung der Bestände des Personenstandsarchivs Brühl, in: Der Archivar 26 (1973), Sp. 415-424.

Abb. 1: Personenstandsarchiv Ehrenbreitstein

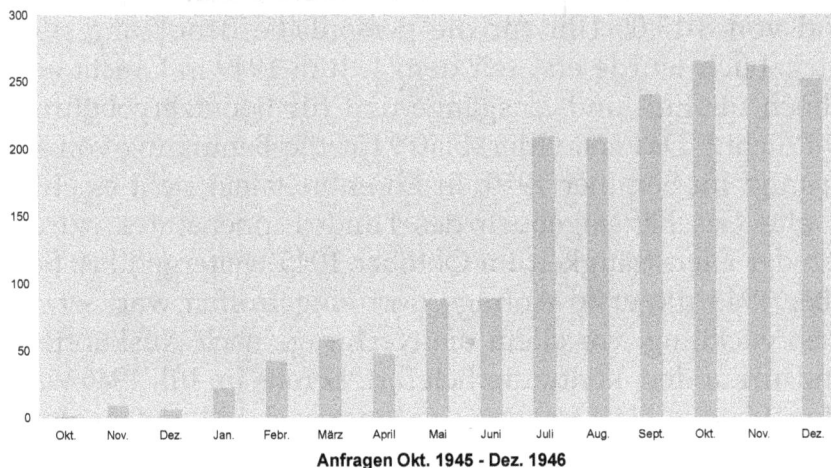

Anfragen Okt. 1945 - Dez. 1946

Abb. 2: Personenstandsarchiv Ehrenbreitstein

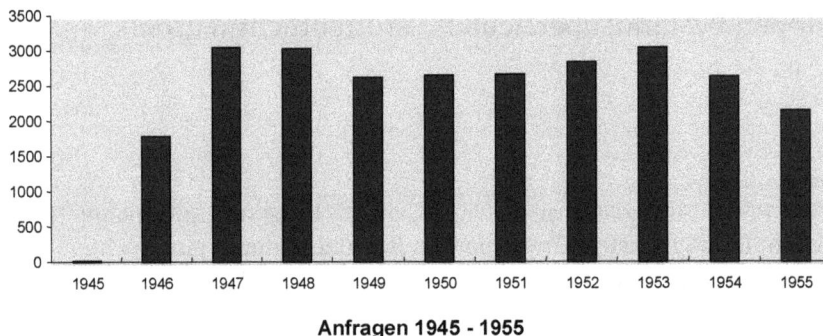

Anfragen 1945 - 1955

Die Zusammenführung sehr vieler Kirchenbücher und nahezu flächendeckend der Zivil- und Personenstandsregister des Rheinlands in Brühl bzw. Westfalen-Lippes in Detmold führte zu einer Verdichtung der historischen Informationsmöglichkeiten und stellt eine einmalige Herausforderung und günstige Gelegenheit für die landes- und familiengeschichtliche Forschung dar, wie die anhaltend hohe Benutzungs- und Anfragenstatistik beider Häuser bis heute hinreichend zeigt.

Offenbar war die Existenz des Personenstandsarchivs bei der interessierten Bevölkerung voll akzeptiert und wurde geschätzt. Schon 1950/1951 beschäftigte sich die regionale Presse intensiv mit dem Wert und der Bedeutung v.a. des Liblarer Kirchenbucharchivs.[61] Die Zeitungsberichte führten zu einer intensiven Diskussion, an der sich auch Politiker beteiligten; von archivischer Seite äußerte man sich dazu auffallend wenig. Hintergrund war vor allem ein Gerücht über die bevorstehende Verlegung der Kirchenbuchstelle von Liblar nach Koblenz. Immerhin wurde das Gerücht für so wichtig gehalten, dass der Generalvikar des Erzbistums Köln, Emmerich David, und der Kölner Regierungspräsident, Wilhelm Warsch, schriftlich bei Kultusministerin Christine Teusch protestierten und sich deutlich gegen eine Verlegung wandten sowie außerdem ihre Unterstützung bei der Suche nach einem geeigneten anderen Standort im Rheinland anboten. In einer überschwänglich formulierten Überschrift eines Artikels[62] im Kölnischen Stadtanzeiger vom 29. Juli 1950, der in diesem Zusammenhang erschien, bezeichnete der Korrespondent das Liblarer Archiv sogar als „Mekka der Kölner Familienforscher", übrigens wie im letzten Jahr auch für Brühl.[63] In einem dieser Artikel fällt ein Satz,[64] der leicht abgewandelt am Ende dieses kurzen Überblicks über die Entstehung beider Personenstandsarchive in Nordrhein-Westfalen stehen soll; er ist relevant bis heute: „Wenn das Personenstandsarchiv nicht da wäre, müsste es geschaffen werden".

61 Ausschnitte in: LAV NRW HSAD NW 4-245, S. 31ff. und NW 4-247, S.4ff.
62 LAV NRW HSAD NW 4-245, S. 55.
63 Kölnische Rundschau Nr. 91 vom 19. 4. 2004, S. 35.
64 LAV NRW HSAD NW 4-247, S. 4. (Kölnische Rundschau Heimatbeilagen Januar 1951): "Wenn das Kirchenbucharchiv nicht da ware, müßte es geschaffen werden".

2

Personenstandsquellen

in Archiven

Kirchenbücher des 17. bis 19. Jahrhunderts
aus dem Personenstandsarchiv Brühl

Vom Kirchenbuch zum Personenstands-archiv Detmold

Die Entwicklung des Personenstandswesens in Westfalen-Lippe

von Ragna Boden und Christoph Schmidt

1 Einleitung

Kirchenbücher, Zivil- und Personenstandsregister sind wertvolle historische Quellen. Sie sind für viele Fragestellungen offen, seien es wissenschaftliche zu sozialgeschichtlichen, dynastischen oder biographischen Aspekten oder persönliche zur eigenen Herkunft.[1] Da die Unterlagen Kerndaten der menschlichen Existenz enthalten, werden sie heute dauerhaft archiviert. In Nordrhein-Westfalen werden sie – deutschlandweit einzigartig – in zwei Personenstandsarchiven (PA) aufbewahrt: für das Rheinland (Regierungsbezirke Düsseldorf und Köln) im PA Brühl, für Westfalen und Lippe (Regierungsbezirke Arnsberg, Münster und Detmold) im PA Detmold. Beide Personenstandsarchive sind Teil des 2004 eingerichteten Landesarchivs Nordrhein-Westfalen.

Die Geschichte des Eingangs dieser Unterlagen in die Bestände der Personenstandsarchive ist eng mit der Ausprägung des Personenstandswesens und seiner Dokumentierung einschließlich der entsprechenden kirchlichen und weltlichen Vorschriften verknüpft. Der Verlauf dieser Entwicklung wird im Folgenden skizziert, und zwar von den antiken Grundlagen über die Kirchenbücher und Zivilstandsregister bis hin zu den modernen Personenstandsregistern. Auf der Basis dieses kurzen Durchgangs durch die Geschichte wird die Einrichtung des PA Detmold beschrieben und werden die Bestände und Nutzungsmöglichkeiten vorgestellt.

---

1   Zu weiteren personengeschichtlichen Quellen wie Personal- und Kriminalakten, Musterungsrollen, Akten des Reichskammergerichts, Urbaren, Grabmälern etc. vgl. auch Trugenberger, Volker (Hg.), Genealogische Quellen jenseits der Kirchenbücher, Stuttgart 2005.

2 Personenstandswesen von den Anfängen bis zur frühen Neuzeit

Den Anfang nahmen die Aufzeichnungen zum Personenstand in Europa als Angelegenheit der Kirche.[2] Sie wurden von den zuständigen Pfarrern vorgenommen und waren damit dezentral organisiert. Die wesentlichen Stationen im Leben eines Menschen – Geburt, Heirat und Tod – wurden von der örtlichen Gemeinde mit Zeremonien von Taufe, Einsegnung der Ehe und Begräbnis begleitet und von kirchlichen Stellen registriert Dies hatte vor allem den Hintergrund, dass damit die Zugehörigkeit zur Gemeinde und der korrekte Ablauf der Rituale dokumentiert wurden. Um kirchliche Tabus wie die Heirat zwischen Blutsverwandten eines bestimmten Grades einhalten zu können, mussten die Eltern der Brautleute bekannt sein. Daher bildete sich, nachdem zunächst Geburt und Tod durch Gemeinderiten bestimmt worden waren, im 12. Jahrhundert auch eine kirchliche Trauungsliturgie aus, wobei eine Formpflicht der Eheschließung als Voraussetzung für die klerikale Anerkennung der Verbindung erst vom Trienter Konzil 1563 festgelegt wurde.[3]

Zwar erfassten neben der Gemeinde auch andere Institutionen wie etwa Städte oder Landesherren Daten über Personen, doch diese griffen weder so flächendeckend noch so standesübergreifend wie die Kirchenbücher.[4] Allerdings dokumentierten sie zum Teil solche Bevölkerungsgruppen, welche aus der christlichen Gemeindeverwaltung herausfielen, wie etwa Juden und Quäker. Deren Daten wurden erst im 19. Jahrhundert systematisch aufgenommen.

Als Vorläufer der Kirchenbücher gelten frühchristliche Diptychen mit Taufeintragungen, die schon für das dritte Jahrhundert nachgewiesen sind.[5] Die ältesten überlieferten Kirchenbücher oder Matrikeln (*libri*

---

2 S. zur Geschichte des kirchlichen Personenstandswesens die Beiträge von Wolfgang Günther, Joachim Oepen und Maja Schneider in diesem Band.

3 Lengeling, E.J., Ehe: Liturgie, in: Lexikon des Mittelalters, Bd. 3, 2. Aufl. München 2002, Sp. 1619-1620, hier Sp. 1620.

4 Vgl. Rietdorf, Fritz, Die geschichtliche Entwicklung des Personenstandswesens. Rückblick und Ausblick, hg. vom Fachverband der Standesbeamten Westfalen und Lippe in Hamm (Westf.), Hamm 1958, S. 7-8.

5 Schütz, Wolfgang, 100 Jahre Standesämter in Deutschland. Kleine Geschichte der bürgerlichen Eheschließung und der Buchführung des Personenstandes, Frankfurt a.M. 1977, S. 11; Günther, Wolfgang, Personenstandsüberlieferung in evangelischen Archiven, in: Aus evangelischen Archiven 24 (2005), S. 103-117, hier S. 103. Zu vorchristlichen Vorläufern in der Antike vgl. Gemmeke, Anton, Über Ursprung und Entwicklung der Kirchenbücher im allgemeinen und der Kirchenbücher im Bistum Paderborn im beson-

parochiales) stammen aus dem Mittelalter und enthalten Eintragungen von Taufen und Heiraten. Sie sind in Italien, Frankreich, Spanien und Deutschland nachgewiesen und gehen jeweils auf Anordnungen von Synoden zurück, entsprechende Listen zu führen.[6] Als älteste Kirchenbücher Deutschlands gelten die in Folge der Synode von Konstanz (1463) angelegten Kirchenbücher von 1463 und 1483.[7]

Einen Aufschwung für die Beurkundung des Personenstandes brachte die Reformation. Mit der Anerkennung mehrerer christlicher Konfessionen zunächst im Augsburger Religionsfrieden 1555, dann im Westfälischen Frieden 1648, wurde die Zugehörigkeit zu einer Gemeinde nun auch zu einer religionspolitischen Angelegenheit. Dadurch kam es zu einer engen Verknüpfung der kirchlichen mit der weltlichen Sphäre, indem die Konfession des Territorialherrn auch diejenige seiner Untertanen bestimmte. Dieses sogenannte *ius reformandi* wurde abgemildert durch eine weitere Bestimmung, das *ius emigrandi*, welches vorsah, dass Untertanen, die ihren Glauben nicht wechseln wollten, die Möglichkeit hatten, fortzuziehen.[8] Dies führte zu einer Veränderung der Gemeindezusammensetzung.

Als Folge der Reformation wurde die Führung von Tauf- und Ehematrikeln von den evangelischen Kirchenordnungen sowie vom katholischen Konzil von Trient (1548-1563) vorgeschrieben.[9] Später kamen entsprechende Regelungen für die Eintragung von Verstorbenen hinzu.[10] Diese Entwicklung wird heute als Beginn der systematischen Kirchenbuchführung gewertet.[11] Dass die Kirchenbücher vom 16. Jahrhundert an nach Konfessionen getrennt geführt wurden, schlägt sich auch in der Überlieferungsform nieder. So existieren zu manchen Orten mehrere Kirchenbücher parallel, katholische und evangelische. Hinzu kamen als Sonderform Zucht- und Waisenhauskirchenbücher sowie die preußischen Militärkir-

---

deren. (Sonderabdruck aus der Monatsschrift „Der katholische Seelsorger", 20. Jahrgang, Heft 7-12, Paderborn 1908), Paderborn 1908, S. 4-5.

6   Rietdorf 1958, S. 7; Schütz 1977, S. 11.

7   Gemmeke 1908, S. 7.

8   Vgl. hierzu Lutz, Heinrich, Reformation und Gegenreformation, 3. Aufl. München 1991, S. 60.

9   Schütz 1977, S. 11, 14-15; Gemmeke 1908, S. 8. Für die evangelischen Kirchenordnungen vgl. Günther 2005, S. 103; Lutz 1991, S. 68-69.

10 Für die katholische Seite durch das Rituale Romanum (1614) von Papst Paul V. festgelegt. Vgl. Gemmeke 1908, S. 9; Schütz 1977, S. 11.

11 Günther 2005, S. 103; Schütz 1977, S. 11.

chenbücher, welche aus den im letzten Drittel des 17. Jahrhunderts eingerichteten Militärseelsorgestellen resultierten.[12]

Nachdem seit dem 16. Jahrhundert innerkirchliche Entwicklungen die
Anlage der Kirchenbücher vorangebracht hatten, traten im ausgehenden
18. Jahrhundert staatliche Interessen an den Erhebungen zum Personenstand hinzu. So kodifizierte das vom Gedanken der Aufklärung geprägte
Preußische Allgemeine Landrecht[13] von 1794 ein allgemeines, für alle
Konfessionen geltendes staatliches Eherecht.[14] Darüber hinaus schrieb es
die Anfertigung von Kirchenbuchduplikaten und deren Verwahrung vor:
Die Pfarrer hatten beglaubigte Abschriften anzufertigen und diese jährlich
bei den örtlichen Gerichten abzugeben. Auf diese Weise wurden die Geistlichen zu Ausführenden staatlicher Belange. Diese Regelungen betrafen
naturgemäß nur preußische Gebiete. Damit war etwa die Grafschaft Lippe
ausgenommen, ebenso wie die kurkölnischen Gebiete in Westfalen (Herzogtum Westfalen, Vest Recklinghausen), die auf die Anordnung des Kölner Erzbischofs Maximilian Friedrich bereits seit 1779 Kirchenbuchduplikate zu erstellen hatten, und zwar in drei Serien, getrennt nach Taufen,
Ehen und Begräbnissen.[15] Auch im Rheinland ersetzten die landesherrli-
chen Vorschriften die kirchlichen, und die Führung der Bücher oblag weiterhin den Pfarreien.[16]

3 Entwicklungen im 19. Jahrhundert bis zur Reichsgründung

Zwei Jahre vor der Einführung des Allgemeinen Landrechts in Preußen
war in Frankreich 1792 die Zivilehe per Gesetz beschlossen worden. Damit
einher ging die Einrichtung von Zivilstandsregistern.[17] Der Personenstand
(Geburt, Heirat und Tod) trat nun neben die religiösen Riten und religiös
begründeten biographischen Zäsuren (Taufe, Trauung und Beerdigung).
Diese Folgen der französischen Revolution wirkten sich auch auf Deutschland aus. In den zwischenzeitlich französisch besetzten Teilen Westfalens
und der Rheinlande wurde das Personenstandswesen seit 1808 von Paris

---

12 Günther 2005, S. 108-109.
13 Teil II, Tit. 11 § 481-506; vgl. Gemmeke 1908, S. 13.
14 Schütz 1977, S. 15.
15 Engelbert, Günther/Kötz, Ilse/Schwinger, Arno (Bearb.), Die Bestände des Nordrhein-
   Westfälischen Personenstandsarchivs Westfalen-Lippe bis 1874/75, 2. Aufl. Detmold
   1991, S. 3; Günther 2005, S. 105.
16 Schütz 1977, S. 12.
17 Ebda. S. 15.

aus vereinheitlicht. Hier wurde der *Code Civil* von 1804 eingeführt, der auch das Gesetz von 1792 über die Einrichtung von Zivilstandsregistern enthielt (Art. 34-101). Er schrieb eine doppelte Registerführung für alle Religionen durch die örtlichen Geistlichen vor. Eines der so entstandenen Exemplare sollte im Gemeindearchiv, das zweite in der Gerichtsschreiberei verbleiben.[18] In den übrigen Gebieten wie Lippe bestand das Verfahren der kirchlichen Registerführung weiter.[19] Nach dem Ende der französischen Herrschaft griff in Westfalen ab 1815 wieder das Allgemeine Landrecht, in den Rheinlanden blieben die Verwaltungsvorschriften des französischen Rechts weitgehend gültig.

Darüber hinaus wurden nun verstärkt auch Personen außerhalb der anerkannten Konfessionen erfasst wie etwa Juden, Dissidenten und Quäker. Weitere Schritte auf dem Weg, die Führung von Personenstandsbüchern zu verstaatlichen, sind z.B. in der Paulskirchenverfassung von 1849 erkennbar. Sie sah in Art. 151 die Führung von Standesbüchern durch „bürgerliche Behörden" vor.[20] Das Scheitern der Revolution von 1848/1849 verhinderte allerdings, dass dieser Vorstoß realisiert wurde. Damit blieben Fragen wie die der Heirat zwischen Konfessionen weiterhin ungelöst.[21]

4 Die ersten Personenstandsgesetze (1874-1920)

Diese Schwierigkeiten waren erst mit der Reichsgründung behoben. Zuerst in Preußen (1874), dann im gesamten Reich (1875) wurde die Zivilehe eingeführt und das Personenstandswesen endgültig säkularisiert. Das „Gesetz über die Beurkundung des Personenstandes und der Eheschließung" vom 6. Februar 1875 bestimmte hierzu: „Die Beurkundung der Geburten, Heirathen und Sterbefälle erfolgt ausschließlich durch die vom Staate bestellten Standesbeamten mittels Eintragung in die dazu bestimmten Register."[22] Damit war festgelegt, dass die Beurkundung des Personenstandes von den Vertretern religiöser Gemeinschaften auf den Staat überging. Die genannten Register waren traditionsgemäß nach Geburten, Heiraten und Sterbefällen getrennt zu führen, und zwar als erste Ausführungen sowie in be-

---

18 Erlass Napoleons: „Königliches Dekret" vom 22.1.1808, abgedruckt in: Einzig officielle Ausgabe für das Königreich Westphalen, Straßburg 1808, S. 447-448; Rietdorf 1958, S. 9.
19 Gemmeke 1908, S. 12-13.
20 Boldt, Hans, Reich und Länder. Texte zur deutschen Verfassungsgeschichte im 19. und 20. Jahrhundert, München 1987, S. 415.
21 Rietdorf 1958, S. 11-12.
22 Reichsgesetzblatt 1875, S. 23.

glaubigten Abschriften als Nebenregister. Auszüge mit gleicher Beweiskraft konnten in Form von Urkunden hergestellt werden.[23] Die Bestimmungen des Gesetzes von 1875 haben in ihren Grundzügen bis heute Gültigkeit.

Das Bürgerliche Gesetzbuch (BGB) vom 1. Januar 1900 bekräftigte die staatliche Zuständigkeit für Fragen des Personenstandes. Der Konflikt mit der katholischen Kirche, die die Ehe als Sakrament und damit als originär religiöse Angelegenheit betrachtete, sollte durch den Hinweis in § 1588 BGB entschärft werden, dass kirchliche Verpflichtungen von den staatlichen Regelungen unberührt blieben.[24] Mit der Änderung der Staatsform zur Republik traten 1919 weitere Neuerungen hinzu wie die grundsätzliche staatsbürgerrechtliche Gleichstellung von Mann und Frau, die Besserstellung von unehelich Geborenen und die Freistellung von der Offenlegung des persönlichen Bekenntnisses, sofern die Erhebung nicht statistischen Zwecken diente.[25] Der Standesbeamte, der jetzt auch weiblichen Geschlechts sein konnte, hatte dabei getrennt von der Erfassung des Personenstandes die Aufgabe, für die Religionsgemeinschaften die Statistik weiterzuführen. Letztere Bestimmung hieß im Wortlaut des 1920 erlassenen *Gesetzes über den Personenstand* wie folgt: „Die Standesbeamten haben statistische Erhebungen, einschließlich solcher über Zugehörigkeit zu einer Religionsgesellschaft, vorzunehmen. [...] Auskunft aus solchen Erhebungen ist nur den betreffenden Religionsgesellschaften zu gewähren."[26] Der Passus zur ansonsten freiwilligen Angabe des religiösen Bekenntnisses wurde jedoch 1938 mit diskriminierender Absicht wieder aufgehoben.

5 Das Personenstandswesen während der Zeit des Nationalsozialismus

Hatte der Übergang zwischen dem Kaiserreich und der Weimarer Republik für die Entwicklung des Personenstandswesens nur vergleichsweise geringfügige Veränderungen mit sich gebracht, so führte die nationalsozialistische Machtübernahme im Januar 1933 zu einer weitgehenden Neuinterpretation und Erweiterung der Aufgabenbereiche und Ziele standesamtlicher Tätigkeit. Vor dem Hintergrund einer pseudowissenschaftlich

---

23 Schütz 1977, S. 49.
24 Darauf weist auch Rietdorf 1958, S. 18 hin.
25 Art. 109, 121 bzw. 136 Weimarer Reichsverfassung.
26 Vom 11. Juni 1920, Reichsgesetzblatt 1920, S. 1209-1210, Zitat S. 1210.

legitimierten Blut-und-Boden-Ideologie, die den Wert und die Rechte eines Individuums ausschließlich aus seinem familiär-völkischen Herkommen heraus zu definieren suchte, konnte es schon bald nicht mehr genügen, den Fokus personenstandsrechtlichen Interesses auf den Einzelnen ohne gleichzeitige Verbindung mit seinen Vorfahren und Nachkommen zu lenken. Mit dem „Gesetz zur Wiederherstellung des Berufsbeamtentums"[27], dem „Reichserbhofgesetz"[28], dem „Gesetz zum Schutze des deutschen Blutes und der deutschen Ehre"[29] sowie dem „Gesetz zum Schutze der Erbgesundheit des deutschen Volkes"[30] wurden bereits in der Frühphase des „Dritten Reiches" Vorschriften erlassen, die eine Gewährung essentieller Bürgerrechte vom erfolgreichen Nachweis einer ideologisch erwünschten Abstammung abhängig machten. Die Standesbeamten, denen neben der Last der massenhaften Ausstellung von Geburts- und Heiratsurkunden zu Belegzwecken auch die Rolle zufiel, bei Eheschließungen die Verlobten auf die neudefinierten „Ehehindernisse" zu überprüfen, wurden so gezwungenermaßen zu Handlangern des Unrechtsstaates.[31] Am 3. November 1937 schließlich verabschiedete die Reichsregierung eine Novellierung des Personenstandsgesetzes, das am 1. Juli 1938 in Kraft trat.[32] Zur Intention des Gesetzes hieß es dazu im Deutschen Reichsanzeiger:

„In Zukunft werden die verwandtschaftlichen Zusammenhänge der Angehörigen einer Familie, die Zusammenhänge zwischen Vor- und Nachfahren, aus den Standesbüchern in vollem Umfange ersichtlich sein. Dies wird erreicht durch die Einrichtung eines Familienbuchs [...]. Die Einführung des Familienbuchs wird dazu beitragen, im einzelnen Menschen den Familiensinn und das Gefühl dafür zu stärken, daß er ein verbindendes Glied in einer langen Kette von Geschlechtern ist. Dadurch wird in ihm auch das Gefühl der Verantwortung geweckt, die er selbst für die Erhaltung seines Geschlechts und damit zugleich für die Zukunft des deutschen Volkes trägt."[33]

---

27 Vom 7. April 1933, Reichsgesetzblatt 1933, I, S. 175.
28 Vom 29. September 1933, Reichsgesetzblatt 1933, I, S. 685.
29 Vom 15. September 1935, Reichsgesetzblatt 1935, I, S. 1145ff.
30 Vom 18. Oktober 1935, Reichsgesetzblatt 1935, I, S. 1246.
31 Vgl. Schütz 1977, S. 53-56.
32 Reichsgesetzblatt 1937, I, S. 1146.
33 Deutscher Reichsanzeiger und Preußischer Staatsanzeiger, Nr. 258 vom 8. November 1937.

Tatsächlich bildete die Einführung des neuen „Familienbuches" den Kern der Gesetzesreform. Das Familienbuch ersetzte von nun an das alte Heiratsregister und wurde durch umfangreiche Angaben zum verwandtschaftlichen Umfeld der Eheleute ergänzt. Deshalb wurde das Familienbuch, das bei der Eheschließung angelegt und beim ausstellenden Standesamt weitergepflegt wurde, in zwei Teile aufgeteilt. Der erste Teil beurkundete die Eheschließung und wurde in der Folgezeit mit Randvermerken zum Status der Ehe (Scheidung, Nichtigkeit, Nichtbestehen) sowie zum Tod der Ehegatten fortgeführt. Der zweite Teil des Familienbuches enthielt Angaben über die Eltern des Brautpaares (Name, Beruf, Wohnort, Angaben zu Geburt und Heirat), Angaben über Staatsangehörigkeit, das Reichsbürgerrecht und die rassische Einordnung der Ehegatten sowie Angaben über gemeinsame oder adoptierte Kinder.[34] Darüber hinaus wurden von nun an Angaben zur Religionszugehörigkeit (wie schon vor 1920) sowie zu den natürlichen Eltern für alle Personenstandsregister verpflichtend. Die Wiedereinführung der Angaben zur Religionszugehörigkeit diente dabei vor allem zur personenstandsrechtlichen Kenntlichmachung von Juden, die nur wenige Wochen nach dem Inkrafttreten des neuen Personenstandsgesetzes, am 17. August 1938, mit der „Zweiten Verordnung zur Durchführung des Gesetzes über die Änderung von Familiennamen und Vornamen"[35] noch verschärft wurde. Von nun an durften deutsche Juden ausschließlich Vornamen aus einer vom Reichsinnenminister aufgestellten Namensliste führen; Juden, die einen anderen Namen hatten, wurden mit den in die Personenstandsregister einzutragenden Zwangsvornamen „Sara" und „Israel" belegt.[36]

Auch der Ausbruch und Verlauf des Zweiten Weltkrieges schlugen sich in der Entwicklung des Personenstandswesens nieder. Zwar war bereits im Personenstandsgesetz von 1937 eine Sonderregelung für Wehrmachtsangehörige vorgesehen, doch wurde diese erst nach Kriegsbeginn, mit Inkrafttreten der „Dritten Verordnung zur Ausführung des Personenstandsgesetzes"[37] vom 4. November 1939 konkretisiert und massenhaft wirksam. In dieser Verordnung wurden unter anderem die Möglichkeiten der Ferntrauung ausgeweitet und die Beurkundungen von Kriegssterbefällen gere-

---

34 Vgl. Schütz 1977, S. 61-62.
35 Reichsgesetzblatt 1938, I, S. 1044.
36 Vgl. Schütz 1977, S. 69.
37 Reichsgesetzblatt 1939, I, S. 2163.

gelt.[38] In einer „Vierten Verordnung zur Ausführung und Ergänzung des Personenstandsgesetzes"[39] vom 29. September 1944 schließlich wurden aus kriegsökonomischen Gründen einige Verwaltungsvereinfachungen durchgesetzt. Die Kompetenzen der Standesbeamten wurden erweitert, während für eine Frist von zwei Jahren auf die Weiterführung des zweiten Teils des Familienbuches sowie die Eintragung einiger Hinweise und Randvermerke in anderen Registern verzichtet wurde.[40]

6 Von der Nachkriegszeit zur Gegenwart: Das Personenstandswesen der Bundesrepublik nach 1945

Der Zusammenbruch des „Dritten Reichs" markierte auch auf dem Gebiet des Personenstandswesens einen tiefen Einschnitt. Die rassistisch motivierte Lenkung und Instrumentalisierung des Personenstandswesens fand ein abruptes Ende,[41] während die politische wie verwaltungstechnische Entwicklung im Nachkriegsdeutschland die Standesämter vor einige Probleme stellte. Unter der großen Anzahl von Flüchtlingen und Bombenopfern besaßen viele keinerlei Papiere mehr. Ihre Personenstandsunterlagen waren entweder vernichtet oder aber nicht mehr zugänglich, da die für sie zuständigen Standesamtsbezirke nicht mehr unter deutscher Verwaltung standen. Da eine Nachbeurkundung von der für derartige Fälle gesetzlich vorgesehenen Stelle, dem zentralen Standesamt I in Berlin, nicht massenweise geleistet werden konnte, mussten die Betroffenen ersatzweise eidesstattliche Erklärungen abgeben – eine Notlösung, die eine Ausnahme zur Regel machte und dringenden Reformbedarf aufzeigte.[42]

Als ebenso problematisch erwies sich die Frage nach der Zukunft des zweiten Teils des Familienbuches, dessen Weiterführung ja 1944 für zwei Jahre ausgesetzt worden war. Da nach 1945 keine einheitliche Korrekturregelung für diese Vorschrift erlassen wurde, konkurrierten in den frühen 1950er Jahren auf dem Gebiet der Bundesrepublik drei verschiedene Weiterschreibungsmodelle miteinander.[43]

---

38 Vgl. Schütz 1977, S. 70-73. Vgl. Einhaus, Ann Marie, Zur bestandsübergreifenden Verzeichnung von Todeserklärungen aus den Amtsgerichten, in: Der Archivar 57 (2004), S. 137-138; Einhaus bezieht sich auf Detmolder Bestände.

39 Reichsgesetzblatt 1944, I, S. 219.

40 Vgl. Schütz 1977, S. 75.

41 Vgl. ebda., S. 77-78.

42 Vgl. ebda., S. 84, Rietdorf 1958, S. 31.

43 Vgl. Schütz 1977, S. 75, 84; Rietdorf 1958, S. 31.

Den aufgezeigten Schwierigkeiten versuchte der Gesetzgeber 1957 durch eine Neufassung des Personenstandsgesetzes („Zweites Gesetz zur Änderung und Ergänzung des Personenstandsgesetzes")[44] zu begegnen, das zum 1. Januar 1958 in Kraft trat. Es umfasste zwei wesentliche Neuregelungen:

1. Um das Problem der verlorenen Familienunterlagen besonders bei Vertriebenen und Bombenopfern zu lösen, wurde mit § 15a die Möglichkeit geschaffen, auf Antrag ein Familienbuch beim für den jeweiligen Wohnsitz zuständigen Standesamt anlegen zu lassen. Um dauerhaft nachvollziehen zu können, welche Standesämter für wen wann welche Familienbücher ausgestellt hatten, wurde 1968 in Berlin eine zentrale Kartei angelegt, die diese Fälle registrierte.[45]

2. Die Anzahl, der Inhalt und die Fortschreibungsregelungen der Personenstandsbücher wurden neu festgelegt. Das alte Familienbuch, das bis dato ja Eintragungen zur Heirat sowie zu den Familienangehörigen enthielt, wurde in ein „Heiratsbuch" und ein (neues) „Familienbuch" aufgeteilt. Das Familienbuch wird seitdem nicht mehr wie früher am Ort der Eheschließung weitergeführt, sondern „folgt" dem Wohnsitz des Ehepaares. Für im Ausland ansässige Deutsche ist dabei das Standesamt Berlin I zuständig, während bei Trennungen das Buch beim zuletzt zuständigen Standesamt verbleibt. Das Heiratsbuch, das vor 1958 als Teil des Familienbuches mit Randvermerken zum Status der Ehe sowie zu Todesfällen der Ehepartner weitergeführt wurde, wird nun nicht mehr fortgeschrieben und bleibt dauerhaft in dem Standesamt, in dem die Ehe geschlossen wurde. Dadurch wird zwar die Gefahr minimiert, dass eine Eheeintragung verloren gehen könnte, die als Registerauszug ausgestellte Heiratsurkunde sagt jedoch seitdem nichts mehr über den tatsächlichen Bestand einer Ehe aus. Neben dem Heirats- und Familienbuch werden weiterhin Geburts- und Sterbebücher bei den örtlichen Standesämtern geführt.[46]

Mithin gibt es seit 1958 vier Personenstandsbücher: Heiratsbuch, Familienbuch, Geburtsbuch und Sterbebuch. Diese enthalten in tabellarischer Darstellung folgende Informationen:

44 Bundesgesetzblatt 1957, I, S. 518.
45 Vgl. Schütz 1977, S. 86-87.
46 Vgl. ebda., S. 85-89.

TAB. 1: PERSONENSTANDSBÜCHER

Personen-standsbuch	Inhalt	Führung
Heiratsbuch (§§ 9-11 PStG)	– Vor- und Familiennamen, Geburtstag und -ort, Beruf und Wohnort der Eheschließenden, mit Einverständnis Angaben zur Konfession – dgl. Angaben für die Trauzeugen (ohne Konfessionsangaben) – Erklärung der Eheschließenden – Ausspruch des Standesbeamten	– wird zur Hochzeit ausgestellt – bleibt beim ausstellenden Standesamt – wird nur dann weitergeführt, wenn der Eintrag von Anfang an unberechtigt war
Familienbuch (§§ 12-15 PStG)	– Vor- und Familiennamen, Geburtstag und -ort, Beruf und Wohnort der Eheschließenden, mit Einverständnis Angaben zur Konfession – Vor- und Familiennamen sowie Wohnort der Eltern der Ehegatten – Vermerk zur Staatsangehörigkeit „falls diese nachgewiesen wird" – Tod der Ehegatten – Aufhebung, Scheidung oder Feststellung des Nichtbestehens der Ehe – Wiederverheiratung – sonstige Änderungen des Personenstandes – Änderungen der Religionszugehörigkeit oder Nationalität	– wird zur Hochzeit ausgestellt – wird laufend am Wohnsitz des Ehepaares, des überlebenden Ehepartners oder (bei verschiedenen Wohnsitzen) beim letzten zuständigen Standesamt weitergeführt – bei Aufenthalt außerhalb des Geltungsbereich des PStG ist das Standesamt I (Berlin) zuständig
Geburtenbuch (§§ 16-31 PStG)	– Vor- und Familiennamen, Geburtstag und -ort, Beruf und Wohnort der Eltern, mit Einverständnis Angaben zur Konfession, Staatsangehörigkeit (wenn nicht deutsch!) – Ort, Tag und Stunde der Geburt – Name und Geschlecht des Kindes – Vor- und Familienname sowie Beruf und Wohnort des Anzeigenden – Randvermerke zur Anerkennung oder Feststellung von Vaterschaft und Mutterschaft	– Wird nach Anzeige der Geburt (binnen einer Woche!) vom örtlichen Standesamt ausgestellt und verbleibt dort

	– Randvermerke zu Änderungen bzw. Feststellungen von Namen, Abstammung, Personenstand und Geschlecht	
Sterbebuch (§§ 32-40 PStG)	– Vor- und Familiennamen, Geburtstag und -ort, Beruf und Wohnort des Verstorbenen, mit Einverständnis des Anzeigenden Angaben zur Konfession – Vor- und Familienname des Ehegatten bzw. ein Vermerk , dass der Verstorbene ledig war – Ort, Tag und Stunde des Todes – Vor- und Familienname sowie Beruf und Wohnort des Anzeigenden	– Wird nach Anzeige des Todesfalls (binnen eines Werktages!) vom örtlichen Standesamt ausgestellt und verbleibt dort

In der SBZ bzw. der DDR blieb das Personenstandsrecht von 1937 im Wesentlichen bestehen. Einzig Teile der verwendeten Terminologie sowie die Art einiger Zusätze (z. B. Berufsangaben) und Rechtsakte (wie z. B. Verlöbnis, Angaben zur Konfession etc.) wurden getilgt oder geändert.[47] Mit dem Einigungsvertrag erlangte das bundesdeutsche Personenstandsrecht deutschlandweit Geltung.

7. Das Personenstandsarchiv Detmold: Geschichte, Bestände, Nutzung

Die Einrichtung des Personenstandsarchivs Detmold 1964 ist eng mit der Entwicklung des zu dieser Zeit bereits bestehenden anderen nordrhein-westfälischen Personenstandsarchivs in Brühl verknüpft, dessen Wurzeln wiederum bis in die späten Dreißiger Jahre zurückreichen.[48] Bereits 1937 hatte das Preußische und Reichsjustizministerium angekündigt, alle in staatlicher Obhut befindlichen Personenstandsunterlagen zu zentralisieren. Ziel dieser Maßnahmen war es, eine ideologisch motivierte Genealogie zu fördern.[49] Zu einer Umsetzung dieser Ankündigung für Teile des späteren Landes Nordrhein-Westfalen kam es allerdings erst 1941, als das „Landessippenamt" der Rheinprovinz gegründet wurde. Ende 1942 nahm dieses Amt seine Arbeit auf und führte mit Ausnahme der standesamtlichen Re-

47 Vgl. ebda., S. 97-102.
48 Zur folgenden Darstellung der Geschichte des Personenstandsarchivs Brühl vgl. Christian Reinicke in diesem Band.
49 Reichsministerialblatt für die innere Verwaltung 1937, Nr. 35.

gister alle verfügbaren Personenstandsunterlagen staatlicher, aber auch kirchlicher Provenienz auf der Festung Ehrenbreitstein bei Koblenz zusammen. Gegen Kriegsende wurden die Bestände des Sippenamtes zum Schutz vor Bombenangriffen getrennt: Die als historisch wertvoller erachteten Kirchenbücher wurden in ein Salzbergwerk bei Hannover ausgelagert, während die Zivilstandsunterlagen auf Ehrenbreitstein verblieben. Erst im Sommer 1945 wurden die Kirchenbücher ins Rheinland zurückgebracht und auf Schloss Gracht bei Liblar eingelagert. Trotz dieser unbefriedigenden Beständeaufteilung des ehemaligen Sippenamtes wurde eine systematische Rückgabe der Personenstandsunterlagen an die ursprünglichen Behörden offenbar nicht in Betracht gezogen. Stattdessen wurden in den folgenden Jahren von Seiten der Landesregierung Schritte eingeleitet, die die Kompetenzen der Dienststelle deutlich erweiterten und sie zu einem echten „Personenstandsarchiv" aufwerteten: 1953 wurde die Behörde mit der Aufbewahrung und Fortführung der standesamtlichen Nebenregister aus den Oberlandesgerichtsbezirken Köln und Düsseldorf bis zum 30. Juni 1938 beauftragt,[50] die Kirchenbücher und Zivilstandsregister der südlichen Rheinprovinz wurden an Rheinland-Pfalz abgegeben und in den Jahren 1954/1955 wurden die beiden getrennten Beständegruppen an einem neuen Standort in Brühl wieder zusammengeführt.

Durch die Einrichtung bzw. Beibehaltung und Kompetenzerweiterung des Personenstandsarchivs in Brühl entstand sowohl aus Sicht der Archive als auch aus der Sicht der Personenstandsverwaltung eine strukturelle Schieflage, da es für die westfälischen und lippischen Landesteile Nordrhein-Westfalens weder eine den Verhältnissen im Rheinland vergleichbare Konzentration von Personenstandsarchivalien noch eine zentralisierte Weiterführung der älteren Nebenregister gab. Diese Schieflage wurde nach einigen gescheiterten Plänen[51] erst 1964, mehrere Jahre nach der Novellierung des Personenstandsrechts, bereinigt. §70a, Abs. 1 der Neufassung des Personenstandsgesetzes von 1957 ermächtigte die Landesregierungen dazu, durch Rechtsverordnung Bestimmungen über die Aufbewahrung, Fortführung und Benutzung der zwischen 1876 und 1938 geführten standesamtlichen Nebenregister zu treffen. 1964 machte die nordrhein-westfälische Landesregierung von dieser Möglichkeit Gebrauch und verfügte in ei-

---

50 Erlass vom 12. Februar 1953, Ministerialblatt für das Land Nordrhein-Westfalen 1953, S. 255.

51 Vgl. Reinicke in diesem Band.

nem Runderlass die Zuständigkeit des „Personenstandsarchivs Westfalen-Lippe" (so die damalige Behördenbezeichnung) in Detmold für die älteren standesamtlichen Nebenregister sowie deren Vorläufer in den Regierungsbezirken Münster, Arnsberg und Detmold.[52] Praktisch war dies die Geburtsstunde des zweiten nordrhein-westfälischen Personenstandsarchivs, das als Abteilung des Staatsarchivs Detmold am 1. Januar 1965 seine Tätigkeit aufnahm. Das Detmolder Archiv galt seit dem als Doppelarchiv.

Obwohl das Innenministerium in einem Runderlass bereits im Dezember 1964 alle zuständigen Behörden aufforderte, die nach Detmold abzugebenden Unterlagen bereitzustellen,[53] sorgten zahlreiche Missverständnisse, zum Teil aber auch die zögerliche Kooperationsbereitschaft einzelner abgabeverpflichteter Behörden für einige Anlaufschwierigkeiten. So vermeldete beispielsweise zunächst das Amtsgericht Münster, das von Detmold zur Abgabe aller älteren Personenstandsunterlagen aufgefordert worden war,[54] solche Dokumente gebe es dort nicht.[55] Erst auf weitere Nachfragen des Archivs stellte sich heraus, dass die älteren Standesamtsnebenregister gemäß einer Verfügung des zuständigen Oberlandesgerichts bereits 1953 an die jeweiligen Stadtverwaltungen abgegeben worden waren, während die Zivilstandsregister, Kirchenbuchduplikate und Judenregister ihren Weg ins Staatsarchiv Münster gefunden hatten.[56] Bei der Durchsicht der daraufhin von Münster an Detmold abgegebenen Unterlagen stellte sich jedoch heraus, dass die Kirchenbuchduplikate der katholischen Gemeinden des Land- und Stadtkreises Münster vollständig fehlten.[57] Erst nach weiterer Recher-

---

52 Verordnung zur Ausführung des Personenstandsgesetzes vom 15. September 1964, Gesetz- und Verordnungsblatt für das Land Nordrhein-Westfalen 1964, S. 312.

53 Runderlass vom 23. Dezember 1964, Ministerialblatt für das Land Nordrhein-Westfalen 1965, S. 74.

54 Schreiben des Personenstandsarchivs Detmold an das Amtsgericht Münster vom 8. April 1965, Landesarchiv NRW Staats- und Personenstandsarchiv Detmold [im folgenden: LAV NRW StA Dt], Altregistratur Personenstandsarchiv, Übernahme von: Zivilstandsregistern, Juden- und Dissidentenregistern, Kirchenbuchduplikaten von Amtsgerichten der Regierungsbezirke Arnsberg, Münster, Detmold.

55 Ebd., Schreiben des Amtsgerichts Münster an das Personenstandsarchiv Detmold vom 9. April 1965.

56 Ebd., Schreiben des Amtsgerichts Münster an das Personenstandsarchiv Detmold vom 26. April 1965.

57 Ebd., Schreiben des Personenstandsarchivs Detmold an das Amtsgericht Münster vom 1. Dezember 1965.

chen erfuhr man, dass diese während des Krieges bei der Bombardierung des alten Amtsgerichtes restlos vernichtet worden waren.[58]

Als problematisch erwies sich in einzelnen Fällen auch die Frage der tatsächlichen Eigentumsverhältnisse an den älteren Personenstandsunterlagen. Zwar vertrat das Archiv mit Unterstützung des Kultusministeriums von Anfang an den Standpunkt, dass alle ursprünglich bei Gericht aufzubewahrenden Zivilstandsregister und Kirchenbuchduplikate als staatliches Schriftgut dem Personenstandsarchiv zu übereignen seien,[59] doch führten fehlerhafte behördliche Zuordnungen in der Vergangenheit oder aber gewohnheitsrechtlich begründete Ansprüche gelegentlich zu Meinungsverschiedenheiten.

So bat beispielsweise 1969 das Personenstandsarchiv das Stadtarchiv Minden, die dort fälschlicherweise gelagerten Zweitschriften (2. Original) städtischer Zivilstandsregister (diese hätten sich eigentlich im Amtsgericht befinden müssen) nach Detmold abzugeben.[60] Das Stadtarchiv erklärte sich zu einer Abgabe bereit, erbat aber im Gegenzug eine Rückgabe städtischer Gerichtsakten, die man nicht ohne Grund in den Beständen des Staatsarchivs vermutete.[61] Erst als man von Detmold aus versicherte, solche Akten seien dort nicht vorhanden, erklärte sich der Mindener Stadtdirektor dazu bereit, die Unterlagen ohne Gegenleistung, allerdings unter vorläufigem Eigentumsvorbehalt abzugeben. Diese Klausel resultierte indirekt aus einem anderen Eigentumsvorbehalt, den das Kultusministerium des Landes bei der Rückgabe städtischer Urkunden aus den Beständen des Staatsarchivs Münster geltend gemacht hatte.[62] Unter ausdrücklicher Betonung der „Vorläufigkeit" akzeptierte man in Detmold diese Regelung, die eine problemlose Nutzung der Unterlagen ja nicht behinderte und dazu beitra-

---

58 Ebd., Schreiben des Amtsgerichts Münster an das Personenstandsarchiv Detmold vom 2. Dezember 1965.

59 Vgl. dazu den Briefwechsel zwischen dem Personenstandsarchiv und dem Geheimen Staatsarchiv Stiftung Preußischer Kulturbesitz Berlin (13. Oktober 1966 - 20. Januar 1970), in dem strittige Eigentumsansprüche an Kirchenbuchduplikaten ausführlich erörtert wurden (LAV NRW StA Dt, Altregistratur Personenstandsarchiv, Eigentumsrechte Kirchenbuchduplikate).

60 Ebd., Schreiben des Personenstandsarchivs Detmold an das Stadtarchiv Minden vom 11. November 1969.

61 Ebd., Schreiben des Stadtarchivs Minden an das Personenstandsarchiv Detmold vom 13. Januar 1970.

62 Ebd., Schreiben des Stadtdirektors Minden an das Personenstandsarchiv Detmold vom 16. Februar 1970.

gen konnte, das nicht immer unproblematische Verhältnis zwischen Staatsarchiv und Stadtarchiv zu entspannen.[63]

Trotz dieser und ähnlicher Auseinandersetzungen gelang es dem Personenstandsarchiv in den Folgejahren, einen beinahe lückenlosen und sehr
umfangreichen Fundus an Personenstandsunterlagen seines Sprengels aufzubauen. Die Bestände des Personenstandsarchivs (s. Tabelle) umfassen
etwa 139.000 standesamtliche Nebenregister und knapp 7.000 Kirchenbuchduplikate und Zivilstandsregister:[64]

TAB. 2: BESTÄNDE DES PERSONENSTANDSARCHIVS DETMOLD

Bestand	Signatur		
	Regierungsbezirk Detmold	Regierungsbezirk Arnsberg	Regierungsbezirk Münster
Standesamtliche Nebenre-gister bis 1938 – seit 1874 für Preußen – seit 1876 für Lippe	P3	P6	P9
– Kirchenbuchduplikate 1779-1874/76 (z.T. Mikrofiche) – Zivilstandsregister 1808-1815 (z.T. Mikrofiche)	P1 A-D	P4	P7
Juden- und Dissidenten-register 1804-1876	P2	P5	P8
Kirchenbücher aus Lippe (Depositum der Landeskir-che, Mikrofiche, Kartei)	L 112 A	–	–
Reproduktionen des Reichs-sippenamtes 1697-1942	P10	P10	P10

63 Ebd., Schreiben des Personenstandsarchivs Detmold an die Stadt Minden vom 20. Februar 1970.
64 Vgl. Joergens, Bettina / Wasilenko, Anna / Weimer, Katja, Familienforschung im
Archiv. Der richtige Weg zu Ihrem Stammbaum, hg. v. Landesarchiv NRW Staats- und
Personenstandsarchiv Detmold, Detmold 2005.; vgl. auch www.lav.nrw.de.

Durch den Zugriff auf weitere Bestände des Staatsarchivs, des Kreisarchivs und des Stadtarchivs, die im gleichen Gebäude untergebracht sind, werden die Recherchemöglichkeiten im Personenstandsarchiv noch deutlich erhöht. Für private Benutzer, die einen erheblichen Anteil an der Gesamtbenutzung des Archivs haben, gestaltet sich der Zugriff auf die Unterlagen des Personenstandsarchivs jedoch nicht in allen Fällen problemlos. So schränken bislang noch die nutzungsrechtlichen Bestimmungen des Personenstandsgesetzes den Zugang zu standesamtlichen Nebenregistern stark ein. Bei den Nebenregistern handelt es sich nämlich de facto um „lebendes" Registraturgut; eine Einsichtnahme erfolgt gemäß den ursprünglich 1875 festgelegten Zugangsregelungen in § 61 des Personenstandsgesetzes. Dort heißt es:

„Einsicht in die Personenstandsbücher, Durchsicht dieser Bücher und Erteilung von Personenstandsurkunden kann nur von den Behörden im Rahmen ihrer Zuständigkeit und von Personen verlangt werden, auf die sich der Eintrag bezieht, sowie von deren Ehegatten, Vorfahren und Abkömmlingen. Behörden haben den Zweck anzugeben. Andere Personen haben nur dann ein Recht auf Einsicht in die Personenstandsbücher, auf Durchsicht dieser Bücher und auf Erteilung von Personenstandsurkunden, wenn sie ein rechtliches Interesse glaubhaft machen."

Eine wissenschaftliche oder genealogische Auswertung der Standesamtsregister ist somit bis zu einer seit etlichen Jahren geplanten Novellierung des Personenstandsgesetzes ausgeschlossen.

Aber auch die Einsichtnahme in rechtlich problemlos zugängliche Unterlagen erweist sich für viele historisch und hilfswissenschaftlich ungeschulte Familienforscher als schwierig. Da eine sehr arbeitsintensive Einzelbetreuung durch das Lesesaalpersonal nicht in allen Fällen zu bewerkstelligen ist, bemüht sich das Personenstandsarchiv neben der Bereitstellung von thematisch einführenden Publikationen[65] und Veranstaltungen wie das Detmolder Sommergespräch auch um eine Einbindung, Nutzung und Vermittlung von außerarchivischen Ressourcen. Vor Ort wie in der Region engagiert sich das Archiv in verschiedenen Informationsnetzwerken und Arbeitsgemeinschaften und vermittelt bei Bedarf von Kontakten zum Detmolder Genealogischen Arbeitskreis Lippe (s. www.nhv-lippe.de) bis hin zur Beauftragung professioneller Familienforscher unterschiedliche individuell zugeschnittene Hilfsangebote. Nicht zuletzt dadurch hat sich das Per-

---

65 So zuletzt mit der Broschüre „Familienforschung" 2005.

sonenstandsarchiv Detmold, das seit der Umorganisation der staatlichen Archive in NRW zum Landesarchiv NRW im Jahr 2004 ein Dezernat des nordrhein-westfälischen Landesarchivs bildet, zu einer zentralen Anlaufstelle für die Familienforschung in Westfalen und Lippe entwickelt.

Personenstandsüberlieferung in katholischen Archiven

von Joachim Oepen

„Habeat parochus librum, in quo conjugum et testium nomina diemque et locum contracti matrimonii describat, quem diligenter apud se custodiat"[1]. Dieser Satz im Dekret des Trienter Konzils „Tametsi" von 1563, mit dem die Führung von Heiratsbüchern angeordnet wurde, bildet einen Meilenstein in der Geschichte des katholischen Kirchenbuchwesens und damit der kirchlichen Personenstandsüberlieferung. Neben dem Heiratsbuch verfügte das Konzil auch die Einführung von Taufbüchern, während sich Vorschriften zum Sterberegister erst im Rituale Romanum von 1614 finden. In den katholischen deutschsprachigen Gegenden beginnt in der Zeit nach dem zitierten Trienter Dekret eine dichter werdende Kirchenbuchführung jedoch höchst zögerlich und oft Jahrzehnte später, was nicht nur, aber auch mit der insgesamt schleppenden Rezeption der Konzilsbeschlüsse zusammenhängt. Wohl sind aus früheren Zeiten vergleichbare Aufzeichnungen ebenso wie Vorschriften über eine entsprechende Registerführung überliefert.[2] Entscheidend an den Regelungen des Trienter Konzils ist indessen der Versuch, die kirchlichen Personenstandsaufzeichnungen zu systematisieren – in *sämtlichen* katholischen Pfarreien sollten *alle* entsprechenden Sakramentenspendungen eingetragen werden.[3]

---

1 In deutscher Übersetzung: Der Pfarrer soll ein Buch führen, in dem er die Namen der Eheleute und Zeugen, Tag und Ort der geschlossenen Ehe niederschreibe, und das er sorgfältig bei sich aufbewahre. Zitiert nach: Jedin, Hubert, Das Konzil von Trient und die Anfänge der Kirchenmatrikeln, in: Zeitschrift der Savigny-Stiftung für Rechtsgeschichte, Kanonistische Abteilung 32 (1943), S. 419-494, hier S. 422.
2 Überblicke bieten Börsting, Heinrich, Geschichte der Matrikeln von der Frühgeschichte bis zur Gegenwart, Freiburg 1959; Becker, Peter, Leben, Lieben, Sterben. Die Analyse von Kirchenbüchern, St. Katharinen 1989, S. 7-35; Füchtner, Jörg, Quellen rheinischer Archive zur neuzeitlichen Personen- und Familiengeschichte. Eine Einführung in fünf Kapitel Kunde der Quellen und ihrer Gründe, Siegburg 1995, S. 39-51; Rinnerthaler, Alfred, Matrikel, in: Lexikon für Theologie und Kirche, 3. neubearb. Aufl., Freiburg usw. 1997, Bd. 6, Sp. 1476.
3 Becker 1989, S. 9.

Vor diesem Hintergrund soll im Folgenden dem Kirchenbuchwesen in katholischen kirchlichen Archiven nachgegangen werden. Von den vielen Facetten, die dieses Thema bietet, stehen dabei zwei besonders im Mittelpunkt, die Grundlegendes bieten bzw. von hoher Aktualität sind: In einem ersten Abschnitt geht es um das Wesen der Kirchenbücher als kirchliche Amtsbücher, in einem zweiten, längeren Abschnitt um die rechtlichen Grundlagen für deren Benutzung.

1 Kirchenbücher als Amtsbücher

In weiten Teilen Deutschlands hat sich die auch hier verwendete Bezeichnung „Kirchenbücher" eingebürgert, in Süddeutschland und Österreich heißen sie Matriken und Matrikeln (aus lat. „matricula"), in der katholischen Schweiz Rodel (von lat. „rotuli") und in der reformierten Schweiz „Pfarrbücher". Letzteres entspricht dem Sprachgebrauch des Codex Iuris Canonici (CIC), der als kirchliches Gesetzbuch die wichtigste kirchliche Rechtsquelle darstellt. In der aktuellen Fassung von 1983 verwendet der CIC den Terminus „libri paroeciales"[4], was in der amtlichen deutschen Übersetzung als adjektivisch mit „die pfarrlichen Bücher" wiedergegeben wird. In der – auch jüngeren – kanonistischen Literatur[5] werden die Begriffe wie „Kirchenbücher" und „Pfarrbücher" hingegen voneinander unterschieden: Pfarrbücher enthalten personenstands- und seelsorgerelevante Daten (z. B. Taufbücher), Kirchenbücher hingegen vermögensrelevante Angaben (z. B. Lagerbücher). Hingegen wird in der jüngsten Auflage des „Lexikons für Theologie und Kirche" die Bezeichnung „Kirchenbücher" als Überbegriff angesehen.[6]

Diese terminologische Unsicherheit zeigt treffend, dass es eine verbindliche Bezeichnung für das Gemeinte eigentlich nicht gibt. Insbesondere ist der Begriff „Kirchenbuch" ambivalent, denn einerseits bildet er eine bequeme Bezeichnung für das Gemeinte und ist insofern als Verabredungsbegriff sinnvoll. Andererseits ist er keineswegs allgemein verbindlich. Stricto sensu ist er sogar diffus oder wenigstens mehrdeutig: Der Begriff „Kirchenbuch" kann als Oberbegriff letztlich jedes kirchliche Amtsbuch bezeichnen, also auch ein Zehntverzeichnis, eine Pfarrchronik, ein Memo-

---

4 CIC 1983, Can. 535 § 1.
5 Z. B. Schmitz, Heribert, Die pfarrlichen Kirchenbücher. Zur Frage des Rechtsträgers und des Eigentümers der „libri paroeciales", Speyer 1992, S. 46 u. ö.
6 Rinnerthaler 1997, Sp. 1476.

rienbuch usw. Auch Kirchenbücher im engeren Sinne fallen selbstverständlich darunter, weisen sie doch alle Merkmale eines Amtsbuches auf: Buchförmig gebundene Aufzeichnungen („Buch"), seine Verwendung im Rahmen der Tätigkeit einer institutionalisierten und mit herrscherlichen Rechten versehenen Stelle („Amt"), schließlich die Komposition durch eine Fülle der Form nach oft gleichförmiger Eintragungen – das nicht nur in diesem Zusammenhang wohl wichtigste Merkmal von Amtsbüchern.[7]

Mit Amtsbüchern haben sich hilfswissenschaftliche Forschung und Archivkunde eigentlich immer befasst, wenngleich erst in den letzten Jahrzehnten deutlich geworden ist, dass sie neben Urkunden und Akten als ein genus tertium anzusehen sind und nicht der einen oder anderen der beiden übrigen Gattungen subsumiert werden dürfen.[8] Als Untersuchungsfelder dienten dabei Amtsbücher zumeist landesherrlicher oder städtischer Verwaltung – Ausführungen zu Amtsbüchern kirchlicher Verwaltungen sucht man vergebens. Eine kirchliche Amtsbuchlehre ist also ein Desiderat. In eine solche kirchliche Amtsbuchlehre wäre dann auch eine systematische Untersuchung der Kirchenbücher im engeren Sinne einzubetten.

Es fällt jedenfalls auf, dass die Quellen selbst den Begriff „Kirchenbuch" völlig anders verwenden als wir heute und insofern zu den eben angeschnittenen Ebenen der Begrifflichkeit eine weitere hinzukommt: Aus rheinischen Pfarrarchiven sind nicht wenige Beispiele vor allem des 17. und 18. Jahrhunderts bekannt, in denen Amtsbücher die Aufschrift tragen „liber ecclesiae X-dorf" oder deutsch „Kirchenbuch von Y-dorf".[9] Bezeichnet werden mit zeitgenössischen Außen- oder Innentiteln dieser Art Aufzeichnungen, die als zentrales, vom Pfarrer geführtes Amtsbuch der Pfarrei fungieren und als typisches Mischbuch alle möglichen relevanten Informationen zur Pfarrverwaltung enthalten, beispielsweise Pfarrerlisten, Angaben zur Landverpachtung, Rechnungslegung der Kirchmeister, chronikalische Notizen und Taufeintragungen. Typologisch sind Kirchenbücher dieser Art

---

7 Die verschiedenen Amtsbuchdefinitionen beleuchtet Pätzold, Stefan, Amtsbücher des Mittelalters. Überlegungen zum Stand ihrer Erforschung, in: Archivalische Zeitschrift 81 (1998), S. 87-111, v. a. S. 93-98.

8 Hartmann, Josef/Kloosterhuis, Jürgen, Amtsbücher, in: Beck, Friedrich/Henning, Eckart (Hg.), Die archivalischen Quellen. Mit einer Einführung in die Historischen Hilfswissenschaften, 3. Aufl. Köln/Weimar/Wien 2003, S. 40-73.

9 Beispiele: Pfarrarchiv (Kerpen-) Buir 544: „Burer ac keirchenbuch" (angelegt 1654); Pfarrarchiv (Düsseldorf-) Eller 912: „Kirchenbuch der kirchen zu Eller" (angelegt 1689; Pfarrarchiv (Ratingen-) Lintorf 609: „Liber ecclesiae Lintorpiensis" (angelegt 1706).

durchaus vergleichbar mit hochmittelalterlichen Stadtbüchern, dem „liber civitatis ...".[10] Zu fragen und zu untersuchen wäre auch hier, wie sich *diese* Kirchenbücher systematisch weiter entwickelten und welche Zusammenhänge zu den Kirchenbüchern im engeren Sinne bestehen, ob etwa Phänomene wie Serienspaltungen zu beobachten sind.

Wozu aber diese Grundüberlegungen? Es geht letztlich um die Frage, wo die heute gemeinhin als Kirchenbücher bezeichneten Aufzeichnungen quellenkundlich anzusiedeln sind. Auch wenn etwa die Kirchenbuchbestände des Personenstandsarchivs Brühl von der übrigen Überlieferung der jeweiligen Pfarrarchive separiert sind und bis heute in vielen kirchlichen Archiven Kirchenbücher aus der Gesamtüberlieferung der jeweiligen Pfarrarchive gleichsam herausgeschält sowie in Selektbeständen zusammengeführt werden,[11] so muss man sich klar machen, dass dies historische, rechtliche oder auch rein praktische Gründe hat. Tatsächlich sind die kirchlichen Amtsbücher insbesondere für die frühe Neuzeit doch häufiger als vermutet als Mischbücher im Sinne der beschriebenen „libri ecclesiae" überliefert. So enthält beispielsweise ein Kirchenbuch von Kapellen-Gilverath (bei Grevenbroich) aus der ersten Hälfte des 17. Jahrhunderts neben Tauf- und Sterbeeintragungen auch Abschriften von Testamenten der Pfarrangehörigen mit Stiftungen zu Gunsten der Pfarrkirche, ein „inventarium rerum sacrarum" sowie die jährliche Rechnungslegung der Kirchmeister.[12] Bei Überlieferung dieser Art bekommen die vermeintlich theoretischen Überlegungen durchaus praktisches Gewicht etwa bei der Frage der Beständebildung: Wann gehört ein solches Amtsbuch zum Selektbestand der Kirchenbücher und wann zum Pfarrarchiv?

Diese Beobachtungen sollen jedenfalls dafür sensibilisieren, dass Kirchenbücher in den Archiven nicht vorschnell als gleichförmiges serielles Schriftgut abgetan werden. In diesem Sinne ist beispielsweise zu begrüßen, dass die „Edition Brühl" Kirchenbücher nicht nur einfach digitalisiert präsentiert, sondern den Inhalt einem klassischen Enthält-Vermerk vergleich-

---

10 Hartmann/Kloosterhuis 2003, S. 41-44.
11 Vgl. die Angaben zu den einzelnen Bistumsarchiven: Führer durch die Bistumsarchive der katholischen Kirche in Deutschland, hrsg. von der Bundeskonferenz der kirchlichen Archive in Deutschland, 2. Aufl. Siegburg 1991.
12 Historisches Archiv des Erzbistums Köln, KB 195.

bar näher aufschlüsselt.[13] Im gleichen Sinne wird auch in den jüngst erarbeiteten „Empfehlungen für die Bearbeitung von Kirchenbüchern" eine eingehende Amtsbuchbeschreibung eingefordert.[14]

2 Rechtliche Grundlagen für die Benutzung von Kirchenbüchern

Für die katholische Kirche enthält der bereits erwähnte CIC die maßgeblichen universalkirchlichen Bestimmungen, welche die Kirchenbücher ihrem Wesen nach beschreiben, aber nicht deren Benutzung regeln (können). Demnach werden als Kirchenbücher in unserem Sinne („libri paroeciales") Taufbuch, Ehebuch und Totenbuch definiert.[15] Ihrem Charakter nach ist dieses Schriftgut wesentlich durch das Element der Führung der Bücher geprägt, also durch die Aufzeichnung von Daten („conscribere") – Formulierungen, die den Amtsbuchcharakter deutlich unterstreichen.

In diesem Zusammenhang ist die Frage nicht uninteressant, inwieweit auch Erstkommunikanten- und Firmverzeichnisse sowie „libri status animarum" unter die Kirchenbücher fallen. Ohne auf dieses Problem näher einzugehen, sei darauf hingewiesen, dass der CIC außer Tauf-, Ehe- und Totenbuch noch weitere Bücher „gemäß den Vorschriften der Bischofskonferenz oder des Diözesanbischofs" zu den „libri paroeciales" zählt.[16] Dieser Passus ist in den deutschen Bistümern im Detail unterschiedlich mit Leben gefüllt worden, für unsere Überlegungen ist jedoch entscheidend, dass in den meisten deutschen Diözesen auch Firmbücher und Erstkommunikantenverzeichnisse als Kirchenbücher angesehen werden.[17] Auch aus archivischer und quellenkundlicher Sicht ist es sinnvoll, Firmbücher und Erst-

---

13 Edition Brühl (Digitale Veröffentlichung von Kirchenbüchern des Landesarchiv NRW Personenstandsarchiv Brühl); Übersicht: http://www.patrimonium-transcriptum.org/shop/index.php?cPath=1. Zur Edition Detmold s. ebd.

14 Frauenberger, Michael/Metzing, Andreas/Oepen, Joachim/Thorey, Volker (Bearb.), Empfehlungen für die Auswertung von Kirchenbüchern, Köln 2003; Abdruck in: Mitteilungen der Westdeutschen Gesellschaft für Familienkunde 41 (2003), S. 66-70; im Internet unter: http://www.genealogienetz.de/vereine/wgff/docs/KB-Empfehlungen.pdf.

15 CIC 1983, Can. 535 § 1.

16 Ebd. In den ersten Entwürfen zum CIC von 1983 wurden auch die Firmbücher zu den Kirchenbüchern gezählt, was in der endgültigen Fassung wegen der anders gearteten Praxis mancher Diözesen wegfiel (Schmitz 1992, S. 50, Anm. 1).

17 Z. B. für das Erzbistum Köln: Erzbischöfliches Generalvikariat (Hg.), Diözesansynode 1954, Köln 1954, S. 125 (Dekret Nr. 301).

kommunikantenverzeichnisse als Kirchenbücher zu begreifen.[18] Letztlich ist eine Antwort von der Definition[19] von Kirchenbüchern abhängig. Dabei ist wiederum von Bedeutung, dass es sich bei Erstkommunikanten- und Firmverzeichnissen wie bei den übrigen Kirchenbüchern um Aufzeichnungen zum kirchlichen Personenstand handelt.

Aus der Bestimmung des CIC, was in die Taufbücher einzutragen sei, kann die inhaltliche Prägung der Kirchenbücher insgesamt abgeleitet werden, heißt es doch unter anderem: „Adnotentur ... necnon quae pertinent ad statum canonicum christifidelium ...". [20] Kurzum, die Kirchenbücher sind auch nach Kirchenrecht Verzeichnisse zur kirchenamtlichen Beurkundung geistlich-pastoraler Amtshandlungen sowie des kirchlichen Personenstandes. Als solche verkörpern sie „documenta publica ecclesiastica"[21] mit voller Beweiskraft.[22]

Ähnlich wie im Kirchenrecht hat auch die staatliche Gesetzgebung vor Beginn der amtlichen Personenstandsverzeichnisse den Kirchenbüchern als Beurkundungen des Personenstandes öffentliches Interesse und Beweiskraft beigemessen, so dass in dieser Hinsicht kirchliches Recht – auch das ältere – und staatliches übereinstimmen. Im Wesentlichen begann das Interesse des Staates um die Wende des 17. zum 18. Jahrhundert und verstärkte sich in der Aufklärungszeit, als man die Bedeutung der Kirchenbücher auch für das bürgerliche Leben erkannte, insbesondere für Zwecke der Verwaltung und der Rechtsprechung. Zu den vielfältigen Beispielen entsprechender landesherrlicher, staatlicher Anordnungen gehört etwa eine solche von 1769 für Jülich-Berg, auf die viele rheinische, 1770 beginnende Kirchenbücher zurückgehen. Auch das preußische Allgemeine Landrecht von 1794 enthält entsprechende Abschnitte zu den Kirchenbüchern.[23] In ei-

---

18 So sind in den von Volker Thorey und Claus Geis herausgegebenen „Nachweisen genealogischer Quellen im Gebiet der ehemaligen Preußischen Rheinprovinz, 2 Bde., 2. erw. Aufl. Köln 2003" Verzeichnisse von Erstkommunikanten und Firmlingen vielfach, aber nicht durchgängig mit erfasst.

19 Füchtner 1995, S. 40, Anm. 76; Frauenberger/Metzing/Oepen/Thorey 2003, S. 2.

20 CIC 1983, Can. 535 § 2; Übersetzung: „Es ist auch einzutragen alles, was den kanonischen Stand der Gläubigen betrifft ..."

21 CIC 1983, Can. 1540; Übersetzung: „öffentlich kirchliche Urkunden"; auch wenn es sich archivisch bei Kirchenbüchern um Amtsbücher und nicht um Urkunden handelt, entsprechen sie doch den wesentlichen Merkmalen (Rechtserheblichkeit, Schriftlichkeit, Formgebundenheit, Beglaubigung) eines diplomatischen Urkundenbegriffs.

22 CIC 1983, Can. 1541.

23 Füchtner 1995, S. 50.

ner Verordnung vom 31. Januar 1803 regelte der bayerische Kurfürst das Kirchenbuchwesen. Demnach blieb zwar die Führung der Bücher weiterhin Sache der kirchlichen Stellen, doch wurden die Landgerichte mit der Kontrolle betraut, denen die Pfarrer zudem Zweitschriften der Bücher übergeben sollten. Ähnliche Vorschriften sind auch in der Jülich-Bergischen Verordnung und im preußischen Allgemeinen Landrecht zu finden. Für die Pfarrer bedeutete dies, dass die Führung der Kirchenbücher nicht mehr nur eine kirchliche, sondern auch eine dem Staat gegenüber zu erfüllende Amtspflicht war. Die Bücher selbst besaßen damit eine Doppelfunktion, nämlich als kirchliche und staatliche Verzeichnisse zugleich.[24] Erst mit dem Personenstandsgesetz (PStG) von 1875, mit dem der Staat im Deutschen Reich ab dem 1. Januar 1876 eine einheitliche Personenstandsregisterführung für die Staatsbürger aller Konfessionen begann,[25] endet diese Doppelfunktion. Seitdem haben die Kirchenbücher lediglich noch den Charakter rein kirchlicher Aufzeichnungen.

Für den Umgang der kirchlichen Archive mit den Kirchenbüchern haben diese Feststellungen nicht zu unterschätzende Folgen. Es war insbesondere der Bonner Kirchenrechtler Joseph Listl, Leiter des Instituts für Staatskirchenrecht der Diözesen Deutschlands, der 1974 in einem Gutachten, verfasst im Auftrag der Deutschen Bischofskonferenz, Überlegungen über die Auskunfts- und Beurkundungspflicht aus Kirchenbüchern anstellte.[26] Auch Listl kam zu einer deutlichen Unterscheidung für die Zeit vor und nach dem 1. Januar 1876, der Einführung des staatlichen Personenstandswesens: Demnach besteht ab 1876 im Grundsatz keinerlei Auskunfts- und Beurkundepflicht aus Kirchenbüchern, da ihnen die Eigenschaft von „öffentlichen Urkunden im Sinne der staatlichen Rechtsordnung fehlt".[27] Eine gewisse Ausnahme stellen – so Listl – lediglich die Taufeintragungen

---

24 Becker 1989, S. 15 f.
25 Insbesondere im linksrheinischen Deutschland waren bereits in napoleonischer Zeit Zivilstandsregister eingeführt worden, die aber rechtlich von den 1876 eingeführten Personenstandsregistern zu unterscheiden sind und daher auch nicht die Auskunftspflicht aus den Kirchenbüchern für die Zeit von vor 1876 unterlaufen. Folglich kann dieses Phänomen hier unberücksichtigt bleiben. Zu den Zivilstandsregistern: Füchtner 1995, S. 32-39.
26 Listl, Joseph, Zur Auskunfts- und Beurkundungspflicht aus Kirchenbüchern (Pfarrmatrikeln, Pfarrbüchern). Rechtsgutachten im Auftrag des Sekretariats der Deutschen Bischofskonferenz der Bischöflichen Hauptkommission für die kirchlichen Archive in Deutschland, ungedrucktes Manuskript, Bonn [1974], S. 7.
27 Personenstandsgesetz [im folgenden: PStG] 1875 § 73; diese Bestimmung wurde durch Neufassungen des PStG von 1937/38 und 1957 nicht berührt.

dar, denn der Empfang der Taufe bewirke den Erwerb der Kirchenmit-
gliedschaft, die wiederum bestimmte öffentlich-rechtliche Wirkungen nach
sich ziehe wie etwa eine Kirchensteuerpflicht. Damit bestehe lediglich bei
den Taufeintragungen eine Auskunftspflicht bei Vorliegen eines rechtlichen Interesses sowie gegenüber zuständigen staatlichen Stellen, etwa dem
mit dem Einzug der Kirchensteuer befassten Finanzamt. Unabhängig davon bestehe selbstverständlich eine Auskunftspflicht nach kirchenrechtlichen Bestimmungen, etwa beim Nachweis einer Taufe als Voraussetzung
für eine sakramentale Eheschließung. Grundsätzlich anders verhalte es sich
hingegen mit Eintragungen aus der Zeit vor 1876, vor dem Inkrafttreten
des PStG. Dieses habe nämlich bestimmt, dass die kirchlichen Stellen, die
im Besitz der Kirchenbücher aus der Zeit vor dem Inkrafttreten dieses Gesetzes sind – also aus der Zeit vor 1876 – verpflichtet seien, aus diesen Auskünfte zu erteilen, da es sich ja um Aufzeichnungen mit den Charakter öffentlicher Beurkundungen, näherhin von Personenstandsregistern handele.
Der Umfang der Auskunftspflicht und von Möglichkeiten der Einsichtnahme richte sich folglich nach § 61 PStG. Demnach seien Einsicht und
Durchsicht lediglich möglich (1.) für amtliche Zwecke, (2.) durch Personen,
auf die sich ein Eintrag bezieht und für ihre Ehegatten, direkte Vor- und
Nachfahren (also keine Geschwister) sowie (3.) bei rechtlichem Interesse.[28]

In den zurückliegenden Jahrzehnten sahen sich die deutschen Bistumsarchive nicht zuletzt auf Grund der Deponierung von Kirchenbüchern
vermehrt vor die Notwendigkeit gestellt, Bestimmungen über die Einsichtnahme und Durchsicht von Kirchenbüchern zu erarbeiten. Interessanterweise griff man dabei vor allem für die Zeit nach 1876 nicht auf die vorhandenen kirchlichen Gesetze und Anordnungen zum Archivwesen
zurück, sondern orientierte sich an den staatlichen Regelungen – in erster
Linie also am PStG. Daraus ergab sich im Wesentlichen folgende Linie, die
offiziell bis zum heutigen Tag Bestand hat: Bis 1875 einschließlich werden
Kirchenbücher vorgelegt und sind benutzbar. Zur Begründung werden in
erster Linie die maßgeblichen kirchlichen Vorschriften für die Nutzung von
Archiven angewendet, auf die noch einzugehen ist. Bisweilen wird auch
die von Listl angenommene Auskunfts*pflicht* angeführt,[29] wobei man über-
sieht, dass diese ja durch Anwendung des § 61 PStG eigentlich recht stark
begrenzt ist.

28 Listl 1974, S. 13.
29 So der Leiter eines deutschen Bistumsarchivs gegenüber dem Verfasser.

Für die Zeit nach 1875 führte nun die von Listl festgestellte Eigenschaft der Kirchenbücher, die dann eben nicht mehr mit Personenstandsregistern vergleichbar sind und den Charakter lediglich kirchlicher Amtsbücher besitzen, paradoxerweise *nicht* zu Konsequenzen. Im Gegenteil, eine faktische Sperrung der Kirchenbücher begründete man für diese Zeit sogar ausdrücklich mit der Anwendung von § 61 PStG. So wird etwa von Seiten eines kirchlichen Datenschützers angeführt, man wolle auf diese Weise sicherstellen, dass es „nicht zur Umgehung der staatlichen Schutzvorschriften des Personenstandsgesetzes"[30] komme. Hinsichtlich des Archivalltags bedeutete dies bislang: für Benutzer keine Vorlage von Kirchenbüchern nach 1875, Auskunftserteilung – und Verpflichtung dazu! – nur bei rechtlichem Interesse (faktisch vielfach bei Erbenermittlungen) sowie für Betroffene und Vorfahren in direkter Linie (meist Familienforscher). Aber selbst für diese angenommene Auskunftsverpflichtung findet sich in der Fachliteratur[31] wie in diözesanen Handreichungen[32] zum Umgang mit Kirchenbüchern die Formulierung, man solle „im Regelfall" an die Standesämter verweisen, die ja seit 1876 einer staatlichen Beurkundungspflicht nachkommen.

Es dürfte deutlich geworden sein, dass sowohl die Anwendung des Listl-Gutachtens wie des PStG auf die Kirchenbücher, die sich in kirchlichen Archiven befinden, problematisch und teilweise auch inkonsequent ist. Zu Recht wies unlängst etwa Hermann Metzke, der Vorsitzende der Deutschen Arbeitsgemeinschaft genealogischer Verbände (DAGV), darauf hin, dass im kirchlichen Bereich „Auskünfte nach 1876 problematisch sind, obwohl die jeweiligen [kirchlichen, J.O.] Archivgesetze eine entsprechende Grenze nicht vorsehen".[33] Nicht unerheblich sind auch die praktischen Erfahrungen: Da der Zeitraum, für den gemäß § 61 PStG Auskünfte zu erteilen sind (von 1876 bis heute) stetig länger wird, wächst auch die Zahl der entsprechenden Anfragen, was Arbeitskapazitäten der Archive bindet. Wird hingegen an die Standesämter verwiesen, sehen sich die Benutzer

30 Fachet, Siegfried, Datenschutzrechtliche Probleme bei der Nutzung katholischer Archive, in: Recht der Datenverarbeitung 12/13 (1996/1997), S. 19-23, hier S. 23; ders., Datenschutz in der katholischen Kirche. Praxiskommentar zur Anordnung über den kirchlichen Datenschutz (KDO), Neuwied u.a. 1998, S. 203.
31 Ebd.
32 Kirchliches Amtsblatt für die Diözese Osnabrück 99 (1983), S. 141; Auskunft aus Kirchenbüchern – Forschung in Kirchenbüchern, Rottenburg 1995.
33 Schreiben vom 25.4.2004.

zwischen zwei Institutionen hin- und hergeschoben. Im Ergebnis bleibt, um es banal auszudrücken, der Ärger meist an der Kirche hängen. Aus diesen Gründen veränderten einige Bistumsarchive bereits früher ihre Sperrfristen für die Kirchenbücher via facti, wobei man vielfach ohne weitere Begründung und aus pragmatischen Gründen das Stichjahr 1900 wählte. Dadurch verbesserte sich aber keineswegs die Problemlage, denn es ergaben sich in der deutschen Kirchlichenarchivlandschaft bei Kirchenbüchern ungleiche Sperrfristen. Nicht selten führte dies zu verärgerten Nachfragen, wieso denn in dieser Hinsicht etwa im Bistum Trier etwas anderes gelte als im Erzbistum Köln.

Erst seit dem Jahre 2004 werden die Dinge erneut angegangen, indem auf der Ebene der „Bundeskonferenz der kirchlichen Archive" die deutschen Bistumsarchive nach einer tragfähigen Regelung suchen, die möglichst weite Verbreitung erfahren soll. Ausgangspunkt war die Frage, ob die Kirchenbücher insbesondere aus der Zeit nach 1875 tatsächlich unter das PStG fallen, wie ja mit der Anwendung der Vorschriften von § 61 PStG faktisch vorausgesetzt wird. Sehr schnell setzte sich die Erkenntnis durch, dass es sich bei Kirchenbüchern eben nicht um Unterlagen im Sinne des PStG handelt, da sich dieses Gesetz lediglich auf von Standesbeamten geführte Personenstandsbücher bezieht[34] und eben nicht auf von Pfarrern geführte Kirchenbücher. Ferner gelten, wie bereits ausgeführt, die Kirchenbücher insbesondere nach 1876 als rein *kirchliche* Amtsbücher, so dass hier das grundgesetzlich garantierte Selbstbestimmungsrecht der Kirchen hinsichtlich ihrer eigenen Angelegenheiten greift.[35] Der entsprechende Artikel des Grundgesetzes spielte bereits 1957 bei der Überarbeitung des PStG eine Rolle. Seinerzeit sah der Gesetzgeber vor, in Anlehnung an eine entsprechende Bestimmung des PStG von 1937 den Landesregierungen das Recht zukommen zu lassen, über die Aufbewahrung und Benutzung der vor 1876 entstandenen Kirchenbücher zu verfügen. In die endgültige Fassung hat diese Regelung 1957 keinen Eingang gefunden, weil damit das Selbstbestimmungsrecht der Kirchen gestört worden wäre.[36]

Wenn also auf die Kirchenbücher in kirchlichen Archiven das PStG eindeutig nicht anwendbar ist, was denn dann? Zweifelsohne greift die „An-

---

34 PStG § 1: „(1) Die Beurkundung des Personenstandes liegt dem Standesbeamten ob. (2) Der Standesbeamte führt ein Heiratsbuch, ein Familienbuch, ein Geburtenbuch und ein Sterbebuch (Personenstandsbücher).

35 Grundgesetz, Art. 140.

36 Listl 1974, S. 11.

ordnung über die Sicherung und Nutzung der Archive der Katholischen Kirche" (KAO).[37] Diese Anordnung stammt von 1988 – seinerzeit entstanden auch die verschiedenen Bundes- und Landesarchivgesetze – und ist als das Archivgesetz der katholischen Kirche anzusehen. Vorteilhaft ist, dass die Deutsche Bischofskonferenz die KAO seinerzeit den Bistümern zur Promulgierung empfahl und alle deutschen Bischöfe sie jeweils für ihre Diözese einführten. Da die KAO für die jeweiligen Bistumsarchive und sämtliche Pfarrarchive gilt,[38] hat eine Anwendung der dortigen Bestimmungen auf die Kirchenbuchbenutzung eine einheitliche Regelung für nahezu alle Kirchenbücher in deutschen kirchlichen Archiven zur Folge. Nur zum Vergleich sei darauf hingewiesen, dass es in der evangelischen Kirche jüngst in ähnlicher Weise zur Anwendung des kirchlichen Archivrechtes auf Kirchenbücher gekommen ist.[39]

Aus der Anwendung der KAO auf Kirchenbücher ergeben sich zwei wichtige Konsequenzen: Erstens werden Kirchenbücher nunmehr auch rechtlich eindeutig als Archivgut klassifiziert.[40] Zweitens genügt zur Einsichtnahme in Kirchenbücher nach 1875 ein *berechtigtes* Interesse, worunter ausdrücklich auch familiengeschichtliche Zwecke fallen[41] – damit ist

---

37 Text: Führer durch die Bistumsarchive 1991, S. 58-61; Im Internet: http://www.datenschutz-kirche.de/download/archiv.pdf; siehe auch: Diederich, Toni: Anordnung über die Sicherung und Nutzung der Archive der Katholischen Kirche. Einführung und Textabdruck, in: Der Archivar 42 (1989), Sp. 187-198.

38 KAO § 2.

39 Günther, Wolfgang: Neues Archiv- und Kirchenbuchrecht in der westfälischen Landeskirche, in: Aus evangelischen Archiven 43 (2003), S. 153-180, hier S. 164; vgl. auch den Beitrag von dems., der ebenfalls anlässlich der 5. Frühjahrstagung der Fachgruppe 1 im VdA im März 2005 gehalten wurde (in diesem Band, zusammen mit Maja Schneider); ders.: Personenstandsüberlieferung in evangelischen Archiven, in: Aus evangelischen Archiven 45 (2005), S. 102-117.

40 KAO § 3 bezeichnet sämtliche Unterlagen, „die aus der Tätigkeit kirchlicher Stellen erwachsen" – darunter ausdrücklich auch Amtsbücher –, als „amtliches Schrift- und Dokumentationsgut", das dem zuständigen Archiv zur Übernahme anzubieten ist, wenn es für die laufende Tätigkeit nicht mehr benötigt wird, und das „mit der Übernahme ins Archiv zu Archivgut" wird. In der konkreten Anwendung von KAO § 3 auf den Bereich der Kirchenbücher kommt es vielfach zu langen Fristen, bevor Kirchenbücher überhaupt als Archivgut angesehen werden können, da – abgesehen von den ohnehin oft langen Laufzeiten dieser Bücher – insbesondere Taufbücher wegen der üblichen Beischreibungen (Marginaleintragungen von Eheschließungen, Kirchenaustritten, Adoptionen u. a. m.) noch Jahrzehnte später für die laufende amtliche Tätigkeit benötigt werden.

41 KAO § 6, Abs. (1).

die Hauptklientel der Benutzer von Kirchenbüchern angesprochen. Eine Begrenzung erfährt die Benutzung lediglich durch die Existenz von Sperrfristen. Hierzu finden sich in der KAO ähnliche, im Detail leicht abweichende Regelungen wie in den entsprechenden Archivgesetzen des Bundes und der Länder. Demnach gelten als Sperrfristen für Archivgut grundsätzlich 40 Jahre, für personenbezogenes Archivgut 30 Jahre nach Tod bzw. 120 Jahre nach Geburt der betroffenen Person.[42] Bei konkreter Anwendung auf die Kirchenbücher ergeben sich daraus mit Stand Januar 2006 als Sperrfristen für

— Taufbücher: 120 Jahre (derzeit also 1885; maßgeblich ist die Frist von 120 Jahren nach Geburt);

— Heiratsbücher: 100 Jahre (derzeit also 1905; maßgeblich ist die Frist von 120 Jahren nach der angenommenen Geburt bei Veranschlagung eines Heiratsalters von mindestens 20 Jahren);

— Sterbebücher: 40 Jahre (derzeit also 1965; maßgeblich ist die grundsätzliche Sperrfrist von 40 Jahren).

Die Sperrfrist wird dabei pragmatisch nicht an dem Schlussdatum des gesamten Archivale ausgerichtet, sondern jahrgangsweise auf die einzelnen Eintragungen bezogen, was angesichts des anderen Charakters dieser Amtsbücher im Vergleich etwa zu Sachakten zu rechtfertigen ist. Maßgeblich ist in diesem Zusammenhang ihre Komposition durch eine Fülle der Form nach gleichförmigen Eintragungen. Auch wenn dies dem genauen Wortlaut der KAO diese Argumentation auf den ersten Blick zu widersprechen scheint,[43] wird deren Sinn doch deutlich, wenn man sich vor Augen führt, was in manchen Einzelfällen das Ergebnis einer konsequenten Ausrichtung der Sperrfrist auf das Schlussdatum eines Kirchenbuches wäre: In der Pfarrgemeinde St. Agnes, Zülpich-Lövenich (bei Zülpich) beispielsweise wurden 1770 je ein Tauf-, Heirats- und Sterbebuch begonnen und bis in die 1990er Jahre fortgeführt.[44] Für das gesamte Taufbuch etwa – also auch für die Eintragungen der Jahre um 1770-1800 – würde sich eine Sperrfrist bis in der 2110er Jahre ergeben!

Mit der jahrgangsweisen Freigabe werden in Zukunft sukzessiv jeweils Teile entsprechender Kirchenbücher für Archivbenutzer nutzbar, bis das gesamte Amtsbuch aus der Sperrfrist herausfällt. Grundsätzlich ist dies

---

42 KAO § 8, Abs. (1) und (3).

43 KAO § 8, Abs. (1).

44 Pfarrarchiv (Zülpich-)Lövenich, ohne Signaturen; Anlass für die Anlage dieser drei Kirchenbücher war die oben genannte Jülich-Bergische Anordnung von 1769.

keine Änderung zu der bisherigen Situation, denn auch hier waren pragmatische Lösungen bei Kirchenbüchern gefragt, die über die Grenze von 1875 hinweg reichten. Insbesondere mit Hilfe von Mikrofiches oder digitaler Technik ist es meist unproblematisch, die Benutzung nur von Teilen eines Kirchenbuches zu ermöglichen. Geändert hat sich lediglich, dass künftig die Sperrfrist je nach Laufzeit durch ein ganzes Buch gleichsam „hindurchwandern" kann. Dies könnte insbesondere bei Bistumsarchiven mit großen Kirchenbuchbeständen zu personellen Schwierigkeiten führen, wenn jedes Jahr ein weiterer Jahrgang von Eintragungen einer größeren Zahl von Büchern etwa über Rückvergrößerungen zugänglich gemacht werden müsste. Auch hier bietet die kirchliche Archivgesetzgebung jedoch eine entsprechende Handhabe, denn die Nutzung eines Archivales kann auch untersagt werden, wenn das Anliegen des Benutzers in keinem angemessenen Verhältnis zum Arbeitsaufwand des Archivs steht.[45] In der Praxis dürfte das Problem von Sperrfristen, die sozusagen mitten durch Kirchenbücher verlaufen, dazu führen, dass je nach personeller und technischer Ausstattung der Archive eine Freigabe etwa in einem bestimmten Jahresrhythmus oder nach Enddaten einzelner Mikrofiches erfolgt. Der Zeitraum der Benutzbarkeit wird also via facti bei manchen Büchern nicht genau bis zur gerade bestehenden Sperrfrist reichen können, sondern kurz vorher schon enden müssen.

Als Einwand gegen die Anwendung der Fristen nach KAO wurde vorgebracht, dass insbesondere Sterbebücher Angaben enthalten können, die auch über die Frist von 40 Jahren hinausgehend schützenwert seien. Als Beispiel dienen dabei Sterbebücher aus der Zeit des Zweiten Weltkriegs mit Angaben zu überlebenden Angehörigen von Gefallenen. Tatsächlich gibt es bisweilen solche Aufzeichnungen, doch im Regelfall erfolgten spätestens seit dem ausgehenden 19. Jahrhundert die Einträge in Kirchenbücher nach festen Formularen. Dadurch kommt es bei der Kirchenbuchführung nur selten zu zusätzlichen Angaben – alleine schon aus Gründen der übersichtlichen Organisation der Eintragungen. In den wenigen anders gelagerten Einzelfällen wäre erneut die KAO heranzuziehen, die eine „Verlängerung der Sperrfrist aus wichtigem Grund" möglich macht und ausdrücklich als wichtigen Grund unter anderem die „schutzwürdigen Belange Dritter" benennt.[46]

45 KAO § 7, Unterpunkt d).
46 KAO § 8, Abs. (4).

Umgekehrt wird man einwenden können, dass angesichts etwa der derzeit bei 1885 liegenden Frist für Taufbücher im Vergleich zu der früheren Regelung gar nicht sehr viel erreicht sei. Entscheidend ist aber nicht der zusätzliche Zeitraum von zehn Jahren, für die derzeit die Taufbücher freigegeben sind, sondern dass es sich anstelle der bislang starren Fristenregelung nunmehr um eine gleitende handelt.

Es ist davon auszugehen, dass es in nächster Zeit zur Umsetzung der vorgetragenen Überlegungen kommt. Damit dürfte für die Kirchenbuchüberlieferung der kirchlichen Archive einerseits dem Persönlichkeitsrecht und dem Schutz von Daten Dritter Rechnung[47] getragen sein, andererseits aber kann entsprechenden Benutzungswünschen besser als bisher entgegenkommen werden – auch Kirchenbücher sind nun einmal in diesem für das Archiv charakteristischen Spannungsfeld angesiedelt. Gerade auch dadurch, dass die entsprechenden Regelungen transparent, fachlich begründet und einsichtig sind, vermag das Archiv seiner Aufgabe als Dienstleister angemessen gerecht zu werden. Dem Diözesanarchiv als einer kirchlichen Einrichtung ist ein glaubwürdiges Auftreten möglich – ein Aspekt, der für die Wahrnehmung der Kirche in der Öffentlichkeit nicht zu unterschätzen ist.

---

47 Offen ist die Diskussion lediglich noch hinsichtlich solcher Kirchenbücher, die in den Pfarrgemeinden aufbewahrt werden. Dabei geht es – insbesondere für Sterbebücher – um die Frage, ab wann diese als Archivgut angesehen werden (vgl. dazu Anm. 40)

Personenstandsüberlieferung in evangelischen Archiven
unter besonderer Berücksichtigung von Westfalen und Lippe

von Wolfgang Günther und Maja Schneider

Bei verschiedenen Gelegenheiten[1] sind von den Autoren Vorträge zum Kirchenbuchwesen im Bereich der evangelischen Landeskirchen gehalten worden. Aufgrund zahlreicher Überschneidungen wurden diese Vorträge zusammengefasst, um unnötige Wiederholungen zu vermeiden. Gegenstand aller Vorträge war die Frage nach den kirchlichen Personenstandsunterlagen als historische Quelle und deren Benutzbarkeit.

Zur Geschichte der evangelischen Kirchenbuchführung

Der Begriff „Kirchenbuch" kommt bereits vereinzelt im 14. Jahrhundert vor.[2] Dabei handelt es sich aber eher um Unterlagen über Einkünfte und andere Vermögensangelegenheiten. Dem ursprünglichen Wortsinne nach den Bücherschatz einer Kirche bezeichnend sind Kirchenbücher – libri ecclesiastici – auch Pfarrbücher, verschiedene, dem Kultus in bestimmten Gemeinden dienende Bücher, z.B. Zusammenstellungen über geistliche Feiern, Inventarien über Besitz und Einkünfte einer Kirche wie Sal- und Lagerbücher, Urbarien, etc., auch Pfarr-Matrikeln, Kirchen- und Pfarr-Register genannt. Diese Heberegister können zwar auch genealogische Informationen enthalten, sind aber nicht zu vergleichen mit den Registern kirchlicher Amtshandlungen, als die wir heute die Kirchenbücher definieren. Wenn auch die Wurzeln der Dokumentation der „Gottesgemeinde" als

---

1 Vortrag „Personenstandserfassung vor Einführung des Personenstandsgesetzes" anlässlich des 1. Sommergesprächs im Staats- und Personenstandsarchiv Detmold 2004 von Maja Schneider; Vortrag „Personenstandsüberlieferung in evangelischen Archiven" anlässlich der 5. Frühjahrstagung der Fachgruppe 1 im VdA zum 50jährigen Bestehen des Personenstandsarchivs Brühl in NRW 2005 von Wolfgang Günther, veröffentlicht in „Aus evangelischen Archiven" Nr. 45 (2005), S. 102 ff.
2 Art. Kirchenbuch, in: Realencyklopädie für protestantische Theologie und Kirche, 3. Aufl. 1901 Bd. 10, S. 354 – 366.

Analogie zur Weltgemeinde bis in das Römische Reich zurückreichen („Diptychen"), kann von dem Beginn einer systematischen Kirchenbuchführung in Deutschland erst mit der Reformationszeit in der ersten Hälfte des 16. Jahrhunderts gesprochen werden. Die Kirchenbuchführung in diesem Sinne beginnt nicht zufälligerweise mit der Reformationszeit. Dabei ist in der neueren Forschung umstritten, inwieweit vor allem die Auseinandersetzung mit den Wiedertäufern und die Notwendigkeit einer glaubwürdigen Bezeugung der Kindstaufe die Kirchenbuchführung auf den Weg brachte. Auf jeden Fall war die Anlegung entsprechender Register wichtig für die jeweilige konfessionelle Identität. Bis zum Jahr 1588 wurden im deutschen Raum 15 evangelische Kirchenordnungen erlassen, welche die Gemeindepfarrer zur Anlegung von Kirchenbüchern verpflichteten (z.B. die Kurbrandenburgische Visitationsordnung von 1573). Bei stattfindenden Visitationen wurde dem entsprechend auch die Kirchenbuchführung kontrolliert. Vielfach wurde in den neuen Kirchenordnungen nicht nur die Einführung von Tauf- und Trauregistern, sondern auch von Konfirmationsregistern sowie Beicht- und Abendmahlsbüchern (Kommunikantenregister) geregelt. Die letzteren Register sind nicht als Standesregister im eigentlichen Sinne zu werten, sie besitzen als Dokumente kirchlicher Ordnung einen rein kirchenrechtlichen Wert. Soweit sie als Namensregister geführt wurden, sind diese aber ebenfalls eine wichtige genealogische Quelle. In Westfalen wie in Lippe selbst beginnt die tatsächliche Kirchenbuchüberlieferung im Vergleich zu den übrigen Territorien des Landes sehr spät. Während die Kirchenbücher der früheren Grafschaft Wittgenstein bereits am Ende des 16. Jahrhunderts beginnen, finden sich in Westfalen erste Kirchenbücher – von einzelnen Städten abgesehen – erst aus der Zeit nach dem Dreißigjährigen Krieg.

Anfangs war die Führung der Kirchenbücher in ihrer Form nicht vorgeschrieben. Daher sind die alten Kirchenbücher für genealogische Fragestellungen häufig nur bedingt nutzbar, da Angaben oft rudimentär gemacht werden. Rekonstruktionen von Familien lassen sich z.B. aus Taufregistern nicht ableiten, wenn nur der Vorname des Kindes und der Name des Vaters genannt werden, Angaben über Mutter, Tag der Geburt oder vielleicht sogar Trauung der Eltern aber völlig fehlen. Angesichts von möglichen Namensgleichheiten wird dann Familienforschung häufig zur Spekulation. Vereinzelt werden die Amtshandlungen aber auch nicht rein chronologisch, sondern nach Vorbild der alttestamentarischen Geburts- und Stammregister in sogenannten Familienbüchern zusammengefasst.

Das eigentliche Ordnungskriterium ist hier dann die Familie bzw. die Wohnung der Familie.

In der Regel sind die ersten Kirchenbücher Mischbücher, d.h. in einem Buch werden alle Amtshandlungen geführt. Zuweilen werden die Kirchenbücher auch jetzt noch für Niederschriften von wesentlichen Vermögensdokumenten (wie Heberegister, Kirchenrechnungen und Urbarien) oder Ereignissen genutzt. Wenn der Pfarrer Gottschalk Mölling der Kirchengemeinde Valdorf, einer kleinen Kirchengemeinde im Norden von Westfalen, im Jahre 1732 in einem Fall ausführlich über die Rache Gottes an der schlechten Behandlung der Salzburger Protestanten bei ihrer Vertreibung schreibt oder das Auftauchen von Vampiren als Gericht Gottes über das Vorleben des Betroffenen interpretiert, so haben die Kirchenbücher auch über den reinen genealogischen Wert hinaus eine Bedeutung für die Frömmigkeits – und Mentalitätsgeschichte. Eine Differenzierung nach den verschiedenen Amtshandlungen erfolgt erst später. In der Regel ab der Mitte des 18. Jahrhunderts werden die Amtshandlungen buchweise getrennt geführt.

Für Westfalen wie für das gesamte Preußen bildete das Allg. Preuß. Landrecht (1794) den Abschluss einer Entwicklung, die das Kirchenbuch im 18. Jahrhundert immer mehr von der rein geistlichen Aufgabe löste und die staatlichen Bedürfnisse in Bezug auf das Gerichts-, Militär- und Steuerwesen in den Vordergrund rückte. Allerdings blieb das Kirchenbuchwesen immer Bestandteil der kirchlichen Verwaltung und der Kirchenaufsicht, die nun ergänzt wurde durch die Fachaufsicht der preußischen Regierungen in der Mittelinstanz. Die staatliche und kirchliche Fachaufsicht wurde auf der obersten Ebene wieder gebündelt in der kirchlichen Verwaltung, nämlich im Geistlichen Ministerium bzw. später im Evangelischen Oberkirchenrat. Im Übrigen hatte auch nach Einführung der Standesämter der Staat die Aufsicht über die Leitung der Kirchenbuchführung der Kirchenbücher vor 1875 behalten. Die §§ 501 – 504 in Teil 2 Titel 11 des Allg. Preuß. Landrechts regelten die Anfertigung der Kirchenbuchduplikate, die von nun an vom Küster geführt werden sollten und den Gerichten zu übergeben waren. In den kurkölnischen Gebieten war die Verpflichtung zur Herstellung von Kirchenbuchduplikaten schon 1779 eingeführt worden, in den übrigen Teilen Westfalens führte das französische Intermezzo ab 1808 zu einem einheitlichen Personenstandswesen, das dann ab 1816 wieder durch das Allg. Preuß. Landrecht abgelöst wurde. Mit der Einführung der Standesämter 1874/75 (in Lippe 1876) verlor die Kirche die Verpflichtung der staatlichen Personenstandsführung. Waren vorher Taufen,

Einsegnungen von Ehen und kirchliche Begräbnisse Gegenstand der Registerführung, so sind es nun Geburten, Trauungen und Sterbefälle, die in den staatlichen Registern dokumentiert werden. Gleichwohl haben die älteren Kirchenbücher ihre Funktion als öffentlich-rechtliche Personenstandsurkunden behalten. Sie unterliegen damit auch weiterhin – wie erst vor zwei Jahren durch das Oberlandesgericht Hamm festgestellt – dem öffentlichen Sachenrecht. Eine Kirchengemeinde im Ruhrgebiet hatte erfolgreich auf die Wiedererlangung eines Kirchenbuchs geklagt, das von einem Notar angeblich auf einem Flohmarkt gekauft worden war. Zivilrechtliche Verjährungsfristen konnten dem Notar dabei nicht zum Erfolg helfen. Leider muss aber auch ergänzt werden, dass in anderen Bundesländern, namentlich in den neuen deutschen Bundesländern, auch anders lautende Gerichtsurteile ergangen sind, so dass eine endgültige Klärung über den Rechtsstatus der älteren Kirchenbücher noch aussteht.

Kirchenbuchführung in einem kleinen Territorium am Beispiel des Fürstentums Lippe

Die Geschichte der lippischen Kirchenbücher ist untrennbar verbunden mit der eingangs aufgezeigten Geschichte der Kirchenbücher im gesamten protestantischen Deutschland. Lippe gehört nicht zu den Territorien in Deutschland, die bereits Ende des 16. Jahrhunderts Kirchenordnungen erlassen hatten, in denen die Führung von Kirchenbüchern vorgeschrieben war.

Das älteste Kirchenbuch dieser Region wurde in Lüdenhausen auf Anordnung Simons VI. im Jahr 1611 begonnen, ein 1611 in Schwalenberg gefordertes Totenbuch ist leider nicht mehr erhalten. Erst nach dem Dreißigjährigen Krieg setzte sich wie im benachbarten Minden-Ravensberg die Kirchenbuchführung allmählich durch. Pastor Hünefeld in Brake bei Lemgo machte sich im Jahre 1663 Gedanken über die Notwendigkeit von Kirchenbuchführung und notierte für sich die Auffassung, dass durch die schriftliche Fixierung von Namen und Daten viele Streitereien gerade im Blick auf Erbauseinandersetzungen in Todesfällen vermieden werden könnten.

Es gab aber durchaus andere Fälle: Anlässlich einer Kirchenvisitation durch den Generalsuperintendenten Sustmann im Jahre 1668 nach einem Verzeichnis *actorum* befragt, wie es doch an anderen Orten vorhanden wäre, verneinte der Stapelager Pastor Stephani das Vorhandensein eines Kirchenbuches vehement mit dem Hinweis, er hätte schließlich auch keines vorgefunden. Sustmann hielt es für eine „Unachtsamkeit", wenn ein Pastor Taufen, Trauungen und Bestattungen nicht in sein „Diarium" notierte. 1670 verfasste der Generalsuperintendent, vom Landesherrn beauftragt, eine Kirchenordnung, in die nun endlich auch die Einführung von Registern mit den Namen der Getauften, Konfirmierten, Bestatteten sowie ein Verzeichnis der Krankenbesuche des Pastors mit aufgenommen wurde. Es sollte allerdings noch einige Jahre dauern, bis endlich die für die reformierte Kirche bis heute geltende Kirchenordnung von 1684 eingeführt und nun wenigstens die Anlegung eines Taufbuches in den lippischen Pfarreien vorgeschrieben wurde.

Erst die Verordnung vom 13. März 1789 enthält die Anweisung zu einer einheitlichen Einrichtung von Kirchenbüchern, der die Pfarrer aber offensichtlich auch nicht so Folge leisteten, wie es wünschenswert gewesen wäre, so dass sich das Fürstl. Konsistorium gezwungen sah, erneut durch eine Verordnung, und zwar vom 10. Juli 1802, in aller Deutlichkeit und Strenge mehr Sorgfalt bei der Führung von Kirchenbüchern zu verlangen. Die Vernachlässigung der Verordnung von 1789 hatte nämlich dazu geführt, dass in mehreren Fällen bei Erbschafts- und anderen Angelegenheiten die Tauf-, Trau- und Totenscheine wegen unterbliebener ordnungsgemäßer Aufzeichnung nicht ausgestellt werden konnten. Fürstin Pauline zur Lippe (1802-1820) vermerkte zu dem Entwurf dieser Ordnung: „Ich finde die vorgeschlagene Verordnung in allen Hinsichten gut und nützlich, weil durch ihre treue und genaue Befolgung unstreitig viel gewonnen und gesichert wird, weshalb ich sie auch in allen Punkten billige."[3]

Ein Problem allerdings ergab sich aus der Anweisung, dass die Küster gegen ein geringes Entgelt gehalten waren, Abschriften der Kirchenbücher möglichst umgehend anzulegen, vom Prediger beglaubigen und dann binden zu lassen. Falls die eine oder andere Kirchengemeinde nicht in der Lage sei, die Kosten für diese Arbeiten zu tragen, so möge sie sich an das Konsistorium wenden, um die erforderliche Summe aus einem gesonderten Fonds zu erhalten, hieß es. Es wird nicht überraschen, dass doch viele Prediger davon Gebrauch machten. Die Anträge an das Konsistorium füllen einen ganzen Aktenband, mal reichte das Geld nur für die Entlohnung des Küsters, mal nur für das Papier, aber alle beeilten sich zu bestätigen, wie hervorragend und zügig die Anweisungen befolgt worden sind.

---

3 Archiv der Lippischen Landeskirche Kons-Reg. II/60/1 Nr. 1531.

Der Küster von Varenholz, Erfling, schreibt am 3.Oktober 1804 an das Konsistorium: „Der hohen Verordnung vom 10. Julii 1802 zufolge gemäß habe ich das hiesige Kirchenbuch von 1776 bis 1803 incl. abgeschrieben, 76 Bogen, wovon je doch nur 72 Bogen beschrieben waren, von jeder Bogen Schreibgebühren 2 mg beträgt überhaupt 4 RT. Am 30. März d. J. habe ich diese Abschrift an den Herrn Prediger Groskopf abgegeben, welcher solche weiter an den Herrn Superintendenten Voigt gesandt; allein wegen Bezahlung obiger Copial Gebühren ist bis hierhin nichts verfügt worden. Es ist freilich in hiesiger Kirche kein Vorrath oder Überschuß, vielmehr ist die Kirche bekanntlich in Schulden; allein, darunter kann ich nicht leiden."[4]

Erst mit der Verordnung des Fürstlichen Konsistoriums vom 18. Oktober 1839 wurden die Kirchenbucheintragungen standardisiert.[5] So hoffte man, der nach wie vor mangelhaften und uneinheitlichen Kirchenbuchführung entgegenzuwirken. Besonders hervorgehoben wird im § 1, dass „ jede Angabe, welche das Kirchenbuch enthält, auf eine frühere, entweder des heimischen oder eines fremden Kirchenbuchs, so weit dieß erreichbar ist, gegründet und bestimmt darauf verwiesen werde." Erstmalig wurden die Pfarreien angewiesen, sich gedruckter einheitlicher Formulare zu bedienen, die beim Konsistorialpedellen gegen Rechnung einzufordern waren. Es sind genaue Vorschriften enthalten über die Sicherung der Kirchenbücher durch Abschriften, über ihre Aufbewahrung, Bindung mit einem dauerhaften festen Einband etc.

Der wichtigste Punkt für die Forschung jedoch findet sich in den Anweisungen über die detaillierten Angaben in den Geburts-, Konfirmations-, Trau- und Sterberegistern. Größte Sorgfalt wird verwandt auf die Heiratsregister, in die der Ort der Niederlassung, genaue Angaben (Name, Stand, Familienverhältnisse) zu Braut und Bräutigam im Hinblick auf Eltern, Herkunft Geburtsdatum und -ort einzutragen sind. Die Heirat der Eltern in den Geburtsregistern ist fortan ebenso enthalten wie die Namen der Eltern bei verstorbenen Kindern oder Ledigen oder bei Verheirateten der Name des Ehepartners in den Bestattetenregistern. Diese Ordnung zur Führung der Kirchenbücher wurde nach Einführung der Personenstandsregister durch das Kirchengesetz vom 18. Dezember 1905 noch einmal überarbeitet.[6]

---

4   Archiv der Lippischen Landeskirche Kons-Reg. II/60/1 Nr. 1531.
5   Lippische Landesverordnungen, Bd. 8, S. 462ff.
6   Lippische Landesverordnungen, Bd. 24.

Einheitliche Kirchenbuchführung in der Evangelischen Kirche Deutschlands (EKD)

Angesichts der zahlreichen Landeskirchen und der Zersplitterung der kirchlichen Organisation im evangelischen Bereich verwundert es nicht, wenn es keine einheitliche Regelung für die Führung und Benutzung der Kirchenbücher für die evangelischen Landeskirchen gibt.

1936 bildete sich eine Arbeitsgemeinschaft landeskirchlicher Archivare, die sich aber erst 25 Jahre später mit dem Entwurf einer gemeinsamen Kirchenbuchordnung befasste. Anlass war der Wunsch mehrerer norddeutscher Landeskirchen nach einer einheitlichen Kirchenbuchordnung. Es bildete sich ein Kirchenbuchausschuss, dessen Arbeit in die Verabschiedung einer EKD-Richtlinie für die Kirchenbuchführung mündete. Hauptziel der Reformbemühungen war die Einbeziehung des kirchlichen Meldewesens und Mitgliedschaftsrechts. Dies führte z.B. dazu, dass Kirchenaustritte, Wiedereintritte und Übertritte beim Taufeintrag der betreffenden Person eingetragen wurden. Außerdem sollten Angaben und Bestimmungen entfallen, die noch aus der Zeit vor Einführung der Personenstandsregister stammten und inzwischen entbehrlich geworden waren. Gleichwohl ließ sich auch mit dieser Richtlinie kein einheitliches Kirchenbuchwesen im Bereich der EKD erreichen. Hauptstreitpunkt blieb der Konflikt um das Wohnortprinzip. Normalerweise werden die kirchlichen Amtshandlungen in das Kirchenbuch der Kirchengemeinde eingetragen, in der die Amtshandlung vollzogen wurde. Mit der Errichtung großer Zentralfriedhöfe, z.B. in Frankfurt oder Hamburg, hätten die Beerdigungen jeweils in das Kirchenbuch der für den Friedhof zuständigen Kirchengemeinde eingetragen werden müssen. Das Wohnortprinzip erlaubte nun den Haupteintrag in das Kirchenbuch der Wohngemeinde des Verstorbenen. Insgesamt führten diese Veränderungen zu einer Flut von Übersendungen von Bescheinigungen über Austritte, Eintritte, Beerdigungen, verbunden mit einer Suche nach den möglichen zuständigen Kirchengemeinden des Wohnorts quer durch Deutschland zwischen den Kirchengemeinden, Kirchenkreisen und Landeskirchen.

Ende der 1990er Jahre führte die Diskussion zu einer Novellierung der Richtlinie für die Kirchenbuchführung. Es musste das neue Namensrecht berücksichtigt werden, das Wohnortprinzip war nach den Erfahrungen nun wieder in Frage gestellt worden, das ausgeuferte Mitteilungswesen sollte eingeschränkt werden, und es sollte die Kirchenbuchbenutzung neu geregelt werden.

In der Richtlinie für die Kirchenbuchordnung wurden nur noch solche Regelungen zur Benutzung der Kirchenbücher aufgenommen, die im Zusammenhang mit der Beurkundung der Amtshandlungen, deren Nachweis und den Ansprüchen der unmittelbar Betroffenen stehen. Die Möglichkeiten der Einsichtnahme, und damit also die eigentliche genealogische und historische Verwendungsmöglichkeit, soll sich nun nach den Bestimmungen des jeweiligen landeskirchlichen Archivrechts ergeben.

Damit hätte sich nicht unbedingt etwas am Status quo geändert, wenn nicht zwischenzeitlich auch die archivrechtlichen Bestimmungen in einzelnen Landeskirchen novelliert worden wären. Wurde beispielsweise früher auf die personenstandsrechtlichen Regelungen in den Archivgesetzen expressis verbis hingewiesen, so fehlen diese bei dem neuen Archivgesetz der Evangelischen Kirche der Union (EKU) vom 6. Mai 2000, das auch für die rheinische und westfälische Landeskirche gilt und für die Lippische Landeskirche als eigenes Kirchengesetz, jedoch inhaltlich fast übereinstimmend, im November 2002 verabschiedet wurde. Nun sind die allgemeinen archivrechtlichen Bestimmungen nicht so restriktiv wie die des Personenstandsgesetzes (PStG). Die Sterberegister können deshalb nach der allgemeinen gleitenden Schutzfristenregelung bereits 30 Jahre später mit Ablauf der allgemeinen Schutzfrist eingesehen werden, da besondere Schutzvorschriften dann nicht mehr greifen. Die Geburtsregister stehen für Auskünfte nach 90 bzw. 110 Jahren zur Verfügung. Die restriktiven Bestimmungen des § 61 PStG, die eine Benutzung der Standesamtsunterlagen nach 1875 stark behindern, haben damit keinen Einfluss auf die Benutzung der Kirchenbücher.

Diese offensichtliche Diskrepanz zu den Regelungen des Personenstandsrechts hatte 1999 eine größere Diskussion zwischen den Landeskirchen ausgelöst.[7] Wenn man heute die Umsetzung der Richtlinie, die als solche nicht verbindlich ist, in den Landeskirchen verfolgt, fällt auf, dass einige Landeskirchen doch bei den alten Regelungen geblieben sind und in ihrem Archivrecht auf die Regelungen des Personenstandsgesetzes Bezug nehmen. Andere Landeskirchen haben sich dagegen den Vorschlägen der Richtlinie angeschlossen. Von einer einheitlichen kirchlichen Benutzungsregelung bundesweit kann also keine Rede sein. In der Diskussion sind vor

---

7 Kuhr, Hermann, Die EKD-Richtlinie einer Kirchenbuchordnung, in: Rundbrief Nr. 17 des Verbands kirchlicher Archive in der Arbeitsgemeinschaft der Archive und Bibliotheken in der evangelischen Kirche (2001), S. 4-9.

allem staatskirchenrechtliche Argumente ausgetauscht worden. Da die vor Einführung der Standesämter geführten Kirchenbücher als inländische Personenstandsurkunden gelten, war es für viele Landeskirchen selbstverständlich, auch für sie die Regelungen des Personenstandsrechts zu übernehmen.[8] Für diese Kirchenbücher waren zudem die restriktiven Regelungen gelockert worden – es reichten „berechtigte" Gründe zur Benutzung der Kirchenbücher – , so dass es hier auch in der Vergangenheit keine Probleme gab. Schwieriger wurde es nun mit den Kirchenbüchern, die nach 1875 geführt wurden. Sie fielen eigentlich unter das Kirchenbuchrecht. Da sie aber im Notfall auch Personenstandsurkunden ersetzen können, stand es seither außer Frage, bei der Nutzung der Kirchenbücher nach 1875 analog dem staatlichen Recht (§ 61 PStG) zu verfahren. Die Kirchenbücher standen also nur bei rechtlichen Gründen und zur Ermittlung der direkten Verwandtschaftslinie zur Verfügung. Genealogische Forschung konnte dagegen kein rechtliches Interesse begründen. Die Auseinandersetzung zwischen den Landeskirchen spitzte sich auf die Frage zu, ob die Kirche die Verwendung von Daten, die der Staat unter seinen besonderen Schutz gestellt hat, in ihrer Sphäre autonom auch unter Berücksichtigung des engen Rahmens des § 61 PStG durch eigene Benutzungsregeln anpassen könne.

Die neue Kirchenbuchordnung der EKD vom 11. September 1999 geht nun davon aus, dass die Kirche ein verfassungsmäßiges Recht auf die Personaldaten ihrer Mitglieder habe, wie im Gegenzug die Mitglieder einen Rechtsanspruch hätten, dass ihre Personenstandsdaten korrekt seien. Insofern hätten die Kirchen in eigener Rechtshoheit bestimmt, die standesamtlichen Daten ihrer Mitglieder zu erheben. Spätestens nach dem Tode des Betroffenen würden diese Daten nicht mehr benötigt und seien damit archivreif. Eine besondere rechtliche Regelung für die Kirchenbücher nach 1876 wurde aus diesem Grunde dann auch nicht für nötig gehalten. Der Ansatz, den der frühere Leiter des Personenstandsarchivs Brühl, Dr. Jörg Füchtner, in einem Beitrag in der Zeitschrift „Der Archivar" 1986[9] geäußert hatte, kam dagegen überhaupt nicht zur Sprache. Nach seiner Meinung können personenstandsrechtliche Quellen überhaupt kein Archivgut wer-

---

8 Campenhausen, Axel von, Zur Frage der Verfügungsgewalt der Kirchen hinsichtlich der Kirchenbücher, in: ders. (Hg.), Münchener Gutachten. Erstattet vom Kirchenrechtlichen Institut der Evangelischen Kirche in Deutschland, Tübingen 1983, S. 178-194.
9 Füchtner, Jörg, Archivierung und Benutzung von Personenstandsbüchern, in: Der Archivar 39 (1986), Sp. 341-346.

den, da eine Fortschreibung bzw. auch eine Ausstellung von personenstandsrechtlichen Urkunden von Archivgut rechtlich überhaupt nicht
möglich sei.

Abschließend sei noch auf zwei Änderungen der Kirchenbuchordnung
hingewiesen, die deutlich machen, dass der historische Wert der heutigen
Kirchenbücher sehr unterschiedlich gewichtet wird. Erstmals nach 125 Jahren wird durch die Kirchenbuchordnung (§ 11 Abs. 4) wieder die Verpflichtung zur Bildung einer Zweitüberlieferung eingeführt. Hatte früher
die Zweitüberlieferung eine staatliche Motivation im Hintergrund, so werden heute die Mitgliederdaten als so wichtig erachtet, dass aus Sicherheits-
gründen eine Zweitüberlieferung im Landeskirchlichen Archiv als unum-
gänglich erscheint. Auf der anderen Seite wird der Verzicht auf die
Nennung von Verwandtschaftsbeziehungen, wie es inzwischen auch im
staatlichen Personenstandsrecht üblich ist, einfach übernommen. Bisher
wurden bei Trauungen die Angaben zu den Eltern erhoben und bei den
Beerdigungen die Hinterbliebenen bzw. bereits verstorbenen Ehepartner
genannt. Da diese Angaben aber von den Standesämtern nicht mehr erhoben werden, sollen die Pfarrerinnen und Pfarrer vor Ort nun nicht mit der
zusätzlichen Erhebung dieser Daten belastet werden. Diese Änderung wird
die Forschungsarbeit zukünftiger Genealogen erheblich erschweren, da der
familiengeschichtliche Quellenwert der Kirchenbücher damit wesentlich an
Bedeutung verloren hat.

Sonderformen von Kirchenbüchern

Eine Sonderform von Kirchenbüchern stellen die Militärkirchenbücher in
Preußen dar.[10] Nach dem Dreißigjährigen Krieg richtete der Große Kurfürst
von Brandenburg nach schwedischem Vorbild 1659 Predigerstellen beim
Generalstab ein. Daneben gab es beim Unterstab eines jeden Regiments einen Feldprediger, der während des Kampfeinsatzes die Regimentskirchen-
bücher führte. Aus einer zeitweisen seelsorgerlichen Begleitung wurde eine
professionelle Militärseelsorge mit eigenen Hauptamtlichen. Um 1700 entstanden an Regimentsstandorten Garnisonskirchen und -gemeinden. Die
Eigenständigkeit der Militärgeistlichkeit wurde in verschiedenen Edikten
geregelt, dazu gehörte auch die Führung von speziellen Militär-Kirchenbü-

---

10 Heckel, Johannes, Das Recht der Militärkirchenbücher im Gebiet der Evangelischen Kir-
    che der Union, in: Eger, Wolfgang (Hg.), Kirche und Staat im 19. und 20. Jahrhundert:
    Vorträge, Aufsätze, Gutachten, Neustadt an der Aisch 1968, S. 231-249.

chern. Die Garnisonskirchenbücher vereinten die Eintragungen der Personenstandsfälle aller Truppenteile eines Garnisonsortes sowie der Zivilangehörigen der Truppe.

Während des Zweiten Weltkriegs wurde die Zusammenziehung sämtlicher vor dem Jahre 1875 geführten Militärkirchenbücher in eine Zentralkirchenbuchstelle des Heeres auf der Festung Königstein bei Dresden verfügt. 1944 wurde diese Verfügung auch auf die Einlagerung aller nach 1875 abgeschlossenen Militärkirchenbücher erweitert. Die dort gelagerten Kirchenbücher überstanden das Ende des Kriegs und gelangten in die Obhut des Archivamtes der EKD in Hannover. 1947 wurden die Militärkirchenbücher an die einzelnen Landeskirchen zurückgegeben. Die Bücher der evangelischen und katholischen Garnisonsgemeinden der Westzone (ca. 2.000 Bände) wurden dem Archivamt der EKD in Hannover zugeführt, die der Ostzone (ca. 1.950 Bände) gelangten vorerst in das „Hauptarchiv für Behördenakten" in Berlin-Dahlem, Archivstrasse 12-14, das heutige Geheime Staatsarchiv Preußischer Kulturbesitz in Berlin (GStA PK). Die entsprechenden Versuche der EKD, die Militärkirchenbücher aus dem GStA wieder zurückzubekommen, führten zu einer umfangreichen Untersuchung zum Status dieser Kirchenbücher. Waren dieses nun kirchliche Unterlagen, weil sie kirchliche Amtshandlungen von Geistlichen dokumentierten, oder waren es staatliche Unterlagen, da sie im Bereich der Militärverwaltung geführt worden waren? In Preußen war die Militärkirche als eigener Bereich mit eigener Verfassung und Verwaltung geführt worden. Beide Seiten beharrten auf ihren Standpunkten. Dies hat zur Folge, dass auch heute noch in West und Ost die Militärkirchenbücher verschieden gelagert werden. Die Marinekirchenbücher werden übrigens im Archiv des Marine-Kirchenbuchamtes des Kirchenkreises Wilhelmshaven verwahrt.[11]

Die Überlieferung der Militärkirchenbücher ist allerdings nicht vollständig. In dem Standardwerk von Alexander von Lyncker über die preußische Armee und ihre Militärkirchenbücher, das zwischen 1937 und 1939 in zwei Bänden erschienen ist, stellt dieser bereits fest, dass viele Kirchenbücher in den Befreiungskriegen 1813-1815 als Patronenpapier verwendet wurden. Nach seiner Schätzung sind dabei über die Hälfte der Kirchenbücher untergegangen.

---

11 Eger, Wolfgang (Bearb.), Verzeichnis der Militärkirchenbücher in der Bundesrepublik Deutschland, Neustadt an der Aisch 1993.

Im Kirchenkampf wurden in Westfalen zeitweise die Amtshandlungen auch nach den Bekenntnisgruppen getrennt geführt. Offiziell wurden die Register der Deutschen Christen nach dem Krieg als Nebenkirchenbücher deklariert, soweit die Amtshandlungen nach der gültigen Agende vorgenommen worden waren. Diese Kirchenbücher waren aber nicht im Besitz der Kirchengemeinden, sondern gelangten erst später aus Privatbesitz an das Landeskirchliche Archiv. Daneben gibt es mit der Einführung von Beauftragten für besondere Seelsorge, z.B. an den Internierten nach dem Zweiten Weltkrieg, auch besondere „Lagerkirchenbücher". Hierbei handelt es sich um Wiederaufnahmeregister aus den Lagern Hemer, Recklinghausen und Staumühle.

Standorte der historischen Kirchenbücher

Die Aufbewahrung der historischen Kirchenbücher ist landeskirchlich z.T. unterschiedlich geregelt. Anders als bei evangelisch-lutherischen Landeskirchen sind die sonstigen evangelischen Landeskirchen (uniert und ev.-reformiert) in Nordrhein-Westfalen geprägt von ihrer presbyterial-synodalen Grundordnung. Insofern ist hier die Kirchengemeinde das grundlegende Element der Kirchenverfassung. Eine Zentralisation, wie sie durch eine hierarchische Ordnung durchgesetzt werden könnte, ist hier kirchenrechtlich nicht möglich. Dies hat zur Folge, dass die Kirchenbücher in der Regel bei den Kirchengemeinden vor Ort sind.

Eine Ausnahme bilden die linksrheinischen Gebiete. Dort sind in Speyer für die Ev. Kirche der Pfalz und in Boppard für die Ev. Kirche im Rheinland landeskirchliche Zentralarchive eingerichtet worden, die ursprünglich nur die während der französischen Besetzung 1798 eingezogenen Kirchenbücher aus dem Gebiet des heutigen Bundeslands Rheinland-Pfalz verwahrten. Inzwischen dienen diese aber in viel umfangreicherem Maß als Depositalarchive für die Kirchengemeinden. Dieser Lösung des Bundeslands Rheinland Pfalz sind das Saarland und bekanntermaßen Nordrhein-Westfalen nicht gefolgt.

Neben Landeskirchen, die ein zentrales Kirchenbucharchiv haben (wie z.B. die bayerische Landeskirche in Regensburg), sind andere Landeskirchen erst relativ spät, mit der Gründung der Weimarer Republik und der damit verbundenen Trennung von Kirche und Staat auch verwaltungsmäßig selbständig geworden. Dort wurde die bisherige Praxis, durch schriftliche Vereinbarungen abgesichert, fortgeführt, und die Kirchenbücher blieben in den jeweiligen Staatsarchiven deponiert (wie z.B. in Bremen oder

Schaumburg-Lippe). In fast allen Landeskirchlichen Archiven sind aber Sicherungsfilme der Kirchenbücher angefertigt und dupliziert worden und stehen bei diesen oder auch in den Kreiskirchenämtern den Genealogen zur Einsichtnahme zur Verfügung. Für die Landeskirchen in Nordrhein-Westfalen sind die Verfilmungen in Düsseldorf und Boppard (Evangelische Kirche im Rheinland), Bielefeld (Evangelische Kirche von Westfalen) und Detmold (Lippische Landeskirche) zentralisiert.

Das unterschiedliche Grundverständnis der Kirchengemeinde in der katholischen und in den evangelischen Kirchen führt in der Frage der Aufbewahrung der Kirchenbücher aus den ehemaligen deutschen Ostgebieten zu verschiedenen Lösungen.[12] Die katholischen Kirchenbücher aus den früheren deutschen Ostgebieten wurden 2002 nach einer entsprechenden Vereinbarung der polnischen katholischen Kirche übergeben. Die Übergabe wird mit dem territorialen Herkunftsprinzip begründet. Die Kirchenbücher wurden nicht direkt den Kirchengemeinden zurückgegeben, sondern auf Diözesanebene zentralisiert untergebracht. Nach katholischem Kirchenrecht sind die Kirchenbücher als Kirchengut Eigentum der Pfarreien. Trotz Austausches der Bevölkerung durch Flucht und Vertreibung bzw. Wiederansiedelung haben die Kirchengemeinden als Organisationsstruktur diesen Wandel überlebt und bleiben damit rechtmäßige Eigentümer, auch wenn die Kirchenbücher keinerlei Aussage zu den jetzt dort wohnenden Gemeindegliedern machen können. Von evangelischer Seite wurde dagegen darauf verwiesen, dass - unabhängig von der unstrittigen Eigentumsfrage - die Kirchenbücher nicht nur Kirchengut, sondern auch Kulturgut darstellen. Dies trifft insbesondere auf jene Kirchenbücher zu, die auch im staatlichen Auftrag die Personenstandsfälle dokumentieren, also die Kirchenbücher vor Einführung der Personenstandsregister 1874. Der historische Wert der Kirchenbücher ist demzufolge bei dieser Entscheidung der Rückgabe überhaupt nicht bzw. nicht ausreichend berücksichtigt worden.

Die Evangelische Kirche der Union hält daher an der Zusammenführung der Kirchenbücher aus den früheren Ostgebieten des Deutschen Reichs im Evangelischen Zentralarchiv in Berlin fest. Ca. 7.000 Kirchenbücher aus den ehemaligen östlichen Kirchenprovinzen der EKU werden heute dort verwahrt. Der größte Teil der Bücher stammt aus Ost- und

---

12 Weber, Camilla, Zu den ehemals im Bischöflichen Zentralarchiv Regensburg verwahrten katholischen Ostkirchenbüchern, in: Der Archivar 56 (2003), S. 41-43; Sander, Hartmut, Zur Rechtsproblematik der katholischen Ostkirchenbücher, in: Der Archivar 56 (2003), S. 43-44.

Westpreußen, vereinzelt stammen Kirchenbücher aus den Provinzen Posen und Schlesien. Angesichts der drohenden Eroberung durch die russischen Truppen wurden die ostpreußischen Pfarrer im Herbst 1944 angewiesen, ihre Kirchenbücher und Archive in den Westen auszulagern. Zusammen mit staatlichen Archivalien wurden diese in Bergwerksschächten in der Rhön gelagert. Allerdings wurden diese Bestände in den Wirren des Kriegsendes durch Plünderungen und Brandstiftungen dezimiert. Nach dem Krieg kümmerten sich vor allem die Mitglieder der „Kirche Jesu Christi der Heiligen der letzten Tage" (Mormonen) um die Rettung der Kirchenbücher, die als „herrenloses Gut" galten und u.a. auch im Bereich der sowjetischen Besatzungszone lagerten. Mit Unterstützung der Militärverwaltung konnten diese Kirchenbücher 1946 in Berlin zusammengeführt werden. Die Mormonen akzeptierten auf der einen Seite das Eigentumsrecht der EKU, erhielten aber als Gegenleistung das Recht der Verfilmung dieser Bücher. Damit war im Übrigen ein Präzedenzfall für die späteren Kirchenbuchverfilmungen bei verschiedenen Landeskirchen geschaffen. 1947 wurden diese Kirchenbücher von einer durch den Evangelischen Oberkirchenrat geschaffenen „Ostdeutschen Kirchenbuchstelle" im Geheimen Staatsarchiv Preußischer Kulturbesitz in Berlin verwahrt. 1966 gelangten sie in das Dienstgebäude der Kirchenkanzlei der EKU am Bahnhof Zoo in Berlin. Da vielerorts die Standesamtsunterlagen verloren gegangen waren, übernahm diese Kirchenbuchstelle standesamtliche Funktionen. Allerdings sind dort nicht alle Kirchenbücher der deutschen Ostgebiete verwahrt. So waren die ältesten Danziger Kirchenbücher zwar mit den Beständen des Staatsarchivs Danzig gerettet worden, wurden dann aber an die Militärverwaltung in Polen abgegeben und befinden sich noch heute im Wojewodschaftsarchiv Gdansk.

Auf der Ebene der EKD wurde 1946 ebenfalls eine Arbeitsstelle eingerichtet, das „Kirchenbuchamt für den Osten beim Archivamt der Evangelischen Kirche in Deutschland (EKD)". Die Aufgabe dieser Stelle war ähnlich: Sie sollte die Lagerungsorte der ausgelagerten ostdeutschen Kirchenbücher ausfindig machen, die Bücher sammeln und erhalten und bei der Beschaffung von Ersatzurkunden für Flüchtlinge und Heimatvertriebene behilflich sein. Dieses Amt, das eigentlich auf Grund der Tätigkeit der Ostdeutschen Kirchenbuchstelle der EKU überflüssig war, konnte daher auch nie eine entsprechende Bedeutung erlangen und wurde bereits 1957 wieder aufgelöst, die Aufgaben und Funktionen wurden an die EKU übertragen. Bei der Gründung des Evangelischen Zentralarchivs in Berlin

1979 wurde die Ostdeutsche Kirchenbuchstelle als Kirchenbuchstelle in das EZA eingegliedert, das sich heute am Bethaniendamm in Berlin befindet.[13]

Reproduktionen von Kirchenbüchern

Innerhalb der kirchlichen Archive im Bereich der protestantischen Landeskirche wird derzeit die Frage der Reproduktionen von Kirchenbüchern intensiv diskutiert. Anstoß für diese Diskussion ist u.a. auch die Herausgabe von Kirchenbüchern als wissenschaftliche Edition, digitalisiert in Form einer CD, durch die Personenstandsarchive Brühl und Detmold („Edition Brühl" und „Edition Detmold").

So erhalten die Landeskirchlichen Archive Anfragen, die Kirchenbücher digitalisiert und aufbereitet in einer Datenbank im Internet zur Verfügung zu stellen. Dabei gibt es Nachfragen von professionellen Internetanbietern, die mit diesen Daten vor allem Geld verdienen wollen. Andere bieten diese Möglichkeit in Form eines gebührenpflichtigen Angebots an, bei dem die Gebühren nach Refinanzierung der Kosten den Herkunftsarchiven zur Verfügung gestellt werden sollen.

Die technischen Möglichkeiten sind heute kein Hindernis mehr für die Umsetzung derartiger Wünsche. Familienforschung im Internet erfreut sich großer Beliebtheit. Nach einem „Spiegel"- Artikel aus dem Jahr 2004 sind nur „Sexanbieter" erfolgreicher als die Ahnenforscher. Die Nachfrage und damit der Markt ist unbestritten vorhanden. Aber es gibt noch eine Menge grundsätzlicher und archivrechtlicher Bedenken, die bisher keine eindeutige Antwort auf diese Frage ermöglicht haben. Zum einen verbieten in der Regel die Benutzungsordnungen grundsätzlich die Reproduktionen ganzer Archivalieneinheiten. Hintergrund dieser Bestimmung ist der Wunsch, die „Exklusivität" der kirchlichen Archive, also die Einzigartigkeit der Quellen, nicht durch vagabundierende Drittüberlieferungen in Frage stellen zu lassen. In gewisser Weise sind einige Landeskirchen auch „gebrannte Kinder". Anlässlich der Sicherungsverfilmung von Kirchenbüchern durch die „Genealogische Gesellschaft von Utah" der „Kirche Jesu Christi der Heiligen der Letzten Tage" (Mormonen) wurde diesen vielfach eine interne Teilnutzung in den USA zugestanden. Damals hatte keiner die Möglichkeiten des Internets auf der einen Seite und der Potenz der Mormonen zur Auswer-

---

13 Stache, Christa (Bearb.), Verzeichnis der Kirchenbücher im Evangelischen Zentralarchiv in Berlin. Teil 1: Die östlichen Kirchenprovinzen der Evangelischen Kirche der altpreußischen Union, Berlin 1985.

tung der Kirchenbücher auf der anderen Seite ahnen können. Die Erschlie-ßung der Kirchenbuchdaten und Erarbeitung entsprechender Datenbanken war durch die damaligen Vereinbarungen deshalb nicht mit abgedeckt. Und damit waren sie auch nicht eindeutig mit ausgeschlossen. Diese Rechtslücke wurde ausgenutzt, und heute finden wir z.B. Daten aus west-fälischen Kirchenbüchern auch im IGI, dem International Genealogical In-dex, der Mormonen im Internet. Insofern verfolgen die kirchlichen Archive diese Bestrebungen der Digitalisierung mit einer gewissen Skepsis. Natür-lich gibt es auch noch andere Gründe, die hier nur kurz angesprochen sein sollen. Sie sind theologischer, aber auch wirtschaftlicher Natur.

In Bezug auf den wirtschaftlichen Aspekt: Eine Veröffentlichung von Reproduktionen hat zwangsläufig zur Folge, dass die Überlieferung vor Ort nicht mehr in dem Maße gefragt sein wird, Recherchen werden zu-rückgehen. Dieses mag aus restauratorischen Gründen bei Einzelarchiva-lien sinnvoll sein, diese Frage stellt sich aber angesichts der Verfilmungen hier nicht. In diesem Maße werden auch die Gebühreneinnahmen zurück-gehen, insbesondere wenn diese Informationen dann im Internet frei zu-gänglich sind. Es ist nun zwar nicht so, dass die Beantwortung genealogi-scher Anfragen in den Landeskirchlichen Archiven kostendeckend erfolgt. Die Gebühren finanzieren nur ansatzweise die Personalkosten. Aber ohne diese Einnahmen würde sich die Schere zu den steigenden Ausgaben noch weiter öffnen.

Die theologischen Gründe rühren aus der jüngsten Geschichte: Zum ei-nen ist es der mögliche Missbrauch kirchlicher Archivalien, zum anderen aber auch die Chance gezielter Werbung für die eigene Sache, die als ein Ergebnis aus den Erfahrungen aus der Zeit des Nationalsozialismus her-rühren. Die Kirchenbücher waren damals zur Erstellung von „Ariernach-weisen" eine unverzichtbare Quelle. Damit machten sich die Kirchen zu ei-nem Werkzeug einer rassistischen Ideologie, denn der Ariernachweis entschied nicht nur über berufliches Fortkommen, sondern konnte auch für die Existenz eines Einzelnen von ausschlaggebender Wichtigkeit sein. Die Erteilung von entsprechenden Auskünften aus den Kirchenbüchern gab aber den Kirchengemeinden gleichzeitig die Möglichkeit, ihren Standpunkt zu den ideologischen Auseinandersetzungen im Kirchenkampf mitzuteilen. Die Kirchengemeinde Enger in Westfalen z.B. fügte den Antwortschreiben bei entsprechenden genealogischen Nachfragen ein Merkblatt bei, in dem es auf die kirchlichen Wurzeln der Familie und damit auch auf den Auftrag der Kirche hinwies. Warum soll in einer Zeit zunehmender Entfremdung von der Kirche diese Chance missionarischen Handelns nicht auch heute genutzt werden?

Insgesamt befinden wir uns in einem Diskussionsprozess. Wie bewertet man z.B. den Wunsch nach der Zurverfügungstellung von Kirchenbuchdaten zur Erstellung eines Dorfsippenbuchs? In der Vergangenheit sind in allen Teilen der Bundesrepublik vereinzelt Familienregister oder Dorfsippenbücher veröffentlicht worden. Heutzutage können sie leicht mittels EDV virtuell weltweit veröffentlicht werden. Auf der anderen Seite haben z.B. die Personenstandsarchive in diesem Bereich unter dem Gesichtspunkt der Verbesserung der Dienstleistung Aktivitäten entwickelt, die zu einer raschen Antwort drängen. Die Veröffentlichung von Kirchenbüchern auf CD-ROM bzw. DVD führten zu entsprechenden Anfragen an uns. Die Erstellung von Hilfsmitteln zur Genealogie, wie z.B. Kirchenbuchdatenbanken, sind dabei unbestritten. Sie finden aber letztlich ihre Grenzen in den immer mehr begrenzten finanziellen und dabei auch personellen Ressourcen.

Andere genealogische Quellen in kirchlichen Archiven

Neben den Kirchenbüchern gibt es in kirchlichen Archiven auch andere Quellen, die Hinweise für die Familienforschung geben können. Vielfach sind in den Archiven der Kirchengemeinden die Belege zur Kirchenbuchführung, also z.B. die Dimissorialien bei Trauungen, Taufbescheinigungen, Vormundschaftserklärungen etc. erhalten, die im Einzelfall weiterführende Informationen geben können. Kirchenstuhlregister oder Kirchensteuerlisten sind häufig mit entsprechenden Namenslisten versehen. Abgabeverpflichtungen sind auch in den frühen Kirchenrechnungen dokumentiert. Friedhofsverzeichnisse erfassen Erb- und Familienbegräbnisse, Armenrechnungen dokumentieren die Verteilung von Unterstützungsleistungen an die sozial Schwachen im Ort. Ab etwa Mitte des 19. Jahrhunderts sind vielfach auch Wählerlisten für die Wahlen der kirchlichen Vertretungsorgane geführt worden, die Hinweise auf die Bewohner des Gemeindesprengels geben.

Genealogie über Kirchenbücher hinaus am Beispiel der Geschichte der Familie Plöger in Lippe[14]

Genealogie endet nicht mit der Recherche in den Kirchenbüchern. Vielmehr ist dies häufig nur ein Anfang. Folgendes Beispiel illustriert die Möglichkeiten einer Familienforschung, die weit über die reinen biografischen Daten hinaus geht.

Der Name Plöger kommt in Lippe sehr häufig vor. Die hier dargestellte Familie bestand aus einfachen Leuten, die sich durch die Eintragungen in den Kirchenbüchern anfangs schnell auf die Familie zurückverfolgen ließ, die als Krüger den Apenkrug zwischen Detmold und Brokhausen besaßen. Anhand der Unterlagen über die Gewerbesachen der Rentkammer im Staats- und Personenstandsarchiv Detmold[15] lässt sich nachweisen, dass der Krug von der Familie gebaut und über drei Generationen betrieben wurde. Allerdings stand der Krug von Anfang an wirtschaftlich unter keinem guten Stern, wie später deutlich wird.

Der erste Krüger war Johann Jobst Plöger, der nach seinem Sterbealter um 1698 geboren war und außer einem unehelichen Kind in zwei Ehen sechs Kinder zeugte. Seine erste Ehe ging er erst im schon verhältnismäßig hohen Alter von 44 Jahren ein.

Johann Jobst Plöger schrieb 1719, also im Alter von 21 Jahren, an den Grafen Simon Heinrich Adolph: „ .... wie dass mein Vatter durch einige Zuredungen das Haus, als den so genandten Apen Krug gebauet, und wegen mangelnden Geldes zur Bezahlung nich hat behalten können, nun aber das Gebäude von bösen Leuten sehr und Täglich ruiniert wird, bittet mir die hohe Gnade wiederfahren zu lassen, das solches Häuschen an mir gnädigst wieder gelangen möge ...". Im Amtsprotokoll vom 5. Oktober 1719 heißt es daraufhin: „Auf Gräflichen Befehl wird mit Vorreiter Johann Jobst Plöger über das Haus auffm Apenberge und die daran angrenzenden 2 Scheffel Land vereinbart, dass Plöger gegen eine einmalige Gebühr von 50 Tlr. oder einem jährlichen Kanon von 3 Tlr. die Kruggerechtigkeit, Bier- und Brantewein zu versellen, hinfuhro erblich besitzen solle."

---

14 Die folgenden Ausführungen beruhen auf dem Vortrag von Wolfgang Bechtel anlässlich des 1. Sommergespräches im Staats- und Personenstandsarchiv Detmold 2004, der unter dem Titel „Die Forschungsweise eines Hobby-Genealogen" am Beispiel der Geschichte der Familie Plöger die Vorgehensweise in der Familienforschung beschrieb.

15 Landesarchiv NRW Staats- und Personenstandsarchiv Detmold, L 92 N.

Da Johann Jobst Plöger erst 1742 heiratete, führte er den Krug also 23 Jahre als Junggeselle: seine Frau, eine geb. Büngener, war 18 Jahre jünger. Als sie bereits 1751 starb, heiratete er nach der Trauerzeit gleich wieder, und zwar eine Frau, die 29 Jahre jünger war als er. Nach seinem Tod im Jahre 1761 heiratete seine Witwe im Alter von nur 34 Jahren ein zweites Mal. Der älteste Sohn von Johann Jobst, Johann Bernd Plöger, folgte ihm als Krüger. Auch er war zweimal verheiratet und hatte aus der ersten Ehe sieben Kinder. Diese Ehe ging er mit 25 Jahren ein und übernahm dann auch den Krug als sein Erbe vom Stiefvater. In der dritten Generation übernahm 1801 Conrad Plöger, der älteste Sohn von Johann Bernd bei seiner Eheschließung den Krug. Er konnte diesen nicht halten, so dass er 1818 von der fürstlichen Rentkammer meistbietend versteigert wurde. Um den Krug aber im Besitz der Familie zu halten, steigerte sein neun Jahre jüngerer Bruder Friedrich Karl Plöger mit. „Im 3. und letzten Verkaufstermin am 5.10.1818 des Apenkruges Nr. 20 zu Brockhausen ist der Vorreiter Plöger beim hiesigen Marstalle unter solidarischer Bürgschaft des Coloni Sander zu Delentrup und des Coloni Kruel im Klüte mit 1335 Tlr. Meistbietender geblieben. Er ist ein leiblicher Bruder des Gemeinschuldners und macht sich dahero unterthänige Hoffnung, dass das freye Privilegium auf ihn übergehe", heißt es in der Akte. Die Rentkammer erteilte dem Käufer des Apenkruges, dem hiesigen „Marstalls Bedienten" Plöger, die Krugkonzession für die Jahre 1819 bis 1825 gegen eine jährliche Gebühr von fünf Talern. Aber auch er konnte den Krug nicht halten und musste ihn vor dem Ablauf der Pachtjahre 1824 an eine Familie Kanne verkaufen.

Woher kam aber nun Johann Jobst Plöger, der erste Krüger? Seine Herkunft lässt sich einwandfrei durch das 1742 verfasste Eheprotokoll belegen. Hier heißt es „Johann Jobst, Johann Simon Plögers zu Dehlentrup ehelicher Sohn nimmt zur Ehe Annen Ilsabein, weyl. Anthon Büngener gewesenen Hoffschmieds zu Bracke ehelich nachgelassenen Tochter."[16] Dehlentrup gehört zum Kirchspiel Heiden, und der Hof lässt sich schon in den ältesten Schatzregistern nachweisen. Im Geburtsregister der Kirchengemeinde Heiden allerdings ist Johann Jobst nicht verzeichnet. Dem angegebenen Sterbealter nach müsste er im Oktober 1698 geboren sein. Im Taufregister 1698 sind von Januar bis 14. Juni 25 Taufen eingetragen, bis zum Jahresende dann aber nur noch sechs. Im Buch selbst sind in diesem Bereich auch einige freie Spalten, als wenn der Pastor noch etwas nachtragen wollte. Auch

---

16 Ebd., L 108 A.

die Ehe seines Vaters, also eines Johann Simon Plöger, ist im Kirchenbuch nicht vorhanden. Im Trauregister gibt es eine Lücke von Oktober 1695 bis Juli 1697; aber auch das Sterberegister ist lückenhaft, dort fehlen die Jahrgänge 1695 bis 1703.

Diese lückenhafte Kirchenbuchführung lässt sich darauf zurückführen, dass der damalige Pastor Henrich Walter Plesmann 1698 starb. Nachfolger wurde Hermann Krecke, der die Witwe seines Vorgängers heiratete. Wahrscheinlich konnte der Pastor Plesmann vor seinem Tod das Amt nicht mehr richtig ausführen, und sein Nachfolger brauchte einige Zeit – es handelte sich um seine erste Pfarrstelle – bis er sich eingearbeitet hatte. Leider lässt sich die Lücke im Trauregister nicht durch die Eheprotokolle überbrücken, da diese für diesen Zeitraum auch fehlen.

Durch das Überprüfen der Freibriefe[17] konnte auch die Mutter von Johann Jobst ermittelt werden. In seinem Gesuch auf Freilassung von 1742 gibt er an, dass er den freien Apenkrug besitzt, nun heiraten wolle und nach langer Zeit in herrschaftlichen Diensten auch seine Freiheit erlangen möchte. Auf dem Deckblatt ist vermerkt: „Vater: Johann Simon Plöger, Mutter: Catharina Eliesabeth Meyer Hermanns, Eheleute zu Dehlentrup Vogtey Heyden". Aufschluss über die Herkunft seines Vaters Johann Simon geben die Ortsakten.[18] In einem Aktenband mit Vorgängen aus dem Zeitraum von 1711 bis 1743 beschuldigt ein Johann Hermann Plöger seinen Stiefvater Johann Simon Plöger, schlecht gewirtschaftet und den Hof verschuldet zu haben. Er führt auch an, dass sein Vater Johann Plöger nach dem Tod seiner Mutter eine zweite Ehe mit Meyer Hermanns Tochter eingegangen ist. Sein Vater sei aber schon 12 Wochen nach der Eheschließung verstorben, und seine Stiefmutter habe sich darauf an Johann Simon von Obermeiers Hof zu Lückhausen verehelicht. In einer Befragung werden die Zusammenhänge noch deutlicher. Johann Hermann Plöger war der Sohn von Johann Plöger und hatte noch einen Bruder Johann Bartold, ihre Mutter war vom Potthof zu Brokhausen. Nach ihrem Tod heiratete ihr Vater die Tochter von Meyer Hermann. Nach seinem Tod hat diese dann Johann Simon Obermeier geheiratet, der sich von da an Plöger nannte, und mit diesem sechs Kinder, vier Söhne und zwei Töchter, gezeugt. Diese Ehen und Sterbefälle konnten in den Gogerichtsakten,[19] in denen die Zah-

17 Ebd., L 83 D.
18 Ebd., L 20.
19 Ebd., L 89 A.

lungen des Weinkaufs und des Sterbefalles eingetragen sind, nachgewiesen werden.

Durch die Einsicht in einige Kanzlei- und Justizialakten[20] ließen sich die Probleme dieser Generation noch weiter erhellen. Es ging um das teilweise zerrüttete Verhältnis der Familienmitglieder untereinander, da wurde geklagt um Erbansprüche, um Vorwürfe gegen Familienmitglieder wegen Misswirtschaft und der dadurch entstandenen hohen Verschuldung des Hofes, um verweigerte bzw. eingeklagte Übernahme des Hofes, um Verkürzung der Leibzucht, zu hohe Brautschätze etc. Die drei Söhne des Johann Simon Obermeier angenommener Plöger hatten an der Landwirtschaft kein Interesse, sie schlugen andere Wege ein, so dass die vielen Nachkommen aus der Verbindung Obermeier (später Plöger) und Meyer-Hermann nicht mehr vom Plöger-Hof in Dehlentrup abstammten. Der Hof Plöger und die Vorfahren des Johann Hermann Plöger lassen sich, genau wie die Vorfahren von Johann Simon Plöger, dem geborenen Obermeier aus Lückhausen, durch die vielen Quellen im Staatsarchiv Detmold noch weiter zurück verfolgen.

Die Ermittlung dieser Familiengeschichte zeigt beispielhaft, wie andere Quellen Lücken in der Kirchenbuchüberlieferung füllen können. Durch die Kommunikation mit anderen Familienforschern ergeben sich oft wertvolle Hinweise; eine Einsichtnahme in Nachlässe von Familienforschern oder familienkundlichen Sammlungen ist immer lohnenswert. Im Staatsarchiv Detmold sei besonders verwiesen auf die Nachlässe bzw. Sammlungen Kenter, Schering und Brenker, in denen sich umfangreiche Informationen zu lippischen Familien ermitteln lassen. Allein die Sammlung Brenker umfasst 242 Ordner.

Zusammenfassung

Die historischen Kirchenbücher bleiben auf Grund ihres Quellenmaterials unverzichtbar für die historische Forschung. Dieser Quellenwert wird auch deutlich durch das ständig wachsende Interesse an der Familienforschung und der zwangsläufig damit verbundenen Nachfrage nach biografischen Daten. Dazu zählt auch die immer stärker werdende Forderung von Genealogen nach der Möglichkeit der Bereitstellung dieser Daten im Internet. Je jünger die Kirchenbücher werden, desto größer wird das Spannungsfeld zwischen der genealogischen Forschung und dem Schutz der Quelle und

20 Ebd., L 83 A.

der darin enthaltenen personenbezogenen und kirchlichen Daten. Dieser Konflikt wird verschärft durch die nicht mehr zeitgemäßen Nutzungsbestimmungen des Personenstandsgesetzes, dessen Novellierung gerade zum wiederholten Mal aufgeschoben worden ist.

Die Einzigartigkeit der historischen Qualität der Kirchenbücher ist durch die Einführung der Kirchenbuchduplikate 1815 bzw. die Einführung des Personenstandsgesetzes 1874/76 verlorengegangen. Diese Entwicklung wird verstärkt durch die Schaffung weiterer Ersatzüberlieferungen z.B. in digitaler Form. Damit ist eine zentrale Aufgabe der kirchlichen Archive, nämlich die Beantwortung genealogischer Recherchen, in Frage gestellt. Auf der anderen Seite haben sich die landeskirchlichen Archive durch gegenüber den staatlichen Regelungen erheblich gelockerte Benutzungsvorschriften den Anforderungen der Familienforscher gestellt. Für Genealogen bleiben diese unterschiedlichen Benutzungsmöglichkeiten und -einschränkungen ärgerlich, da sie fortwährend Verwirrung stiften. Es muss daher dringend eine Lösung gefunden werden, die die rechtlichen Aspekte mit den Bedürfnissen der Genealogen in Einklang bringt und zu einheitlichen Regelungen bei Staat und Kirche führt.

Abfahrt vom großen Hafen in Hamburg

Quellen zur Auswanderung im Hamburger Staatsarchiv

von Peter Gabrielsson

Die im Staatsarchiv Hamburg aufbewahrten Passagierlisten der vom Hamburger Hafen in den Jahren 1850-1934 nach Übersee abgefahrenen Schiffe, die sogenannten Auswandererlisten, stellen eine einzigartige, insbesondere für Genealogen interessante Quelle dar. Sie enthalten nicht nur Angaben über Name, Alter, Beruf und Familienstand, sondern auch das Datum der Abfahrt, den Namen des Schiffes, das Reiseziel, den letzten Wohnort und gegebenenfalls auch Informationen über mitreisende Familienangehörige. Häufig sind diese Angaben der Anlass und Ausgangspunkt für gezielte Nachforschungen von Bewohnern von Nord- und Südamerika sowie Australien nach ihren europäischen Wurzeln.

Der beachtenswerte Museumsneubau des Deutschen Auswandererhauses in Bremerhaven, die fortschreitende Digitalisierung der Auswandererlisten im Staatsarchiv Hamburg und das im Bau befindliche neue hamburgische Auswanderungsmuseum machen das überall spürbar zunehmende Interesse an den noch vorhandenen Quellen zum Thema Auswanderung nach Übersee deutlich.

Die Überlieferung im Staatsarchiv Hamburg

Die erste Auswanderungswelle von Europa nach Übersee im 19. Jahrhundert setzte um 1820 ein und umfasste überwiegend die Auswanderung von West-, Nord- und Mitteleuropäern. Sie schwoll um 1850 stark an, hatte einen zweiten Höhepunkt von 1870-1880 und nahm dann bis zum 1. Weltkrieg allmählich ab.

Eine zweite Auswanderungswelle, die sogenannte Massenauswanderung aus Süd- und Osteuropa, begann etwa um 1870 und hatte ihre stärkste Phase in den Jahren 1890-1914.[1] Ca. drei Millionen von den ca. fünf

---

1 Gelberg, Birgit, Auswanderung nach Übersee. Soziale Probleme der Auswandererbeförderung in Hamburg und Bremen von der Mitte des 19. Jahrhunderts bis zum Ersten Weltkrieg, Hamburg 1973, S. 7 f.

Millionen Auswanderern, die von 1850-1934 über den Hamburger Hafen nach Übersee ausreisten, wanderten in diesen Jahren aus.

Während zu Beginn des 19. Jahrhunderts Le Havre, Antwerpen oder Rotterdam wegen günstiger Verkehrsbedingungen und direkter Seeschiffsrouten als Auswandererhäfen dominierten und Bremen schon bald den kommerziellen Nutzen erkannte, den die Auswanderung einer Hafenstadt bringen konnte, befürchtete der Hamburger Senat zunächst eher Schwierigkeiten für die Stadt, wenn Hamburg zum Umschlagplatz der Auswandererbewegung würde.[2] 1832 wurde deshalb eine Bestimmung erneuert, truppweise reisende Auswanderer an der hamburgischen Grenze zurückzuweisen.[3]

Diese Haltung trug sicherlich dazu bei, dass sich der deutsche Handel mit Nordamerika noch stärker als bisher von Hamburg nach Bremen verlagerte, wie es die Seeschiffsstatistik der Jahre 1830-1836 belegt[4], und es Hamburg – trotz weitgehender Anpassung an die bremischen Verhältnisse – auch später nicht mehr gelang, Bremen seinen Rang als größter deutscher Auswandererhafen abzulaufen.

Um die Auswanderer zu beraten, die Preise für Unterbringung, Verpflegung und Reiseutensilien in einem für die Auswanderer günstigen Sinn zu regeln und sie vor Prellereien zu schützen, wurden in Bremen und in Hamburg Anfang 1851 mehr oder minder private „Nachweisbureaus für Auswanderer"[5] gegründet. Erst, als im Rahmen einer Revision der Auswanderergesetzgebung diese Tätigkeit vom Staat übernommen wurde, kam es im Frühjahr 1855 in Hamburg zur Bildung einer eigenen für das Auswanderungswesen zuständigen Behörde, der „Deputation für das Auswandererwesen".[6] Diese regelte nun weitgehend den Geschäftsbetrieb der Auswandererexpedition.

Die Angestellten des früheren Nachweisungsbureaus fungierten fortan als Polizei-Offizianten für das Auswandererwesen (Auswandererpolizei).

---

2   Suchan-Galow, Erika, Hamburger Quellen zur Auswandererforschung, in: Deutsches Archiv für Landes- und Volksforschung 7, Heft 1, 2 (Leipzig 1934), S. 90 ff.

3   Baasch, Ernst, Gesetzgebung und Einrichtungen im Interesse des Auswandererwesens in Hamburg, in: Philippovich, Eugen (Hg.), Auswanderung und Auswanderungspolitik in Deutschland, Leipzig 1892, S. 387-413.

4   Engelsing, Rolf, Bremen als Auswanderungshafen 1683-1880, Bremen 1961, S. 55.

5   Träger des Hamburger Nachweisungsbureaus war der 1850 gegründete Verein zum Schutze von Auswanderern.

6   Staatsarchiv der Freien und Hansestadt Hamburg [im folgenden: StAHH], Bestand 373-7 I Auswanderungsamt I, II A I 1, Bekanntmachung vom 25.04.1855.

Die vor 1855 von der Polizeibehörde wahrgenommenen Aufgaben (Entgegennahme der Auswandererlisten, Gestatten des Abfahrens der Auswandererschiffe) verblieben dort. 1887 wurden diese Aufgaben der Polizeibehörde im Auswandererwesen der nunmehr „Behörde für das Auswandererwesen" genannten Institution übertragen. 1918 übernahm die Behörde auch noch die restlichen der von der Polizeibehörde wahrgenommenen Auswandererangelegenheiten (Aufsicht über die Auswanderer auf Bahnhöfen, Fürsorge für Rückwanderer und die Aufsicht über die Auswandererhallen). Das Polizeibüro bei den Auswandererhallen wurde in „Dienststelle Überseeheim" umbenannt und 1934 aufgelöst.

Das überlieferte Schriftgut der seit 1928 „Auswanderungsamt" bezeichneten Behörde bildet heute einen der Kernbestände des Staatsarchivs Hamburg zum Thema Auswanderung.[7] Er enthält die von der Polizeibehörde geführten Auswandererlisten – auf die noch näher eingegangen wird –, die bis 1877 geführten Protokollreihen mit Anlagebänden der Deputation, die Akten der nach 1887 eingerichteten Behördenregistratur sowie Unterlagen aus einer Sonderregistratur des Polizeibüros bei den Auswandererhallen. Ergänzungen erfolgten aus der Überlieferung der Behörde für Wirtschaft, Verkehr und Landwirtschaft, Amt für Hafen und Schiffahrt. Der Archivbestand enthält zudem Informationen über die Tätigkeit der im Auswandererwesen tätigen Dienststellen (Jahresberichte, Statistiken), über Auswanderergesetzgebung, Auswandererpolitik, Aus- und Einwanderungswesen im Ausland, Auswandererbetreuung und -schutz, Auswandererexpedienten und -agenten, Beherbergungsbetriebe, Auswandererschiffe und sonstige Auswandererangelegenheiten.

Den zweiten Kernbestand des Staatsarchivs zum Thema Auswanderung bilden die Senatsakten[8]. Diese enthalten nicht nur die staatliche Überlieferung vor der 1855 erfolgten Einrichtung der Fachbehörde, sondern auch den Niederschlag der Beschäftigung der Regierung der Freien und Hansestadt Hamburg mit den vielfältigen und komplexen Aspekten der Auswanderung (hamburgische und deutsche Auswanderungspolitik).

Einige ergänzende Überlieferungen befinden sich – entsprechend ihrer Entstehung in diversen Behördenregistraturen – in verschiedenen her-

---

7   StAHH, Bestand 373-7 I Auswanderungsamt I. Über die einzelnen Bestände des Staatsarchivs informiert: Flamme, Paul/Gabrielsson, Peter/Lorenzen-Schmidt, Klaus-Joachim (Hg.), Kommentierte Übersicht über die Bestände des Staatsarchivs der Freien und Hansestadt Hamburg, 2. Aufl. Hamburg 1999.

8   StAHH, Bestand 111-1 Senat.

kunftsgebundenen Archivbeständen, die in der folgenden Tabelle aufgeführt sind. Hinzuweisen ist hier insbesondere auf polizeiliche Untersuchungsakten aus der Frühzeit der Auswanderung, auf die Unterlagen über die gesundheitliche Überwachung der Auswanderer, der Auswandererquartiere und der Auswandererschiffe sowie auf die Auswandererberatung[9]. Alle Quellen zur Auswanderung sowie die sie erschließenden Findbücher werden Interessenten im Staatsarchiv Hamburg nach vorheriger Anmeldung gern vorgelegt.

TABELLE: QUELLEN ZUR AUSWANDERUNG IM STAATSARCHIV HAMBURG

Bestand	Signaturen	Betreffe, Laufzeiten
111-1 Senat	Cl. I Lit. T Nr. 16 Vol. 1-86	Deutsches Reich – Auswandererwesen, 1868-1928
	Cl. VII Lit. Ke Nr. 9 a-z	Hamburgische Angelegenheiten: Transport der Auswanderer nach fernen Weltteilen, 1836-1928
132-1 I Senatskommission für die Reichs- und auswärtigen Angelegenheiten I	Nrn. 2355-2404	Ein- und Ausfuhr; Auswanderung und Einwanderung in fremde Länder 1891-1920
331-2 Polizeibehörde Kriminalwesen	div. Einzelakten	Polizeiliche Untersuchungsakten betr. Auswandererwerbung durch Major v. Schäffer nach Brasilien, 1824-1825; Auswanderung von Spinnhausgefangenen, 1832-1833; Transport von Strafgefangenen, 1836; Strandung des Auswandererschiffes „John Marbs", 1848-1849; Verproviantierung von Auswanderern, 1849;
352-7 Hafenarzt I	Nrn. 205-216; Nrn. 110, 116	Gesundheitliche Überwachung der Aus- und Rückwanderer, 1871-1953, der Quartiere und Auswandererschiffe, 1898-1938; Bekämpfung von Scharlach und Masern in den Auswandererhallen, 1905-1944

9   Unterlagen betr. Auswandererberatung des kath. Raphaelswerkes der Jahre 1950-1975 im Umfang von ca. 150 lfd. m befinden sich seit 2003 im Diözesanarchiv Hamburg, der Evangelischen Auslandsberatung seit 1997 im Archiv des Kirchenkreises Alt-Hamburg.

371-8 II Deputation für Handel, Schiffahrt und Gewerbe II – Spezialakten	S XXI A 12. 1 ff. S XIX C 1 ff.	Ein- und Auswandererwesen, Passagierwesen, 1866-1942, insbes. Konzessionierung zur Beförderung von Auswanderern, Vorschriften für Auswandererschiffe, öffentl. und private Auswanderungsberatungsstellen, Ein- und Auswanderungsangelegenheiten fremder Staaten; Ausland: Ein- und Auswanderungswesen 1868 ff.
373-7 I Auswanderungsamt I	Gesamtbestand	Auswandererangelegenheiten, 1840-1944; insbes. Listen der Auswanderer 1850-1934, der Rückwanderer 1920-1935, Protokolle der 1855 eingesetzten Deputation für das Auswandererwesen und Nachfolgeeinrichtungen, Jahresberichte und Statistiken, Akten betr. Auswandererpolitik u. -gesetzgebung, Aus- und Einwanderungswesen im Ausland, Auswandererbetreuung und -schutz, Auswandererexpedienten und -agenten; Beherbergungsbetriebe, Auswandererschiffe
373-7 II Auswanderungsamt II	Gesamtbestand	Auswanderung nach 1945; Auswandererlisten 1947-1956, 1960-1964 Beherbergungslisten des Überseeheims Finkenwerder 1949-1959, Fluglisten USA 1961-1964, Fluglisten Australien 1954-1970
613-4/8 Reichsverband deutscher Auswanderer	Gesamtbestand	Beratung von Auswanderern, Korrespondenzen, Protokolle, Statuten 1920-1927
720-1 Plankammer	253/35	Auswanderung – Bilder und Pläne, 1880-1930

Auswandererlisten im Staatsarchiv Hamburg

Eine Verordnung von 1837 bestimmte, dass die Schiffsmakler eines jeden Auswandererschiffes mit mehr als 25 Zwischendeckpassagieren ein entsprechendes Verzeichnis bei der Polizeibehörde abliefern mussten.[10] 1851 wurde diese Bestimmung auch auf Schiffe ausgedehnt, die indirekte Auswanderertransporte besorgten, also Auswanderer beförderten, die von Hamburg über andere europäische Zwischenhäfen auswanderten.[11] Ab 1871 sind alle Schiffspassagiere listenmäßig erfasst worden.

Diese Passagierlisten der Auswandererschiffe, gemeinhin Auswandererlisten genannt, sind in Hamburg ab 1850 weitgehend vollständig erhalten geblieben. Sie enthalten Daten von ca. fünf Millionen Auswanderern und stellen damit eine einzigartige Quellengattung dar. Für die Jahre 1871-1887 sind zudem Listen von Personen überliefert, die nicht mit Auswandererschiffen nach Übersee fuhren.[12]

Im April 1929 übernahm das Staatsarchiv Hamburg von der Hamburger Polizeibehörde die älteren Auswandererlisten der Jahre 1850-1923. Es handelte sich um die von den Schiffsmaklern oder Reedereien eingereichten Passagierlisten der Schiffe, die Auswanderer direkt von Hamburg bzw. Cuxhaven oder indirekt von europäischen Häfen in England, den Niederlanden und Belgien zu überseeischen Zielhäfen brachten. Weitere Listen der Jahre 1924-1934 gelangten zwischen 1935 und 1939 ins Staatsarchiv.[13] Die von 1935 bis zum Ausbruch des Zweiten Weltkrieges geführten Listen

---

10 Verordnung in Betreff der Verschiffung der über Hamburg nach andern Welttheilen Auswandernden. Auf Befehl Eines Hochedlen Raths der freien und Hansestadt Hamburg publicirt den 27. Februar 1837, in: Sammlung der Verordnungen der freyen Hanse-Stadt Hamburg seit 1814, 15. Band, Hamburg 1840, S. 11-25.

11 Verordnung vom 28. Mai 1851, in: Sammlung der Verordnungen der freyen Hanse-Stadt Hamburg seit 1814, 22. Band, Hamburg 1853, S. 156-161.

12 StAHH, Bestand 373-7 I Auswanderungsamt I VIII A 3 Band 1 (1871-1883) und Band 2 (1884-1887), jeweils mit Register.

13 Die Auswandererlisten werden im Staatsarchiv im Bestand 373-7 I Auswanderungsamt I VIII Auswandererlisten (Passagierlisten) in 2 Serien von Folio- bzw. Großfolio-Bänden verwahrt. Die 433 Bände der Listen der direkten Auswanderer der Jahre 1850-1934 (VIII A 1) enthalten ab 1911 auch indirekte Auswanderer. Die Serie der Listen der indirekten Auswanderer der Jahre 1854-1910 (VIII B 1) umfasst 122 Bände. Aus konservatorischen Gründen ist heute eine Benutzung der Auswandererlisten nur in Mikrofilmform möglich.

wurden durch Kriegseinwirkungen vernichtet.[14] Weitere Überlieferungslücken bestehen für die Jahre 1853 (Januar-Juni) und 1915-1919.

Erschlossen sind die Listen durch zeitgenössische, grobalphabetische Indizes zu den einzelnen Jahrgängen, teilweise durch Namenskarteien für einzelne Jahre.[15] Ca. fünf Millionen Passagiere – davon in den Jahren 1890-1914 etwa drei Millionen – sind in den Indizes und Karteien erfasst. Angesichts der Menge an Namen ist ein Recherchieren nach einzelnen Personen in den grobalphabetischen, handgeschriebenen Jahresindizes mühsam und zeitaufwendig. Ist zudem das genaue Jahr der Auswanderung nicht bekannt und die Durchsicht mehrerer Jahrgänge notwendig, ist eine Recherche mit „vertretbarem" Aufwand kaum zu leisten. Das Staatsarchiv hat auf Grund dieser Situation das Recherchieren in den Auswandererlisten auf amtliche und rechtlich zwingende Fälle beschränkt. Es legt interessierten Benutzern die Auswandererlisten und die Indizes in Mikrofilmform in seinem Lesesaal vor und verweist auswärtige Ratsuchende an einschlägige Dienstleister auf diesem Gebiet.

Diese unbefriedigende Sachlage hatte bereits in den 1970er Jahren dazu geführt, nichtdigitale Versuche zur besseren Erschließung der Listen anzustellen, die insgesamt jedoch erfolglos blieben.[16] Allen wurde bald klar, dass angesichts der technischen Möglichkeiten allein eine digitale Quellenerschließung sinnvoll wäre.

Angesichts leerer öffentlicher Kassen und abnehmender Personalressourcen war jedoch an die Realisierung einer Datenbank mit vielschichtigen Suchfunktionen für wissenschaftliche Fragestellungen und der Möglichkeit einer komfortablen und effizienten Recherche nach Einzelpersonen vorerst kaum zu denken.

14 Schreiben der Verwaltung für Wirtschaft an das Staatsarchiv vom 26. Februar 1948 (STAHH Bestand 133-1 II Staatsarchiv II 267/48).

15 178 Registerbände erschließen die Namen der direkten Auswanderer der Jahre 1855-1914 und 1923-1934 (StAHH, Bestand 373-7 I Auswanderungsamt I VIII A 2); die Listen der Jahre 1920-1922 sind durch eine Namenskartei erschlossen. 25 Bände enthalten die Namen der indirekten Auswanderer der Jahre 1855-1910 (StAHH, Bestand 373-7 I Auswanderungsamt I VIII B 2).

16 Hierzu: Richter, Klaus, Quellen des Hamburger Staatsarchivs zur Überseewanderung von Schleswig-Holsteinern im 19. Jahrhundert, in: Sievers, Kai Detlev (Hg.), Die deutsche und skandinavische Amerikaauswanderung im 19. und 20. Jahrhundert, Neumünster 1981, S. 67-72; Gabrielsson, Peter, Das Projekt „Link To Your Roots". Die digitale Erschließung der Auswandererlisten im Staatsarchiv Hamburg, in: Auskunft . Mitteilungsblatt Hamburger Bibliotheken 20 (2000), S. 378-387.

Das Projekt „LINK TO YOUR ROOTS (LTYR)"

Im Herbst 1998 entstand jedoch eher zufällig die zunächst scheinbar verwegene Idee, eine digitale Erschließung der Passagierlisten und deren Nutzung mittels einer im Internet verfügbaren Datenbank ohne Inanspruchnahme zusätzlicher Haushaltsmittel zu realisieren.

Im Zusammenwirken von verschiedenen Behörden und privaten Sponsoren wie Siemens, Oracle, debis und Sun Microsystems wurde daraus das „Public-Private-Partnership"- Projekt „LINK TO YOUR ROOTS".[17]

Nach einer Pilotphase ab Mai 1999 nahm das auf vier Jahre veranschlagte Projekt im Juli 1999 den vollen Betrieb auf. Die für den Erschließungsprozess eingestellten 27 Arbeitskräfte wurden im Rahmen von arbeitsplatzschaffenden Maßnahmen für schwerbehinderte Menschen aus Mitteln der Hauptfürsorgestelle der Behörde für Soziales und Familie unter Verwendung der Ausgleichsabgaben für unbesetzte Schwerbehinderten-Arbeitsplätze bezahlt. Unternehmen wie Siemens, debis, Oracle und Sun Microsystems sponserten die benötigte Hard- und Software. Das Staatsarchiv übernahm die Unterbringung und Schulung der Arbeitskräfte sowie das Projektmanagement. Die Staatliche Pressestelle stellte die Kontakte zu den Sponsoren her und besorgte die Öffentlichkeitsarbeit für das Projekt. Am 19. März 2000 erfolgte in Chicago die Eröffnung des Zugangs zur Datenbank „LINK TO YOUR ROOTS" im Internet, am 28. März 2000 in Hamburg.

Kooperationsverträge mit „hamburg.de GmbH & Co. KG" (Administrierung der Datenbank) und der Einrichtung „Link to your Roots – Beschäftigung & Bildung e.V." (Vermarktung der Datenbank und ergänzende genealogische Dienstleistungen) dienten der Entlastung der Projektadministration.

Aus mancherlei personellen und technischen Gründen konnte das Projektziel, bis zum Ende des Bewilligungszeitraumes am 30. Juni 2003 ca. fünf Millionen Datensätze zu digitalisieren, nicht erreicht werden. Insgesamt wurden die Daten von gut 1,7 Millionen Auswanderern aus den Jahren 1890-1908 erfasst.

Beantragt und genehmigt wurde deshalb eine Projektverlängerung für den Zeitraum 1. Juli 2003 - 30. Juni 2007 mit nunmehr 22 Mitarbeitern. In diesem Zeitraum sollen die Passagierlisten der Jahre 1909-1914 und der

---

17 Über die Anfänge des Projekts vgl. Gabrielsson 2000, S. 381 ff.

Jahre 1889 rücklaufend bis 1872 mit insgesamt gut 1,8 Millionen Auswanderern digitalisiert werden.

Das Projekt macht gute Fortschritte. Digitalisiert sind bisher gut drei Millionen Datensätze; noch nicht alle haben die Endkontrolle passiert. Es ist vorgesehen, dass das Staatsarchiv zur Fertigstellung der nach dem 30. Juni 2007 noch nicht digitalisierten Listen weitere Förderungsmittel für das Projekt beantragen und die Digitalisierung im Rahmen des bisherigen Projektes bis zum 31.12.2009 zum Abschluss bringen wird.

Die „online"-Benutzung der Datenbank

Im Internet sind seit dem 11. Oktober 2005 die Jahrgänge 1890-1910 der Auswandererlisten (= 2.219.339 Datensätze) in der Auswandererdatenbank: www.linktoyourroots.hamburg.de verfügbar. Diese wird kontinuierlich erweitert.

Ihre Nutzung ist gebührenpflichtig. Das Verfahren ist auf der genannten Internetseite erklärt. Wenn man einen gesuchten Namen in der Trefferübersicht findet, kann man gegen Entrichtung einer festgelegten Gebühr die vollständigen Daten (Herkunftsort etc.) erfahren. Die Preise richten sich zur Zeit nach der Anzahl der angefragten Personen (Anzahl 1-3: Preis 20 EUR; 4-10: 30 EUR; 11-20: 40 EUR; 21-30: 50 EUR). Akzeptiert als Zahlungsmittel werden MASTERCARD/ EUROCARD und VISA.

Die zur Zeit mit der Vermarktung der Datenbank betraute Einrichtung „Link to your Roots – Beschäftigung & Bildung e.V." übernimmt darüber hinaus auch Recherchen der noch nicht in der Datenbank erfassten Auswanderungsfälle, fertigt auf Wunsch Reproduktionen aus den Original-Passagierlisten an und bietet ergänzende genealogische Dienstleistungen an.

Für wissenschaftliche Forschungsprojekte gewährt das Staatsarchiv schon jetzt Forschern auf Antrag den kostenfreien online-Zugang zur Datenbank in einem Sonderbenutzungsraum.

Geplant ist, dass in naher Zukunft das Staatsarchiv Hamburg dem Betreiber[18] des neuen Hamburger Auswanderungsmuseums „port of dreams" – BallinStadt Auswandererwelt Hamburg ein Nutzungsrecht an der Datenbank einräumt.

Die Grundsteinlegung für den Museumsbau in Hamburg-Veddel erfolgte am 7. Dezember 2005. Im April 2007 soll das Museum eröffnet wer-

18 LeisureWorkGroup GmbH, Tegelring 37, 25899 Niebüll.

den und wird im Rahmen des Betriebes eines Forschungszentrums interessierten Personen und Institutionen Recherchemöglichkeiten zur Ermittlung der Daten der über Hamburg ausgewanderten Personen bieten, Recherchearbeiten durch eigene qualifizierte Mitarbeiter unterstützen und bei entsprechender Nachfrage professionelle Auftragsrecherchen durchführen. Es ist zudem geplant, digitale Bilder aller Passagierlisten und ihre Verlinkung mit der Datenbank online verfügbar zu haben.

Die im Staatsarchiv Hamburg aufbewahrten Quellen zur Übersee-Auswanderung haben verstärkt seit den 1970er Jahren für viele wissenschaftliche Arbeiten und für ungezählte Recherchen nach Einzelpersonen die Basis geliefert. Es ist zu erwarten, dass die Auswanderungsforschung durch die Möglichkeiten der Nutzung einer Auswandererdatenbank mit ca. fünf Millionen Datensätzen in qualitativer wie quantitativer Hinsicht einen weiteren rasanten Aufschwung nehmen wird.

3

Archivalien von Morgen

Personenstandsregister im Personenstandsarchiv Brühl

Die Novellierung des Personenstandsgesetzes

von Udo Schäfer

1 Das Personenstandsgesetz (PStG) in der Fassung der Bekanntmachung vom 8. August 1957

§ 70 a Abs. 1 Nr. 3 PStG ermächtigt die Landesregierungen, durch Rechtsverordnung Bestimmungen über die Fortführung, Benutzung und Aufbewahrung

— der in der Zeit vom 1. Januar 1876 bis zum 30. Juni 1938 geführten standesamtlichen Nebenregister und

— der vor dem 1. Januar 1876 geführten Zivilstandsregister (Standesbücher)

zu treffen. Von dieser Ermächtigung hat zum Beispiel die Landesregierung des Landes Nordrhein-Westfalen in § 4 der Verordnung zur Durchführung des Personenstandsgesetzes[1] Gebrauch gemacht:

(1) Die Aufbewahrung und Fortführung der vom 1. Januar 1876 bis 30. Juni 1938 geführten standesamtlichen Nebenregister und der vor dem 1. Januar 1876 geführten Zweitregister der Zivilstandsregister sowie die Aufgaben bei deren Benutzung werden

1. für die Regierungsbezirke Düsseldorf und Köln dem Nordrhein-Westfälischen Personenstandsarchiv Rheinland,

2. für die Regierungsbezirke Arnsberg, Detmold und Münster dem Nordrhein-Westfälischen Personenstandsarchiv Westfalen-Lippe

übertragen.

(2) Für die Fortführung der in Absatz 1 genannten Register sind im übrigen die Bestimmungen des Personenstandsgesetzes über die Zweitbücher entsprechend anzuwenden. Einsicht in diese Register und deren Durchsicht können unter entsprechender Anwendung des § 61 PStG gewährt werden; für die Einsicht in die vor dem 1. Oktober 1874 geführten Zivilstandsregister und deren Durchsicht genügt die Glaubhaftmachung eines berechtigten Interesses.

---

1   Verordnung zur Durchführung des Personenstandsgesetzes (PStVO NRW) vom 10. Dezember 1974, in: Ministerialblatt für das Land Nordrhein-Westfalen 1974, S. 1578; 1982, S. 256; 1983, S. 2.

§ 70 a Abs. 1 Nr. 3 PStG ist die *sedes materiae*, auf der der Status der Erst- und Zweitbücher der Personenstandsbücher als Schriftgut *sui generis* beruht. Aus der Rechtsvorschrift ergibt sich,

— dass die Erst- und die Zweitbücher dauernd aufzubewahren sind, weil die Landesregierungen nicht ermächtigt werden, deren Vernichtung durch Rechtsverordnung zu regeln,[2] und

— dass weder die Erst- noch die Zweitbücher der Pflicht zur Anbietung und Übergabe nach dem jeweiligen Archivgesetz unterliegen, weil die Vorschrift als *lex specialis* die Möglichkeiten zur Abweichung

— von der Pflicht zur Verwahrung, Führung und Fortführung der Erstbücher durch den Standesbeamten gemäß § 1 Abs. 2 PStG und

— von der Pflicht zur Verwahrung und Fortführung der Zweitbücher nach deren Abschluss durch die zuständige Verwaltungsbehörde gemäß § 44 Abs. 2 Satz 2 und Abs. 3 PStG

abschließend regelt.[3]

Werden Personenstandsbücher auf der Grundlage einer Rechtsverordnung im Sinne des § 70 a Abs. 1 PStG einem öffentlichen Archiv übergeben, so ist mit der Übergabe keine Widmung zu Archivgut[4] verbunden. Die von einem öffentlichen Archiv verwahrten Personenstandsbücher werden auch nicht nach Ablauf einer bestimmten Zeit zu Archivgut. Nicht nur auf die Übergabe, sondern auch auf die Verwahrung und die Benutzung findet das jeweilige Archivgesetz keine Anwendung. Solange die Personenstandsbücher beim Standesbeamten oder bei der zuständigen Verwaltungsbehörde verbleiben, handelt es sich bei den Unterlagen nicht einmal um Registraturgut. Nur solche Unterlagen öffentlicher Stellen dürfen als Registraturgut bezeichnet werden, für die entweder die archivgesetzliche Pflicht zur Anbietung und Übergabe oder ein gegenüber dieser Pflicht vorrangiges gesetzliches Löschungs- oder Vernichtungsgebot gilt. Der Wechsel in der sachlichen Zuständigkeit für die Verwahrung verändert die öffentlich-rechtliche Eigenschaft der Personenstandsbücher nicht. Sie bleiben Schrift-

---

2   Vgl. Manegold, Bartholomäus, Archivrecht. Die Archivierungspflicht öffentlicher Stellen und das Archivzugangsrecht des historischen Forschers im Licht der Forschungsfreiheitsverbürgung des Art. 5 Abs. 3 GG, Berlin 2002, S. 240, Anm. 405 auf S. 241.

3   Vgl. aber Manegold 2002, S. 240 mit Anm. 405 auf S. 241.

4   Vgl. zu dieser Schäfer, Udo, Kulturgutschutz im Wandel?, in: Der Archivar 52 (1999), S. 236 f.

gut *sui generis*, das lediglich dem Personenstandsgesetz und den auf dessen Grundlage erlassenen Verordnungen unterliegt.

Die Archivierung der Personenstandsbücher im Sinne der Archivgesetze des Bundes und der Länder wird durch § 70 a Abs. 1 Nr. 3 PStG, nicht aber durch eine Rechtsvorschrift über Geheimhaltung höherer Ordnung, die in einem formellen und materiellen Gesetz ohne hinreichende Öffnungsklausel enthalten ist,[5] ausgeschlossen. Der bekannte § 61 Abs. 1 PStG ist keine Norm des Geheimnisschutzrechts,[6] sondern eine Norm des Datenzugangsrechts.[7] Ein besonderes Amtsgeheimnis wird durch § 61 Abs. 1 PStG nicht begründet. Außerdem würde ein besonderes Geheimnis die Befugnis und die Pflicht zur Anbietung und Übergabe nur dann ausschließen, wenn die das Geheimnis begründende Norm nicht mit einer hinreichenden Öffnungsklausel verbunden ist. Lediglich der Zugang zu Personenstandsbüchern wird durch § 61 Abs. 1 PStG geregelt.[8]

Folgende Formen des Zugangs zu Personenstandsbüchern sind zulässig:
1. Die Auskunft aus Personenstandsbüchern,
2. die Einsicht in Personenstandsbücher,
3. die Durchsicht von Personenstandsbüchern und
4. die Erteilung von Personenstandsurkunden.

Während sich die Zulässigkeit der Formen 2 bis 4 unmittelbar aus § 61 Abs. 1 PStG ergibt, ist die Zulässigkeit der Form 1 von der Rechtsprechung[9] anerkannt worden.

Inhaber eines Anspruchs auf Zugang sind
— gemäß § 61 Abs. 1 Satz 1 PStG
   die Personen, auf die sich ein Eintrag bezieht, sowie

---

5   Vgl. zum Begriff: ders., Rechtsvorschriften über Geheimhaltung sowie Berufs- und besondere Amtsgeheimnisse im Sinne der Archivgesetze des Bundes und der Länder – Grundzüge einer Dogmatik, in: Polley, Rainer (Hg.), Archivgesetzgebung in Deutschland – Ungeklärte Rechtsfragen und neue Herausforderungen, Marburg 2003, S. 39–69.

6   So aber Oldenhage, Klaus, Bemerkungen zum Bundesarchivgesetz, in: Der Archivar 41 (1988), Sp. 495; Uhl, Bodo, Rechtsfragen der Aussonderung und Übernahme von Archivgut, in: Polley, Rainer (Hg.), Archivgesetzgebung in Deutschland, Marburg 1991, S. 84 f.; Nadler, Andreas, Die Archivierung und Benutzung staatlichen Archivgutes nach den Archivgesetzen des Bundes und der Länder, Jur. Diss. Bonn 1995, S. 73 f.

7   So bereits Manegold 2002, S. 240.

8   Ebda., S. 240.

9   Landgericht Bielefeld: Beschluss vom 19. April 2001 – 25 T 87/01, in: Das Standesamt. Zeitschrift für Standesamtswesen, Ehe- und Kindschaftsrecht, Staatsangehörigkeitsrecht [im folgenden: StAZ] 55 (2002), S. 44.

deren Ehegatten, Vorfahren und Abkömmlinge und

— gemäß § 61 Abs. 1 Satz 3 PStG andere Personen, soweit sie ein rechtliches Interesse glaubhaft machen.

Ein rechtliches Interesse im Sinne des § 61 Abs. 1 Satz 3 PStG ist aber nur dann gegeben, wenn die Kenntnis von Personenstandsdaten eines anderen zur Verfolgung von Rechten oder zur Abwehr von Ansprüchen erforderlich ist. Ein wissenschaftliches oder sonstiges historisches Interesse begründet kein rechtliches Interesse.[10] Allerdings ermächtigt § 70 a Abs. 1 Nr. 3 PStG die Landesregierungen, die Benutzung von Unterlagen, die vor dem Inkrafttreten des Reichspersonenstandsgesetzes vom 3. November 1937[11] zum 1. Juli 1938 abgeschlossen worden sind, durch Rechtsverordnung abweichend zu regeln. Für die Unterlagen, die abgeschlossen worden sind, bevor in Preußen das Gesetz über die Beurkundung des Personenstandes und die Form der Eheschließung[12] zum 1. Oktober 1874 in Kraft trat, hat zum Beispiel die Landesregierung des Landes Nordrhein-Westfalen eine solche Regelung getroffen. Wer den Zugang zu diesen Unterlagen beantragt, muss lediglich ein berechtigtes Interesse geltend machen. In Nordrhein-Westfalen ist deshalb der Zugang zu Unterlagen aus der Zeit vor dem 1. Oktober 1874 auch zu wissenschaftlichen oder sonstigen historischen Zwecken zulässig.[13]

Eine Legaldefinition der Personenstandsbücher bietet § 1 Abs. 2 PStG: *Der Standesbeamte führt ein Heiratsbuch, ein Familienbuch, ein Geburtenbuch und ein Sterbebuch (Personenstandsbücher).* Während der Heirats-[14], der Geburten-[15] und der Sterbebucheintrag[16] bei dem den Personenstandsfall beur-

---

10 Bayerisches Oberstes Landesgericht: Beschluss vom 12. Mai 1998 – 1Z BR 5/98, in: StAZ 51 (1998), S. 254 f. – Landgericht Bielefeld, wie Anm. 9, S. 44. – Vgl. Amtsgericht Berlin-Schöneberg: Beschluss vom 22. Juli 1994 – 70 III 98/94, in: StAZ 48 (1995), S. 15. – Vgl. aber Fillbrandt, Marcus, Die Benutzung der Personenstandsbücher durch Genealogen im Spannungsfeld der Grundrechte, in: StAZ 53 (2000), S. 260–264; Aicher, Manuel, Das Verhältnis von Genealogie und Datenschutz nach deutschem Recht, in: Archiv für Familiengeschichtsforschung 5 (2001), S. 183–209.

11 Vgl. zu diesem Schütz, Wolfgang, 125 Jahre Personenstandsgesetz – 125 Jahre Standesbeamte in Deutschland, in: StAZ 54 (2001), S. 5.

12 Vgl. zu diesem: Schütz 2001, S. 5.

13 Vgl. zu Rheinland-Pfalz Oberlandesgericht Zweibrücken: Beschluss vom 10. Juni 2003 – 3 W 76/03, in: StAZ 56 (2003), S. 270–272.

14 Vgl. zu diesem § 2 Abs. 1 Satz 1, § 11 PStG.

15 Vgl. zu diesem § 2 Abs. 2, § 21 PStG.

16 Vgl. zu diesem § 2 Abs. 2, § 37 PStG.

kundenden Standesbeamten verbleiben, wird das Familienbuch[17] bei einem Wohnortwechsel der Familie an den für die Familie am neuen Wohnort zuständigen Standesbeamten weitergegeben. Zu jedem Heirats-, Geburten- und Sterbebuch wird ein Zweitbuch geführt.[18] Die Führung eines Erst- und eines Zweitbuchs ist auf ein Jahr befristet. Nach Ablauf des Jahres werden die Bücher abgeschlossen und das Zweitbuch an die zuständige Verwaltungsbehörde abgegeben.[19] Die unbefristete Fortführung erfolgt beim Erstbuch durch den Standesbeamten und beim Zweitbuch[20] durch die zuständige Verwaltungsbehörde. In Nordrhein-Westfalen obliegt die unbefristete Fortführung der Zweitbücher, die vor dem Inkrafttreten des Reichspersonenstandsgesetzes vom 3. November 1937 zum 1. Juli 1938 abgeschlossen worden sind, dem Personenstandsarchiv Brühl und dem Staats- und Personenstandsarchiv Detmold als den zuständigen Abteilungen des Landesarchivs Nordrhein-Westfalen.[21] Darüber hinaus werden zu den Personenstandsbüchern Sammelakten geführt. Gesetzliche Regelungen für die Sammelakten fehlen aber bisher.

Für das Land Nordrhein-Westfalen ist im Jahre 2005 hervorzuheben, dass Personenstandsbücher nur dann zu wissenschaftlichen oder sonstigen historischen Zwecken zugänglich sind, wenn sie vor mehr als 130 Jahren geschlossen worden sind. Diese Rechtslage, von der sich die der anderen Bundesländer nicht wesentlich unterscheidet, ist bereits seit langem Gegenstand der Kritik.[22] Aus archivischer Perspektive sind aber die beschränkten Möglichkeiten des Zugangs nur ein Teil des sich aus dem Personenstandsgesetz in der Fassung vom 8. August 1957 ergebenden Problems. Ein anderer Teil des Problems ist der auf § 70 a Abs. 1 Nr. 3 PStG beruhende Status der Erst- und Zweitbücher der Personenstandsbücher als Schriftgut *sui generis*. Mit den in den Jahren 1987 bis 1997 in Kraft getretenen Archivgesetzen des Bundes und der Länder ist dieser Status nicht vereinbar. Die Funktion öffentlicher Archive, aus den Unterlagen, die bei öffentlichen Stellen entstanden sind, eine umfassende archivische Überlieferung zu bilden,

---

17 Vgl. zu diesem § 2 Abs. 1 Satz 2, §§ 12 bis 15 PStG.

18 § 44 Abs. 1 PStG.

19 44 Abs. 2 PStG.

20 44 Abs. 3 PStG.

21 § 4 Abs. 1 PStVO NRW.

22 Vgl. zum Beispiel: Sielemann, Jürgen, German laws regulating access to genealogical records, in: AVOTAYNU. The International Review of Jewish Genealogy 10 (1994), Heft 2, S. 25–30.

zu erhalten, zu erschließen und zugänglich zu machen, kann nicht in hinreichendem Maße wahrgenommen werden, wenn bestimmte Gruppen von Unterlagen der archivgesetzlichen Pflicht zur Anbietung und Übergabe entzogen werden. Die sich aus § 70 a Abs. 1 Nr. 3 PStG ergebende Möglichkeit, dass die jeweilige Landesregierung die Zuständigkeit für die Verwahrung abgeschlossener Personenstandsbücher durch Rechtsverordnung auf öffentliche Archive überträgt, bietet kein ausreichendes Surrogat. Die auf das Inkrafttreten des Reichspersonenstandsgesetzes vom 6. Februar 1875[23] zum 1. Januar 1876 und des Reichspersonenstandsgesetzes vom 3. November 1937 zum 1. Juli 1938 bezogenen Stichtagsregelungen des § 70 a Abs. 1 Nr. 3 PStG stellen sich gegenüber der Entstehung der archivgesetzlichen Pflicht zur Anbietung und Übergabe nach Ablauf gleitender Fristen sogar als Anachronismus dar.

2 Entwurf eines Gesetzes zur Reform des Personenstandsrechts (Personenstandsrechtsreformgesetz – PStRG) – Stand: 20. Januar 2005

2.1 ZUR ENTSTEHUNG DES ENTWURFS

Die Reform des Personenstandsrechts ist ein Vorhaben, das vom Bundesministerium des Innern schon seit längerem gemeinsam mit einer Bund-Länder-Arbeitsgruppe verfolgt wird. Im Jahre 1996 bat das Bundesministerium des Innern die für das Personenstandswesen zuständigen obersten Landesbehörden um eine Stellungnahme zu dem Vorentwurf eines Fünften Gesetzes zur Änderung des Personenstandsgesetzes (5. PStÄndG) – Stand: 25. März 1996[24]. Der Vorentwurf begründete ausdrücklich eine Pflicht zur dauernden Aufbewahrung der Erstbücher, während er für die Zweitbücher und die Sammelakten Aufbewahrungsfristen festsetzte. Die Ermächtigung der Landesregierungen nach § 70 a Abs. 1 Nr. 3 PStG sollte auch auf die bis zum 31. Dezember 1957 abgeschlossenen Zweitbücher erstreckt werden. Allerdings war die Stichtagsregelung nicht mit der Festsetzung der Aufbewahrungsfristen vereinbar. Darüber hinaus sollte der Zugang zu den Personenstandsbüchern erleichtert werden. Mit Schreiben vom 23. September 1996 nahm das Staatsarchiv der Freien und Hansestadt Hamburg als das

---

23 Vgl. zu diesem: Schütz 2001, S. 5.
24 Vgl. zu diesem: Bornhofen, Heinrich, Die Reform des Personenstandsrechts, in: StAZ 49 (1996), S. 161–170.

für das Archivwesen zuständige Senatsamt gegenüber der Behörde für Inneres der Freien und Hansestadt Hamburg als der für das Personenstandswesen zuständigen Fachbehörde Stellung zu dem Vorentwurf. Die Stellungnahme gab die Auffassung der Archivreferentenkonferenz des Bundes und der Länder (ARK) wieder. Es wurde vorgeschlagen, im Hinblick auf die Zweitbücher und die Sammelakten die Pflicht zur Anbietung und Übergabe und im Hinblick auf die Erstbücher die Möglichkeit zur Anbietung und Übergabe in das Personenstandsgesetz aufzunehmen. Die Absicht, den Status der Erst- und Zweitbücher der Personenstandsbücher als Schriftgut *sui generis* aufzuheben, war jedoch mit dem Vorschlag nicht verbunden. Die Pflicht zur Anbietung und Übergabe wurde weder auf die Erstbücher erstreckt noch aus den jeweiligen archivrechtlichen Vorschriften abgeleitet. Außerdem setzte sich der Vorschlag nicht mit § 70 a Abs. 1 Nr. 3 PStG auseinander. Schließlich stellte das Bundesministerium des Innern die Novellierung des Personenstandsgesetzes wegen anderer dringlicher Aufgaben zurück.

Mit dem Ziel, die archivgesetzliche Pflicht zur Anbietung und Übergabe sowie die archivgesetzlichen Regelungen über den Zugang nach Ablauf bestimmter Fristen auf die Personenstandsunterlagen zu erstrecken, legte die ARK-Arbeitsgruppe *Archive und Recht* im Jahre 2000 der Archivreferentenkonferenz des Bundes und der Länder den Entwurf eines Vorschlags zur Novellierung des Personenstandsgesetzes – Stand: 21. März 2000 – vor. Der Vorschlag verblieb aber im Stadium des Entwurfs.

Im Jahre 2002 begann das Bundesministerium des Innern jedoch, sich zusammen mit der Bund-Länder-Arbeitsgruppe wieder der Reform des Personenstandsrechts zu widmen. Die zuständigen obersten Landesbehörden wurden im Jahre 2003 vom Bundesministerium des Innern um eine Stellungnahme zu dem Vorentwurf eines Gesetzes zur Reform des Personenstandsrechts (Personenstandsrechtsreformgesetz – PStRG) – Stand: 10. September 2003[25] – gebeten. Der Vorentwurf sah für die Erst- und Zweitbücher eine Pflicht zur dauernden Aufbewahrung und für die Sammelakten Aufbewahrungsfristen vor. Die Abgabe der Zweitbücher und der Sammelakten nach Ablauf bestimmter Fristen an die zuständigen öffentlichen Archive sollte im Ermessen der Standesämter liegen. Darüber hinaus sollten

---

25 Vgl. zu diesem: Weidelener, Helmut, Das deutsche Personenstandsrecht auf dem Weg in das 21. Jahrhundert, in: StAZ 57 (2004), S. 222–225; Sielemann, Jürgen, Jewish Genealogy in Germany, in: AVOTAYNU. The International Review of Jewish Genealogy 20 (2004), Heft 2, S. 28.

die Landesregierungen ermächtigt werden, durch Rechtsverordnung zu bestimmen, dass die Erstbücher an die zuständigen öffentlichen Archive abgegeben werden. Die Möglichkeiten des Zugangs zu den Personenstandsbüchern sollten erweitert werden. Auf die an die zuständigen öffentlichen Archive abgegebenen Personenstandsunterlagen sollten die Regelungen des Personenstandsgesetzes über den Zugang entsprechend angewendet werden. Zu dem Vorentwurf wurde der Archivreferentenkonferenz des Bundes und der Länder von der ARK-Arbeitsgruppe *Archive und Recht* eine Stellungnahme – Stand: 21. November 2003 – vorgelegt, die unmittelbar an das Bundesministerium des Innern übermittelt wurde. Darin wurde vorgeschlagen, den Status als Schriftgut *sui generis* aufzuheben und die Personenstandsunterlagen in den Anwendungsbereich der Archivgesetze einzubeziehen. Ende 2003 hatte die ARK-Arbeitsgruppe *Archive und Recht* Gelegenheit, den Vorschlag dem Bundesministerium des Innern zu erläutern.

Mit Schreiben vom 21. Januar 2005 hat das Bundesministerium des Innern sodann den Entwurf eines Gesetzes zur Reform des Personenstandsrechts (Personenstandsrechtsreformgesetz – PStRG) – Stand: 20. Januar 2005 – bis zum 20. März 2005 in die interministerielle Bund-Länder-Abstimmung gegeben. Das Staatsarchiv der Freien und Hansestadt Hamburg hat bereits mit Schreiben an die Behörde für Inneres der Freien und Hansestadt Hamburg vom 25. Februar 2005 zustimmend Stellung zu dem Entwurf genommen. Die Stellungnahme wurde innerhalb der ARK-Arbeitsgruppe *Archive und Recht*, in der das Staatsarchiv vertreten ist, abgestimmt. Sie wurde nicht nur der Archivreferentenkonferenz des Bundes und der Länder, sondern auch der Bundeskonferenz der Kommunalarchive zur Verfügung gestellt.[26]

2.2 ZUM INHALT DES ENTWURFS

2.2.1 Die Verwahrung der Personenstandsunterlagen

An Stelle des Begriffs *Personenstandsbuch* verwendet der Entwurf – Stand: 20. Januar 2005 – den Begriff *Personenstandsregister*. In Zukunft sollen die folgenden Personenstandsregister geführt werden:
— Das Eheregister,
— das Lebenspartnerschaftsregister,

---

26 Vgl. zu diesem Abschnitt insgesamt Staatsarchiv Hamburg, Registratur, 2100-21 U.A. 3.

— das Geburtenregister und

— das Sterberegister.[27]

Das Eheregister soll an die Stelle des Heiratsbuchs treten. Die Anlage und die Fortführung eines Familienbuchs sieht der Entwurf nicht mehr vor. Zum ersten Mal sollen die Sammelakten eine gesetzliche Regelung erfahren.[28] Zu jedem Personenstandsregister soll ein Sicherungsregister geführt werden.[29] Die Führung und die Fortführung sowohl der Personenstandsregister als auch der Sicherungsregister sollen spätestens vom 1. Januar 2012 an in elektronischer Form erfolgen.[30] Die Landesregierungen sollen ermächtigt werden, durch Rechtsverordnung zu bestimmen, dass zentrale elektronische Personenstandsregister eingerichtet werden.[31] Es ist vorgesehen, dass die Speichermedien, auf denen sich die Personenstandsregister befinden, räumlich getrennt von den Speichermedien, auf denen sich die Sicherungsregister befinden, verwahrt werden.[32]

Die Führung der Personenstands- und Sicherungsregister soll wie bisher die Führung der Erst- und Zweitbücher auf ein Jahr befristet werden. Nach Ablauf des Jahres sollen die Register abgeschlossen werden.[33] Für die Fortführung der Personenstandsregister[34] und der Sicherungsregister[35] ist anders als bisher für die Fortführung der Erstbücher und der Zweitbücher eine Befristung vorgesehen. Die Befristung beträgt

— bei Eheregistern und Lebenspartnerschaftsregistern 80 Jahre,

— bei Geburtenregistern 110 Jahre und

— bei Sterberegistern 30 Jahre.

Die Fortführung der Personenstandsregister soll dem für deren Führung zuständigen Standesamt obliegen.[36] Für die Personenstandsregister und die Sicherungsregister begründet der Entwurf ausdrücklich eine Pflicht zur dauernden Aufbewahrung.[37] Die Sammelakten hingegen sollen nur befristet aufbewahrt werden. Die Aufbewahrungsfrist entspricht jeweils der

---

27 § 3 Abs. 1 Satz 1 PStG-E.

28 § 6 PStG-E.

29 § 4 Abs. 1 PStG-E.

30 § 3 Abs. 2 Satz 1, § 4 Abs. 1, § 75 PStG-E.

31 § 74 Abs. 1 Nr. 2 PStG-E.

32 § 4 Abs. 3 PStG-E.

33 § 3 Abs. 3 Satz 1, § 4 Abs. 2 Satz 1 PStG-E.

34 § 5 Abs. 1 PStG-E.

35 § 4 Abs. 2 Satz 1 PStG-E.

36 § 5 Abs. 4 Satz 1 PStG-E.

37 § 7 Abs. 1 PStG-E.

Fortführungsfrist des Registers, zu dem die Sammelakte geführt worden ist.[38]

Die Personenstandsregister, die Sicherungsregister und die Sammelakten sollen keinen Status als Schriftgut *sui generis* besitzen. Der Status der vor dem Inkrafttreten des Gesetzes abgeschlossenen Erst- und Zweitbücher als Schriftgut *sui generis* soll aufgehoben werden. § 7 Abs. 3 PStG-E stellt klar, dass die Personenstandsregister, die Sicherungsregister und die Sammelakten nach Ablauf der Verwahrungsfristen den zuständigen öffentlichen Archiven nach den jeweiligen archivrechtlichen Vorschriften zur Übernahme anzubieten sind. Eine Verwahrungsfrist bestimmt, wie lange Unterlagen von der öffentlichen Stelle selbst zu verwahren sind[39] und wann die archivgesetzliche Pflicht zur Anbietung und Übergabe entsteht. Die Verwahrungsfristen würden bei den Personenstandsregistern und den Sicherungsregistern deren Fortführungsfristen und bei den Sammelakten deren Aufbewahrungsfristen entsprechen. Nach § 76 Abs. 4 PStG-E ist § 7 Abs. 3 PStG-E auch auf die Erst- und Zweitbücher sowie die Sammelakten anzuwenden, die vor dem Inkrafttreten des Gesetzes abgeschlossen worden sind. Im Übrigen sollen die Landesregierungen ermächtigt werden, durch Rechtsverordnung zu bestimmen, welche öffentlichen Archive zuständig im Sinne des § 7 Abs. 3 PStG-E sind.[40] Anders als das Personenstandsgesetz in der Fassung vom 8. August 1957 bezieht der Entwurf eines Gesetzes zur Reform des Personenstandsrechts (Personenstandsrechtsreformgesetz – PStRG) – Stand: 20. Januar 2005 – die Personenstandsunterlagen grundsätzlich in den Anwendungsbereich der Archivgesetze ein.

Indem der Entwurf aber die Landesregierungen ermächtigt, durch Rechtsverordnung die Verwahrung der Zweitbücher[41] und der Sammelakten[42] zu regeln, bietet er den Verordnungsgebern die Möglichkeit, die Anwendung der archivgesetzlichen Vorschriften über Zwischen- und Vorarchivgut auszuschließen. Um Zwischenarchivgut handelt es sich bei den Unterlagen, deren Verwahrungsfristen noch nicht abgelaufen sind, deren

---

38 § 7 Abs. 2 PStG-E.

39 Schäfer, Udo, Die Pflicht zur Anbietung und Übergabe von Unterlagen in der archivarischen Praxis, in: Kretzschmar, Robert (Hg.), Historische Überlieferung aus Verwaltungsunterlagen. Zur Praxis der archivischen Bewertung in Baden-Württemberg, Stuttgart 1997, S. 39.

40 § 74 Abs. 1 Nr. 3 PStG-E.

41 § 74 Abs. 1 Nr. 1 PStG-E.

42 § 74 Abs. 1 Nr. 4 PStG-E.

bleibender Wert noch nicht festgestellt worden ist und die vom zuständigen öffentlichen Archiv lediglich vorläufig übernommen worden sind. Als Vorarchivgut werden hingegen die Unterlagen bezeichnet, deren Verwahrungsfristen ebenfalls noch nicht abgelaufen sind, deren bleibender Wert aber schon festgestellt worden ist und die vom zuständigen öffentlichen Archiv bereits endgültig übernommen worden sind. Die Fragen, ob die abgebende Stelle oder das verwahrende Archiv Inhaber des Verfügungsrechts ist und ob ein Antrag auf Zugang nach dem Personenstandsgesetz oder dem jeweiligen Archivgesetz zu entscheiden ist, wären im Hinblick auf die Unterlagen, deren Verwahrungsfrist noch nicht abgelaufen ist, die aber vom zuständigen öffentlichen Archiv bereits übernommen worden sind, je nachdem, ob sie als Zwischen- oder als Vorarchivgut einzustufen sind, und welches Landesrecht Anwendung findet, unterschiedlich zu beantworten. Die Rechtsfolgen, die die Vorschriften über Zwischen-[43] und Vorarchivgut[44] mit dem jeweiligen Status verbinden, sind von Archivgesetz zu Archivgesetz verschieden. Würde das Gesetz zum 1. Januar 2007 in Kraft treten, so wären im Jahre 2007 die Erst- und Zweitbücher der Sterbebücher bis zum Jahre 1976, der Heiratsbücher bis zum Jahre 1926 und der Geburtenbücher bis zum Jahre 1896 anbietungspflichtig. In Nordrhein-Westfalen aber verwahren das Personenstandsarchiv Brühl und das Staats- und Personenstandsarchiv Detmold bereits die Zweitbücher der Heiratsbücher aus der Zeit von 1927 bis 1938 und der Geburtenbücher aus der Zeit von 1897 bis 1938. Würden diese Unterlagen dem Archivgesetz des Landes Nordrhein-Westfalen unterliegen, so wären sie als Zwischenarchivgut zu betrachten. Der Zugang durch Dritte würde sich gemäß § 7 Abs. 6 ArchivG NRW nach den Regelungen über die Nutzung von Archivgut durch Dritte richten. Die Ermächtigungen zum Erlass von Rechtsverordnungen sollen 12 Monate vor dem Inkrafttreten der übrigen Vorschriften des Gesetzes in Kraft treten.[45] Der Gesetzgeber würde also den Verordnungsgebern Gele-

---

43 Art. 8 Abs. 1 BayArchivG. – § 6 Abs. 1 ArchGB. – § 2 Abs. 4, § 5 Abs. 5 BbgArchivG. – 3 2 Abs. 3, § 5 Abs. 7 HmbArchG. – § 9 HArchivG. – § 2 Abs. 4 LArchivG MV. – § 2 Abs. 4, § 3 Abs. 1 Satz 2, § 4 Abs. 6, § 5 Abs. 2, § 6 Abs. 1 Satz 1, § 7 Abs. 6 ArchivG NRW. – § 8 Abs. 2 LArchG RP. – § 7 Abs. 4, § 8 Abs. 7 LArchG SH. – § 14 Abs. 3 ThürArchivG.

44 Art. 7 Abs. 3 BayArchivG. – § 3 Abs. 1 Satz 2 BremArchivG. – § 3 Abs. 6 HmbArchG. – § 8 HArchivG. – § 7 Abs. 3 LArchivG MV. – § 8 Abs. 2 LArchG RP. – § 5 Abs. 6 SächsArchivG. – § 7 Abs. 3 LArchG SH. – § 14 Abs. 2 ThürArchivG.

45 Art. 5 PStRG-E.

genheit geben, den beschriebenen Fall rechtzeitig in der Weise zu regeln, dass

— die Unterlagen weder zu Zwischen- noch zu Vorarchivgut, sondern zu Registraturgut gewidmet werden,

— die Regelungen des Personenstandsgesetzes über den Zugang anzuwenden sind und

— das Verfügungsrecht beim verwahrenden Archiv liegt.

Jedenfalls würden die Unterlagen, deren Verwahrungsfristen bereits abgelaufen sind und die vom zuständigen öffentlichen Archiv schon übernommen worden sind, zu Archivgut und die Unterlagen, die von der anbietungspflichtigen Stelle verwahrt werden, zu Registraturgut gewidmet, sobald das Gesetz insgesamt in Kraft tritt.

2.2.2 Der Zugang zu den Personenstandsunterlagen

In Zukunft sollen *vor Ablauf der Verwahrungsfristen* folgende Formen des Zugangs zu Personenstandsregistern und Sammelakten zulässig sein:
1. Die Auskunft aus einem Eintrag oder einer Sammelakte,
2. die Einsicht in einen Eintrag oder eine Sammelakte,
3. die Durchsicht eines Personenstandsregisters und
4. die Erteilung von Personenstandsurkunden.

Inhaber eines Anspruchs auf Zugang in den Formen 1, 2 und 4 sollen die folgenden Personen sein:

— Die Personen, auf die sich der Eintrag bezieht,

— deren Ehegatten, Lebenspartner, Vorfahren und Abkömmlinge,

— deren Geschwister, sofern sich der Antrag auf das Geburtenregister oder das Sterberegister bezieht und ein berechtigtes Interesse glaubhaft gemacht wird, und

— andere Personen,
  — soweit sie ein rechtliches Interesse glaubhaft machen, oder
  — soweit sie ein berechtigtes Interesse glaubhaft machen und die Schutzfrist von 30 Jahren nach dem Tod des zuletzt verstorbenen Beteiligten[46] abgelaufen ist.

Hochschulen und anderen Einrichtungen, die wissenschaftliche Forschung betreiben, ist Zugang in den Formen 1 bis 3 zu gewähren, wenn

— der Zugang für die Durchführung eines bestimmten wissenschaftlichen Forschungsvorhabens erforderlich ist,

---

46 Vgl. zum Begriff: § 62 Abs. 3 Hs. 2 PStG-E.

— eine Anonymisierung der Daten im Hinblick auf den Forschungszweck oder den zu betreibenden Aufwand nicht in Betracht kommt und

— das öffentliche Interesse an der Durchführung des Forschungsvorhabens die schutzwürdigen Interessen der Betroffenen am Ausschluss des Zugangs erheblich überwiegt.[47]

Für die Auskunft aus und die Einsicht in einen Eintrag eines vor dem Inkrafttreten des Gesetzes abgeschlossenen Personenstandsbuchs sowie für die Ausstellung von Personenstandsurkunden aus einem Eintrag eines solchen Personenstandsbuchs sollen die Regelungen über den Zugang entsprechend gelten.[48]

Nach Ablauf der Verwahrungsfristen sollen unabhängig von der Übergabe an das zuständige öffentliche Archiv die Regelungen des jeweiligen Archivgesetzes über den Zugang Anwendung finden.[49]

2.2.3 Die Authentizität der elektronischen Register

Die Beurkundungen in den Personenstandsregistern sind mit der Angabe des Familiennamens des Standesbeamten abzuschließen und mit seiner dauerhaft überprüfbaren qualifizierten elektronischen Signatur zu versehen. Aus dieser Regelung des § 3 Abs. 2 Satz 1 PStG-E ergibt sich, dass die Authentizität der elektronischen Register beim aktuellen Stand der Technik durch die Verwendung der akkreditierten elektronischen Signatur im Sinne des 15 Abs. 1 Satz 4 SigG gewährleistet werden soll.[50] Dabei handelt es sich um eine digitale, auf asymmetrischer Kryptographie beruhende Signatur.[51] Die binäre Darstellung eines elektronischen Dokuments, das mit digitalen Signaturen versehen worden ist, wird sich mit der Konversion in ein anderes Format ändern. Nach der Konversion sind die digitalen Signaturen deshalb nicht mehr verifizierbar.[52] Da das Verwaltungsverfahrensrecht auch im Per-

---

47 Vgl. §§ 61 bis 66 PStG-E.

48 § 76 Abs. 2 Satz 1 PStG-E.

49 § 61 Abs. 2, § 76 Abs. 2 Satz 1 PStG-E.

50 Vgl. Schäfer, Udo, Authentizität: Elektronische Signaturen oder Ius Archivi?, in: Hering, Rainer / Schäfer, Udo (Hg.), Digitales Verwalten – Digitales Archivieren. 8. Tagung des Arbeitskreises „Archivierung von Unterlagen aus digitalen Systemen" am 27. und 28. April 2004 im Staatsarchiv Hamburg, Hamburg 2004, S. 23 f.

51 Schäfer 2004, S. 22, 14 f.

52 Ders., Authentizität. Vom Siegel zur digitalen Signatur, in: ders. / Bickhoff, Nicole (Hg.), Archivierung elektronischer Unterlagen, Stuttgart 1999, S. 178. – Ders. 2004, S. 15, 24.

sonenstandswesen Anwendung findet,[53] bietet die Beglaubigung im Sinne des § 33 Abs. 4 Nr. 4 b VwVfG Bund die Möglichkeit, dieses Problem zu lösen, solange es sich bei den Personenstands- und Sicherungsregistern um Registraturgut handelt.[54] An anderer Stelle[55] ist bereits die Frage, welchen Beweiswert digital signierte Dokumente nach der Übernahme als Archivgut durch ein öffentliches Archiv haben, behandelt worden. Die kürzeste der drei verschiedenen Verwahrungsfristen beträgt 30 Jahre. Würde die Führung der Personenstands- und Sicherungsregister in elektronischer Form bereits zum 1. Januar 2008 eingeführt, so müsste im Jahre 2039 zum ersten Mal ein elektronisches Register zur Übernahme als Archivgut angeboten werden. Im Hinblick auf das Personenstandswesen bleibt also noch Zeit, um diese Frage zu klären.

3   Ausblick

Mit dem Entwurf eines Gesetzes zur Reform des Personenstandsrechts (Personenstandsrechtsreformgesetz – PStRG) – Stand: 20. Januar 2005 – ist dem Bundesministerium des Innern und der Bund-Länder-Arbeitsgruppe eine überzeugende Neufassung des Personenstandsgesetzes gelungen, die sowohl der technologischen Entwicklung als auch der Existenz der Archivgesetze Rechnung trägt. Es bleibt zu hoffen, dass das Gesetz noch in der 15. Legislaturperiode des Deutschen Bundestages verabschiedet wird.

---

53 Schmitz, Heribert / Bornhofen, Heinrich, Digitale Verwaltung – auch im Standesamt, in: StAZ 56 (2003), S. 105.
54 Vgl. Schäfer 2004, S. 24.
55 Ders. 1999, S. 165–181. – Ders. 2004, S. 13–31.

Die Führung von Personenstandsbüchern im Standesamt

von Klaus Kaim

Gerne habe ich die Einladung angenommen, als Vertreter der Standesbeamten an dem 1. Detmolder Sommergespräch teilzunehmen und Ihnen die Datensammlungen des Standesamts vorzustellen. Mein Beitrag ist angekündigt mit der Frage: Was macht das Standesamt?

Sobald jemand erfährt, dass ich Standesbeamter bin, kommt fast immer die Frage: Was machst Du eigentlich, wenn keine Eheschließungen sind? Die Funktion des Standesbeamten und somit des Standesamts wird sehr häufig reduziert auf die Vornahme von Eheschließungen.

Familienforscher wissen es besser. Familienforschung oder Genealogie hat in den letzten Jahren stark zugenommen. Wir Standesbeamte merken dies tagtäglich in unseren Ämtern, die für viele Ahnenforscher die ersten Anlaufstellen sind.

Den Anstoß, Familienforschung zu betreiben, haben einige vielleicht sogar durch das Standesamt selbst bekommen. Bei der Eheschließung erwerben die Brautpaare das „Stammbuch der Familie". In jedem Stammbuch der Familie ist eine Ahnentafel eingeheftet. Diese Ahnentafel mit der Möglichkeit, einen Stammbaum der Eheleute aufzubauen, war für einige vielleicht der Anfang zur Ahnenforschung.

Welche Datensammlungen des Standesamts sind dabei von Interesse?

Das Standesamt sammelt seine Daten in den Personenstandsbüchern. Wir kennen heute vier verschiedene Personenstandsbücher, und zwar Geburtenbuch, Heiratsbuch, Sterbebuch und Familienbuch. Die ersten drei Personenstandsbücher gibt es mit unterschiedlichen Bezeichnungen bereits seit Beginn der standesamtlichen Personenstandsbuchführung. Für die königlichen Standesämter in Preußen begann die Personenstandsbuchführung am 1. Oktober 1874. So ist z.B. das erste Sterberegister des Standesamts Hamm bezeichnet als „Sterberegister des Königlich Preußischen Standesamtes zu Hamm pro IV. Quartal 1874". Das Buchschild auf dem Bild weist das Register deshalb als Nebenregister aus, weil das Original, das Erstbuch, im Krieg vernichtet wurde und an seiner Stelle die beglaubigten Abschriften, das Zweitbuch, genutzt wird.

Am Freitag, 2. Oktober 1874, wurde in diesem Sterberegister der erste Sterbefall beurkundet. Am Vortag, dem Beginn der standesamtlichen Personenstandsbuchführung, war in Hamm ein 54jähriger Mann verstorben. Genau wie auch heute noch, musste der Sterbefall spätestens am nächsten Werktag angezeigt werden. Diese Anzeigefrist war somit eingehalten worden. Ungewöhnlich ist auf den ersten Blick der Vermerk an dem breiten linken Rand des Sterbeeintrags. Diese Randbreite ist gewollt und auch in den heutigen Personenstandsbüchern noch vorhanden. An diesen Rändern werden die Personenstandseinträge durch Randbeurkundungen fortgeführt. Unter „Fortführung" versteht der Standesbeamte die Berichtigung und Ergänzung des ursprünglichen Eintrags um Sachverhalte, die in den Personenstandsbüchern vermerkt werden müssen. Ungewöhnlich ist es in diesem Fall deshalb, weil an Sterbeeinträgen nur ganz selten Randvermerke nachgetragen werden.

Der Text dieses Randvermerks lautet: Hamm, den 19. Februar 1875. Vor dem unterzeichneten Standesbeamten erschien heute, der Person nach bekannt, der Leibzüchter Heinrich Damberg genannt Brinkmann, wohnhaft zu Nordenfeldmark und erklärte: „Den Tod meines Schwiegersohnes Carl Mähner habe ich aus eigener Wissenschaft angezeigt. Vorgelesen, genehmigt und unterschrieben." Es folgen dann die Unterschriften des Heinrich Damberg und des Standesbeamten.

Was war passiert? Warum erfolgte dieser Vermerk mehr als vier Monate nach der Beurkundung des Sterbefalles? Damals wie auch heute noch soll ein Sterbefall außer vom Familienoberhaupt oder dem Wohnungsinhaber nur von jemand angezeigt werden, der „aus eigener Wissenschaft" darüber informiert ist, dass eine bestimmte Person gestorben ist. Der Anzeigeerstatter soll also durch eigene Kenntnisse von dem Sterbefall wissen, z.B. wenn er beim Tod des Verstorbenen anwesend war oder wenn er den oder die Verstorbene selbst gesehen hat. Im ersten Sterbeeintrag des Standesamts Hamm hatte der Standesbeamte schlichtweg versäumt, diesen Hinweis, der über Jahrzehnte mit in den Sterbeintrag aufzunehmen war, im Eintrag zu vermerken.

Aus diesem Grunde musste der erste Sterbeeintrag des Standesamts Hamm um diesen Hinweis durch einen Randvermerk ergänzt werden. Ich kann Ihnen versichern: Der Standesbeamte des Jahres 1874 hat aus seinem Fehler gelernt. In den folgenden Sterbeeinträgen sind diese ergänzenden Hinweise nicht mehr enthalten.

Die erste Geburt eines Kindes registrierte der Standesbeamte des Standesamts Hamm am 3. Oktober 1874. Ein Mädchen mit den Vornamen Maria Albertina Elisabeth war am 1. Oktober 1874 geboren worden. Die bei der Niederkunft anwesende Hebamme zeigte dem Standesbeamten die Geburt des Kindes an.

Anders als bei der Geburt oder beim Tod eines Menschen, kann das Heiratsdatum von den Beteiligten selbst bestimmt werden. Die Beurkundung der ersten Eheschließung in Hamm wurde daher erst gut 2 Wochen nach der Einführung der standesamtlichen Personenstandsbuchführung beurkundet. Am Samstag, 16. Oktober 1874, erschien im Standesamt Hamm ein Bureau-Assistent aus dem Elsass mit seiner aus Hamm stammenden Verlobten. Beide erklärten vor dem Standesbeamten, die Ehe miteinander eingehen zu wollen. Damit war die erste im Standesamt Hamm beurkundete Ehe geschlossen worden. 1874 war der Samstag ein ganz normaler Arbeitstag – heute wird für eine Eheschließung an einem Samstag eine besondere Gebühr fällig, da dieser Termin bei den meisten Standesämtern außerhalb der üblichen Dienstzeiten liegt.

Die Namen dieser Personenstandsbücher verraten somit auch gleichzeitig deren Inhalte: Das Geburtenbuch enthält alle Geburten, das Heiratsbuch alle Eheschließungen, und im Sterbebuch beurkundet der Standesbeamte alle Sterbefälle, jeweils bezogen auf seinen Standesamtsbezirk.

Die Inhalte dieser Personenstandsbücher unterlagen jedoch im Laufe der Zeit einigen Veränderungen: Zu Beginn der Personenstandsbuchführung sollte der Sterbeeintrag enthalten:

— Vor- und Familiennamen, Beruf und Wohnort des Anzeigenden,
— Ort, Tag und Stunde des Todes,
— Vor- und Familiennamen, Religion, Alter, Beruf, Wohnort und Geburtsort der verstorbenen Person
— Vor- und Familiennamen des Ehegatten, oder Vermerk, dass die verstorbene Person ledig gewesen war,
— Vor- und Familiennamen, Beruf und Wohnort der Eltern der verstorbenen Person.

Im Jahr 1920 wurde die Angabe der Religion in den Personenstandsbüchern beseitigt. Um eine etwaige uneheliche Geburt in den Sterbeeinträgen nicht erkennbar zu machen, wurden außerdem die Angaben über die Eltern der verstorbenen Person nicht mehr mit in den Eintrag aufgenommen.

Ab 1. Juli 1938 vermerkte der Standesbeamte unterhalb des Sterbeeintrags auch die Todesursache, wenn sie von einem „für das Deutsche Reich" bestallten Arzt bescheinigt war. Dieser Vermerk hatte jedoch nur statistische Bedeutung und wurde nicht mit in die Personenstandsurkunden übernommen. Seit dem 1. Januar 1958 ist dieser Vermerk nicht mehr in den Sterbeeinträgen enthalten.

Die Inhalte des Geburtenbuchs unterlagen keinen großen Veränderungen. Nach wie vor sind im Geburtseintrag zu verzeichnen:
— Vor- und Familienname, Beruf und Wohnort der Eltern und der anzeigenden Person
— Ort, Tag und Stunde der Geburt des Kindes
— das Geschlecht des Kindes sowie
— die Vornamen des Kindes.

Die Religion der Eltern ist heute nur dann einzutragen, wenn diese damit einverstanden sind. Neu hinzugekommen ist der Familienname des Kindes. Dies ist erforderlich geworden, weil die Eltern eines Kindes sowohl nach deutschem als auch nach einem ausländischen Namensrecht nicht immer einen gemeinsamen Ehenamen führen und das Kind entweder nach deutschem Recht den Namen der Mutter oder des Vaters, oder nach einem ausländischen Recht auch einen aus beiden Familiennamen der Eltern gebildeten Doppelnamen führen kann. Die Tatsache, dass die Eltern des Kindes verheiratet sind oder nicht, ist aus dem Geburtseintrag nicht mehr ersichtlich.

Mit der Kindschaftsrechtsreform wurde am 1. Juli 1998 die Unterscheidung zwischen ehelichen und nichtehelichen Kindern abgeschafft. Bis dahin lautete der Text eines Geburtseintrags z.B.:
— „Frau K… P…, Verwaltungsangestellte, evangelisch, <u>Ehefrau</u> des H… F…, Schreiner, katholisch, beide wohnhaft in … hat am … ein Kind geboren.“

Heute steht im Geburtseintrag:
— „Frau K… P…, Verwaltungsangestellte, evangelisch, wohnhaft in … hat am … ein Kind geboren.
— Vater des Kindes ist H… F…, Schreiner, katholisch, wohnhaft in …“

Ob die Eltern in einer Ehe leben, ist aus dem Text des Eintrags nicht zu erkennen.

Seit dem 1. Januar 2000 vermerkt der Standesbeamte im Geburtenbuch auch den Erwerb der deutschen Staatsangehörigkeit, wenn ein Kind ausländischer Eltern durch die Geburt in Deutschland kraft Gesetzes die deutsche Staatsangehörigkeit erwirbt. Erfüllen die ausländischen Eltern eines Kindes bestimmte aufenthaltsrechtliche Voraussetzungen, so ergänzt der Standesbeamte den Geburtseintrag um den Hinweis, dass das Kind nach § 4 StAG die deutsche Staatsangehörigkeit erworben hat.

Auch das Heiratsbuch erfuhr in seiner Entwicklung nur geringe Veränderungen. Nach wie vor sind einzutragen:

— die Vor- und Familiennamen der Eheschließenden, ihren Beruf und Wohnort,

— Ort und Tag ihrer Geburt und, sofern einverstanden, die Religionszugehörigkeit sowie

— die anwesenden Trauzeugen.

Nicht mehr eingetragen wird der Ehename der Ehegatten, wie es in der Zeit von 1976 bis 1994 vorgesehen war. Grund für diese Änderung war die Tatsache, dass die Eintragung des bei der Eheschließung bestimmten Ehenamens für den Nachweis des aktuellen Namens der Ehegatten keine Bedeutung hatte. Der Heiratseintrag wird grundsätzlich nicht fortgeführt; es werden also keine Veränderungen der personenstandsrechtlichen Verhältnisse der Ehegatten im Heiratseintrag vermerkt. Nachdem durch das Familiennamensrechtsgesetz die Möglichkeit geschaffen wurde, den Ehenamen auch noch nach der Eheschließung zu bestimmen, erschien die Eintragung des Ehenamens im Heiratseintrag vollends wertlos.

Diese drei klassischen Personenstandsbücher standen lange Zeit ohne inhaltliche Verbindung nebeneinander. Ob eine Person noch lebte, ob sie verheiratet war oder ob aus einer Ehe Kinder hervorgegangen waren, konnte aus den Standesregistern nicht oder nur durch umfangreiche und oft schwierige Sucharbeit festgestellt werden.

Der Gedanke an ein Familienregister, das auch die personenstandsrechtlichen Beziehungen von Personen untereinander deutlich macht, wurde in Deutschland schrittweise verwirklicht, zunächst in der lockeren Form der standesamtlichen Hinweise. Am Rande des eigentlichen Personenstandseintrags wurde z.B. hingewiesen:

— im Heiratsbuch auf die in der Ehe geborenen Kinder, die Eheschließungen dieser Kinder sowie den Tod eines der Ehegatten und der Kinder;

— im Geburtenbuch auf die Eheschließung der Eltern, auf die Eheschließung des Kindes selbst, auf die Geburt eigener Kinder und auf den Tod des Kindes.

Diese Hinweise verknüpften die Beziehungen der Personen einer Familie miteinander. Ein echtes Familienregister führte das Personenstandsgesetz von 1937 mit Wirkung vom 1. Juli 1938 ein. Dieses Familienregister wurde mit dem Heiratsregister verbunden. Die vereinigten Register führten fortan die Bezeichnung „Familienbuch". Das Familienbuch hatte zwei Teile. Im ersten Teil wurden die Eheschließungen beurkundet und Änderungen des

Personenstandes der Ehegatten eingetragen. Im zweiten Teil wurden die Familienangehörigen vermerkt:
— Eltern des Mannes und der Frau
— Eheschließungen der Eltern
— Staatsangehörigkeit der Ehegatten
— frühere und spätere Ehen der Ehegatten
— gemeinsame Kinder der Ehegatten mit den Veränderungen des Personenstands der Kinder
— uneheliche Kinder der weiblichen Abkömmlinge eines Ehepaares
— an Kindes Statt angenommene und für ehelich erklärte Kinder

Dieses Familienbuch wurde im Anschluss an die Eheschließung angelegt und verblieb am Heiratsort. Im Jahre 1944 wurde die Fortführung des zweiten Teils des Familienbuchs für die Dauer von zwei Jahren eingestellt, aber nach Ablauf dieser Frist nicht in allen Ländern wieder aufgenommen.

Diese in der Nachkriegszeit zersplitterte Personenstandsbuchführung sollte wieder vereinheitlicht werden. Aus diesem Grunde, aber auch um die große Zahl der Vertriebenen wieder mit beweiskräftigen deutschen Personenstandsurkunden auszustatten, führte der Gesetzgeber ab dem 1. Januar 1958 ein viertes Personenstandsbuch ein – das Familienbuch. Der Gesetzgeber entschied sich auch dafür, dass das Familienbuch nach dem Vorbild des württembergischen Familienregisters nicht mehr am Eheschließungsort, sondern am jeweiligen Wohnort der Ehegatten fortgeführt wird.

Dieses „neue" Familienbuch dient nicht unmittelbar der Beurkundung von Personenstandsfällen, sondern ist dazu bestimmt, „den jeweiligen Personenstand der Familienangehörigen ersichtlich zu machen" und der rassenbiologisch motivierten Politik der Nationalsozialisten eine Datenbasis zu liefern. Es fasst in der Hauptsache Beurkundungen zusammen, die bereits in anderen Personenstandsbüchern (dem Heiratsbuch, dem Geburtenbuch und dem Sterbebuch) enthalten sind. Nur wenn eine Eheschließung, eine Geburt oder ein Sterbefall nicht in Deutschland beurkundet ist, übernimmt das Familienbuch die Funktion eines originären Personenstandsbuches mit „primären" Eintragungen.

Ein Familienbuch wird „von Amts wegen" im Anschluss an die Eheschließung immer angelegt, wenn die Ehe seit dem 1. Januar 1958 vor einem Standesbeamten im Geltungsbereich des Personenstandsgesetzes geschlossen ist. Das Personenstandsgesetz galt bis zur Wiedervereinigung der beiden früheren deutschen Staaten nur in den alten Bundesländern. In den neuen Bundesländern werden Familienbücher nach Eheschließungen daher erst seit der Wiedervereinigung am 3. Oktober 1990 angelegt. Für die vor diesem Zeitpunkt in der DDR geschlossenen Ehen kann ein solches Familienbuch nur nachträglich auf Antrag angelegt werden. Es ist bekannt, dass von dieser Möglichkeit kaum Gebrauch gemacht wird.

Am Tage der Eheschließung enthält das Familienbuch nur Angaben über die Ehegatten und deren Eltern. In das Familienbuch werden eingetragen

— die Personaldaten der Ehegatten vor der Eheschließung,
— Tag und Ort der Eheschließung,
— Namen und Wohnort der Eltern der Ehegatten,
— die nachgewiesene Staatsangehörigkeit,
— bereits geborene Kinder der Ehegatten,
— die Namensführung in der Ehe.

Jede Veränderung der personenstandsrechtlichen Daten der Ehegatten und Kinder wird im Familienbuch vermerkt. Nicht mehr fortgeführt wird ein Familienbuch für die Ehegatten nach Auflösung der Ehe und Anlegung eines weiteren Familienbuches bei einer neuen Ehe und für die Kinder nach deren Eheschließung mit Anlegung eines eigenen Familienbuches.

Ein Grundgedanke des Gesetzgebers bei der Einführung des neuen Familienbuches war, den Eheleuten im Standesamt des jeweiligen Wohnortes beweiskräftige Unterlagen auch über die Personenstandsfälle bereit zu stellen, die originär in anderen Standesämtern beurkundet waren. Denn dieses neue Familienbuch hat dieselbe Beweiskraft wie die anderen Personenstandsbücher. Wir müssen allerdings feststellen, dass dieses vierte Personenstandsbuch auch mehr als 40 Jahre nach seiner Einführung bei den Betroffenen weitgehend unbekannt ist und oftmals mit dem „Stammbuch der Familie" verwechselt wird.

Obwohl bereits darauf hingewiesen wurde, dass das Familienbuch am jeweiligen Wohnort der Ehegatten geführt wird: Verzieht ein Ehepaar in eine andere Stadt, so erfährt der Standesbeamte des neuen Wohnortes über sein Meldeamt von dem Zuzug des Ehepaares. Er ist dann verpflichtet, das Familienbuch dieses Ehepaares beim Standesamt des früheren Wohnortes anzufordern. Man kann sich vorstellen, dass durch diese Regelung tagtäglich Tausende von Familienbüchern durch die Republik gesandt werden. Diese Wanderung des Familienbuches endet erst, wenn die Ehegatten keine gemeinsame Wohnung mehr haben oder die Ehe durch Scheidung aufgelöst wird. Es verbleibt dann bei dem Standesbeamten, der zuletzt für die Führung des Familienbuches zuständig war.

In der Standesbeamtenschaft gibt es Befürworter und Gegner des Familienbuches, deren Zahl sich ungefähr die Waage hält. Die Waage scheint sich
aber dahin zu neigen, dass bei einer Reform des Personenstandsrechts das
Familienbuch wieder abgeschafft und die Verknüpfung der einzelnen Familienmitglieder auf andere Weise sichergestellt wird.

Soviel zu den Personenstandsbüchern des Standesamts. Sie enthalten
die eigentlichen Beurkundungen. Aber wo bleiben all die Unterlagen und
Urkunden, die für die Errichtung des Personenstandseintrags dem Standesbeamten vorzulegen sind? Darüber findet man keine Aussage im Personenstandsgesetz. In der Dienstanweisung für den Standesbeamten ist geregelt, dass alle Schriftstücke, die einen bestimmten Personenstandsfall
betreffen, in besonderen Akten, den Sammelakten, aufbewahrt werden
müssen. Solche Sammelakten werden für jeden einzelnen Personenstands-
eintrag geführt. Auch die Sammelakten sind, wie die Personenstandseinträge, dauernd aufzubewahren.

Die Familienforschung stößt oftmals an ihre Grenzen, wenn sich ein Personenstandsfall außerhalb der heutigen Grenzen Deutschlands ereignet
hat. Diese Personenstandseinträge sind jedoch auch heute noch zugänglich.
Das Standesamt I in Berlin hat eine große Sammlung von Standesregistern
und Personenstandsbüchern aus den früheren deutschen Ostgebieten. Ein
Verzeichnis aller Personenstandseinträge, die in Berlin aufbewahrt werden,
dürfte in jedem Standesamt vorhanden sein.

Eine weitere Fundgrube für deutsche Personenstandsbücher und Personenstandseinträge von Deutschen sind die polnischen Standesämter. Sehr
viele Register ehemaliger deutscher Standesämter werden in den Standesämtern und Archiven in Polen aufbewahrt und auch fortgeführt. Auch
darüber gibt es eine Gesamtaufstellung, die für jeden Ort Auskunft über
die vorhandenen Personenstandsbücher gibt.

In welchem Umfang stehen die Personenstandseinträge und Sammelakten der Familienforschung zur Verfügung? Die Einsicht in die Personenstandsbücher, Durchsicht dieser Bücher und die Erteilung von Personenstandsurkunden ist in § 61 Personenstandsgesetz geregelt. Ein uneinge-
schränktes Benutzungsrecht haben außer Behörden nur die Personen, auf
die sich der Eintrag bezieht, deren Ehegatten, Vorfahren und Abkömmlinge. Andere Personen haben nur dann ein Benutzungsrecht, wenn sie ein
rechtliches Interesse haben.

Diese spezialgesetzliche Regelung geht dem allgemeinen Datenschutz-
recht vor. Der Standesbeamte darf zum Zwecke der Familienforschung die
Personenstandsbücher nur im Rahmen dieser engen gesetzlichen Grenzen

der Familienforschung zur Verfügung stellen. Genealogen haben ein eigenes Benutzungsrecht nur hinsichtlich der Angaben über ihre Vorfahren und Abkömmlinge in gerader Linie, nicht jedoch für die Verwandten in der Seitenlinie. Insoweit besteht lediglich ein berechtigtes Interesse an der Kenntnis der Daten. Als Ausweg kommt derzeit nur die Erteilung einer Vollmacht eines Berechtigten in Betracht, bei deren Vorlage der Standesbeamte die weitergehende Benutzung gestatten kann.

Was hat die Familienforschung in der Zukunft zu erwarten? Eine Arbeitsgruppe aus Vertretern des Bundesinnenministeriums und der Länderinnenministerien hat den Vorentwurf eines Reformgesetzes zum Personenstandsrecht erarbeitet. Dieser Vorentwurf sieht vor, die datenschutzrechtlichen Bestimmungen des § 61 Personenstandsgesetz im Hinblick auf die berechtigten Interessen der Familienforschung zu lockern. So soll der Familienforschung ein Benutzungsrecht analog zum Bundesarchivgesetz eingeräumt werden, wenn seit dem Tod des Betroffenen 30 Jahre, oder – bei unbekanntem Todestag – 110 Jahre seit der Geburt vergangen sind.

Dieser Vorentwurf befindet sich zur Zeit in der Diskussion zwischen den Innenministerien des Bundes und der Länder. Die letzten Informationen lassen hoffen, dass in Kürze ein Referentenentwurf zu einem Personstandsreformgesetz vorliegen wird. Einige Punkte des Reformgesetzes waren und sind umstritten. Dazu zählt aber nicht die beabsichtigte Änderung des § 61 Personenstandsgesetz. Es bleibt zu hoffen, dass durch die Reform des Personenstandsgesetzes die Interessen der Familienforscher und der geschichtswissenschaftlichen Forschung stärker berücksichtigt werden können.

4

Geschichtswissenschaftliche Perspektiven

oben: Auswandererfamilie Sprute aus Schönemark (Lippe), spätes 19. Jahrhundert
unten: Flüchtlingsfamilie in Detmold um 1950

Zivilstandsregister, historische Demographie und Sozialgeschichte
anhand von niederrheinischen Beispielen

von Peter Kriedte

Am 12. Floréal des Jahres VI, d.h. am 1. Mai 1798 gab der Regierungskommissar François Joseph Rudler eine Verordnung heraus, die weitreichende Konsequenzen für die von Frankreich links des Rheins okkupierten Gebiete haben sollte. Ziel dieser Verordnung war es, die zivile Registrierung der Geburten, Heiraten und Todesfälle in den Departements Roer, Rhein-Mosel, Donnersberg und Saar entsprechend dem Gesetz vom 20. September 1792 einzuführen. Zur Begründung schrieb er, er wolle „procurer le plus promptement possible, aux habitans des nouveaux départements, la jouissance des avantages assurés à tous les citoyens français". Gleichzeitig gab er die Übernahme von insgesamt 27 weiteren Gesetzen und Verordnungen bekannt, die mit der Einführung des Zivilstands in Zusammenhang standen. Sie reichten vom Gesetz, mit dem die Ehescheidung eingeführt worden war, bis zum Gesetz über die Rechte außerhalb der Ehe geborener Kinder. Ferner bestimmte er, dass die Munizipalbeamten innerhalb von 8 Tagen alle Kirchenbücher, sowohl die alten als auch die noch in Gebrauch befindlichen, in den Pfarreien abzuholen und an den Orten, an denen die Sitzungen der jeweiligen Munizipalverwaltung stattfänden, zu deponieren hätten. Außerdem ordnete er an, dass die für dieses Geschäft vorgesehenen Munizipalbeamten die laufenden Kirchenbücher bis zum Beginn des Jahres 7, d.h. bis zum 22. September 1798, weiterzuführen hätten.[1] Der Termin, den Rudler zur Einsammlung der Kirchenbücher gesetzt hatte, war freilich viel zu kurz bemessen. Die Bücher verblieben offenbar in der Mehrzahl der Fälle noch mehrere Monate in den Pfarreien. Am 2. September 1798 notierte der Krefelder Kaufmann Adam Scheuten in sein Tagebuch: „Die Franzosen

---

1   Daniels, A. von, Handbuch der für die Königl. Preuß. Rheinprovinzen verkündigten Gesetze, Verordnungen und Regierungsbeschlüsse aus der Zeit der Fremdherrschaft, Bd. 1-8, Düsseldorf 1833-1845, hier Bd. 6, S. 674-677 Nr. 286; vgl. zum folgenden auch: Füchtner, Jörg u.a., Die Zivilstandsregister im Nordrhein-Westfälischen Personenstandsarchiv Rheinland. Eine Übersicht, Brühl 1985, S. 7-13.

fordern die Kirchenbücher der Geborenen, Gestorbenen und Verehelich-ten".[2] Und zum folgenden Tag berichtete der Küster Wilhelm Neuhoff: „den 3. September ward zum ersten Mal beim Trommelschlag auf der Straße Peter Blum mit der Tochter Hiemes zu heiraten verkündigt, und den 5. dito geheiratet".[3] In der Tat findet sich in den Krefelder Kirchenbüchern ein Vermerk vom 7. und 8. September 1798 über deren Schließung durch Friedrich von F.H. Heydweiller, der in der Munizipalverwaltung für den „état civil" zuständig war.[4] Kein Beleg hat sich hingegen für die erste Zivil-heirat erhalten. Die Kirchenbücher wurden von Heydweiller nicht, wie vorgesehen, weitergeführt. Was die Zivilstandsregister anlangt, so setzen diese erst mit dem Beginn des Jahres VII ein.

Hier sei ein Blick zurück gestattet: Die Einführung der zivilen Registrie-rung im Zuge der französischen Revolution war nicht, wie man zunächst meinen könnte, ein langfristig angelegtes Vorhaben, sondern eher eine von den Umständen aufgezwungene Entscheidung. Die am 12. Juli 1790 be-schlossene zivile Konstitution des Klerus hatte vorgesehen, dass die Regis-terführung weiterhin bei den Pfarrern lag. Doch als sich im Gefolge der Neuordnung der Verhältnisse zwischen Kirche und Staat und insbesondere in der Frage der Eidesleistung die beiderseitigen Beziehungen immer mehr zuspitzten und sich ein regelrechtes Schisma in der französischen Kirche auftat, war eine ordentliche Registerführung nicht mehr gewährleistet. „L'état-civil était dans l'anarchie", schrieb treffend Albert Mathiez. Deshalb sah sich die Nationalversammlung genötigt, in die Verfassung vom 3. Sep-tember 1791 einen Paragraphen aufzunehmen, der die zivile Registrierung vorsah.[5] Das Gesetz vom 20. September 1792 stellt eine Umsetzung dieses

---

2   Stadtarchiv Krefeld 70 Nr. 723 [I], p. 82.

3   Ebd. Nr.171, p. 7.

4   Landesarchiv Nordrhein-Westfalen Personenstandsarchiv Brühl [im folgenden: LAV NRW PStAB] BA 1363, 1367, 1369, 1353, 1354, 1356, 1371-1376.

5   Aulard, Alphonse, Les origines de la séparation des églises et de l'état. La laicisation de l'état civil, in: La Révolution française 49 (1905), S. 289-315; dazu jedoch Mathiez, Albert, Les conséquences religieuses de la journée du 10 août: La déportation des prêtres et la sécularisation de l'état civil, Paris 1911, S. 1, 14-18, das Zitat S. 16; Fortunet, F., État civil (Actes d'), in: Dictionnaire historique de la Révolution française. Publié sous la direction scientifique de Jean-René Suratteau et François Gendron, Paris 1989, S. 422f.; Bart, Jean, L'état civil, in: L'état de la France pendant la Révolution (1789-1799). Publié sous la direction de Michel Vovelle, Paris 1988, S. 439f. Vgl. auch Tacket, Timothy, Religion, Re-volution, and Ecclesiastical Culture in Eighteenth Century France. The Ecclesiastical Oath of 1791, Princeton 1986, S. 160f. sowie Bodineau, Pierre, Observations sur l'origine

Paragraphen dar. In dessen erstem Artikel hieß es lapidar: „Les municipalités recevront et conserveront à l'avenir les actes destinés à constater les naissances, mariages et décès." Das Gesetz schloß mit einem eher versöhnlichen Passus: „L'Assemblée nationale, après avoir déterminé la mode de constater désormais l'état civil des citoyens, déclare qu'elle n'entend ni innover ni nuire à la liberté qu'ils ont tous de consacrer les naissances, mariages et décès par les cérémonies du culte auquel ils sont attachés, et par l'intervention des ministres de ce culte."[6] Allerdings folgte im Januar 1793 ein an die Bischöfe und über sie an die Pfarrer gerichtetes ausdrückliches Verbot, Kirchenbücher zu führen und Aufgebote bekannt zu machen.[7] Ferner bedrohte ein Gesetz vom 10. August 1793 die geringste Zuwiderhandlung seitens des Pfarrklerus gegen die Gesetze über den Zivilstand und die Scheidung mit der Deportation.[8] Das Konkordat von 1801, mit dem die Auseinandersetzungen zwischen Staat und Kirche ein offizielles Ende fanden, erwähnte die zivile Registrierung nicht. Allerdings wurde in einem der ihm 1802 einseitig von französischer Seite ohne Zustimmung des Papstes beigefügten „organischen Artikel" ausdrücklich festgelegt, dass es den Geistlichen verboten sei, eine kirchliche Trauung vorzunehmen, wenn ihr nicht eine zivile vorangegangen war.[9] Im selben Jahr erging eine speziell an die vier neuen Departements gerichtete Verordnung ähnlichen Inhalts. Jeder Geistliche, der sich nicht an die betreffende Bestimmung hielt, sollte mit einer Geldbuße zwischen 100 und 500 Franc und Gefängnis zwi-

---

des baptêmes civiques dans l'Yonne, in: Mémoires de la Société pour l'Histoire du droit des anciens pays bourguignons, comtois et normands 31 (1972), S. 209-216.

6 Daniels 1833–1845, Bd. 2, S. 287-298 Nr. 95.
7 Mathiez 1911, S. 20f. und dazu ebd., S. 46f., 49-52. Dieses Verbot fehlt unter den Gesetzen und Verordnungen, deren Übernahme der Generalkommissar 1798 bekannt gab.
8 Mathiez 1911, S. 24.
9 Bulletin des Lois de la République française, série 3, t. 6, Paris an XI, Nr. 1344, S. 13-36, hier S. 24 § 54. Im folgenden Paragraphen hieß es zu den Kirchenbüchern, sie dürften nicht, „dans aucun cas, supléer les registres ordonnés par loi pour constater l'état civil des Français".

schen 1 Monat und 2 Jahren bestraft werden.[10] Im Jahr 1803 wurde dann das neue Zivilstandsrecht in das erste Buch des Code Civil aufgenommen.[11] Nach dem Ende der Zugehörigkeit der Rheinlande zu Frankreich Ende 1813 und Anfang 1814 blieb das Zivilstandsrecht als Bestandteil dessen, was nunmehr als rheinisches Recht angesehen wurde, bis 1875 unangetastet. Auf eine abweichende Entwicklung, zu der es in den Bezirken des ehemaligen Großherzogtums Berg – hier galt das französische Zivilstandsrecht seit dem 1. Januar 1810 – kam und deren Ziel es war, der kirchlichen Trauung aufs neue einen rechtlich fest umrissenen Platz einzuräumen, soll hier nicht im einzelnen eingegangen werden, zumal sie durch eine Verordnung vom 15. April 1848 beseitigt wurde. Friedrich Philippi hatte diese Entwicklung seiner Zeit zu Recht als eine „dem rheinischen Recht völlig widersprechende Einrichtung" bezeichnet.[12] Ansonsten versuchten die preußischen Behörden, wie vor 1814 schon die Behörden des Kaiserreichs Frankreich, das Zivilstandsrecht durch Verordnungen auszubauen und weiter zu spezifizieren. Es sei nur daran erinnert, dass die Verwendung findenden Formulare mehrfach geändert wurden. In den Jahren VII und VIII mussten die Beamten, denen die Führung der Zivilstandsregister oblag, zunächst ohne gedruckte Formulare auskommen. Diese standen ihnen erst seit dem September 1800 zur Verfügung. Mitunter gab es für die Betroffenen auch Erleichterungen. So musste das neugeborene Kind seit 1843 nicht mehr dem Standesbeamten vorgezeigt werden.[13] Insgesamt läßt sich beobachten, dass die Behörden bestrebt waren, die Zivilstandsregister zu einem umfassenden Kontrollinstrument auszubauen. Sie sollten nicht nur Auskunft über die Bewegung der Bevölkerung als ganzer geben, sondern auch erlauben, den Lebensweg des einzelnen in seinen wesentlichen Äußerungen im Auge zu behalten.

Mit dem Zivilstandsgesetz verbindet sich ein tiefgreifender kultureller Bruch. Jean Jaurès nannte es seiner Zeit in seiner Geschichte der französischen Revolution eine der revolutionärsten Maßnahmen, die damals be-

---

10 Daniels 1833-1845, Bd. 6, S. 568f. Nr. 550. Vgl. die entsprechenden Anweisungen des Bischofs von Aachen an den Pfarrklerus von 1803 und 1806; s. Torsy, Jakob, Geschichte des Bistums Aachen während der französischen Zeit (1802-1814), Bonn 1940, S. 235f., 259.

11 Code Civil, Buch 1, Titel 2, §§ 34-98, deutsche Übersetzung der betreffenden Passagen mit Verweis auf spätere Änderungen: Philippi, Friedrich, Die Civilstands-Gesetze in der preußischen Rhein-Provinz, 3. Aufl. Elberfeld 1865, S. 2-45.

12 Philippi 1865, S. XIX.

13 Philippi 1865, S. 20.

schlossen worden seien. Es habe „bis auf den Grund des sozialen Lebens gereicht", ja es habe „geradezu die Basis des Lebens" verändert.[14] Die kirchliche Trauung als „ehestiftendes Institut" (Richard van Dülmen) war massiv in Frage gestellt, wenn nicht außer Kraft gesetzt.[15] Man wird deshalb nicht erwarten können, dass dieser Eingriff in eine seit dem 17. Jahrhundert gültige Praxis ohne weiteres hingenommen wurde. Eine Möglichkeit, dieser Frage nachzugehen, ist insbesondere dort vorhanden, wo es eine parallele Überlieferung von Zivilstandsregistern und Kirchenbüchern gibt. Eine solche liegt für das geldrische Dorf Grefrath vor. Grefrath gehört zu den wenigen Dörfern, in denen die Kirchenbücher letztlich entgegen dem Gesetz vom 1. Mai 1798 in der Pfarrei verblieben. Zunächst wurde offenbar folgendermaßen verfahren: Die Kirchenbücher wurden auf Kosten der Gemeinde abgeschrieben.[16] Diese Abschriften waren für den Pfarrer bestimmt, während die Originale an die Gemeinde gehen sollten. Ob diese jemals dorthin gelangt sind, ist unklar. Wenn ja, dann muss die Gemeinde sie zu einem späteren Zeitpunkt an den Pfarrer zurückgegeben haben.[17] Jene erhielt dafür im Gegenzug einen Teil der seinerzeit angefertigten Abschriften und deponierte sie im Gemeindehaus.[18] Die neuen Heiraten und die neuen Begräbnisse trug der Pfarrer in die gerade erstellten Abschriften des Heirats- und des Begräbnisbuches ein.[19] Mit der zivilen Registrierung der Heiraten begann der Munizipalagent am 25. September 1798. Die

14 Jaurès, Jean, Histoire socialiste de la Révolution française. Édition revue et annotée par Albert Soboul, Bd. 3, Paris 1985 (1970, zuerst 1903), S. 302; vgl. auch Sicard, Germain, Le mariage à Toulouse durant la période révolutionnaire, in: La Révolution et l'ordre juridique privé. Rationalité ou scandale? Actes du colloque d'Orléans 11-13 septembre 1986, Bd. 1, Paris 1988, S. 399-405, hier S. 399f.

15 Dülmen, Richard van, Fest der Liebe. Heirat und Ehe in der frühen Neuzeit, in: Ders. (Hg.), Armut, Liebe, Ehre. Studien zur historischen Kulturforschung, Frankfurt 1988, S. 67-107, hier S. 86.

16 Dazu die von Breil, Alphons, Geschichte der Gemeinde Grefrath von 1792 bis zum Ende der französischen Zeit, Grefrath 2002 (Manuskript; ich bin dem Verf. für dessen Überlassung zu großem Dank verbunden), S. 73 zusammengestellten Nachrichten über die Abschrift der Kirchenbücher.

17 Archiv des Kreises Viersen, Kempen: Kirchenbücher von Grefrath Nr. 1-6 (Kopien). Die Originale befinden sich im Pfarrarchiv St. Laurentius in Grefrath.

18 Vorhanden sind im Gemeindearchiv von Grefrath noch heute ein Taufbuch für die Jahre 1752-1805 und Begräbnisbücher für die Jahre 1725-1740 und 1771-1798 (Archiv des Kreises Viersen, Kempen: Gemeindearchiv Grefrath Nr. 241 bzw. 240).

19 Für die Zeit ab 1683 bzw. 1771. Diese Abschriften verblieben im Pfarrarchiv; s. Archiv des Kreises Viersen, Kempen: Kirchenbücher von Grefrath Nr. 5 und 6 (Kopien).

betreffende Heirat trug der Pfarrer einen Tag später in das Kirchenbuch ein. Die nächste zivile Registrierung einer Heirat fand erst zwei Monate später statt. In der Zwischenzeit hatte der Pfarrer vier weitere Ehen eingesegnet, von denen sich keine Spur im zivilen Register findet. Eine weitere am 28. November 1798 in der Kirche zelebrierte Ehe wurde erst neun Tage später vom Munizipalagenten beurkundet. Danach scheint es zu einem Arrangement zwischen Pfarrer und Munizipalagenten gekommen zu sein. Entsprechend dem Entgegenkommen, das der Munizipalagent in der Frage der Kirchenbücher gezeigt hatte, musste sich der Pfarrer offenbar im Gegenzug dazu verpflichten, die gesetzlich festgelegte zeitliche Abfolge, d.h. erst zivile Registrierung und dann kirchliche Heirat, einzuhalten. So wurde künftig in Grefrath verfahren.[20] Man wird davon ausgehen müssen, dass es auch in anderen Orten, und zwar auch in denjenigen, in denen der Pfarrer seine Kirchenbücher ablieferte, zu vergleichbaren Schwierigkeiten in der Übergangszeit gekommen ist.[21] Sie hatten letztlich ihren Grund darin, dass die Betroffenen die zivile Registrierung als einen tiefen Eingriff in lebensweltlich verankerte Zusammenhänge wahrnahmen und nicht ohne weiteres bereit waren, sich mit ihr abzufinden.

Nach diesen Bemerkungen zum historischen Stellenwert, welcher der Einführung der zivilen Registrierung zukommt, möchte ich mich den Zivilstandsregistern als einem Quellenkorpus für die historische Demographie und für die Sozialgeschichte zuwenden. Ich beziehe mich dabei auf die Zeit von 1798 bis 1875. Zunächst sei an die Ausgangssituation am unteren linken Niederrhein erinnert. Die Heiratsbücher enthalten keinerlei Berufsangaben. Das Alter der Eheleute bei der Heirat wird, wenn überhaupt, erst seit Mitte der siebziger Jahre des 18. Jahrhunderts angegeben. Oftmals fehlen die Namen von deren Eltern. Etwas besser steht es um die Taufbücher und die Begräbnisbücher; in letzteren finden sich immerhin in vielen Fällen seit der Mitte des 18. Jahrhunderts Altersangaben. In Krefeld wurden in den Taufbüchern der reformierten Gemeinde seit Ende 1765 sogar die Berufe der Väter der Täuflinge vermerkt. Blickt man von dieser Ausgangssituation auf die Zivilstandsregister, spricht in den Augen von Historikern zunächst alles für letztere. Man trifft auf Berufsangaben, freilich zu-

20 Ebd. und LAV NRW PStAB: Heiratsregister von Grefrath.
21 Vgl. Buchholz, Christopher, Französischer Staatskult 1792-1813 im linksrheinischen Deutschland. Mit Vergleichen zu den Nachbardepartments der habsburgischen Niederlande, Frankfurt 1997, S. 147.

nächst nicht bei den Frauen, ferner auf Altersangaben und Unterschriften. Die Namen der Eltern werden durchgängig angeführt, nicht nur bei der Geburt, sondern auch bei Heirat und Tod. Insofern sind die Voraussetzungen für eine Familienrekonstitution als die Basis einer ins Einzelne gehenden demographischen Analyse hervorragend. Diese wird dadurch weiter erleichtert, dass zum Teil schon seit den zwanziger Jahren in den Heiratsregistern auf die jeweiligen Vorurkunden verwiesen wird, und zwar nicht nur auf die Geburtsurkunden von Bräutigam und Braut, sondern auch, falls die Eltern nicht mehr am Leben waren, auf deren Sterbeurkunden. Auch die Sterbeurkunden von früheren Ehemännern und Ehefrauen werden genannt.

Daneben sollten freilich nicht die Defizite der neuen Registrierung übersehen werden. Sie hängen zum Teil damit zusammen, dass in der französischen Zeit die Kontrolle der Registerführung durch die vorgesetzten Behörden offenbar nicht sehr effizient war. So fehlen in manchen Fällen in den Zweitschriften Urkunden, die in den Erstschriften vorhanden sind. Zuweilen sind erstere auch nachlässig geführt. Es fehlen Berufsangaben, die in den Erstschriften durchaus zu finden sind. Aber auch die Erstschriften sind nicht immer in dem Zustand, den man sich wünschen würde. So gab der Maire von Grefrath in den Heiratsurkunden fast nie an, ob Braut und Bräutigam verwitwet waren oder nicht. Nur dank der Kirchenbuchüberlieferung war es möglich, diesen Mangel auszugleichen. Bürgermeister, die wie der von Grefrath verfuhren, konnten sich für ihre Nachlässigkeit auf den Wortlaut des Zivilstandsgesetzes berufen; unter demjenigen, was in der Heiratsurkunde „aufgeführt werden" muss, wird hier weder der Zivilstand von Braut und Bräutigam noch der Name von früheren Ehepartnern angeführt. An dieser Gesetzeslage änderte sich auch in der preußischen Zeit nichts.[22] Trotzdem war es nach meiner Beobachtung in den Heiratsurkunden im allgemeinen üblich, frühere Ehepartner zu vermerken. Besonders schlecht steht es um die Totgeburten; sie sollten zwar einem kaiserlichen Dekret von 1806 zufolge in den Sterberegistern vermerkt werden, aber es dauerte teilweise sehr lange, bis die Zivilstandsbeamten diesem Gebot nachkamen.[23] In Anrath war das erst seit 1838 der Fall.

Neben diesen Defiziten, die nach einiger Zeit behoben wurden, gibt es freilich auch solche, die in der Art der Quelle begründet sind. Fand die

22 Philippi 1865, S. 37f. (§ 76).
23 Ebd., S. 20f. (§ 55).

Heirat an einem anderen Ort statt, weil einer der Beteiligten von dort stammte, stellte der Pfarrer ein sogenanntes Dimissoriale aus und trug es in das Heiratsbuch ein. Wir haben damit einen Hinweis auf diese Heirat. Solche Vermerke fehlen in den Zivilstandsregistern. Um einen Beleg über diese Heirat zu finden, müssen zusätzlich zu den Heiratsregistern die Aufgebotsregister ausgewertet werden. Bei unehelichen Geburten war es ein Fortschritt, dass sie in das laufende Register eingetragen wurden und nicht, wie das früher oft der Fall war, in gesonderte Teile des betreffenden Kirchenbuches oder auf lose Blätter, die leicht verloren gehen konnten. Dem steht der Nachteil gegenüber, dass die Väter des betreffenden Kindes, von eng umrissenen Ausnahmen abgesehen, nicht genannt werden durften.[24] Auch auf die nicht selten detailreichen Bemerkungen des betreffenden Pfarrers zu einer unehelichen Geburt müssen wir verzichten. Was die Anwesenheit von Zeugen betrifft, sah das Zivilstandsrecht vor, dass bei der Beurkundung einer Heirat vier und im Falle von Geburt und Tod jeweils zwei Zeugen zugegen waren. Diese mussten freilich männlichen Geschlechts sein. Nur in den ersten Jahren nach Einführung der Zivilstandsregister finden sich hin und wieder auch Frauen unter den Zeugen. Das aber bedeutet: Wir können nicht sicher sein, dass sich unter den bei der Beurkundung einer Geburt anwesenden Zeugen auch alle Paten des Kindes befanden. Das für eine Heirat nötige Aufgebot an Zeugen war so groß, dass wir unter ihnen offensichtlich auch immer wieder Personen antreffen, die zu den Eheleuten in keinerlei Beziehung standen. Mitunter hat man den Eindruck, dass der eine oder andere Zeuge buchstäblich auf der Straße aufgelesen wurde.[25] Schließlich noch eine letzte Bemerkung: Nach Alphonse Aulard war die Zivilstandsgesetzgebung „die erste Phase" der Trennung von Kirche und Staat.[26] Es versteht sich deshalb nahezu von selbst, dass in den Registern kein Platz für Angaben über die Konfessionszugehörigkeit war.

Der Königsweg der historischen Demographie ist ohne Zweifel die Familienrekonstitution.[27] Für sie bieten die Zivilstandsregister, wie schon ge-

24 Ebd., S. 22-24 (§§ 56-57).
25 Ebd., S. 5f. (§ 37), 22 (§ 56), 35 (§ 75), 37f. (§ 76).
26 Aulard 1905, S. 313; dazu einschränkend Mathiez 1911, S. 14-20.
27 Als Einführung: An Introduction to English Historical Demography from the 16th to 19th Century. Ed. by E.A. Wrigley, London 1966, S. 96-159; letzte Beispiele: Schlumbohm, Jürgen, Lebensläufe, Familien, Höfe. Die Bauen und Heuerleute des Osnabrücki-

sagt wurde, die besten Voraussetzungen, allerdings unter bestimmten Bedingungen: Die untersuchte Gemeinde sollte meiner Einschätzung nach nicht zu klein sein. Die Mindestgröße liegt bei 1.000 Einwohnern. Eine Größe von etwas mehr als 2.000 Einwohnern zu Beginn unserer Periode scheint mir das Optimum zu sein. Nur so ist sichergestellt, dass für einen Zeitraum von 20 bis 30 Jahren als Ausgangsbasis für statistische Untersuchungen eine genügende Zahl von vollständigen Ehen zusammenkommt, wobei unter vollständigen Ehen solche Ehen zu verstehen sind, die mindestens so lange Bestand hatten, bis die Frau das Alter von 49 Jahren erreicht hatte. Mit der Erstellung einer Familienrekonstitution ist ein beträchtlicher Aufwand verbunden. Nicht nur müssen mit der jeweiligen Heirat die ihr zuzuordnenden Geburten verbunden werden, sondern auch die Geburtsurkunden der Eheleute, deren Sterbeurkunden und die Sterbeurkunden der Kinder. Bei Städten scheidet diese Methode weitgehend aus, es sei denn man begnügt sich – eine in Frankreich zuweilen praktizierte Methode – mit der Analyse einer Teilgesamtheit, indem man nur solche Familien berücksichtigt, deren Namen mit bestimmten Buchstaben beginnen.[28] Denkbar ist auch, dass man sich auf eine bestimmte Kohorte – von zehn Jahren oder mehr – beschränkt. Allerdings fehlt den auf diese Weise ermittelten Ziffern über Geburtlichkeit und Sterblichkeit die zeitliche Dimension.[29]

Für bestimmte Fragen kann man die Zivilstandsregister allerdings auch ohne eine Familienrekonstitution zum Sprechen bringen. Vor allem die Heiratsregister bieten eine Vielzahl von Analysemöglichkeiten. Im Folgenden werde ich versuchen, dies jeweils durch Beispiele zu erläutern. Ich beginne mit dem Heiratsalter als einer zentralen Variable im demographischen Prozess. Was die Altersangaben in den Registern anlangt, so sind diese freilich nicht immer über jeden Zweifel erhaben. Immerhin wird in vielen Registern bis einschließlich 1808 auch das Geburtsdatum der Ehe-

schen Kirchspiels Belm in proto-industrieller Zeit 1650-1860, Göttingen 1994 und Medick, Hans, Weben und Überleben in Laichingen 1650-1900. Lokalgeschichte als allgemeine Geschichte, Göttingen 1996.

28 Bardet, Jean Pierre, Rouen aux XVIIe et XVIIIe siècles. Les mutations d'un espace social, Paris 1983 (für Familien, deren Name mit dem Buchstaben ‚B' beginnt).

29 Vgl. Burri, Hans-Rudolf, Die Bevölkerung Luzerns im 18. und frühen 19. Jahrhundert. Demographie und Schichtung einer Schweizer Stadt im Ancien Régime, Luzern 1975 und zuletzt noch Jäger, Regine, Duisburg im 18. Jahrhundert. Sozialstruktur und Bevölkerungsbewegung einer niederrheinischen Kleinstadt im Ancien Régime (1713-1814), Köln usw. 2001.

leute genannt. In späteren Jahren läßt es sich ohne größere Schwierigkeiten mit Hilfe der im Heiratsregister angeführten Geburtsurkunde ermitteln. Setzt man es zu den im Heiratsregister vermerkten Berufen von Bräutigam und Braut in Bezug, eröffnet sich uns ein erster, nach sozialen Gruppen differenzierter Blick auf das Heiratsgeschehen. War in Krefeld zu Beginn des 19. Jahrhunderts der Abstand zwischen dem Heiratsalter der Seidenweber und der Handwerker relativ gering, so öffnete sich in der Folgezeit mehr und mehr eine Schere. 1838/1840 lag das Heiratsalter der Seidenweber (Median) bei 24 und ihrer Frauen bei 23 Jahren, das der Handwerker hingegen bei 27 bzw. bei 26 Jahren. Das Heiratsalter der Tagelöhner war mit jeweils 30 Jahren noch wesentlich höher. Das deutet darauf hin, dass die verminderte Bedeutung des Erbgangs und der von ihm ausgehenden disziplinierenden Wirkung, die partielle Entsachlichung der Eheschließung und die unabhängig von der Generationenfolge gegebenen Arbeitsmöglichkeiten es Seidenwebern und ihren Frauen ermöglichten, relativ früh zu heiraten. Im dörflichen Kontext – ich beziehe mich hier auf das schon erwähnte Dorf Grefrath bei Kempen – stellte sich die Situation etwas anders dar. In den Jahren 1800-1814 waren die dortigen Samtbandweber mit durchschnittlich 23,5 Jahren die Gruppe mit dem niedrigsten Heiratsalter. Ihre Frauen heirateten mit 26,5 Jahren freilich relativ spät. Immerhin lag ihr Heiratsalter ebenso wie das der Dorfhandwerkerfrauen noch unter dem Heiratsalter der Frauen in der Gruppe der Bauern. Offensichtlich gab es in Grefrath kein spezielles Heiratsmuster der Samtbandweber, sondern eines, das sie teilweise – im Hinblick auf das Heiratsalter der Bräute – mit dem der Dorfhandwerker gemeinsam hatten. Samtbandweber und Dorfhandwerker waren die beiden Gruppen im Dorf, die sich durch ihr Heiratsverhalten von den Bauern absetzten.[30]

Wichtige Aufschlüsse zum Verhältnis der Geschlechter lassen sich dem Altersabstand zwischen Mann und Frau bei der Eheschließung entnehmen. Auffällig ist bei den Seidenwebern in Krefeld und in Grefrath nicht nur der geringe Altersabstand, sondern auch, dass die Frau, im Durchschnitt gesehen, teilweise älter war als der Mann. Bei den Ehen von Krefelder Seidenwebern, die in den Jahren 1801/1805 abgeschlossen wurden, betrug der

---

30 Kriedte, Peter, Taufgesinnte und großes Kapital. Die niederrheinisch-bergischen Mennoniten und der Aufstieg des Krefelder Seidengewerbes (Mitte des 17. Jahrhunderts - 1815), Kap.. 2.2, 2.10, 3.3 und 3.5 (Manuskript) und Ders., Eine Stadt am seidenen Faden. Haushalt, Hausindustrie und soziale Bewegung in Krefeld in der Mitte des 19. Jahrhunderts, 2. Aufl. Göttingen 1992, S. 177-185.

Altersabstand drei Monate zugunsten der Frau. Weder bei den Tagelöhnern noch bei den Handwerkern war der Altersabstand so gering, ganz zu schweigen von den Oberschichten, insbesondere den Verlegern. In Grefrath waren die Frauen von Samtbandwebern in den Jahren 1800-1814 diesen bei der Heirat sogar um anderthalb Jahre voraus. Im Unterschied zu allen anderen sozialen Gruppen waren sie in 60% aller Fälle älter als der Ehemann. Nur in einem knappen Drittel der Fälle war es umgekehrt. Bei mehr als 30% der beiderseitigen Erstehen betrug der Altersabstand sogar fünf Jahre und mehr zugunsten der Frau. Offenbar folgten die Seiden- und Samtbandweber bei der Partnerwahl nicht denselben Kriterien wie die anderen sozialen Gruppen. Sie schauten in erster Linie auf das Arbeitsvermögen und die Arbeitserfahrung der Frau. Hatten sie den Eindruck, dass sie mit ihr bei der Führung einer Werkstatt gut zusammenarbeiten konnten, berührte es sie wenig, dass diese Frau älter war.[31]

In den Heiratsregistern werden nicht nur für Bräutigam und Braut, sondern auch für deren Väter die Berufe genannt. Damit wird es möglich, Aussagen über die konnubiale und die intergenerationelle Mobilität zu machen. Hält man sich an die 1801/1805 in Krefeld geschlossenen Ehen, so kam etwa die Hälfte der Seidenweber, die damals heirateten, aus Seidenweberfamilien. Je ein Fünftel hatten Tagelöhner und Handwerker zu Vätern. Setzt man die Abstrom- und die Zustromquote zueinander in Bezug, zeigt sich, dass das Seidengewerbe in einem sehr viel größeren Ausmaß Zielpunkt als Ausgangspunkt von Mobilitätsprozessen war.[32] Es stellte offenbar einen nicht unwichtigen Anziehungspunkt für Angehörige anderer sozialer Gruppen dar, die auf der Suche nach einem Lebensunterhalt waren. Anders sah es bei den Tagelöhnern und den Handwerkern aus. Bei letzteren waren Abstrom- und Zustromquote identisch, bei ersteren war ihr Verhältnis sogar negativ, was mit der geringen Anziehungskraft, die vom Tagelöhnerdasein ausging, zusammenhängen dürfte. Kein einziger Seidenwebersohn stieg zu einem Tagelöhner ab, nur weniger als 5% wurden Handwerker. Das Seidengewerbe war der in jeder Hinsicht dominierende Fluchtpunkt des Krefelder Mobilitätsgefüges. Die soziale Herkunft der Frauen von Seidenwebern war noch weiter aufgefächert als die der Seidenweber. Nur ein Drittel hatte Väter, die gleichfalls Seidenweber waren.

31 Kriedte, Taufgesinnte, Kap. 2.10 und 3.5 sowie Ders. 1992, S. 185f.
32 Die Abstromquote gibt Auskunft über das Schicksal der Angehörigen einer Berufsgruppe der sozialen Schicht bzw. von deren Kindern (so hier), die Zustromquote über die Herkunft (hier bezogen auf den Beruf des Vaters).

Viele kamen aus Tagelöhner- und Handwerkerfamilien, nicht wenige auch aus Bauernfamilien. Die konnubiale Mobilität gestaltete sich etwas offener als die intergenerationelle. Aber auch sie war zu einem erheblichen Anteil auf das Seidengewerbe ausgerichtet. Die erweiterte Reproduktion der Arbeiterschaft des Krefelder Seidengewerbes hatte somit zwei Quellen: Die eine war die hohe intergenerationelle Persistenz der Seidenarbeiterschaft, die andere der Zustrom aus anderen Berufsgruppen, deren sich das Seidengewerbe erfreuen konnte. Die Ergebnisse für das Samtbandweberdorf Grefrath weisen in eine ähnliche Richtung.[33]

Auch eine begrenzte Verknüpfung zum Beispiel zwischen dem Heiratsregister und dem Geburtenregister kann durchaus Sinn machen. Dergleichen habe ich für die Krefelder Heiraten von 1801/1805 und die Geburten von 1801/1806 gemacht, um Aufschluß über die vorehelichen Konzeptionen zu gewinnen. Die Verknüpfung ergab, dass fast 40% der Seidenweberbräute, die 1801/1805 heirateten, zum Zeitpunkt der Eheschließung ein Kind erwarteten. Bei den Handwerkern war der betreffende Prozentsatz mit ca. 27% um einiges geringer. Das deutet darauf hin, dass voreheliche sexuelle Beziehungen im Seidenwebermilieu gang und gebe waren. Die vorehelichen Konzeptionen müssen im Zusammenhang mit der Zahl der unehelichen Geburten gesehen werden. Diese waren in Krefeld auch noch zu Beginn des 19. Jahrhunderts sehr wenig verbreitet. Sie stiegen zwar gegenüber dem 18. Jahrhundert auf mehr als das Doppelte, ihre Anzahl war aber noch immer mit ca. 5% aller Geburten vergleichsweise gering. Das läßt vermuten, dass sich hinter den vorehelichen Konzeptionen nicht eine generelle sexuelle Freizügigkeit vor der Ehe verbirgt; voreheliche sexuelle Beziehungen waren vielmehr, wie man gesagt hat, eine „sexuelle Antizipation der Heirat" (David Levine), sie wurden als eine Art Eheeinleitung verstanden. An sie war zumal von seiten der Frau die Erwartung geknüpft, dass die Eheschließung unmittelbar bevorstand. Illegitime Geburten lassen sich folglich nicht als Infragestellung der Ehe verstehen, sondern als greifbare Folge einer nicht zustande gekommenen Heirat.[34]

33 Kriedte, Taufgesinnte, Kap. 2.10 und 3.5; vgl. auch Kriedte 1992, S. 204-224; dazu umfassend Kocka, Jürgen u.a., Familie und soziale Plazierung. Studien zum Verhältnis von Familie, sozialer Mobilität und Heiratsverhalten an westfälischen Beispielen im späten 18. und 19. Jahrhundert, Opladen 1980.

34 Kriedte, Taufgesinnte, Kap. 2.10 und Ders. 1992, S. 190-192; s. Levine, David, Family Formation in an Age of Nascent Capitalism, New York 1977, S. 139-144.

Ich möchte an diesem Punkt schließen. Mit den Zivilstandsregistern, wie sie 1798 von der französischen Verwaltung für die linksrheinischen Gebiete eingeführt wurden, steht ein Quellenkorpus zur Verfügung, das sich in vielfältiger Weise auswerten läßt, und zwar nicht nur bevölkerungsgeschichtlich, sondern auch sozialgeschichtlich. Der umfassende Zugriff auf die vitalstatistischen Daten jedes einzelnen, den die staatlichen Behörden mehr gezwungenermaßen als von langer Hand geplant mit der Zivilstandsgesetzgebung ins Werk setzten, hat der historischen Forschung Möglichkeiten beschert, die tiefe Einblicke in zentrale Vorgänge nahe der Basis des historischen Geschehens erlauben. Sie müssen nur genutzt werden.

Netzwerkanalyse im Personenstandsarchiv?

Probleme und Perspektiven einer historischen Verflechtungsanalyse

von Stefan Gorißen

1

Personenstandsbücher – Kirchenbücher, deren Duplikate oder Zivilstands-register – dokumentieren die Lebensdaten der Mitglieder einer Gemeinde bzw. der Bewohner eines Ortes. Sie bieten damit die zentrale Überliefe-rung, auf deren Grundlage sich verwandtschaftliche Beziehungen, seien dies reale Verwandtschaftsbeziehungen im Sinne genealogischer Abstam-mung, oder virtuelle etwa in Gestalt von Heirats- oder Patenschaftsbezie-hungen, nachvollziehen lassen. Solche Bindungen, die sich etwa in der Auf-zählung von Tauf- und Trauzeugen oder der Nennung der einen Sterbefall anzeigenden Personen in der Personenstandsüberlieferung greifen lassen, bilden den wichtigsten Modus zur Herstellung bzw. Aufrechterhaltung so-zialer Gemeinschaften.

Bei der Bearbeitung der Frage, wie sich soziale Gemeinschaften konsti-tuieren und entwickeln, erfreut sich in den Sozial- und Kulturwissenschaf-ten seit einigen Jahren der Begriff des „Netzwerks" außerordentlicher Be-liebtheit und weiter Verbreitung. Die geradezu inflationäre Verwendung des Begriffs erklärt sich vor allem aus seiner Offenheit und inhaltlichen Un-bestimmtheit, die vor allem dann von Nutzen zu sein scheint, wenn es gilt, komplexe, unübersichtliche und nur schwach regulierte Strukturen zu be-schreiben. So ist es beispielsweise in der politischen Soziologie in den letzten Jahren üblich geworden, aktuelle ökonomische, politische und kul-turelle Strukturen im Zeichen der Globalisierung mit dem Begriff „Netz-werkgesellschaft" zusammenzufassen.[1] Ein anderes Beispiel bietet die Wirt-

---

1   „Es lässt sich als historische Tendenz festhalten, dass die herrschenden Funktionen und
    Prozesse im Informationszeitalter zunehmend in Netzwerken organisiert sind. Netz-
    werke bilden die neue soziale Morphologie unserer Gesellschaften, und die Verbreitung
    der Vernetzungslogik verändert die Funktionsweise und die Ergebnisse von Prozessen
    der Produktion, Erfahrung, Macht und Kultur wesentlich. ... Anwesenheit oder Abwe-

schaftswissenschaft, die ihr Augenmerk neuerdings regelmäßig auf „unternehmerische Netzwerke" richtet und damit Formen wirtschaftlicher Kooperation beschreibt, die auf einer mittleren Ebene zwischen der hierarchischen Organisationsform der Unternehmung und der bloß akzidentiellen Koordination von wirtschaftlichen Aktivitäten durch Marktbeziehungen angesiedelt sind.[2] Bei allen diesen Forschungsansätzen bleibt der Begriff des „Netzwerks" jedoch zumeist unscharf, seine Verwendung ist häufig eine metaphorische, die durch keine explizite methodische Fundierung und Operationalisierung begründet ist.[3]

Parallel und weitgehend unbeeinflusst von solchen Forschungstraditionen existiert seit mittlerweile mehr als dreißig Jahren die Tradition einer sozialwissenschaftlichen Netzwerkanalyse, die mit formalen Verfahren soziale Beziehungen zwischen Individuen untersucht, um auf diese Weise verborgene gesellschaftliche Strukturen aufzudecken. Diese Netzwerkanalyse im engeren Sinne findet langsam auch Eingang in sozialgeschichtliche Untersuchungen, wenn auch bislang nur einzelne Studien vorliegen, die den Nutzen dieses Konzepts für historische Fragestellungen überzeugend vorführen.

Bereits 1979 forderte Wolfgang Reinhard in einer viel beachteten kleinen Schrift[4] einen methodischen Neuansatz in der historischen Eliteforschung unter dem Leitbegriff „Verflechtung". Sein ambitiöses Forschungsprogramm versprach die Öffnung einer sozialhistorischen Forschungstradi-

senheit im Netzwerk und die Dynamik eines jeden Netzwerkes gegenüber anderen sind entscheidende Quellen von Herrschaft und Wandel in unserer Gesellschaft: einer Gesellschaft, die wir daher zutreffend Netzwerkgesellschaft nennen können." Castells, Manuel, Das Informationszeitalter, Bd. 1: Der Aufstieg der Netzwerkgesellschaft, Opladen 2001, Zitat S. 527.

2   Vgl. hierzu den programmatischen Artikel von Powell, Walter W., Neither Market nor Hierarchy. Network Forms of Organization, in: Research in Organisational Behavior 12 (1990), S. 295-336; ferner Sydow, Jörg, Strategische Netzwerke. Evolution und Organisation, Wiesbaden 1999 sowie zusammenfassend aus wirtschaftshistorischer Sicht: Berghoff, Hartmut, Moderne Unternehmensgeschichte. Eine themen- und theorieorientierte Einführung, Paderborn u.a. 2004, S. 172ff.

3   Vgl. hierzu Hollstein, Betina, Qualitative Methoden und Netzwerkanalyse - ein Widerspruch?, in: dies. / Straus, Florian (Hg.), Qualitative Netzwerkanalyse. Konzepte, Methoden, Anwendungen, Wiesbaden 2006, S. 11-36 sowie Trezzini, Bruno, Konzepte und Methoden der sozialwissenschaftlichen Netzwerkanalyse. Eine aktuelle Übersicht, in: Zeitschrift für Soziologie 27 (1998), S. 378-394, hier S. 378.

4   Reinhard, Wolfgang, Freunde und Kreaturen. „Verflechtung" als Konzept zur Erforschung historischer Führungsgruppen, München 1979.

tion, die sich weitgehend auf eine quantifizierend operierende Stratifikationsforschung beschränkt und damit oftmals von konkreten sozialen Prozessen und Praktiken weit entfernt hatte.[5]

Reinhards Vorstoß richtete sich jedoch nicht grundsätzlich gegen Frage- und Themenstellungen der sozialgeschichtlichen Tradition, die zum Zeitpunkt der Publikation seines Beitrags längst zum historiographischen Mainstream der bundesrepublikanischen Geschichtswissenschaft avanciert war. Sein Ziel war vielmehr eine Überwindung strukturgeschichtlicher Engführungen sowie eine Fokusverschiebung zugunsten konkreter Handlungszusammenhänge und grundlegender Formen der Vergesellschaftung. Reinhard verband diese Perspektiven mit einem konkreten theoretischen und vor allem methodischen Angebot, nämlich mit der sozialwissenschaftlichen Methode der Netzwerkanalyse.[6] Gerade für die Geschichte mittelalterlicher und frühneuzeitlicher Gesellschaften sah Reinhard hier eine ganze Reihe von Anknüpfungspunkten zu älteren Forschungstraditionen, die – etwa in Untersuchungen zum Konzept des „Personenverbandsstaats" – schon seit geraumer Zeit ihr Augenmerk auf solche Strukturen richtete, die sich durch personale Beziehungen konstituieren. Von einer expliziten Anwendung der Verfahren der sozialwissenschaftlichen Netzwerkanalyse versprach sich Reinhard zunächst vor allem einen Zugewinn an begrifflicher Klarheit und methodischer Schärfe.

Zwei Vorzüge werden immer wieder im Zusammenhang mit einem netzwerkanalytischen Zugriff genannt, die letztlich auch die breite Rezeption der programmatischen Schrift Reinhards getragen haben:

Ausgangshypothese der Netzwerkanalyse ist zunächst die Annahme, dass soziale Strukturen nicht nur auf der Makroebene gesamtgesellschaftlicher Beschreibungen gewissermaßen außerhalb der gesellschaftlichen Praxis existieren, sondern sich parallel hierzu auch „von unten" in den sozialen Beziehungen der einzelnen Gesellschaftsmitglieder bilden. Solche sozia-

---

5 Vgl. hierzu Welskopp, Thomas, Die Sozialgeschichte der Väter. Grenzen und Perspektiven der Historischen Sozialwissenschaft, in: Geschichte und Gesellschaft 24 (1998), S. 173-198.

6 Reinhard spricht ausschließlich von Verflechtung bzw. Verflechtungsanalyse. Der Begriff Netzwerkanalyse hat sich mittlerweile jedoch nicht nur in den Sozialwissenschaften, sondern auch in der Geschichtswissenschaft auf weiter Flur durchgesetzt. Zur Sprachregelung rückblickend auch Reinhard, Wolfgang, Was ist europäische politische Kultur? Versuch zur Begründung einer politischen historischen Anthropologie, in: Geschichte und Gesellschaft 27 (2001), S. 593-617, S. 594 Anm. 4.

len Beziehungen lassen sich nur auf der Mikroebene individuellen Verhaltens und Handelns untersuchen. Die Netzwerkanalyse ist jedoch keine Handlungstheorie und interessiert sich auch nicht systematisch für die Mikroebene sozialer Interaktion. Ihr Fokus richtet sich vielmehr auf aggregierte, häufig emergente Strukturen, die ihrerseits aber aus dem Zusammenspiel individueller Handlungen entstehen und aus diesen abgeleitet werden.[7] Gerade diese Hoffnung, Mikro- und Makroebene verknüpfen zu können, gesellschaftliche Strukturen aus der Analyse individueller Handlungen beschreiben zu können, macht einen wesentlichen Reiz des Konzepts aus.

Zum anderen versteht die Netzwerkanalyse Gesellschaftsstrukturen nicht als vorgegebene Einheiten, sondern als wachsende und sich verändernde Prozesse. Im Unterschied etwa zur Schichtungsanalyse fragt die Netzwerkanalyse damit nicht nach den Ergebnissen eines bereits vollzogenen Vergesellschaftungsprozesses, sondern danach, wie sich Gesellschaftsstrukturen aus einzelnen sozialen Beziehungen bilden. Soziale Strukturen weisen in dieser Sicht immer eine zeitliche Komponente auf, in netzwerkanalytischer Perspektive erscheinen diese als historischer Prozess.

Der vorliegende Beitrag will zunächst einige grundlegende Begriffe und Konzepte der sozialwissenschaftlichen Netzwerkanalyse in Erinnerung rufen, um im Anschluss einige historische Projekte, die mit diesen Verfahren arbeiten, unter methodischen Gesichtspunkten zu diskutieren. Dass Familienforschung und genealogische Fragestellungen auf der Basis von Personenstandsregistern zentrale Ausgangspunkte einer Netzwerkanalyse bilden können, soll schließlich in einer Projektskizze zur Vergesellschaftung des vorindustriellen Wirtschaftsbürgertums im rheinisch-westfälischen Grenzraum begründet werden.

---

7   Vgl. hierzu Jansen, Dorothea, Einführung in die Netzwerkanalyse. Grundlagen, Methoden, Anwendungen, Opladen 1999, S. 14ff.

2

Konzepte einer sozialwissenschaftlichen Netzwerkanalyse wurden zuerst in ethnologischen Feldstudien entwickelt, einer Forschungssituation also, in der eine Analyse gesellschaftlicher Strukturen nur auf sehr groben theoretischen Vorannahmen aufbauen kann. Die Netzwerkanalyse kann in diesem Kontext als Versuch verstanden werden, ausgehend von einigen relativ einfachen Vorannahmen einen analytischen Rahmen zu schaffen, der möglichst offen ist für eine induktive Erschließung „fremder" gesellschaftlicher Ordnungen. Entsprechend definierte die Ethnologie als Netzwerk „eine Menge von Akteuren ..., die untereinander durch Beziehungen verbunden sind." Akteure in diesem Sinne können „Individuen, Haushalte, Familien, Zweckverbände, andere soziale Gruppen, lokale oder regionale Einheiten" sein.[8] Die zentrale theoretische Prämisse dieser weiten Begriffsbestimmung, die von der soziologischen Netzwerkanalyse übernommen wurde, besteht zunächst darin, dass nicht die einzelne soziale Einheit für sich – das Individuum oder die Gruppe – mit ihren distinktiven Merkmalen den Ausgangspunkt bildet, sondern dass die Beziehungen zwischen sozialen Elementen Ansatzpunkte der Analyse sind. Netzwerkanalysen fragen damit nach der „Einbettung", nach der sozialen Integration Einzelner (bzw. kleiner Gruppen) in eine Gesellschaft.[9] In der Forschungspraxis ergeben sich aus einer solch einfachen Definition jedoch eine Fülle von methodischen Fragen, die vor allem zwei Grundprobleme betreffen.

1. Da die Netzwerkanalyse möglichst weitgehend auf eine vorgängige Bestimmung dessen verzichtet, was als Gesellschaft das Explanandum bilden soll, steht jede Netzwerkanalyse zunächst vor der nicht immer einfach zu lösenden Aufgabe, den Raum zu bestimmen, über den sich das zu un-

---

8 Schweizer, Thomas, Netzwerkanalyse als moderne Strukturanalyse, in: ders. (Hg.), Netzwerkanalyse. Ethnologische Perspektiven, Berlin 1988, S. 1-32, Zitate S. 1. Häufig zitiert findet sich die knappe Definition eines Netzwerks als „spezifische Menge von Verbindungen zwischen sozialen Akteuren" von Mitchell, J. Clyde, The Concept and Use of Social Networks, in: ders. (Hg.), Social Networks in Urban Situations. Analyses of Personal Relationships in Central African Towns, Manchester 1969, S. 1-50, hier S. 2. Vgl. auch Schweizer, Thomas, Muster sozialer Ordnung. Netzwerkanalyse als Fundament der Sozialethnologie, Berlin 1996, bes. S. 13ff.

9 Vgl. aus sozialwissenschaftlicher Sicht hierzu das einflussreiche Lehrbuch von Jansen 1999, hier S. 16. Der Begriff der „Einbettung" („embeddedness") geht auf Mark Granovetter zurück: vgl. zusammenfassend ders., Economic Action and Social Structure. The Problem of Embeddedness, in: ders. / Swedberg, Richard (Hg.), The Sociology of Economic Life, Boulder 1992, S. 53-81.

tersuchende Netzwerk erstreckt. Netzwerke dehnen sich tendenziell ins Unendliche aus, da hinter jeder analysierten Beziehung weitere Relationen sichtbar werden, die den Radius des Netzwerks erweitern. Dieses muss daher gegen eine tendenziell uferlose Umwelt abgegrenzt werden.

Die Forschungspraxis bleibt hier letztlich auf willkürliche, im Einzelfall also begründungsbedürftige Setzungen angewiesen. Zur Lösung dieses Problems werden gewöhnlich zwei Konzepte angewendet:

Ein erster Ansatz konstruiert Netzwerke ausgehend von der einzelnen sozialen Einheit (Individuum oder Kleingruppe) und untersucht alle von dieser Einheit ausgehenden bzw. auf sie zulaufenden Beziehungen. Diese Form eines Netzwerks, das sich um ein definiertes Zentrum erstreckt, wird als „Ego-Netzwerk" bezeichnet. Um die Bedeutung für die Integration des Einzelnen in die Gesellschaft einschätzen zu können, wird sich die Analyse eines „Ego-Netzwerks" meist nicht auf die direkten Kontakte des im Zentrum stehenden Individuums beschränken, sondern auch mittelbare Beziehungen berücksichtigen, Relationen also, bei denen der Kontakt über Mittelspersonen hergestellt wird. Solche Mittler grenzen Schichten eines Netzwerks ab, wobei die Bindekraft des Netzwerks schwächer wird, je mehr Mittler zwischen die Kontaktpersonen treten. In diesem Fall muss vorab definiert werden, wieviele solcher Schichten berücksichtigt und wie groß die Ausdehnung des Netzwerks gedacht werden soll. Des weiteren ist vorab zu klären, ob man Beziehungen nur mit Blick auf die im Zentrum stehende Person untersuchen will, oder ob auch solche Beziehungen einbezogen werden sollen, die zwischen den Mitgliedern des Netzwerks unabhängig von ihren Beziehungen zum Zentrum bestehen. Die Antwort auf diese Frage wird je nach dem Inhalt der Beziehungen, über die das Netzwerk hergestellt wird, unterschiedlich ausfallen.[10]

Ein anderes Konzept zielt auf die Analyse eines „Gesamtnetzwerks", innerhalb dessen alle vorkommenden Beziehungen in die Analyse einbezogen werden. Auch hier ist die Reichweite des Netzwerks im Voraus zu definieren. Meist geschieht dies über die möglichst eindeutige Festlegung und Abgrenzung einer sozialen Gruppe, etwa die Bewohner einer Dorfgesellschaft oder die Angehörigen einer Organisation. Für einen auf diese Weise umrissenen Personenkreis werden dann sämtliche Personen und sämtliche

---

10 Zur Definition von „Ego-Netzwerken" und zu den methodischen Prämissen vgl. auch Pappi, Franz Urban, Die Netzwerkanalyse aus soziologischer Perspektive, in: ders. (Hg.), Methoden der Netzwerkanalyse, München 1987, S. 11-37, hier S. 13f. sowie Jansen 1999, S. 58ff.; vgl. auch Schweizer 1996, S. 37f.; Trezzini 1998, S. 380.

Beziehungen betrachtet, mit dem Ziel, die Binnenstruktur der sozialen Gruppe zu beschreiben. Im Unterschied zum „Ego-Netzwerk" steht bei der Untersuchung eines „Gesamtnetzwerks" schon zu Beginn der Untersuchung fest, welche Personen einbezogen werden. Der soziale Untersuchungsraum verändert sich durch die Analyse nicht mehr.[11]

2. Ein zweites Problemfeld betrifft die Frage, welche Art von Beziehungen zwischen den einzelnen Akteuren Gegenstand der Untersuchung werden sollen. In der Netzwerkanalyse hat es sich eingebürgert, zwischen uniplexen und multiplexen Netzwerken zu unterscheiden. Die hiermit angesprochene Differenzierung bezieht sich auf die Interaktionsinhalte einer Beziehung. Anknüpfend an die soziologische Rollentheorie ist zunächst davon auszugehen, dass in sozialen Beziehungen immer eine Vielzahl unterschiedlicher Rollenmuster und Erwartungen zum Tragen kommen, die Isolation einzelner inhaltlicher Beziehungsmuster insofern eine heuristische Abstraktion darstellt. Die sozialwissenschaftliche Netzwerkanalyse ist sich weitgehend einig, dass eine Netzwerkanalyse immer mehrere solcher Beziehungsebenen einbeziehen muss, und dass Einfluss und Bedeutung des Netzwerks auf bzw. für die Akteure letztlich nur aus dem gleichzeitigen Zusammenwirken mehrerer solcher Beziehungsebenen erklärt werden kann.

Der Sprachgebrauch in der sozialwissenschaftlichen Literatur zur Netzwerkanalyse ist in diesem Punkt nicht immer eindeutig: Während für einige Autoren der Begriff Netzwerkanalyse immer die Untersuchung mehrerer parallel existierender Beziehungsebenen impliziert, Multiplexität hier also zum Wesensmerkmal der Netzwerkanalyse erklärt wird,[12] beziehen andere Forscher den Begriff Netzwerk zunächst auf uniplexe Strukturen, die durch einen einzelnen Beziehungstyp gekennzeichnet sind. Diesem zuletzt genannten Begriffsverständnis soll hier gefolgt werden, multiplexe Netzwerke ergeben sich aus der Zusammensetzung einer bestimmten Menge von Einzelnetzwerken:[13] „Gegenstand der Analyse ist meist nicht nur *ein* Netzwerk, sondern sind mehrere Netzwerke, die verschiedene Relationen/Beziehungen zwischen den Elementen des gleichen Kollektivs abbilden."[14] Welche Beziehungstypen in die Analyse einbezogen werden, lässt sich theoretisch nicht im Voraus klären und wird sich für unter-

---

11 Vgl. Schweizer 1996, S. 60f., 65ff., Trezzini 1998, S. 380, Jansen 1999, S. 65ff.
12 Vgl. etwa Schweizer 1988, S. 16.
13 Vgl. auch Jansen 1999, S. 74.
14 Ebd., S. 52; Schweizer 1996, S. 112ff.

schiedliche gesellschaftliche Gefüge verschieden darstellen. Wolfgang Reinhard, dessen Konzept auf die Analyse von Funktionseliten im politischen System des Alten Reiches zielt, unterscheidet die vier Beziehungstypen Verwandtschaft, Landsmannschaft, Freundschaft und Patronage,[15] eine Aufzählung die zumindest durch den Typus des ökonomischen Austauschs zu ergänzen wäre.

Die Netzwerkanalyse unterscheidet jedoch nicht nur zwischen verschiedenen Beziehungstypen und ihrer Bedeutung für die Integration einzelner Akteure in gesellschaftliche Zusammenhänge, sie fragt darüber hinaus nach der Stärke der verschiedenen Relationen, nach der Intensität der auf einer bestimmten Beziehungsebene stattfindenden Interaktionen. Für manche Beziehungstypen kann es darüber hinaus weiterführend sein, zwischen gerichteten und ungerichteten Beziehungen zu differenzieren.[16]

Auf der Grundlage dieser modelltheoretischen Differenzierungen hat die Netzwerkforschung in den vergangenen Jahren eine Fülle von Messgrößen entwickelt, die das Netzwerk insgesamt und seine einzelnen Akteure umfassend zu beschreiben vermögen, ohne dass sich bis zum heutigen Zeitpunkt bereits ein allgemein anerkannter und verbindlicher Kanon formaler Methoden der Netzwerkanalyse herausgebildet hätte. Zu den wichtigsten, regelmäßig berechneten Werten zählen mit Blick auf das „Gesamtnetzwerk" die Frage nach der Dichte des Netzwerks, gemessen als Zahl aller existierenden Beziehungen innerhalb des Netzwerks im Verhältnis zur Zahl möglicher Relationen. Mit Blick auf den einzelnen Akteur lässt sich das Maß seiner Integration in das Netzwerk bzw. seine Zugänglichkeit für andere Personen im Netzwerk anhand seiner Zentralität bestimmen, die sich aus dem Verhältnis seiner möglichen zu den tatsächlich realisierten Interaktionen berechnen lässt. Aber auch die sogenannte „Betweenness" – womit die Fähigkeit eines Akteurs umschrieben wird, als Vermittler von Kontakten zwischen zwei anderen Akteuren aufzutreten – ist ein wesentlicher Faktor zur Beschreibung der Position von einzelnen Mitgliedern des Netzwerks.

Auf diesen einfachen Maßzahlen bauen eine Vielzahl weiterer Verfahren auf, die dazu dienen, die Binnenstruktur eines Netzwerks etwa durch die Identifizierung kleinerer Binnengruppen („Cliquen" oder „Cluster)[17] oder

15 Vgl. Reinhard 1979, S. 35ff.
16 Vgl. hierzu Pappi 1987, S. 15ff.; Jansen 1999 S. 69f.
17 Vgl. hierzu Kappelhoff, Peter, Cliquenanalyse. Die Bestimmung von intern verbundenen Teilgruppen in Netzwerken, in: Pappi 1987, S. 39-63 sowie Jansen 1999, S. 185ff.

166

durch eine multivariate Analyse mehrerer paralleler Beziehungstypen zu bestimmen.[18] Der Rolle einzelner Akteure innerhalb eines Netzwerks widmen sich vor allem Untersuchungen zur Ausfüllung von Rollenzuschreibungen sowie zur Ausübung und Legitimierung von Machtstrukturen.[19]

3

Die Netzwerkanalyse scheint auf den ersten Blick ein geradezu ideales Konzept für sozialgeschichtliche Untersuchungen insbesondere zu vormodernen Gesellschaften zu bieten, für die – analog zu ähnlich gelagerten Problemen in der Ethnologie – davon auszugehen ist, dass eine vorschnelle Übertragung modelltheoretischer Vorannahmen dem spezifischen Charakter dieser Gesellschaften häufig nicht gerecht wird. Netzwerkanalytische Verfahren, die gerade nicht bei übergreifenden Strukturen ansetzen, sondern diese aus der Praxis sozialer Interaktion induktiv erschließen wollen, versprechen hier ein methodisch kontrolliertes Verfahren der Annäherung anzubieten und zugleich eine Brücke zwischen Mikro- und Makroperspektiven zu bauen. Allerdings sollte in diesem Zusammenhang nicht vergessen werden, dass auch die Netzwerkanalyse mit einer Reihe von Setzungen und Vorannahmen operieren muss. Inwieweit solche Setzungen die Ergebnisse präformieren, ist im Einzelfall sorgsam zu prüfen.

Diesen offensichtlichen Vorzügen zum Trotz liegen zum gegenwärtigen Zeitpunkt nur wenige historische Arbeiten vor, die mit Methoden der Netzwerkanalyse operieren. Für die Frühe Neuzeit konzentrieren sich die vorhandenen Studien im Wesentlichen auf die Eliteforschung und hier auf zwei Themenfelder: zum einen auf Formen der Einflussnahme und Machtausübung in politischen Führungsgruppen, zum anderen auf informelle Kooperationsformen im frühmodernen Wirtschaftsbürgertum, insbesondere unter städtischen Kaufleuten.

Reinhards eingangs zitierter programmatischer Beitrag stand am Beginn mehrerer von ihm initiierter und geleiteter größerer Forschungsprojekte, die nicht nur den Ertrag einer Netzwerkanalyse für die vormoderne Eliteforschung vorführen sollten, sondern sich als wesentliche Bausteine für

---

18 Vgl. hierzu Kappelhoff, Peter, Positionen in sozialen Räumen. Die multivariate Analyse mutipler Netzwerke, in: Pappi 1987, S. 64-100 sowie Jansen 1999, S. 240f.
19 Vgl. hierzu vor allem Jansen 1999, S. 155ff.

eine Geschichte der politischen Kultur in der Frühen Neuzeit verstanden.[20] Reinhard griff hierbei zunächst auf seine Habilitationsschrift aus dem Jahr 1966[21] zurück, in der er sich mit dem Nepotismus Papst Pauls V. (1605-1621) beschäftigte und nachweisen konnte, dass die Nepoten neben ihrer Versorgungsfunktion für die Familie eine wichtige informelle Rolle bei der machtpolitischen Absicherung der Papstherrschaft ausübten. In Weiterführung dieses Themas entwickelte der Autor mit einer Reihe von Mitarbeitern ein großes Forschungsprojekt, das die „Mikropolitik" am päpstlichen Hof, verstanden als „Erzeugung und Nutzung von persönlichen Loyalitäten, die durch Verwandtschaft, Freundschaft und klienteläre Beziehungen zustande kommen"[22], auf der Basis einer breiten Briefüberlieferung in den Blick nahm. In einer inzwischen ansehnlichen Anzahl von Fallstudien zu unterschiedlichen Beziehungsnetzen Papst Pauls V., der damit das „am besten erforschte Pontifikat der frühen Neuzeit"[23] inne hatte, wurden die Mechanismen der Bildung von Patronage- und Freundschaftsbeziehungen als räumlich konzentrisch um den päpstlichen Hof angelegte Einflusskreise detailliert untersucht. Ohne weiter auf die kontrovers diskutierte Frage nach der Bedeutung von Patronagebeziehungen für politische Herrschaftssysteme der frühen Neuzeit einzugehen,[24] bleibt hier mit Blick auf die angewandten Methoden festzuhalten, dass die Patronageforschung, unbeschadet ihrer großen Bedeutung für das Forschungsfeld zu vormodernen politischen Eliten kaum als Netzwerkanalyse im strengen sozialwissenschaftlichen Sinne anzusprechen sein dürfte. Dies ist nicht nur darin begründet, dass die für die Netzwerkanalyse konstitutiven quantifizierenden

---

20 Zusammenfassend: Reinhard, Wolfgang, Was ist europäische politische Kultur? Versuch zur Begründung einer politischen historischen Anthropologie, in: Geschichte und Gesellschaft 27 (2001), S. 593-617.

21 Publiziert 1974: Reinhard, Wolfgang, Papstfinanz und Nepotismus unter Paul V. (1605-1621). Studien und Quellen zur Struktur und quantitativen Aspekten des päpstlichen Herrschaftssystems, Stuttgart 1974.

22 Ders., Einleitung, in: ders. (Hg.), Römische Mikropolitik unter Papst Paul V. Borghese (1505-1621) zwischen Spanien, Neapel, Mailand und Genua, Tübingen 2004, S. 1-20, Zitat S. 1.

23 Ebd., S. 20.

24 Vgl. hierzu jüngst Emich, Birgit (u.a.), Stand und Perspektiven der Patronageforschung. Zugleich eine Antwort auf Heiko Droste, in: Zeitschrift für historische Forschung 32 (2005), S. 233-265; methodisch in vielerlei Hinsicht naiv und unpräzise der Versuch einer grundsätzlichen Kritik bei Droste, Heiko, Patronage in der Frühen Neuzeit - Institution und Kulturform, in: Zeitschrift für historische Forschung 30 (2003), S. 555-590.

Verfahren nicht angewandt wurden, sondern vor allem auch darin, dass Begriffe wie „Patronage", „Klientelismus" oder auch „Freundschaft" sich nicht hinreichend scharf operationalisieren und die zugrundeliegenden Beziehungen sich nicht eindeutig an die Quellensprache rückbinden lassen. Entsprechend konzediert Reinhard, dass „das elaborierte Kategoriensystem, mit dem sozialwissenschaftliche Netzwerkforschung arbeitet, unter diesen Umständen nur begrenzt anwendbar und die Mathematik der Graphen und Matrizen ... sogar völlig überflüssig" sei.[25]

Ein weiterer von Reinhard initiierter Projekteverbund zielt auf eine Erforschung der Eliten oberdeutscher Städte im 16. Jahrhundert und fragt danach, inwieweit die Gründe für eine Durchsetzung der Reformation oder für ein Verbleiben der städtischen Eliten bei der alten Kirche durch Vergesellschaftungsprozesse geprägt waren, die sich mit Methoden der Netzwerkanalyse greifen lassen. Während sich für Augsburg Verwandtschaftsnetzwerke und ihr Bezug zu Zentren der Reformation identifizieren ließen, konnte die Frage, ob das rekonstruierte Sozialnetz der Konfessionsentscheidung vorgängig oder nachgeordnet war, mit dem verfügbaren Quellenmaterial nicht beantwortet werden.[26]

Die Erforschung der politischen Eliten in Augsburg legte es nahe, in vertiefenden Studien sich der Augsburger Kaufmannschaft des 16. Jahrhunderts zuzuwenden, standen doch im Zentrum von dreien der vier identifizierten Augsburger Netzwerke die Familien bedeutender Fernhandelskaufleute. Auch hier werden Prozesse sozialer Interaktion untersucht, die Frage nach politischer Einflussnahme wurde jedoch ergänzt bzw. ersetzt durch eine Analyse der Wechselwirkungen von verwandtschaftlichen und wirtschaftlichen Aktivitäten. Ausgehend vom Konkurs der Firma Hans und David Weyers im Jahr 1560 rekonstruierte Mark Häberlein das Netzwerk dieser Familie und ihres Verwandtschaftskreises in „einer Konfliktsituation, ... in der dieses Netzwerk einer Belastungsprobe ausgesetzt wird und in der Normen kaufmännischen Handelns und die Funktion und

---

25 Reinhard 2004, S. 10.
26 Vgl. hierzu die projektkritischen Ausführungen bei Reinhard, Wolfgang, Oligarchische Verflechtung und Konfession in oberdeutschen Staaten, in: Maczak, Antoni (Hg.), Klientelsysteme im Europa der Frühen Neuzeit, München 1988, S. 47-62. Als empirische Studie zur Teilgruppe der Bürgermeister und Stadtpfleger vgl. Sieh-Burens, Katarina, Oligarchie, Konfession und Politik im 16. Jahrhundert. Zur sozialen Verflechtung der Augsburger Bürgermeister und Stadtpfleger 1518 - 1618, München 1986.

Bedeutung sozialer Beziehungen reflektiert und artikuliert werden."[27] Die Verschiebung des inhaltlichen Fokus auf die Augsburger Kaufmannschaft und die Konzentration auf die beiden Beziehungsdimensionen Verwandtschaft und ökonomische Beziehungen hätte im Prinzip eine deutliche Schärfung des methodischen Zugriffs und eine Anwendung des elaborierten methodischen Instrumentariums der sozialwissenschaftlichen Netzwerkanalyse an historischem Material zugelassen, worauf Häberlein jedoch leider verzichtet. Entsprechend banal bleibt sein Fazit: „Zweifellos wird deutlich, daß ... Familien, die durch Heirats- und Verwandtschaftsbeziehungen miteinander verbunden waren, auch im geschäftlichen Bereich regelmäßig miteinander kooperierten."[28]

Auch in der Hanseforschung wird neuerdings darauf hingewiesen, dass sich zahlreiche Formen ökonomischer Kooperation für die Vormoderne als Netzwerk beschreiben lassen. In Anlehnung an Vorstellungen von unternehmerischen Netzwerken in der modernen Unternehmenstheorie und

---

27 Häberlein, Mark, Brüder, Freunde und Betrüger. Soziale Beziehungen, Normen und Konflikte in der Augsburger Kaufmannschaft um die Mitte des 16. Jahrhunderts, Augsburg 1998, Zitat S. 20. Häberlein konnte sich für diese Studie auf eine umfassende prosopographische Datenbank stützen, die im Projektverbund zur städtischen Elite Augsburgs zusammengestellt wurde: Reinhard, Wolfgang (Hg.), Augsburger Eliten des 16. Jahrhunderts. Prosopographie wirtschaftlicher und politischer Führungsgruppen 1500-1620, Berlin 1996.

28 Häberlein 1998, S. 105f. Häberlein begnügt sich aus nicht recht nachvollziehbaren Gründen mit der Zeichnung eines unübersichtlichen Spinnennetzes, das die „Geschäftskontakte der Firmen des ‚Weyer-Netzwerks' auf dem Augsburger Geldmarkt, 1551-1558" (S. 102) auf der Basis von „Unterkaufbüchern" im Augsburger Stadtarchiv abbildet. Häberlein vermengt hier die beiden Beziehungsebenen Verwandtschaft und Kreditbeziehung ineinander, wenn er die Grenzen des Verwandtschaftsnetzwerks, konzipiert als Ego-Netzwerk der Familie Weyer, ohne nähere Begründung als konstitutiv für die Grenzen eines Kreditnetzwerkes unterstellt. Um die Struktur der zu Grunde liegenden Interaktionen aufzudecken, hätte der Autor jedoch gerade die Reichweite *beider* Beziehungsdimensionen ermitteln und vergleichen müssen. Die Frage, welche Verwandtschaftsbeziehungen für Wechsel- und Kreditgeschäfte genutzt wurden und *welche nicht* bzw. welche Geschäfte *nicht* zwischen durch Verwandtschaftsbande verbundenen Personen abgewickelt wurden, würde nähere Aufschlüsse über die Bedeutung des Faktors Verwandtschaft in ökonomischen Beziehungen ermöglichen. Ob die im Prinzip gute Überlieferungssituation zu Augsburg eine solche Untersuchung erlaubt hätte, kann an dieser Stelle nicht beurteilt werden. Häberlein jedenfalls begnügt sich im Folgenden leider mit der Interpretation von individuellen Beziehungsgeschichten, für die Relevanz unterstellt, aber nicht begründet wird.

–geschichte[29] wurde jüngst vorgeschlagen, auch die vielfältigen Formen der Zusammenarbeit zwischen Hansekaufleuten, die „weder mit hierarchischen Mitteln wie etwa Anweisungen noch über den rein marktlichen Tauschmechanismus der Preisbildung erfolgt",[30] mit Verfahren der Netzwerkanalyse zu untersuchen. Auch hier werden die zu Grunde liegenden sozialen Beziehungen auf außerökonomischen Feldern gesucht. Postuliert wird, dass Verwandtschafts- und Freundschaftsnetze für geschäftliche Angelegenheiten genutzt wurden. Jenseits der Frage nach einer Klassifizierung der konkreten Organisationsformen bietet sich damit auch der Hansehandel als Gegenstand einer netzwerkanalytischen Untersuchung an. Mit den in den letzten Jahren in Kiel und Greifswald durchgeführten großen prosopographischen Datensammlungen und Studien[31] sind bereits wichtige Vorarbeiten geleistet, die jetzt mit den überlieferten Geschäfts- und Handelsbüchern systematisch zu verknüpfen wären.

4

Dass die sozialwissenschaftlichen Methoden der Netzwerkanalyse bislang allenfalls in einzelnen vorsichtig tastenden Ansätzen in die Geschichtswissenschaft Eingang gefunden haben, ist weniger in der Scheu von Historikern und Historikerinnen vor dem Einsatz formaler Analysemethoden begründet als in den besonderen Anforderungen an die Datengrundlage und einer insbesondere für vormoderne Epochen meist schwierigen Überlieferungssituation. Der Ertrag einer systematisch verschiedene Beziehungsebenen eines definierten Personennetzwerks vergleichenden Untersuchung läge insbesondere mit Blick auf Kaufleute und frühe Unternehmer auf der Hand: Die These, dass in vormodernen Gesellschaften Aufbau und Unterhaltung wirtschaftlicher Beziehungen durch parallele Prozesse der sozialen Integration auf anderen Beziehungsebenen gesichert wurden, ist zwar in

---

29 Siehe hierzu oben Anm. 3.

30 Selzer, Stephan / Ewert, Ulf Christian, Verhandeln und verkaufen, vernetzen und vertrauen. Über die Netzwerkstruktur des hansischen Handels, in: Hansische Geschichtsblätter 119 (2001), S. 135-163, Zitat S. 144.

31 Vgl. Paravicini, Werner / Wernicke, Horst, Hansekaufleute in Brügge. Teil 3: Prosopographischer Katalog zu den Brügger Steuerlisten (1360-1390), Frankfurt a. M. u.a. 1999 sowie als Überblick: Paravicini, Werner, Hansische Personenforschung: Ziele, Wege, Beispiele, in: Hammel-Kiesow, Rolf (Hg.), Vergleichende Ansätze in der hansischen Geschichtsforschung, Trier 2002, S. 247-272.

der Literatur weit verbreitet, empirisch jedoch bislang allenfalls schwach belegt.

Ein konkretes Untersuchungsdesign zu diesem Themenfeld beschränkt sich zunächst auf einen Vergleich von ökonomischen Beziehungen und Verwandtschaftsnetzen[32] und wählt Untersuchungszeit und -raum so, dass die Überlieferungslage eine möglichst umfassende Datenerhebung erlaubt, wie dies etwa für die bergisch-märkische Kaufmannschaft im 18. und frühen 19. Jahrhundert gilt.[33] Ausgangspunkt der Analyse ist die Abgrenzung einer sozialen Gruppe von Kaufleuten und gewerblichen Unternehmern, die anhand von Adressbüchern aus den ersten Jahren des 19. Jahrhunderts für den Bereich der Grafschaft Mark und des Herzogtums Berg namhaft gemacht werden kann.[34] Für diese Gruppe ist in einem ersten Schritt im Sinne eines „Gesamtnetzwerks" nach Heirats- und Verwandtschaftsbeziehungen zu fragen. Wichtigste Quellengrundlage hierfür ist die Personenstandsüberlieferung, insbesondere die Kirchenbücher der lutherischen Gemeinden im Untersuchungsgebiet.[35] Ergänzend lässt sich eine breite familien-

---

32 Die Nutzung familiärer Beziehungen für wirtschaftliche Aufgaben wird in der Wirtschaftsgeschichte breit diskutiert: vgl. etwa Wolfgang von Stromer, Wirtschaftsgeschichte und Personengeschichte, in: Zeitschrift für historische Forschung 2 (1979), S. 31-42 sowie einflussreich mit Blick auf die Industrialisierung im 19. Jahrhundert Kocka, Jürgen, Familie, Unternehmer und Kapitalismus an Beispielen aus der frühen deutschen Industrialisierung, in: Zeitschrift für Unternehmensgeschichte 24 (1979), S. 99-135.

33 Für eine inhaltliche Profilierung des Projekts und erste Ergebnisse vgl. Stefan Gorißen, Bergisch-märkische Kaufmannschaft im 18. Jahrhundert: Handels- und Verwandtschaftsnetze, in: Zeitschrift des Bergischen Geschichtsvereins 99 (1999/2001), S. 43-70. Vgl. für die Teilgruppe der Lüdenscheider Reidemeister jüngst auch die Studie von Bracht, Johannes, „Reidung treiben". Wirtschaftliches Handeln und sozialer Ort der märkischen Metallverleger im 18. Jahrhundert, Münster 2006, bes. S. 105-118, der explizit mit Verfahren der Netzwerkanalyse arbeitet.

34 Ohm, Johann Jakob, Kaufmännischer Bergischer Taschenalmanach für's Jahr Christi 1804 und im Jahr der Welt 5753, Elberfeld, Barmen 1804; ders., Kaufmännisches Bergisches Taschenbuch, Elberfeld / Barmen 1805; ders., Merkantilisches Handbuch für's Großherzogthum Berg, nebst einigen benachbarten Fabrik- und Handlungs-Ortschaften. Selbst gesammelt und auf eigene Kosten herausgegeben, Elberfeld, Barmen 1809.

35 Vgl. hierzu den Beitrag von Ragna Boden und Christoph Schmidt sowie von Wolfgang Günther und Maja Schneider im vorliegenden Band. Joergens, Bettina / Wasilenko, Anna / Weimer, Katja, Der richtige Weg zu Ihrem Stammbaum. Familienforschung im Archiv, hg. vom Landesarchiv NRW Staats- und Personenstandsarchiv Detmold, Detmold 2005 sowie für den rheinischen Teil des Untersuchungsgebiets Füchtner, Jörg, Quellen rheinischer Archive zur neuzeitlichen Personen- und Familiengeschichte. Eine Einführung in fünf Kapitel Kunde der Quellen und ihrer Gründe, Siegburg 1995, S. 39ff

kundliche Literatur zu zahlreichen bürgerlichen Familien im Untersuchungsraum heranziehen, was den Aufbau einer prosopographischen Datenbank erheblich vereinfacht.[36]

Die Beziehungstiefe, bis zu der Daten für die Netzwerkanalyse erhoben werden, konkretisiert sich bei der Untersuchung verwandtschaftlicher Beziehungen als Frage nach den zu berücksichtigenden und zu erfassenden Verwandtschaftsgraden. Bei der Beantwortung dieser Frage kann von Beobachtungen der Anthropologie ausgegangen werden, wonach Verwandtschaftsbeziehungen jenseits des 5. Grades von den Akteuren in der Regel nicht mehr als solche erkannt bzw. akzeptiert werden.[37] Der Verwandtschaftsgrad, der nach der Zahl der zwischen zwei Personen vermittelnden Zeugungen bzw. Geburten bestimmt wird,[38] lässt sich zugleich als Maß für die Intensität der Beziehung in der Netzwerkanalyse verwenden. Innerhalb des Verwandtschaftsnetzwerks der bergisch-märkischen Kaufmannschaft lassen sich auf diese Weise stärkere von schwächeren Beziehungen unterscheiden.

Probeauswertungen zur Frage der Heiratskreise auf der Basis einer Teilmenge der zu erhebenden Daten zeigen den für andere Kontexte bereits wiederholt beobachteten Befund, dass die Berufsgruppe der bergisch-märkischen Kaufmannschaft zu sozialer Endogamie neigt, Ehepartner also gerne aus der eigenen Berufsgruppe gewählt wurden. Bemerkenswert ist in dieser Hinsicht allerdings, dass der räumliche Einzugsbereich der Heiratskreise eine eindeutige Ausrichtung nach Westen, hin zu den großen Handelsplätzen am Rhein, aufweist.[39]

Weiterführende Erkenntnisse können aus einer solchen Netzwerkanalyse zur Genealogie der Kaufmannschaft jedoch erst gewonnen werden, wenn sie mit Daten zu Handels- und Geschäftsbeziehungen konfrontiert werden. Auf der Grundlage einer leider nur sehr lückenhaften Überlieferung in Form von Geschäftsbüchern und Kaufmannskorrespondenzen des 18. Jahrhunderts lässt sich für einzelne Kaufleute und Firmen ebenso wie für einzelne Transaktionsformen (Warenhandel, Kreditbeziehungen,

---

36 Für einen Überblick über die familienkundliche Literatur vgl. Gorißen 1999/2001, S. 56, Anm. 33.

37 Vgl. etwa Fischer, Hans, Lehrbuch der genealogischen Methode, Berlin 1996, S. 139f.

38 Schupp, Waldemar, Abstammung und Verwandtschaft, in: Beck, Friedrich / Henning, Eckart (Hg.), Die archivalischen Quellen. Mit einer Einführung in die Historischen Hilfswissenschaften, 4. Aufl. Köln 2004, S. 269-290.

39 Vgl. hierzu Gorißen 1999/2001, S. 55ff.

Kommissionsgeschäfte etc.) bestimmen, ob diese durch Verwandtschaftsbeziehungen fundiert wurden, in welchem Umfang sich eine solche Verkoppelung der Netzwerke feststellen lässt bzw. für welche Transaktionen vorgängige Verwandtschaftsbeziehungen keine Bedeutung besaßen und welche Intensität die Beziehungen schließlich aufwiesen. Wirtschaftsbeziehungen können aus Überlieferungsgründen damit zwar nur in Gestalt einzelner „Ego-Netzwerke" erfasst werden, ihre Abbildung auf das genealogische „Gesamtnetzwerk" der bergisch-märkischen Kaufmannschaft verspricht aber den Zusammenhang zwischen sozialer Integration im Medium der Verwandtschaft und ökonomischem Handeln zu erhellen.

Forschungen zur historischen Arbeitsmigration und ihre Quellengrundlagen

von Wilfried Reininghaus

Das Zeitalter der Globalisierung und der sekundenschnellen Überwindung großer Entfernungen durch Telekommunikation hat das Interesse für Kommunikation und die Überbrückung räumlicher Distanzen in der Geschichte geweckt. Ablesen können wir dies an der von Michael North im Jahr 2000 herausgegebenen „Deutschen Wirtschaftsgeschichte" seit 1000, in der Kommunikation und Mobilität Leitkategorien darstellen.[1] Das wissenschaftliche Interesse an älteren Formen von räumlicher Mobilität setzte jedoch nicht erst mit dem Siegeszug des Internet nach 1995 ein, sondern besteht schon länger.[2] Dokumentiert wird es durch die Gründung spezialisierter wissenschaftlicher Vereinigungen und Institute, die sich des Themas annehmen, so der Arbeitskreis für Historische Migrationsforschung (1988), das Institut für Migrationsforschung und Interkulturelle Studien in Osnabrück (1991) und die Gesellschaft für Historische Migrationsforschung (1992). Auf dem 44. Deutschen Historikertag in Halle (Saale) 2002 widmete sich eine epochenübergreifende Sektion dem Thema Migration. Aber auch andere Wissenschaften wenden sich ihm in jüngerer Zeit verstärkt zu. Wer in die zahlreichen Publikationen zur Migrationsforschung schaut, trifft immer wieder auf Beiträge aus Ethnologie, Politikwissenschaft, Geographie, Ökonomie, ja selbst aus der Germanistik.[3]

1 North, Michael (Hg.), Deutsche Wirtschaftsgeschichte. Ein Jahrtausend im Überblick, München 2000.

2 Jüngste Zusammenfassung: Bade, Klaus J. (Hg.), Migration in der europäischen Sozialgeschichte seit dem späten Mittelalter, Osnabrück 2002; Steidl, Annemarie, Auf nach Wien! Die Mobilität des mitteleuropäischen Handwerks im 18. und 19. Jahrhundert am Beispiel der Haupt- und Residenzstadt, München 2003, S. 30-49 (zur historischen Migrationsforschung).

3 Vgl. darüber hinaus folgende Literaturübersicht: Bade, Klaus J., Europa in Bewegung. Migration vom späten 18. Jahrhundert bis zur Gegenwart, München 2000; ders. (Hg.), Deutsche im Ausland – Fremde im Ausland. Migration in Geschichte und Gegenwart, München 1992; Bauernkämper, Arnd / Bödeker, Hans Erich / Struck, Bernhard (Hg.), Die Welt erfahren. Reisen als kulturelle Begegnung von 1780 bis heute, Frankfurt / New York 2004; Beer, Mathias / Dahlmann, Dittmar (Hg.), Über die trockene Grenze und über das offene Meer. Binneneuropäische und transatlantische Migrationen im 18. und

Bei solch großem wissenschaftlichen Interesse kommt auf die Archive die Aufgabe zu, das Quellenangebot für die Benutzer zu strukturieren. Gerade wegen der noch zu besprechenden Schwierigkeiten, Migrationen quantitativ und qualitativ zu ermitteln und fassbar zu machen, hat die Suche nach adäquaten Quellen eine besondere Bedeutung.

1 Definitionen[4]

Bevor die Quellen vorgestellt werden, sind kurz einige Begriffe zu definieren. Der Oberbegriff zu Migration ist die horizontale oder räumliche Mobilität, die wir zum einen kennen als Bereitschaft, sich von A nach B zu bewegen, zum anderen als die tatsächlich erfolgte Ortsveränderung. Der hierfür auch verwandte Begriff Migration, abgeleitet vom lateinischen Wort „migrare" für „wandern", setzt ein Verlassen des Herkunftsortes A von einiger Dauer voraus, um sich am Zielort aufzuhalten.

Es gibt nun viele Arten von Migrationen und viele Arten, sie wissenschaftlich zu behandeln. Wandern Menschen aufgrund freier Entscheidung, aufgrund fehlender Optionen oder aufgrund von äußerem Zwang? Sklaven- und Zwangsarbeit, Flucht und Vertreibung fallen unter die Wanderungen, die auf äußeren Zwang erfolgten. Nicht immer sind die Grenzen zwischen den einzelnen Migrationsformen eindeutig. Es gibt z. B. durchaus fließende Übergänge zwischen der landwirtschaftlichen Wanderarbeit vor dem Ersten Weltkrieg und der Zwangsarbeit in beiden Weltkriegen.[5] Auch wird man nicht immer zwischen Arbeitsmigrationen in einem Kontinent und der transatlantischen Auswanderung einen Gegensatz wahrnehmen.

---

19. Jahrhundert, Essen 2004; Brenner, Peter J., Der Reisebericht. Die Entwicklung einer Gattung in der deutschen Literatur, Frankfurt 1989; Gräf, Holger Th. / Pröve, Ralf, Wege ins Ungewisse. Reisen in der Frühen Heuzeit 1500-1800, Frankfurt 1997; Jaritz, Gerhard / Müller, Albert, Migration in der Feudalgesellschaft, Frankfurt / New York 1988; Kleinschmidt, Harald, Menschen in Bewegung. Inhalte und Ziele historischer Migrationsforschung, Göttingen 2002; Lucassen, Jan / Lucassen, Leo (Hg.), Migration, migration history, history. Old paradigms and new perspectives, Bern u.a. 1997; Page Moch, Leslie, Moving Europeans. Migration since 1650, Bloomington 1992.

4   Hierzu Reininghaus, Wilfried, Migrationen von Handwerkern. Anmerkungen zur Notwendigkeit von Theorien, Konzepten und Modellen, in: Schulz, Knut / Müller-Luckner, Elisabeth (Hg.), Handwerk in Europa. Vom Spätmittelalter bis zur Frühen Neuzeit, München 1999, S. 195-212.

5   Herbert, Ulrich, Geschichte der Ausländerbeschäftigung in Deutschland 1880 bis 1980. Saisonarbeiter, Zwangsarbeiter, Gastarbeiter, Berlin 1986.

Die Migrationsforschung gliedert ihre Untersuchungen häufig nach folgenden Fragen: Wer wanderte? Wie und wohin gingen die Wanderungen? Warum wanderten Menschen? Welche Auswirkungen hatten Wanderungen auf die Wandernden? Wie veränderte sich langfristig das Wanderungsgeschehen? Migrationen, die zur Ausübung des Berufs erfolgten, sind am leichtesten nach ihrer zeitlichen Dauer zu differenzieren. Wir unterscheiden drei Hauptgruppen:

(1) Kurzzeitige, zyklische oder saisonale Migration setzt die Rückkehr an den Herkunftsort innerhalb eines Jahres voraus. Häufig kehrten die Wandernden nach einer mehrmonatigen Tour im Frühjahr zur Jahresmitte in ihren Heimatort zurück, um dann im Herbst bis Weihnachten eine zweite Reise zu unternehmen. Typische Beispiele sind die Wanderhändler, die in Westfalen im 18./19. Jahrhundert in zwei Gebieten prägend waren. Im nördlichen Münsterland konzentrierten sich die Tödden in den Dörfern Hopsten, Mettingen und Recke.[6] Und im Hochsauerland um Winterberg waren mehr als ein Dutzend Dörfer durch Händler geprägt, die weite Reisen unternahmen, aber in der Regel im Winter wieder in ihre Heimat zurückkehrten.[7] Zu Zeiten des Messehandels pendelten auch die Großkaufleute zwischen den Einkaufs- und Verkaufsregionen sowie den großen Messeplätzen Frankfurt (Main) und Leipzig hin und her. Im 19./20. Jahrhundert übernahmen die Handlungsvertreter („Reisende") diese Arbeitsweise.[8] In den Bauberufen kennen wir seit der Spätantike die Bautrupps vom Comer See, die nördlich der Alpen arbeiteten. Die nach Westfalen ziehenden Tiroler Bauarbeiter im Barockzeitalter[9] fallen in diese Kategorie ebenso wie die lippischen Ziegler, die durch die Urbanisierung und das Industriezeitalter große Förderung erhielten.[10] Ihr erstes Ziel waren die Niederlande, die auch von den sog. „Hollandgängern" auf der Suche nach

6 Oberpenning, Hannelore, Migration und Fernhandel im „Tödden-System". Wanderhändler aus dem nördlichen Münsterland im mittleren und nördlichen Europa, Osnabrück 1996.

7 Höher, Peter, Heimat und Fremde. Wanderhändler des oberen Sauerlandes, Münster 1985.

8 Reininghaus, Wilfried, Die Stadt Iserlohn und ihre Kaufleute (1700-1815), Dortmund 1995, S. 282-309, 339-341.

9 Pieper-Lippe, Margarete / Aschauer, Othmar, Oberdeutsche Bauhandwerker in Westfalen, in: Westfälische Forschungen 20 (1967), S. 109-193.

10 Lourens, Piet / Lucassen, Jan, Arbeitswanderung und berufliche Spezialisierung. Die lippischen Ziegler im 18. und 19. Jahrhundert, Osnabrück 1999.

Arbeit im 18. und 19. Jahrhundert frequentiert wurden.[11] Weibliche Mobilität ist vor allem bei den Dienstboten und Mägden anzutreffen, die zu Tausenden in den Großstädten Berlin und Paris um 1900 zu finden waren.[12]

(2) Migranten, die in einem mehrjährigen Turnus zwischen ihren Herkunfts- und Zielorten pendelten, unterscheiden sich von solchen, die in kürzeren Zyklen wanderten. Die Handwerksgesellen fallen überwiegend in diese Kategorie, wenngleich sich ihre Wanderzyklen je nach Beruf und Epoche stark unterschieden. Wegen der lange nicht getroffenen Entscheidung zu einer endgültigen Niederlassung am Zielort müssen wir auch die Zuwanderung in das rheinisch-westfälische Industriegebiet im 19. und frühen 20. Jahrhundert dieser Gruppe zurechnen. Wir können sie nach landmannschaftlicher Herkunft unterscheiden: die Waldecker[13] und Eichsfelder,[14] die Italiener,[15] Polen[16] und Masuren.[17] Vor allem letztere wechselten häufig zwischen dem Arbeitsort und der Herkunftsregion, um dort Urlaub zu machen, eine Frau zu suchen oder Arbeitslosigkeit im Ruhrgebiet zu umgehen. Schließlich sollten die „Gastarbeiter" in der Bundesrepublik Deutschland nicht ständig hier bleiben, sondern in ihre Heimat zurückkehren.

(3) Wer sich endgültig am Zielort niederläßt, wird zum E-Migranten, zum Auswanderer, wobei auch bei Auswanderungen der Kontakt zum Herkunftsort nicht abreißt, oft sogar die Rückwanderung anstand. Die – in einer anderen Tagungssektion behandelte – Auswanderung nach Amerika ist hierfür das beste Beispiel.

---

11 Lucassen, Jan, Migrant Labour in Europe 1600-1900. The Drift to the North Sea, London u.a. 1987.

12 König, Mareike (Hg.), Deutsche Handwerker, Arbeiter und Dienstmädchen in Paris. Eine vergessene Migration im 19. Jahrhundert, München 2003.

13 Seidel, Friedrich, Die soziale Frage in der deutschen Geschichte. Mit besonderer Berücksichtigung des ehemaligen Fürstentums Waldeck-Pyrmont, Wiesbaden 1964.

14 Schnier, Detlef / Schulz-Greve, Sabine (Red.), Wanderarbeiter aus dem Eichsfeld. Zur Wirtschafts- und Sozialgeschichte des Ober- und Untereichsfeldes seit Mitte des 19. Jahrhunderts, Duderstadt 1990.

15 Wennemann, Adolf, Arbeit im Norden. Die Italiener in Rheinland und Westfalen des späten 19. und frühen 20. Jahrhunderts, Osnabrück 1997.

16 Zuletzt: Dahlmann, Dittmar / Kotowski, Albert S. / Karpus, Zbigniew (Hg.), Schimanski, Kuzorra und andere. Polnische Einwanderer im Ruhrgebiet zwischen der Reichsgründung und dem Zweiten Weltkrieg, Essen 2005.

17 Kossert, Andreas, Masuren. Ostpreußens vergessener Süden, Berlin 2001, S. 214ff.

Zur besseren Unterscheidung seien auch solche Migrationen benannt, die nicht berufsbedingt waren: touristische Reisen, Pilgerfahrten, Kavalierstouren, Vertreibungen und Fluchten aus politischen und militärischen Gründen. Strukturelle Ähnlichkeiten mit Arbeitswanderungen sind aber nicht auszuschließen. Wir wissen nämlich, daß z. B. Gesellen Sehenswürdigkeiten fremder Orte besichtigten und Wallfahrtsorte besuchten oder die Reisen junger Adliger genau so dem Erwerb von Wissen und Fähigkeiten dienten wie die Reisen junger Handwerker.

2 Quellen zur berufsbedingten Migrationen

In eine Quellenkunde, die die Erforschung der historischen Arbeitsmigration unterstützen soll, gehören nicht nur Schrift-, sondern auch Bild-, Sach- und Tonquellen.[18] Der Bogen ist zu schlagen von den Darstellungen wandernder Menschen in der spätgotischen Tafelmalerei, z. B. auf dem Herrenberger Retabel des Jörg Ratgeb 1519,[19] bis zu den Fotos von Gastarbeitern, die mit dem Zug aus Lecce im Ruhrgebiet ankommen. Zu den nicht-schriftlichen Quellen gehören die Fahnen der Polen und Masuren im Ruhrgebiet, die damit Identität in der Fremde ausdrücken wollen.[20] Selbst die Baracke, in der in den 1950er Jahren die Molukken gewohnt haben und die heute im Freilichtmuseum Arnheim zu sehen ist, repräsentiert Migrationsgeschichte. Aber im Archiv können und wollen wir hauptsächlich über Schriftquellen sprechen. Wir teilen sie ein nach den Produzenten der Texte.

Die wichtigsten Schriftquellen sind solche, die einzelne Migranten selbst verfaßt haben: die Ego-Dokumente.[21] Sie haben den Vorteil, dass sie authentisch sind und große Anschauung besitzen. Als Nachteil registrieren wir die subjektiven Faktoren, die einfließen und den späteren Erinnerungs-

---

18 Es ist lohnend, Ausstellungskataloge auf diese Quellengruppen hin durchzusehen, vgl. z. B. Ziessow, Karl-Heinz (Hg.), Auf Achse. Mobilität im ländlichen Raum, Cloppenburg 1998; Meiners, Uwe / Reinders-Düselder, Christoph (Hg.), Fremde in Deutschland – Deutsche in der Fremde, Cloppenburg 1999.

19 Reininghaus, Wilfried, Wanderungen von Malern und anderen Handwerkern im Mittelalter, in: Schilp, Thomas / Welzel, Barbara (Hg.), Dortmund und Conrad von Soest im spätmittelalterlichen Europa, Bielefeld 2004, S. 123-140, 127.

20 Abb.: Meiners / Reiners-Düselder 1999, S. 184.

21 Vgl. auch zum folgenden: Schulze, Winfried (Hg.), Ego-Dokumente. Annäherung an den Menschen in der Geschichte, Berlin 1996; Greyerz, Kaspar von / Medick, Hans / Veit, Patrice (Hg.), Von der dargestellten Person zum erinnerten Ich. Europäische Selbstzeugnisse als historische Quellen (1500-1850), Köln / Weimar / Wien 2001.

verlust, falls Ereignisse nachträglich aufgeschrieben werden. Wir müssen auch daran erinnern, dass viele der Individualzeugnisse als Privatschriftgut nicht immer zugänglich sind. Sie müssen erst von Archiven aufgespürt und gesichert, d.h. für die Benutzung zugänglich gemacht werden. Die wichtigsten von Migranten selbst verfassten Schriften sind Briefe von unterwegs, Tagebücher, nachträglich niedergeschriebene Reiseberichte, Autobiographien sowie Biographien durch Dritte unter Verwendung authentischen Materials. Für jede dieser Quellengruppen gibt es Spezialliteratur, auf die hier im Einzelnen nicht eingegangen werden kann.

Gruppenzeugnisse entstehen meistens am Zielort und werden verfasst von Menschen, die sich wegen des gemeinsamen Fremdseins am Zielort zusammenschließen. Die wichtigste Quelle für die Polen im Ruhrgebiet sind immer noch ihre Verbandsschriften; sie ersetzen die fehlenden individuellen Zeugnisse. Gruppenbezogen sind auch die Missionsberichte, die die evangelische und katholische Kirche für die Betreuung von Masuren und Polen im Ruhrgebiet anlegten. Die „Hollandgänger" aus Westfalen wurden von Reisepredigern begleitet, deren Berichte eine detaillierte Sozialgeschichte der Arbeitsmigranten ermöglicht.[22] Gruppenbezogen sind aber auch Einschreiberegister von Gesellengilden und Zünften, die die Wanderung zur Pflicht erhoben hatten.[23] Häufig müssen bei solchen Aufzeichnungen Benutzer mit paläographischen Hindernissen rechnen, denn die Hände einfacher Leute, die sich in diese Register eintrugen, sind nicht immer leicht zu lesen.

Die allermeisten Dokumente über Migranten in öffentlichen Archiven stammen aus Akten der Staaten und der Kommunen, die Überwachungsfunktionen über die Zuwandernden ausübten. Sobald eine Grenze, national oder lokal, überschritten wurde, entstanden Aufzeichnungen zur Migration. Wobei Pässe im weitesten Sinne noch die geringste Masse bildeten, weil Pässe für einzelne Migranten nur selten aufbewahrt wurden.[24] Nur

22 Lucassen, Jan, Quellen zur Geschichte der Wanderung, vor allem der Wanderarbeit zwischen Deutschland und den Niederlanden vom 17. bis zum 19. Jahrhundert, in: Hinrichs, Ernst / Zon, Henk van (Hg.), Bevölkerungsgeschichte im Vergleich. Studien zu den Niederlanden und Nordwestdeutschland, Aurich 1988. Unter Leitung von Jan Lucassen steht eine Edition zu den Berichten der Reiseprediger vor dem Abschluss.

23 Reininghaus, Wilfried (Hg.), Quellen zur Geschichte der Handwerksgesellen im spätmittelalterlichen Basel, Basel 1982; westfälische Beispiele: Walberg, Hartwig (Hg.), Quellen zur Zunftgeschichte Lippstadts in der frühen Neuzeit, Lippstadt 1993.

24 Vgl. zur Entwicklung der Pässe: Groebner, Valentin, Der Schein der Person. Steckbrief, Ausweis und Kontrolle im Europa des Mittelalters, München 2004.

dann, wenn eine Stadtverwaltung Wanderpässe einzog, sind Aussagen über Migrationsverhalten möglich.[25] Andererseits erlaubt es jeder einzelne Wanderpass, den Innungen oder Kolpingvereine[26] ausstellten, ein Itinerar mit der Reiseroute zu rekonstruieren. Die „großen" Register und Meldeakten sind heute für uns zentrale Aufschreibungen: das Einwohnermelderegister in Städten[27] oder Register wie das auf Ellis Island vor New York bei territorialer Grenzüberschreitung. Häufig brachten die Ordnungsbehörden den Fremden Misstrauen entgegen. Deshalb kennen wir die Polizeiberichte über Zigeuner,[28] Polen, Italiener und andere obrigkeitsstaatliche Produkte, die oft Spuren dort belegen, wo andere Quellentypen versagen. Eine Geschichte der westfälischen Wanderhändler aus dem nördlichen Münsterland, der sog. Tödden, basiert auf den Akten zu den Verboten, solchen Hausierhandel zu betreiben. Die Arbeit am Zielort findet sich aber auch in literarischen Quellen; erinnert sei nur an Theodor Fontanes Beschreibung der lippischen Ziegler in seinen Wanderungen durch die Mark Brandenburg.[29]

Aber nicht nur am Ziel-, sondern auch am Herkunftsort registrierte man Migranten. Wer immer seit dem 18. Jahrhundert auf Dauer oder vorübergehend seinen Wohnort verließ, um in der Fremde zu arbeiten, lief Gefahr, „notiert" zu werden. Er oder sie benötigte Bescheinigungen aus ihrer Heimat.[30] Die Auswanderlisten des 19. Jahrhunderts sind die konsequente Fortsetzung der älteren merkantilistischen Politik, die möglichst viele „Köpfe" in einem Staate zählen wollte.

Schließlich soll noch auf solche Quellen aufmerksam gemacht werden, die unabhängig vom Migrationsgeschehen entstanden sind. Listen zu

---

25 Exemplarisch: Bräuer, Helmut, Gesellenmigration in der Zeit der industriellen Revolution. Meldeunterlagen als Quellen zur Erforschung der Wanderbeziehungen zwischen Chemnitz und dem europäischen Raum, Karl-Marx-Stadt 1982.

26 Ein Beispiel: Reininghaus, Wilfried, Ein Wanderbuch als Quelle für die Handwerksgeschichte des frühen 20. Jahrhunderts, in: Böth, Gitta / Beckmann, Uwe (Hg.), Hobelknecht und Späne. Arbeitsplatz: Schreinerei, Hagen 1991, S. 61-66.

27 Füchtner, Jörg, Quellen rheinischer Archive zur neuzeitlichen Personen- und Familiengeschichte, Siegburg 1995, S. 63ff.: „Wohnort und Wanderung".

28 Lucassen, Leo, Zigeuner. Die Geschichte eines polizeilichen Ordnungsbegriffes in Deutschland 1700-1945, Köln/Weimar/Wien 1996.

29 Vgl. das Zitat bei Steinbach, Peter, Der Eintritt Lippes in das Industriezeitalter, Lemgo 1976, S. 124f.

30 Vgl. Deter, Gerhard, Rechtsgeschichte des westfälischen Handwerks im 18. Jahrhundert: Das Recht der Meister, Münster 1990, S. 87ff.

Übernachtungen in Gasthäusern legten Stadtverwaltungen an. Passanten von Zollstationen wurden in Registern mit Herkunftsorten der Fuhrleute oder Wanderhändler aufgeschrieben.[31] Belegungslisten in Hospitälern enthielten oft mit zahlreichen Details Informationen über kranke und fremde Menschen auf Reisen.[32] Eine ganz zentrale Quelle für die Sozialgeschichte der Industriearbeiterschaft, vor allem ihre Herkunft, sind die Belegschaftslisten, die den Geburtsort aufnehmen. Dies war in Fabriken und Zechen seit dem frühen 19. Jahrhundert üblich. Wir können so die Migration aus alten, niedergehenden Eisengewerbe-Orten wie der Eifel und Waldeck in die Mechanische Werkstatt Friedrich Harkorts in Wetter[33] ebenso nachweisen wie die Zuwanderung der Arbeiter aus dem oberschlesischen Kreis Rybnik in die Zechen von Bottrop.[34]

3 Personenstandsarchive als Quellen für Migrationsforschungen im 19. Jahrhundert

Abschließend will ich am Standort des Personenstandsarchivs für Westfalen und Lippe auf den Quellenwert der hier vorhandenen Zivilstandsregister und Kirchenbuchduplikate eingehen.[35] Aus der Zeit bis 1874 kommen vor allem die Heiratsregister als Quelle für die Migrationsforschung in Frage. Entscheidend ist die Nennung des Herkunftsorts von Personen, die in Registern erfasst werden. Nur die Heiratsregister führen die vom Wohnort des Bräutigams und der Braut abweichenden Geburtsorte auf. Die Distanz zwischen Geburts- und Wohnort bei der Heirat gibt also das Mindestmaß an Migration der Brautleute an. Dieses Faktum sagt nichts aus über die auf dem Wege zum aktuellen Wohnort zurückgelegten Etappen, auch nichts über Zeiträume, in denen die Wanderung stattfand.

---

31 Beispiele bei: Hennigs, Annette, Gesellschaft und Mobilität. Unterwegs in der Grafschaft Lippe 1680-1820, Bielefeld 2002.

32 Vgl. Spree, Reinhard, Handwerk und kommunale Krankenhäuser im 19. Jahrhundert, in: Kaufhold, Karl Heinrich / Reininghaus, Wilfried (Hg.), Stadt und Handwerk, Köln / Weimar / Wien 2000, S. 269-300.

33 Eisenberger, Sven, Friedrich Harkort und die Arbeiterschaft der Mechanischen Werkstätte 1819-1832, in: Köllmann, Wolfgang / Reininghaus, Wilfried / Teppe, Karl (Hg.), Bürgerlichkeit zwischen gewerblicher und industrieller Wirtschaft, Dortmund 1994, S. 97-116.

34 Kleßmann, Christoph, Polnische Bergarbeiter im Ruhrgebiet 1870-1945, Göttingen 1978; Abb. einer Belegschaftsliste der Harpener Bergbau AG in: Soll und Haben. Geschichte und Geschichten aus dem Westfälischen Wirtschaftsarchiv, Dortmund 1991, S. 99.

35 Füchtner 1995, S. 32ff. zu den Rechtsgrundlagen.

Um die abstrakten Aussagen zu illustrieren, habe ich Kirchenbuchduplikate einiger Orte untersucht, die für Westfalens Wirtschafts- und Sozialgeschichte besonders interessant sind. Iserlohn war Westfalens größte Fabrikstadt im Vormärz.[36] Dies schlägt sich nicht nur in der vergleichsweise frühen Berufsbezeichnung „Fabrikarbeiter" nieder,[37] sondern auch in den Orten, aus denen die Brautpaare kamen. Der Einzugsbereich von Iserlohn deckte zwischen 1819 und 1831 vor allem das märkische und kölnische Sauerland ab. Hinzu kamen männliche Zuwanderer aus dem Münsterland und Waldeck. Aber auch Fernwanderer aus der Schweiz und aus Böhmen sind nachzuweisen. Die Bräutigame arbeiteten allesamt in der Metallindustrie. Der Radius der von auswärts gekommenen Bräute lag enger um Iserlohn. Bei ihnen bedauern wir am meisten die mageren Auskünfte des Heiratsregisters, das bei Bräuten nicht einmal den Beruf verrät. Die Frage bleibt offen, ob und wenn ja und in welchem die im Register aufgeführten Frauen der Lohnarbeit nachgingen. Da selten zugewanderte Bräute und Bräutigame aus dem gleichen Ort stammten, wird die Frage des „Heiratsmarktes" aufgeworfen.

Hörde (heute ein Stadtteil von Dortmund) erhielt durch die Bergwerke und vor allem durch die 1841 vom Iserlohner C. D. Piepenstock gegründete Hermannshütte industrielles Profil.[38] In den Heirats-, aber auch in den Taufregistern nehmen die Beschäftigten der Hermannshütte breiten Raum ein.[39] Sie wurden „Fabrikarbeiter" oder mit ihren Spezialberufen im Stahlwerk genannt: Schweißmeister, Walzmeister oder Puddler, letzteres oft verschrieben als *Budeler*. Die meisten Spezialisten von ihnen waren aus alten Eisenrevieren zugewandert: aus Belgien (Lüttich), von der Saar (Dillingen, Neunkirchen), Sauerland (Warstein) oder aus dem Westerwald (Hachenburg). Ein typischer Eintrag von 1848: Gießmeister Matthias Salzburger aus Eisenschmied (Südeifel), jetzt hier wohnend. 27 Jahre alt,

36 Reininghaus 1995.
37 Diese und die weiteren Aussagen aus: Landesarchiv NRW Staats- und Personenstandsarchiv Detmold [im folgenden: LAV NRW StA Dt] P 4 Nr. 1258, 1259, 1296-1299, 1214, 2601.
38 Ellerbrock, Karl Peter, Hördes Eintritt ins Industriezeitalter. Von Piepenstock zum Phoenix-Konzern, in: Högl, Günther / Schilp, Thomas (Hg.), Hörde. Beiträge zur Stadtgeschichte. 650 Jahre Stadtrechte Hörde (1340-1990), S. 98-111; Reininghaus, Wilfried, Hermann Diedrich Piepenstock, seine Familie und Unternehmen, in: Dascher, Ottfried / Kleinschmidt, Christian (Hg.), Die Eisen- und Stahlindustrie im Dortmunder Raum, Dortmund 1992, S. 27-45, 41-43.
39 Stichproben aus LAV NRW StA Dt P 4 Nr. 149.

heiratete er Elise Ruhland, Mülheim (Ruhr), 26 Jahre alt. Die einfacher qualifizierten Fabrikarbeiter stammten als Evangelische aus dem märkischen Raum, als Katholische aus dem Paderborner Land und dem kölnischen Sauerland. In der Regel wählten die Zuwanderer Frauen aus dem Großraum Hörde, aber es geschah auch, daß ein belgischer Ziegelbrenner, Jacob Bourgin, eine Ziegler-Tochter aus Lüttich ehelichte.

Das Ennepetal zwischen Schwelm und Hagen war demographisch im frühen 19. Jahrhundert wohl die aufregendste Gegend Westfalens, vielleicht sogar in der gesamten preußischen Monarchie.[40] Metall- und Textilindustrie schufen hier ein frühindustrielles Klima mit raschem Bevölkerungswachstum, vor allem durch frühe Ehen – was sich in den Taufregistern niederschlug –, aber auch durch Zuwanderung.[41] Insbesondere zog es die Waldecker aus ihrer von Pauperismus geprägten Region in den 1820er und 1830er Jahren in das Ennepetal, ebenso Siegerländer, Hessen und Lipper. Ihr im Durchschnitt junges Heiratsalter sorgte mit für das hohe Bevölkerungswachstum.

Die Register von Schötmar (heute Bad Salzuflen), einer der wichtigsten Zieglergemeinden in Lippe,[42] lassen seit den 1860er Jahren erkennen, dass die Bevölkerung des Orts mobil war. Es heirateten in beachtlicher Zahl „Einlieger und Ziegelarbeiter". Wo die Ziegler arbeiteten, ist aber nur aus den Sterberegistern zu erkennen. Auswärts verstorbene Ortsansässige wurden, ohne gezählt zu werden, im Kirchenbuch aufgeführt. Wir erfahren u. a. von F. W. Brune, der 1866 in Havelse bei Hannover an Typhus starb, F. W. Menke (+ 1868 in Freyburg an der Unstrut), F. W. Klei (+ 1868 in Verden), Anton Koch (+ 1870 in Hannover-Linden).

4 Fazit

Sozialstatistisch sind die Kirchenbuchduplikate als Stichproben für Untersuchungen zur Migration zu werten. Sie sind nur dann zu verallgemeinern, wenn wir sie mit anderen Quellen im Verbund lesen. Fehlt andere Überlieferung, z. B. die Personalregister der Hermannshütte in Hörde vor 1852, so erhält das Kirchenbuchduplikat einen weitaus höheren Stellenwert. Lassen

---

40 Vgl. Hohorst, Gerd, Wirtschaftswachstum und Bevölkerungsentwicklung in Preußen 1816 bis 1914, Diss. Münster / Bielefeld 1977; Peine, Stephanie, Nahrungsdiebe, Kostgänger und nützliche Professionisten. Die Zuwanderung nach Schwelm im Industriezeitalter, Wuppertal 2000.

41 Stichproben aus LAV NRW StA Dt P 4 Nr. 2531.

42 Beispiele aus LAV NRW StA Dt P 2 Nr. 10; vgl. Steinbach 1976.

Sie mich darüber hinaus ein Fazit ziehen über den Quellenfundus, der für Migrationsforschung zur Verfügung steht. Am besten nähern wir uns dem Gesamtphänomen „Migration" über serielle Quellen, die aber über einzelne wenig Aufschluß bieten. Umgekehrt macht es Mühe, diejenigen in seriellen Quellen nachzuweisen, von denen wir Briefe und Tagebücher besitzen. Migrationsforschung sollte nie von einer einzigen Quelle abhängen, sondern es müssen immer verschiedene Überlieferungsformen zusammen gelesen werden. In der angelsächsischen Forschung gibt es hierfür das methodische Stichwort „record linkage". Die Forderung für personenbezogene, nicht quantifizierende Forschung vor allem in der vorindustriellen Zeit lautet deshalb, dass zu einzelnen Personen möglichst viele Informationen zusammen gestellt werden müssen. Dies ermöglicht dann auch eine gegenseitige Kontrolle und Einordnung einzelner Fakten.

Auswanderung aus Lippe – alte und neue Fragen der Forschung

von Stefan Wiesekopsieker

Die Geschlossenheit der im Staats- und Personenstandsarchiv Detmold verwahrten Aktenüberlieferung und die Einheit des Raumes lassen Lippe für eine mikroregionale Studie zur Sozial- und Kulturgeschichte der deutschen Auswanderung prädestiniert erscheinen.[1] Daher ist es verwunderlich, dass die regionalgeschichtliche Forschung dieses Thema in der Vergangenheit eher stiefmütterlich behandelt hat, denn lediglich zwei Autoren – Herbert Hitzemann und Fritz Verdenhalven – haben sich bislang quellenorientiert mit diesem Aspekt der lippischen Geschichte auseinander gesetzt.

Den Grundstein für die lippische Auswandererforschung legte Hitzemann mit seiner 1939 begonnenen und durch Krieg und Gefangenschaft erst 1953 vollendeten Dissertation,[2] die im Wesentlichen die Auswanderung in die Vereinigten Staaten von Amerika behandelt und leider ungedruckt blieb.[3] Eine weitere, aber gänzlich anders gelagerte Arbeit veröffent-

---

1 Mit dem Begriff „Auswanderung" ist im Folgenden stets die deutsche Auswanderung nach Übersee gemeint; zuweilen verengt sich der Begriff sogar auf die Auswanderung in die Vereinigten Staaten. Aus der Fülle der Literatur zur Geschichte dieser Wanderungsbewegung seien hier genannt: Mönckmeier, Wilhelm, Die deutsche überseeische Auswanderung. Ein Beitrag zur deutschen Wanderungsgeschichte, Jena 1912; Marschalck, Peter, Deutsche Überseewanderung im 19. Jahrhundert. Ein Beitrag zur soziologischen Theorie der Bevölkerung, Stuttgart 1973; Moltmann, Günter (Hg.), Deutsche Amerikaauswanderung im 19. Jahrhundert. Sozialgeschichtliche Beiträge, Stuttgart 1976; Kamphoefner, Walter D., Westfalen in der Neuen Welt. Eine Sozialgeschichte der Auswanderung im 19. Jahrhundert, Münster 1982; Bade, Klaus J. (Hg.), Deutsche im Ausland – Fremde in Deutschland. Migration in Geschichte und Gegenwart, München 1992.

2 Hitzemann, Herbert, Die Auswanderung aus dem Fürstentum Lippe, Diss. phil. Münster 1953.

3 Und dies, obgleich Erich Kittel namens des Naturwissenschaftlichen und Historischen Vereins für das Land Lippe (NHV) noch 1963 dem Autor gegenüber Interesse an einer Drucklegung als „Sonderveröffentlichung" bekundete (Schreiben v. 9.1.1963, das sich im Besitz des Verfassers befindet). Im „Amerika-Jahr" 1976 legte Hitzemann eine Kurzfassung seiner Dissertation in Form eines Aufsatzes vor: Hitzemann, Herbert, Die Amerika-

lichte Verdenhalven 1980: Hierbei handelt es sich um ein aus ungedruckten und gedruckten Quellen zusammengestelltes Verzeichnis mit Daten von etwa 10.000 lippischen Auswanderern, die bis 1877 ihre Heimat verlassen haben.[4] Den anschließenden Zeitraum bis 1900 deckt ein 1995, erst nach dem Tod des Verfassers erschienener zweiter Band ab, durch den abermals ca. 3.800 Personen erfasst werden.[5]

Doch bereits vor diesen wissenschaftlich orientierten – und im Falle Hitzemanns ja auch nur einem kleinen Kreis zugänglichen – Veröffentlichungen brachte die lippische Presse, vor allem die „Lippische Landes-Zeitung", aber auch diverse „Dorfkalender" und „Heimatblätter", dem Thema „Auswanderung" anhaltendes Interesse entgegen, wie schon ein Blick in die beiden Bände der „Lippischen Bibliographie" zeigt.[6] Allerdings fragten die Autoren dieser oft rührseligen, mehr der Unterhaltung dienenden Aufsätze nur selten nach den Ursachen und Motiven für die Auswanderung und leisteten zudem in der Regel keine Quellenarbeit.[7] Es ist das Verdienst des Journalisten Friedrich Schütte, des „Vaters" des Amerikanetzwerkes, die eine oder andere dieser Geschichten aufgegriffen und nach Recherchen an Ort und Stelle sowie Gesprächen mit den Nachkommen der (lippischen) Auswanderer neu erzählt zu haben.[8] Den wichtigsten Beitrag zur lippischen Auswandererforschung erbrachten jedoch in den letzten Jahren Dietmar Willer und weitere Mitglieder des Genealogischen Arbeitskreises des Naturwissenschaftlichen und Historischen Vereins für das Land Lippe (NHV) durch die Einrichtung der professionellen Homepage „Auswanderung Lippe-USA", die mittlerweile über eine umfangreiche Datenbank so-

Wanderung aus dem Fürstentum Lippe. Ein Beitrag zur 200-Jahrfeier der Vereinigten Staaten, in: Heimatland Lippe 69 (1976), S. 178-193.

4 Verdenhalven, Fritz, Die Auswanderer aus dem Fürstentum Lippe (bis 1877), Detmold 1980.

5 Verdenhalven, Fritz, Die Auswanderer aus dem Fürstentum Lippe (1878 bis 1900), Detmold 1995.

6 Hansen, Wilhelm (Bearb.), Lippische Bibliographie. [Bd. I], Detmold 1957, Sp. 1027-1030, bzw. Fleischhack, Ernst (Bearb.), Lippische Bibliographie. Bd. II. Das Schrifttum von 1954/56 bis 1975 mit Nachträgen aus früheren Jahren, Detmold 1982, Nr. 1611-1630.

7 Zu einem ähnlichen Ergebnis kam schon Hitzemann 1953, S. 6-7, wobei er allerdings unverständlicherweise behauptet, dass solche „Einzeldarstellungen" erst nach 1900 zu finden seien.

8 Neuerdings zu finden in: Schütte, Friedrich, Westfalen in Amerika. Von Boeing, Bruns und Boas bis Ney, Niebuhr und Wewer, [Münster 2005]. Zum Amerikanetzwerk vgl. www.amerikanetz.de.

wie weitere Seiten (Verordnungen, Biographien, Literatur, Linksammlung usw.) verfügt, die allesamt ständig aktualisiert und ausgebaut werden.[9]

Der vorliegende Beitrag möchte zwei Schwerpunkte zum Thema „Auswanderung aus Lippe" näher beleuchten: Zum einen sollen die bislang – vornehmlich durch Hitzemann und Verdenhalven – erarbeiteten Fakten zur Auswanderung nach Übersee im 19. Jahrhundert zusammenfassend dargestellt werden. Dabei sollen die Beweggründe aufgezeigt werden, die gut 20.000 Lipper veranlassten, ihrer angestammten Heimat den Rücken zu kehren und in der Ferne ihr Glück zu suchen. Ferner sollen Verlauf und Struktur dieser Auswanderung nachgezeichnet werden, wobei auch das Verhalten der Behörden sowie die angestrebten Ziele der Auswanderung Berücksichtigung finden werden. Da Lippe weniger für seine Auswanderung als vielmehr für seine Ziegler bekannt geworden ist, müssen in diesem Zusammenhang auch die Wanderungsalternativen benannt werden. Zum anderen – und dies wird den zweiten Schwerpunkt dieses Beitrages ausmachen – soll die Frage geklärt werden, ob die Thematik bereits erschöpfend bearbeitet ist oder ob und ggf. worin noch Möglichkeiten der weiteren Forschung bestehen.

Auswanderung nach Übersee im 19. Jahrhundert

URSACHEN UND MOTIVE DER AUSWANDERUNG

„Nach allgemeiner Vorstellung sind um die 20.000 Lipper im Laufe des 19. Jahrhunderts den schweren Weg der Auswanderung gegangen."[10] Dabei spielten verschiedene Ursachen und Motive eine Rolle, wobei die Unzufriedenheit mit den wirtschaftlichen und sozialen Verhältnissen in ihrer lippischen Heimat – wie sich zeigen wird – der häufigste Grund für eine Auswanderung gewesen sein dürfte.

In den gut 60 Jahren vor Beginn der ersten Massenauswanderung (1847/48) ist in Lippe ein drastischer Bevölkerungsanstieg zu verzeichnen. Betrug die Zahl der Einwohner 1788 nur 61.437, war sie 1812 bereits auf

---

9   www.lippe-auswanderer.de. Vgl. zur Vorstellung der Datenbank: Lippische Landes-Zeitung (im Folgenden: LZ) vom 5.8.2005.

10 Verdenhalven 1995, S. 7; Hitzemann 1953, S. 103, schätzte ihre Zahl auf 12.000, „die sich noch um die unbekannte Zahl der heimlichen Auswanderer erhöhen müsste." Verdenhalven 1980, S. XIX, kam ebenfalls auf 10. bis 12.000 Einzelpersonen unter Hinzurechnung einer „hohe[n] Dunkelziffer".

80.630 und 1835 auf 100.134 angestiegen.[11] Damit war bei gleich gebliebener Fläche ein Missverhältnis zwischen Erwerbsmöglichkeit und Bevölkerungszahl erreicht, so dass zwangsläufig die Versorgung mit Lebensmitteln kritischer wurde. Besonders betroffen von diesem Bevölkerungsanstieg war die Gruppe der Einlieger. Diese unterbäuerliche Schicht hatte sich zwischen 1784 und 1850 geradezu sprunghaft um gut 130% vergrößert.[12] Denn sie „vermehrte sich [...] ständig durch die Abfindlinge der Kolonatsbesitzer, und schliesslich übte die ausserordentlich hohe Geburtenzahl der Einlieger einen Wachstumsdruck aus. 10 Kinder waren keine Seltenheit."[13] Erst nach und nach erkannte die Detmolder Regierung dieses soziale Problem, ohne jedoch Maßnahmen zu dessen Lösung zu ergreifen.

Als Ursache für die Auswanderung darf auch das in Lippe geltende Kolonatsrecht[14] nicht außer Acht gelassen werden. Das hier wie in weiten Teilen Westfalens gültige Anerbenrecht bestimmte, dass der Hof ungeteilt – in der Regel an den ältesten Sohn – vererbt wurde, damit eine zunehmende Güterzerstückelung, wie bei der z.B. in Hessen üblichen realen Erbteilung, verhindert werden konnte. Dies war zwar wegen der vorhandenen Besitzgrößen notwendig, bewirkte aber, dass die nachgeborenen Söhne, die nicht viel mehr als Knechte auf dem Hof des älteren Bruders galten, eine gut nachvollziehbare Sehnsucht nach eigenem Besitz hatten. Diesen Wunsch konnten sie sich zusammen mit einer Familie, deren Gründung ihnen zeitweise unter Umständen ebenfalls hätte verweigert werden können,[15] in Amerika erfüllen.

Eine Möglichkeit, die Lage der unterbäuerlichen Schichten zu verbessern, wäre die Aufteilung der Gemeinheiten gewesen, die ab 1777 von der Regierung angeordnet wurde, um eine Ausweitung der landwirtschaftlich

---

11 Hitzemann 1953, S. 24.

12 Fleege-Althoff, Fritz, Die lippischen Wanderarbeiter, Detmold 1928, S. 42.

13 Hitzemann 1953, S. 30.

14 Meyer, Bernhard, Das Colonatsrecht, mit besonderer Rücksicht auf dessen geschichtliche Entwicklung und jetzigen Zustand im Fürstenthum Lippe. Nebst einem Anhange von gerichtlichen Erkenntnissen, Gutachten etc., 2 Bde., Lemgo und Detmold 1855. Zur kurzen Information ist nützlich: Tasche, Friedrich, Rückblick auf das lippische Kolonatsrecht, in: Lippische Mitteilungen aus Geschichte und Landeskunde 39 (1970), S. 117-136; dort weitere Literaturhinweise.

15 Ein am 29. Januar 1805 erlassenes Gesetz knüpfte die Erlaubnis zum Heiraten an ein bestimmtes Alter und an den Nachweis eines bestimmten Vermögens (Landes-Verordnungen des Fürstenthums Lippe, 5. Bd. [1801-1810], Lemgo 1810, S. 135-138: „Verordnung, die Einlieger betreffend, von 1805." (Nr. LXVIII)).

genutzten Flächen zu erreichen. Jedoch nur sehr wenige Dorf- und Bauerschaften kamen dieser Anordnung nach, weil Widerstand aus den verschiedensten Gründen die Durchführung verschleppte oder gar verhinderte. Erst nach 1810 kam die Aufteilung richtig in Gang, die nicht selten erst in der zweiten Hälfte des 19. Jahrhunderts ihren endgültigen Abschluss fand. Fatalerweise wurden jedoch bei der ohnehin nur recht inkonsequent vorangetriebenen Aufteilung der Gemeinheiten lediglich rechtliche und wirtschaftliche Gesichtspunkte beachtet; die sozialen wurden unbeachtet gelassen, da die größeren Bauern, die das meiste Vieh auf die Gemeinheiten getrieben hatten, den größten Teil und die Kleinbauern einen entsprechend kleineren erhielten. Dagegen gingen die Besitzlosen, denen die Zuteilung eines Ackerstreifens aus den Gemeinheiten schon zur Sicherung ihrer bloßen Existenz gereicht hätte, leer aus.[16]

Mussten die unterbäuerlichen Schichten ohnehin trotz schwerer Arbeit ums tägliche Brot ringen, so wurde ihre Lage in Zeiten von (witterungsbedingten) Missernten nahezu aussichtslos. Solche traten in den 1840er Jahren in fast ganz Deutschland gehäuft auf und führten zu einer flächendeckenden Agrar- oder Hungerkrise. Besonders einschneidend waren die Missernten von 1845 und 1846, die nicht nur das Getreide, sondern auch die Kartoffel betrafen. Letztere war gerade in Lippe als Grundnahrungsmittel immer wichtiger geworden. Infolgedessen erhöhten sich die Aufwendungen für die Beschaffung der notwendigsten Nahrungsmittel von 1845 bis 1847 um fast 100%, woraufhin nunmehr größere Teile der Bevölkerung ins Elend stürzten.[17] Es ist daher nur zu verständlich, dass zwei Drittel aller Auswanderer aus den landwirtschaftlichen Berufsgruppen, respektive der haus- und grundbesitzlosen bäuerlichen Unterschicht (Kleinkötter, landlose Einlieger und Knechte) kamen.[18]

Eine weitere Ursache für die Auswanderung ist sodann in Folgendem zu sehen: Das agrarisch strukturierte Lippe trat erst verspätet in das Industriezeitalter ein,[19] wenngleich einige Industriezweige schon seit Jahr-

16 Nach Hitzemann 1953, 25-27.
17 Vgl. zur Hungerkrise: Tilly, Richard H., Vom Zollverein zum Industriestaat. Die wirtschaftlich-soziale Entwicklung Deutschlands 1834 bis 1914, München 1990, S. 12-29.
18 Hitzemann 1953, S. 14-16, der für die Angehörigen der bäuerlichen Unterschicht fälschlicherweise den Begriff „Kolon" (d.h. Besitzer eines Kolonats) verwendet.
19 Vgl. zur Industrialisierung in Lippe das Standardwerk von Steinbach, Peter, Der Eintritt Lippes in das Industriezeitalter. Sozialstruktur und Industrialisierung des Fürstentums Lippe im 19. Jahrhundert, Lemgo 1976. Das im Folgenden über das Leinengewerbe Ge-

hunderten in der Form kleinerer Gewerbebetriebe vertreten waren, wie z.B. das Leinengewerbe. Bis in das 19. Jahrhundert hinein waren Spinnen und Weben im Haupt- und im Nebenberuf die wichtigsten Erwerbsquellen der Lipper parallel zur Landwirtschaft gewesen. Wurde zunächst nur für den eigenen Hausbedarf gearbeitet, so hatte der schwunghafte Garn- und Leinwandhandel auf Grund seiner guten Absatzmöglichkeiten bald zur Folge, dass auch Überschüsse produziert wurden. Die Qualität des lippischen „Lakens" wurde weit über die Grenzen geschätzt, so dass es sogar in Übersee verkauft werden konnte.[20] Nach der Gewerbezählung aus dem Jahre 1790 gab es in Lippe 3.817 Berufsspinner und 1.716 Berufsweber. Insgesamt betrug die Zahl der am Leinengewerbe Hauptberufstätigen 5.607 Personen, also rund 62% sämtlicher Gewerbetreibenden, die überwiegend auf dem Lande wohnten und 9% der Bevölkerung ausmachten.[21] Lassen die Ergebnisse dieser Gewerbezählung, die ja nur die hauptberuflich im Leinengewerbe Tätigen erfassen, schon die außerordentliche Bedeutung für Lippe erkennen, so vervollständigt sich das Bild durch die Gesamtzahl der Webstühle: 1749: ca. 1.450, 1782: ca. 2.850, 1800: 3.450.[22] Aus der Betriebsform des Handwerks heraus hatte sich nämlich während des 18. Jahrhunderts nach und nach das so genannte Verlagssystem herausgebildet.[23] Insgesamt kommt Steinbach zu dem Ergebnis, dass man „ohne größere Bedenken 80 bis 90% der Landbevölkerung dem Leinen- und Spinnereigewerbe zuordnen [kann]", eine Angabe, die sich auf die Zeit „kurz vor Ausbruch der Revolution [von 1848]" bezieht.[24]

Um die Wende zum 19. Jahrhundert stand das nordwestdeutsche, und somit auch das lippische Leinengewerbe, dank seiner Qualität und der hohen Nachfrage auf festen Beinen. Erst die durch Napoleon gegen England verhängte Kontinentalsperre (1806-1813) verursachte herbe Einbußen, da

---

sagte lehnt sich an Steinbach 1976, S. 55-90, aber auch an Wendiggensen, Paul, Beiträge zur Wirtschaftsgeographie des Landes Lippe, Hannover 1931, S. 147-160, an.

20 Hitzemann 1953, S. 33-34, und Wendiggensen 1931, S. 155, mit einer Aufstellung der Absatzgebiete im 16. und 17. Jahrhundert.
21 Zahlen nach Fleege-Althoff 1928, S. 44-48.
22 Wendiggensen 1931, S. 153. Weitere Statistiken, u.a. ein Webstuhlverzeichnis aus dem Jahre 1861, bei Steinbach 1976, S. 67.
23 Wendiggensen 1931, S. 156.
24 Steinbach 1976, S. 66.

vor allem die amerikanischen Absatzgebiete verloren gingen.[25] Doch nicht nur hierdurch geriet das Leinengewerbe in Schwierigkeiten. Mehr und mehr machten sich die Auswirkungen der zunehmenden Verarbeitung von Baumwolle, besonders aber der technische Fortschritt durch die in England vervollkommnete Spinnmaschine und den mechanischen Webstuhl bemerkbar. Die qualitativ hochwertigere, da gleichmäßiger verarbeitete Ware aus England, Schottland und Irland verdrängte nach 1813 nach und nach die lippischen Erzeugnisse. Von kurzen Atempausen (z.B. Mitte der 1830er Jahre) abgesehen, handelte es sich in Lippe hinsichtlich des Leinengewerbes um ein „hinsterbende[s] Gewerbe"[26], dessen Niedergang spätestens um die Mitte des Jahrhunderts zu einer Erwerbskrise führte, die wiederum die Neigung zur Auswanderung verstärkte.

Obwohl die Detmolder Regierung durch verschiedene Maßnahmen, u.a. durch die Wiedererrichtung der Legge in Lemgo (1825) und Oerlinghausen (1850), versuchte, dem Verfall des heimischen Leinengewerbes entgegenzuwirken,[27] trägt sie die meiste Verantwortung dafür, dass Lippe den Anschluss an die einsetzende Industrialisierung verpasste. Neben der geographischen Lage und dem Mangel an Rohstoffen ist nämlich die lange „Antiindustrialisierungspolitik"[28] der Regierung und Rentkammer die Hauptursache dafür, dass eine Industrialisierung anfangs nur „gegen den Willen des Staates"[29] möglich war. So verbot die industriefeindliche Regierung in Detmold den mechanischen Webstuhl, dessen Anschaffung im benachbarten Bielefeld von der preußischen Regierung im Rahmen ihrer Gewerbeförderung mit Prämien belohnt wurde.[30] Daher konnte sich das an Lippe im Nordwesten angrenzende Ravensberger Land zu einem Zentrum

25 Zu den Auswirkungen der Kontinentalsperre für Lippe besonders: Kiewning, Hans, Lippe und Napoleons Kontinentalsperre gegen den britischen Handel, in: Mitteilungen aus der lippischen Geschichte und Landeskunde 6 (1908), S. 138-192.

26 Fleege-Althoff 1928, S. 49. Vgl. auch Schierenberg, Heinz, Blüte und Verfall der lippischen Leinenindustrie, Diss. phil. Münster 1914.

27 Bei der Legge handelte es sich um eine Prüfanstalt, in der die Leinwand auf rechtes Maß und einwandfreie Verarbeitung untersucht wurde, vgl. Schierenberg, Heinz, Die Wiedererrichtung der Lemgoer Legge und der zu Oerlinghausen, in: Mitteilungen aus der lippischen Geschichte und Landeskunde 11 (1921), S. 1-62.

28 Steinbach, Peter, Voraussetzungen und Folgen der Industrialisierung im Fürstentum Lippe, in: Lippische Mitteilungen aus Geschichte und Landeskunde 44 (1975), S. 125-159, hier S. 130.

29 Steinbach 1976, S. 5.

30 Fleege-Althoff 1928, S. 50.

der deutschen Leinen- bzw. Textilindustrie entwickeln, weil hier konsequent mit alten Fertigungstechniken gebrochen wurde.

Auch im Bereich der für die Industrialisierung äußerst wichtigen Verkehrspolitik beging die kurzsichtige Detmolder Regierung kapitale Fehler, indem sie sich lange der Anbindung des Landes an die „Cöln-Mindener-Eisenbahn" widersetzte. Erst Ende 1880 erhielt das Land einen Anschluss an das nahezu 40 Jahre zuvor bereits rund um Lippe herum entstandene preußische Eisenbahnnetz.[31] Besonders liberale und gewerbliche Kreise hatten sich schon wesentlich früher immer wieder für die Eisenbahn eingesetzt, so z.B. der Salzufler Fabrikant Eduard Hoffmann, für dessen aufstrebende Stärkefabrik der Anschluss an das Eisenbahnnetz eine Existenzfrage bedeutete.[32] Auf Grund ihrer Ressentiments gegen alle liberalen und fortschrittlichen Tendenzen boykottierte die Landesregierung jedoch jegliche Innovationsvorschläge. Hinzu kam eine erhebliche Kapitalarmut und eine in keinerlei Hinsicht koordinierte Wirtschaftspolitik. Insgesamt befürchtete die agrarisch orientierte konservative Führungsschicht Lippes Unruhe im Gefolge von Maschinen und Fabriken, weshalb sie generell einer Industrialisierung ablehnend gegenüberstand.[33]

Haben die wirtschaftlichen und sozialen Verhältnisse im Lippe des frühen 19. Jahrhunderts erheblich dazu beigetragen, den Wunsch nach Auswanderung bei den ärmeren Schichten zu wecken, so spielten religiöse Gründe hier eine nur sehr untergeordnete Rolle.[34] Das überwiegend reformierte Lippe kannte keine religiösen Minderheiten, die unterdrückt wurden oder sich unterdrückt fühlten. Die Lutheraner, die besonders in Lemgo ihr religiöses Zentrum hatten, und die wenigen Katholiken, die im Südosten des Landes (Amt Schwalenberg) beheimatet waren, bereiteten der reformierten Lippischen Landeskirche keine gravierenden Probleme, schon gar nicht

---

31 Wendiggensen 1931, S. 220-233, und Steinbach 1976, S. 16-17. Passend zum 125-jährigen Bestehen der Strecke Herford-Detmold erschien jüngst Riepelmeier, Garrelt/Schütte, Ingrid/Schütte, Werner, Die Eisenbahn in Lippe, Hövelhof 2005.

32 Zum Unternehmen und zu dessen langjährigem Leiter vgl. Wiesekopsieker, Stefan, Hoffmann's Stärkefabriken in Salzuflen. Unternehmer, Belegschaft und betriebliche Sozialpolitik 1850-1914, Lemgo 2005.

33 Eine gute Darstellung des Problems bei Bartelt, Fritz/Brunsiek, Sigrun/Klocke-Daffa, Sabine, Landleben in Lippe 1850-1950, Bd. 2, Detmold 1990, S. 1-60.

34 Hitzemann 1953, S. 76-77.

versuchten ihre führenden Köpfe, ihre jeweiligen Gemeindeglieder zur Auswanderung zu überreden.[35]

In den 1840er Jahren tobte allerdings der so genannte Katechismusstreit in Lippe, in dessen Verlauf es zu heftigen Auseinandersetzungen zwischen der Kirchenbehörde und den Pietisten kam. Diese strebten hier wie in weiten Teilen Deutschlands in der ersten Hälfte des 19. Jahrhunderts eine „Vertiefung des Glaubenslebens" als Reaktion gegen den Rationalismus an.[36] Dieser Streit, in dem sich die „Erweckten" und „Stillen im Lande" bedrängt sahen, scheint hiesigen Orts die Zahl der Auswanderer jedoch nicht merklich erhöht zu haben. Deshalb vertrat Hitzemann sogar die Ansicht, dass religiöse Beweggründe lediglich „im Unterbewusstsein manches Auswanderers mitgewirkt haben [mögen], aber geschlossene religiöse Auswanderergruppen, wie sie in anderen Provinzen Deutschlands aufgetreten sind, [...] es in Lippe nicht [gab]."[37]

Punktuell ergibt sich jedoch ein anderes Bild, denn es hat immerhin mindestens drei größere Gruppen gegeben, die ihre Heimat verließen, um „allen weiteren Belästigungen um des Glaubens willen [...] aus dem Wege zu gehen."[38] So wanderte eine Gruppe von 80 Pietisten aus Brake unter der Führung des Kaufmanns (und späteren Predigers und Pastors) Heinrich A. Winter im März 1846 nach Amerika aus, wo sie sich in Gasconade County (Hermann), Adams County (Quincy) und St. Louis niederließen. Nur ein Jahr später, im Frühjahr 1847, folgte eine zweite große Gruppe aus Brake und dem Raum des heutigen Lemgoer Ortsteils Vossheide nach, deren Anführer der Uhrmacher Adolph Winter, ein Bruder des Braker Kaufmanns,

---

35 Das Standardwerk zur Geschichte der Lippischen Landeskirche ist noch immer: Butterweck, W[ilhelm], Die Geschichte der Lippischen Landeskirche, Schötmar 1926; ergänzend sei auf Wehrmann, Volker (Hg.), Die Lippische Landeskirche 1684-1984. Ihre Geschichte in Darstellungen, Bildern und Dokumenten, Detmold 1984, verwiesen.

36 Zum kirchlichen Leben in Lippe in der ersten Hälfte des 19. Jahrhunderts vgl. Butterweck 1926, S. 188-197. Die Erweckungsbewegung in Lippe ist noch wenig erforscht, verwiesen sei auf Lohmeyer, W[erner], Die Erweckungsbewegung in Lippe im 19. Jahrhundert, Detmold 1931, und Pönnighaus, Klaus, Kirchliche Vereine zwischen Rationalismus und Erweckung. Ihr Wirken und ihre Bedeutung vornehmlich am Beispiel des Fürstentums Lippe dargestellt, Frankfurt a.M./Bern 1982.

37 Hitzemann 1953, S. 77.

38 Wie die Langenholzhauser vor 50 Jahren nach Amerika zogen. Ein Blatt aus der Auswanderungsgeschichte der Lipper, in: Lippischer Dorfkalender 10 (1902), S. 77-80, hier S. 77-78.

war.[39] Die dritte und mit Abstand größte lippische Gruppe stellen die 112 Amerika-Auswanderer aus Langenholzhausen (Amt Varenholz) dar, die ebenfalls 1847 ihre Heimat verließen. Ihr geistiges Oberhaupt war der Bauer Friedrich Reineking, der als „Säule unter den Erweckten" galt und enge Beziehungen zu den Braker Pietisten unterhalten hatte. Er organisierte die beschwerliche Überfahrt und ebnete die ersten Wege in der Neuen Welt, wobei er sich selbst als Märtyrer gefühlt haben dürfte; es ist jedoch zweifelhaft, ob seine Begleiter ebenfalls alle aus rein religiösen Motiven Lippe verlassen hatten.[40] Auch in späteren Jahren gab es immer wieder einzelne Personen, die sich offenbar in ihrer Heimat hinsichtlich ihres Glaubens eingeschränkt fühlten und auswanderten. Beispielhaft sei an dieser Stelle noch der Wüstener Schäfer Simon Kuhlenhölter genannt, der im Herbst 1852 Amerika erreichte und einige Jahre später zum Pfarrer einer bedeutenden Gemeinde in Quincy berufen wurde.[41]

Obwohl die Revolution von 1848 auch in Lippe ihre Wellen schlug,[42] dürfte die Zahl derer, die auf Grund der politischen Verhältnisse auswanderten, unbedeutend gewesen sein. Hitzemann hat keine Stelle ermitteln können, „die auf eine Auswanderung aus politischen Gründen schliessen lässt."[43]

---

39 Die Vorgeschichte der Auswanderung dieser Gruppen, deren weiteres Schicksal in Amerika sowie das missionarische Wirken Heinrich A. Winters sind ausführlich dargestellt bei Schütte 2005, S. 148-157. Allerdings ist der Anführer der zweiten Gruppe nicht der Holzschuhmacher August Winter, wie auf S. 148 irrtümlich angegeben wird; dieser war nämlich bereits bei der ersten Gruppe dabei (vgl. Verdenhalven 1980, S. 208, S. 221 u. S. 449). Die Erinnerungen Heinrich A. Winters sind abgedruckt in der Lippischen Post (im Folgenden: LP) v. 9., 12. u. 13.4.1898, aber auch in der LZ v. 5.4.1902.

40 Zur Überfahrt vgl. Arpke, Jerome C., Das Lippe-Detmolder Settlement in Wisconsin. Eine historische Erzählung, Milwaukee 1895 (auszugsweise zitiert bei Wiemann, A[ugust], Lippische Amerikaner, in: Lippischer Kalender 1929, S. 107-110, hier S. 107-109), zur Feier anlässlich des 50. Jahrestages der Ankunft in Wisconsin vgl. LZ v. 30.10.1897, zur Auswanderung der 112 Langenholzhauser und zu ihren Nachkommen insgesamt vgl. Schütte 2005, S. 148-157. Zur Genealogie der Familie Reineking sei auf Landesarchiv NRW Staats- und Personenstandsarchiv Detmold (im Folgenden: LAV NRW StA Dt) D 70 A, Nr. 9 bzw. 15 verwiesen.

41 Vgl. www.woiste.de/W-Per-Ku mit zahlreichen Literaturangaben.

42 Zur Revolution von 1848 vgl. Wortmann, Wilhelm, Die Revolution in dem Fürstentum Lippe 1848/49, Würzburg 1937, sowie Pilzer, Harald/Tegtmeier-Breit, Annegret (Hg.), Lippe 1848. Von der demokratischen Manier eine Bittschrift zu überreichen, Detmold 1998.

43 Hitzemann 1953, S. 75.

Dennoch lassen sich einzelne Personen ausmachen, die sich politisch einge-
engt fühlten und deshalb Lippe in Richtung Übersee verließen – zuweilen
sogar für immer.

Hierzu gehörte Otto Dresel, 1824 in Detmold geboren und dort Ge-
richtsbeamter, der 1848 durch seine Zeitschrift „Die Wage" zu einem der
Führer des demokratischen Aufstandes wurde. Des Staatsverrats angeklagt
und zu einer Gefängnisstrafe verurteilt, entkam er nach Bremen, von wo
aus er nach Amerika gelangte. In Ohio studierte er Jura und ließ sich dort
als Rechtsanwalt nieder. Politisch war er bei den Demokraten tätig und en-
gagierte sich darüber hinaus sehr für kulturelle Belange. Hoch geachtet
verstarb er dort fern seiner lippischen Heimat 1881.[44]

Mit Julius Vordtriede, der in seiner Jugend einige Jahre in Heiden bei
Lage lebte, kann ein weiterer „Achtundvierziger" mit Verbindungen nach
Lippe benannt werden, der infolge der gescheiterten Revolution nach Amerika auswanderte und dort ebenfalls, und zwar als Lehrer, Verleger und
Politiker, zu hohem Ansehen gelangte. Zum Zeitpunkt seiner „demokratischen Agitationen" wirkte er jedoch in Gütersloh als Privatlehrer, von wo
aus er sich im April 1850 mit einigen weiteren Revolutionären nach Amerika aufmachte; in Lippe ist er während der 1848er Ereignisse überhaupt
nicht in Erscheinung getreten.[45]

Andere Sympathisanten der 1848er Revolution, die in Lippe geboren
waren, wie Georg Weerth, Ferdinand Freiligrath oder Theodor Althaus,[46]
hatten ihre Heimat schon Jahre vorher verlassen, wanderten aber nicht
nach Übersee aus, so dass sich die politisch motivierte Auswanderung aus
Lippe tatsächlich auf eine verschwindend geringe Zahl von Personen beschränkt.[47] Dass die erste Massenauswanderung mit ca. 1.000 Auswande-

44 Gleis, P., Einige Westfalen und Lipper der 1848er Revolutionszeit in Nordamerika, in:
Lippischer Kalender 1953, S. 47-50, hier S. 48-49.

45 Schütte 2005, S. 108-113; bei Pilzer/Tegtmeier-Breit 1998 findet sich kein Hinweis auf Julius Vordtriede.

46 Zu allen genannten „Revolutionären" finden sich informative Beiträge bei Pil-
zer/Tegtmeier-Breit 1998.

47 Friedrich Schütte glaubte, noch weitere Lipper namhaft machen zu können, die aus
politischen Gründen nach Amerika auswanderten, u.a. zwei Söhne des Salzufler Fabrikanten Heinrich Salomon Hoffmann (vgl. Schütte, Friedel, Sheboygan/Neu Lippe: Eine
der größten Siedlungen lippischer Amerika-Auswanderer in der NEUEN WELT, in:
Heimatland Lippe 86 (1993), S. 14-18, hier S. 16.) Zumindest für die Hoffmann-Söhne,
Reinhold Friedrich Hoffmann (Jahrgang 1842!) und sein Bruder Albert Hermann Gottlieb (Jahrgang 1845!), kann dieses Motiv ausgeschlossen werden. Sie wanderten zwar

rern gerade im Revolutionsjahr 1848 stattfand, darf keinesfalls zu dem Trugschluss verleiten, sie sei eine direkte Auswirkung der Revolution. Vielmehr führte das Zusammenwirken der bereits zuvor genannten Ursachen ab Mitte der 1840er Jahre zur ersten größeren lippischen Auswanderungswelle.

Sowohl Hitzemann als auch Verdenhalven legten dar, dass es aus Lippe immer wieder zu heimlichen Auswanderungen, also zu Auswanderungen, die sich der staatlichen Aufsicht entzogen, gekommen sei.[48] Die Zahl der „Heimlichen" muss nach Verdenhalven sogar sehr beträchtlich gewesen sein. Er teilt den Kreis dieser Personen in drei Kategorien: „1. Die wegen Straffälligkeit Entwichenen; 2. Personen, die sich der Wehrpflicht entzogen hatten oder aus der Truppe desertiert waren; 3. Personen oder Familien, die sich aus privaten Gründen – vielleicht auch aus Unkenntnis der Bestimmungen? – bewogen fühlten, keine behördliche Genehmigung zu beantragen."[49] Von Ausnahmen abgesehen, blieb ihr Ziel natürlich unbekannt, aber man darf annehmen, dass einige sich auch nach Übersee aufmachten. Besonders hoch scheint die Zahl der Deserteure gewesen zu sein, über die seit Anfang des 19. Jahrhunderts entsprechende Listen geführt wurden.[50]

Hitzemann verwies noch auf einen anderen wichtigen Anhaltspunkt für die heimliche Auswanderung nach Übersee auf Grund der auffallend großen Zahl derer, die sich nur einen Reisepass bis Bremen haben ausstellen lassen, in der angeblichen Absicht, sich dort niederlassen zu wollen. Ein solcher Konsens wurde nämlich immer erteilt, und zwar auch solchen Personen, die ihrer Militärpflicht noch nicht genügt hatten; eine Veröffentlichung im Amtsblatt erfolgte nicht.[51] Bremen/Bremerhaven, das sei noch angemerkt, war für die Auswanderer aus Lippe – wie für andere deutsche Auswanderer – der wichtigste Anlaufpunkt für die Einschiffung nach

tatsächlich 1859 bzw. 1864 über Bremen nach Amerika aus, doch wollte der eine in die amerikanische Marine eintreten, der andere als Kaufmann dort sein Glück versuchen (vgl. Verdenhalven 1980, S. 67 bzw. S. 76, sowie Wiesekopsieker 2005, S. 209 bzw. S. 234).

48 Hitzemann 1953, S. 88-89, bzw. Verdenhalven 1980, S. XIV-XVI.
49 Verdenhalven1980, S. XIV.
50 LAV NRW StA Dt L 77 C I, Fach 88-98.
51 Hitzemann 1953, S. 89, mit genauen Quellenangaben.

Übersee und übertraf mit über sieben Millionen Abreisenden (1830-1974) Hamburg, den zweiten deutschen Auswandererhafen, bei weitem.[52]

Auf Grund der vielen Unwägbarkeiten kann die genaue Zahl der Lipper, die das Land heimlich in Richtung Übersee verließen, nicht ermittelt werden, jedoch muss diese Kategorie immer mit berücksichtigt werden, denn die von Hitzemann und Verdenhalven geschätzten Auswandererzahlen geben ja nur die ihnen, d.h. den Behörden des 19. Jahrhunderts, bekannt gewordenen Personen an.

REALISIERUNG DER AUSWANDERUNG

Besonders infolge des amerikanischen Unabhängigkeitskrieges erschienen in den „Lippischen Intelligenzblättern" vermehrt Berichte über Nordamerika. Diese beschäftigten sich vor allem mit der Natur und dem Leben der Siedler. Berichtenswert waren aber auch die Erlebnisse der lippischen Soldaten, die am Englisch-Amerikanischen Krieg teilnahmen.[53] Letztere dürften die ersten Lipper gewesen sein, die sich in größerer Zahl in der Neuen Welt aufhielten. Einzelne Amerika-Reisende oder gar Auswanderer hat es auch schon zuvor gegeben: So konnte Hitzemann bereits für das Jahr 1711 einen Auswanderungswilligen aus Lemgo namens David Topp nachweisen, der sich für das Leben in Virginia interessierte,[54] und Verdenhalven und Fink machten in ihrer Einführung zum „Diarium Lippiacum" des Amtmanns Anton Henrich Küster auf dessen Onkel, den Gelehrten Henrich Bernhard Küster aus Blomberg, aufmerksam, der bereits im Frühjahr

---

52 Zur Bedeutung Bremens als Auswandererhafen vgl. Engelsing, Rolf, Bremen als Auswandererhafen 1683-1880, Bremen 1961, sowie: Armgort, Arno, Bremen – Bremerhaven – New York 1683-1960. Geschichte der europäischen Auswanderung über bremische Häfen, Bremen 1991. Interessante Einblicke in die Verhältnisse im Auswandererhafen vermittelt das 2005 eröffnete „Erlebnismuseum" Deutsches Auswandererhaus Bremerhaven (vgl. www.dah-bremerhaven.de). Über die Überfahrt an sich gibt eine Bochumer Dissertation aus dem Jahre 2003 Aufschluss: Günther, Markus, Auf dem Weg in die Neue Welt. Die Atlantiküberquerung im Zeitalter der Massenauswanderung 1818-1914, Augsburg 2005.

53 Lippische Intelligenzblätter 1776, 37. bzw. 47. Stück. Über den auf englischer Seite kämpfenden Lipper Carl Emil von Donop berichten Wallbaum, Kurt, Rittergut und Schloß Schötmar 1664-1985. Ein Beitrag zur Ortsgeschichte in Wort und Bild, Detmold 1988, S. 41-45, und Schütte 2005, S. 128-131.

54 Hitzemann 1953, S. 54-55. Der Brief wurde zuerst veröffentlicht in: Blätter für lippische Heimathkunde 1 (1900), S. 87-88.

1694 von England aus nach Pennsylvania/Nordamerika reiste, wo er sich für fünf Jahre als Lehrer und Prediger aufhielt.[55]

Die Anzahl lippischer Auswanderer nach Übersee ist im 18. bzw. frühen 19. Jahrhundert aber völlig unbedeutend. Die erste größere Gruppe machte sich erst 1835 nach Übersee auf, allerdings nicht in die Vereinigten Staaten, sondern in die englische Kolonie Jamaika.[56] Einige lippische Familien aus Blomberg nahmen das Angebot eines aus Bosseborn bei Höxter stammenden jüdischen Agenten namens Jacob Gudemann an, sich unentgeltlich in die Karibik transportieren zu lassen und sich dort für fünf Jahre als Plantagenarbeiter zu verdingen. Im Gegenzug bezahlte der englische Plantagenbesitzer nicht nur die Überfahrt, sondern verpflichtete sich auch, den Kolonisten Wohnung und etwas Acker- und Gartenland zu überlassen. Für die verarmten Einlieger war das Angebot verlockend, da sie außer einer Vermittlungsgebühr zunächst kein Bargeld aufzuwenden brauchten. Über die klimatischen Verhältnisse auf Jamaika und die sklavenähnlichen Bedingungen, denen sie sich aussetzten, wussten sie natürlich nichts. Nach Hitzemann gibt es keine Berichte darüber, wie es dieser ersten größeren lippischen Auswanderergruppe ergangen ist, doch muss man annehmen, dass sie einem Betrüger aufgesessen sind. Dafür spricht eine ausführliche Warnung, abgedruckt im „Lippischen Magazin" im Jahr des Aufbruchs der Blomberger nach Jamaika.[57] Ein anonymer Verfasser setzt sich darin ausführlich mit den einzelnen Bedingungen des „Contracts" auseinander: Obwohl er die Schönheit und die Fruchtbarkeit der britischen Besitzung in der Karibik zu rühmen weiß und auch die Auswanderung insgesamt als „wahre Wohlthat für starkbevölkerte Länder" anerkennt, weist er auf viele Schwachpunkte des Vertrags mit den Auswanderungswilligen hin. Seine Warnung gipfelt schließlich in den eindringlichen Worten: „Darum, geliebter Landsmann, der du vielleicht im Begriff bist, den hier beleuchteten

---

55 Verdenhalven, Fritz/Fink, Hanns-Peter (Bearb.), Das Diarium Lippiacum des Amtmanns Anton Henrich Küster, Detmold 1998, S. X-XI.

56 Zum Folgenden Hitzemann 1953, S. 57-59, fußend auf LAV NRW StA Dt L 77 A, Nr. 4759. Vgl. auch ebd. D 70 A, Nr. 17.

57 B., Ueber die in einem Theile unsers Landes beginnenden Auswanderungen nach Jamaika, in: Lippisches Magazin 1 (1836), Nr. 27 (7.10.1835), Sp. 424-428, Nr. 28 (14.10.1835), Sp. 439-445. Bei dem „Israelit[en] I. Gudemann" (Sp. 426) handelt sich wahrscheinlich um Jacob Gudemann, in dessen Familie sich mehrere Verbindungen nach Jamaika finden lassen; insgesamt sind die Nachrichten über diese Familie aus dem ländlichen Raum eher spärlich (freundliche Hinweise von Fritz Ostkämper, Höxter, v. 11.1.2006).

Contract zu unterschreiben, besinne dich ja, was du thust!" In den folgenden Jahren sind weitere Auswanderungen nach Jamaika mit Hilfe eines solchen auch bei Überfahrten in die Vereinigten Staaten bekannten Redemptioner-Systems, das darauf gegründet war, die Reisekosten im Zielland „abzudienen",[58] nicht mehr nachweisbar.

Ab 1844 steigt die Zahl der Auswanderer aus Lippe dann langsam, aber doch merklich an, 1847/48 ist ein erstes Maximum zu verzeichnen.[59] In Lippe fand die erste Massenauswanderung statt, weshalb sich die Regierung veranlasst sah, in allen Städten und Ämtern anzuordnen, genaue Listen und Tabellen über die Auswanderer aufzustellen und am Ende des Jahres nach Detmold einzusenden. Bereits seit 1846 veröffentlichte das „Fürstlich Lippische Regierungs- und Anzeigeblatt" regelmäßig die Namen derjenigen, die einen Auswandererkonsens erhalten und Lippe verlassen hatten. Gerade diese Verzeichnisse sind heute eine sehr wichtige Grundlage für die Erforschung der Auswanderung aus Lippe.[60]

Wie bereits erwähnt, erreichte die Auswanderung im Jahre 1848 mit nahezu 1.000 Personen, die sich zumeist in Gruppen von 100 bis 200 formierten, den höchsten Stand. Nachweisbar sind die schon erwähnten Gruppen aus Brake, die 112 Langenholzhauser und ein Verband von 15 Familien aus Brakelsiek (Amt Schwalenberg), die gemeinsam in die Vereinigten Staaten übersiedelten.[61] Dabei ist wie bei der Auswanderung aus anderen Teilen Deutschlands auch bei der Auswanderung aus Lippe zu beobachten, dass die Gruppenwanderung von der Familienwanderung und diese wiederum in der letzten Phase der deutschen Auswanderungsbewegung von der Einzelwanderung abgelöst wurde.

Die schon von Hitzemann erarbeitete Kurve der Auswandererzahlen zeigt ein ständiges Auf und Ab, bedingt durch zahllose Faktoren, denen hier im Einzelnen nicht nachgegangen werden kann. Weitere Maximalwerte werden in Lippe 1852/54, 1867/68 und 1882 mit jeweils ca. 600 Auswanderern und noch einmal 1892 mit ca. 250 Auswanderern erreicht. Da-

---

58 Grabbe, Hans-Jürgen, Das Ende des Redemptioner-Systems in den Vereinigten Staaten, in: Amerikastudien/American Studies 29 (1985), S. 277-296.

59 Eine Kurve für die Jahre 1846 bis 1900, die auch die gesamtdeutsche Entwicklung im Vergleich zeigt, ist abgebildet bei Hitzemann 1953, S. 62.

60 Hitzemann 1953, S. 60-61.

61 Hitzemann 1953, S. 61-63. Nach einem Bericht in der LZ v. 16.1.1898 sollen es sogar 20 Familien gewesen sein, die gemeinsam aus Brakelsiek auswanderten und im US-Staat Illinois die Kolonie Neu Brakelsiek bzw. Rock-Run gründeten.

nach ist ein starker Rückgang zu verzeichnen, der die Auswanderung zur Bedeutungslosigkeit herabsinken lässt. Insgesamt sind die Phasen im Bewegungsablauf der lippischen und der deutschen Überseeauswanderung deckungsgleich.

Bisher könnte der Eindruck entstanden sein, die Auswanderung aus Lippe sei auf Grund der geringen Größe des Landes in allen Gegenden eine gleichmäßige gewesen. Dies ist aber keineswegs der Fall, denn bei der Betrachtung einzelner Ämter des Fürstentums ergibt sich, dass der Norden bzw. Nordosten mit den Ämtern Sternberg und Varenholz und der Südosten mit dem Amt Schwalenberg am stärksten von der Auswandererbewegung betroffen waren. Dies hat zwei Ursachen: Zum einen sind diese Ämter gänzlich agrarisch strukturiert, zum anderen kommt in diesen Ämtern, die im „Strahlungs- und Einflussbereich der preussischen Nachbarprovinzen" lagen, noch eine starke Binnenwanderung hinzu.[62] Die Siedlungszentren Lippes, die im Westen gelegenen größeren Städte Detmold, Lemgo, Lage und Salzuflen, weisen nach Hitzemann absolut wie relativ recht geringfügige Auswandererzahlen auf. Hier macht sich der Einfluss einer langsam aufblühenden Industrie bemerkbar.

Dies sei am Beispiel der Stadt Salzuflen näher erläutert. Aus Salzuflen wanderten im 19. Jahrhundert ganze 111 Personen aus; mit Ausnahme des Jahres 1854 nie mehr als zehn pro Jahr, manchmal jahrelang sogar niemand.[63] Grund dafür ist die Existenz einer im Jahre 1850 durch Heinrich Salomon Hoffmann gegründeten Weizenstärkefabrik, die sich seit den späten 1860er Jahren nach Aufnahme der Reisstärkeproduktion zu einem weltweit führenden Unternehmen entwickelte, das in Spitzenzeiten, wie zur Jahrhundertwende, gut 1.000 Arbeitsplätze bot. Da Salzuflen aber insgesamt nur so viele Einwohner hatte und die Lipper der Fabrikarbeit eher reserviert gegenüberstanden, mussten sogar von auswärts Arbeitskräfte angeworben werden. Diese kamen seit den 1870er Jahren verstärkt aus dem thüringischen Eichsfeld nach Salzuflen zu Hoffmann's Stärkefabriken. Nicht zuletzt dadurch kommt es in Salzuflen zu einem stetigen Anstieg der Zahl der Einwohner, z.B. zwischen 1864 und 1871 von 1.791 auf 2.477.[64]

---

62 Hitzemann 1953, S. 66-72, Zitat S. 70. Zur Auswanderung aus dem lippischen Südosten legte Heinrich Deppe[n]meier eine bemerkenswert gut recherchierte Studie für die Bauerschaft Rischenau vor: Deppe[n]meier, Heinrich, Amerika-Auswanderer der ehemaligen Bauerschaft Rischenau, in: Heimatland Lippe 75 (1982), S. 88-91 u. S. 111-120.
63 Hitzemann 1953, S. 67.
64 In diesem Zusammenhang sei abermals auf Wiesekopsieker 2005 verwiesen.

Hitzemann konnte auf Grund seiner Forschungen etwa 10.000 Personen, die im Verlauf des 19. Jahrhunderts aus Lippe ausgewandert sind, altersmäßig erfassen. Dabei ermittelte er folgende Zahlen: [65]

Alter	unter 20	20-30	30-40	40-50	über 50
Anzahl	4.990	1.950	2.205	630	205

Nahezu 50% aller Auswanderer waren unter 20 Jahre alt,[66] was sich zum einen dadurch erklären lässt, dass die unterbäuerlichen Schichten sehr kinderreich waren, zum anderen verwirklichten viele Familien ihre Auswanderungspläne, bevor die Söhne das militärpflichtige Alter, also das 20. Lebensjahr, erreicht hatten.

In den ersten vier Jahrzehnten des 19. Jahrhunderts wurde die Auswanderung in Lippe von über Land ziehenden Werbern organisiert.[67] Erst danach, als die Neigung zur Auswanderung größer wurde, betrieben Einheimische, zumeist Kaufleute oder Gastwirte, Agenturen im „Nebenerwerb". Dabei ging die Initiative zur Gründung einer solchen Agentur häufig von Bremer Handelshäusern aus, die daran interessiert waren, in Gebieten mit hohen Auswanderzahlen vertreten zu sein. Da manche Agenten zu übelsten Methoden griffen und nur die eigene hemmungslose Bereicherung im Sinn hatten, wurden die Agenturen 1853 per Gesetz unter behördliche Aufsicht gestellt. Darüber hinaus wurde die Zulassung einer neuen Agentur an Auflagen geknüpft. So musste der Agent nicht nur eine Kaution von 800 T hinterlegen, sondern auch die Vollmacht einer Schiffsfirma vorweisen. Das Amt, in dessen Gebiet die Agentur eröffnet werden sollte, musste im Übrigen eine ausführliche Stellungnahme über Führung und Befähigung des Antragstellers verfassen. Die Zahl der zugelassenen Agenturen schwankte in Lippe zwischen 16 und 20. Da im Norden und Osten Lippes der Wunsch

65 Hitzemann 1953, S. 72-73.
66 Diese Beobachtungen lassen sich für die deutsche Auswanderung nach Übersee bis 1910 auch insgesamt machen: Mönckmeier 1912, S. 135-151. Mönckmeier weist noch darauf hin, dass die Auswanderung in der Regel im Familienverband stattfand und dass bei der Einzelauswanderung das männliche Geschlecht stärker vertreten ist, was für Lippe ebenso gelten dürfte.
67 Zum Folgenden Hitzemann 1953, S. 82-87, zum Agentenwesen allgemein vgl. Bretting, Agnes, Funktion und Bedeutung von Auswandereragenturen in Deutschland im 19. Jahrhundert, in: Bretting, Agnes/Bickelmann, Hartmut, Auswanderungsagenturen und Auswanderungsvereine im 19. und 20. Jahrhundert, Stuttgart 1991, S. 11-90.

nach Auswanderung größer war, finden sich dort mehr Agenturen als im Westen. Lediglich in der Landeshauptstadt Detmold lassen sich für 1858 drei Agenturen nachweisen. Ihnen ist wie allen übrigen zu diesem Zeitpunkt gemein, dass sie für Bremer Gesellschaften tätig waren.[68] Darüber hinaus wurde insbesondere von kirchlicher Seite versucht, Auswanderer in ihrer neuen Heimat nicht ins Unglück rennen zu lassen und sie mit entsprechenden Informationen zu versorgen. Beispielhaft für Lippe sei der Ratgeber „Nach Amerika!" des Wüstener Pfarrers Adolf Schmidt aus dem Jahre 1883 genannt, der 1891 in erweiterter Fassung ein zweites Mal aufgelegt wurde und viele nützliche Tipps für Auswanderer, u.a. die Adressen der deutschen reformierten Gemeinden als eventuelle Anlaufstellen, verzeichnete.[69]

„Die deutsche überseeische Massenauswanderung des 19. Jahrhunderts strebte zu ca. 90% in die Vereinigten Staaten."[70] Diese Aussage gilt auch für Lippe, dessen Auswandererstrom fast ausschließlich in die Vereinigten Staaten ging; nur einige wenige zog es nach Kanada, Australien, Südamerika oder Südafrika.[71]

Besonders die Staaten am Oberlauf des Mississippi (Minnesota, Wisconsin und Iowa) waren die bevorzugten Ziele der lippischen Auswanderer, wovon Siedlungsnamen wie Detmold, Hermann, Neu Kohlstädt und Neu Brakelsiek zeugen. Die bis heute bekannteste Siedlung ist die in Sheboygan, im Norden von Wisconsin am Michigansee gelegen.[72] Hier gründeten Lipper aus Langenholzhausen und Hohenhausen 1847 eine Kirche, die, wie aus einem Brief aus Chicago des Jahres 1924 hervorgeht, „die bekannteste

---

68 Das Verzeichnis findet sich bei Hitzemann 1953, S. 87.

69 Schmidt, A[dolf], Nach Amerika! Ratgeber für Auswanderer [...], Detmold 1883, 2. verb. u. verm. Aufl. Elberfeld 1891; eine Werbung für die erste Auflage dieses Ratgebers findet sich im Lippischen Volkskalender 1884, S. [75].

70 Rössler, Horst, Massenexodus: die Neue Welt des 19. Jahrhunderts, in: Bade 1992, S. 148-157, hier S. 148.

71 Hitzemann 1953, S. 80; über Auswanderer aus Lippe nach Kanada berichtet z.B.: Gosslich, H.B., Detmolder in Kanada. Mit Schüppe und Hacke durch Labrador – Viehtreiber, die Millionäre wurden, in: LZ v. 18.11.1931. Zur deutschen Auswanderung in diese Länder vgl. die entsprechenden Aufsätze bei Bade 1992, S. 185-230.

72 Schütte 1993, S. 14 u. S. 16-18, sowie Schütte 2005, S. 148-157. Über die Siedlungstätigkeit der Lipper in Wisconsin vgl. auch noch einmal Arpke 1895.

deutsche reformierte Kirche in Amerika [ist]".[73] Deutsch galt zu dieser Zeit noch als Umgangssprache, wenngleich der Briefschreiber weiter berichtet, dass „die hier geborenen Lipper [...] kein Interesse für die Heimat der Eltern [haben]". Die Ursache dafür dürfte im Eintritt der Vereinigten Staaten in den Ersten Weltkrieg (April 1917) und in einer damit in Zusammenhang stehenden „von nationaler Hysterie geprägten antideutschen Kampagne" zu suchen sein.[74]

Auf Grund ihres ländlichen Herkommens zog es die lippischen Auswanderer in den Vereinigten Staaten kaum in die Städte, so dass z.B. in Chicago, wo 1850 36% der Einwanderer aus Deutschland stammten,[75] auffallend wenige Lipper anzutreffen waren.[76] Eine „Bilderbuch-Karriere" machten dort aber zwei Lemgoer, die um 1866 nach Amerika auswanderten: „1876 gründeten Ferdinand und Gustav Bunte in Chikago eine Bonbonfabrik, die sich aus kleinen Anfängen zu einer der bedeutendsten, wenn nicht der größten ihrer Art, in Amerika entwickelte. Die Fabrik beschäftigt jetzt [1929] 3.000 Personen und stellt außer der ‚Bunte-Schokolade' noch 1.200 verschiedene Bonbonsorten, ‚varieties of candy', her. Der Vater dieser erfolgreichen Auswanderer war der Müller Carl Bunte aus Lemgo [...]."[77]

Propaganda oder Zufall bestimmten zumeist lediglich den Ort der Ansiedlung einiger Pioniere, deren positive Berichterstattung dann gezielt Nachwanderer aus dem früheren Umfeld nach sich zog, was als Kettenwanderung bezeichnet wird. Immer dort, wo solche Kettenwanderungen zur Entstehung deutscher (lippischer) Siedlungskonzentrationen führten, war der Auswandererbrief die entscheidende Verbindung zwischen Ausgangs- und Endpunkt der Wanderungskette. In ihren Briefen berichteten die Auswanderer sehr häufig über ihr persönliches und örtliches Umfeld, ihren wirtschaftlichen Erfolg und ihre nunmehr positive soziale Lage, was die Daheimgebliebenen nicht selten zur Nachwanderung animierte.[78] Auch

---

73 Weber , John L., Lippersiedelungen und Deutschtum in Amerika. Ein Chikagoer Brief an A. Wiemann, in: Vaterländische Blätter, Lippisches Magazin v. 28.10.1924.
74 Blaschke, Monika, ‚Deutsch-Amerika' in Bedrängnis: Krise und Verfall einer ‚Bindestrichkultur', in: Bade 1992, S. 170-179, hier S. 177.
75 Taylor, Philip, The Distant Magnet, New York 1971, S. 180.
76 Weber 1924.
77 Wiemann 1929, S. 107.
78 Vgl. zu diesem Themenkreis insbesondere Helbich, Wolfgang (Hg.), „Amerika ist ein freies Land...". Auswanderer schreiben nach Deutschland, Darmstadt 1985, und Kamphoefner, Walter D./Sommer, Ulrike (Hg.), Briefe aus Amerika. Deutsche schreiben aus der Neuen Welt 1830-1930, München 1988.

Lippe erreichten solche Briefe, die von den Empfängern wie Schätze gehütet wurden, vor allem wenn die Schreiber aus der Ferne ihren Angehörigen stolz Erfolge mitteilen konnten.[79]

Genaue Vorschriften, Passzwang und strenge Kontrolle an den Landesgrenzen sollten im 17. und 18. Jahrhundert verhindern, dass Untertanen unerlaubt ihr Land verließen.[80] Erst im frühen 19. Jahrhundert ersetzten liberalere Auffassungen auch in Lippe die merkantilistisch geprägten Vorstellungen vergangener Jahrhunderte. Doch mit Beginn der Massenauswanderung zu Beginn der 1840er Jahre erkannte die Regierung abermals nicht die Zeichen der Zeit, sondern empfand die Auswanderungsabsichten als „Modekrankheit", vor deren Ansteckung man die Untertanen bewahren müsse. Zu diesem Zweck wurde vor allem den Agenten untersagt, für ihre Tätigkeit Werbung in irgendeiner Form von Anzeigen und Schildern zu machen. Dennoch ließ sich die Auswanderungswelle nicht aufhalten, und die Regierung sah sich gezwungen, Gesetze zu erlassen, die den Staat und die zurückgebliebenen Bewohner vor Nachteilen schützen sollten. Ab 1846 musste die Auswanderung zum Schutz von Gläubigern im „Fürstlich Lippischen Regierungs- und Anzeigeblatt" bekannt gegeben werden. Die Kosten für das Inserat hatte der Auswanderer zu tragen. Allerdings konnte eine solche Anzeige, z.B. bei einer kurzfristig gebuchten Überfahrt, durch eine Bürgschaftserklärung ersetzt werden.

Besonderes Augenmerk richteten die Behörden auf männliche Personen im Alter von 18 bis 25 Jahren. Militärpflichtigen wurde die Auswanderung nämlich von einer Militär-Kommission nur in ganz besonderen Fällen erlaubt. So hatte der Betreffende entweder einen Ersatzmann für den Militärdienst zu stellen bzw. den Betrag von ca. 200 bis 300 Talern für den „Kauf" eines solchen zu hinterlegen. Dies war natürlich eine immense Summe, so dass die sowieso äußerst armen Auswanderungswilligen diese Zahlung

---

79 Hinweise auf solche Briefe bzw. Abschriften finden sich bei Lüdeking, Walter, Aus Briefen eines alten Leopoldiners in Chikago, in: Leopoldinum Detmold, Festschrift zur 350-Jahr-Feier, Detmold 1952, S. 97-101; Lohmeier [recte Lohmeyer], W[erner], Von Lippern in Amerika. Bilder von der Auswanderung vor 100 Jahren, in: Lippischer Kalender 1951, S. 84-85; Hitzemann 1953, S. 105-109, und Süvern, Wilhelm, Auswandererschicksale in Amerika. Aus alten Briefen mitgeteilt, in: Heimatland Lippe 63 (1970), S. 18-24. Einen weiteren Fundus stellen Teile des Bestandes LAV NRW StA Dt D 70 A dar.
80 Hier und im Folgenden Hitzemann 1953, S. 92-102 und Verdenhalven 1980, S. XVII-XIX.

durch eine heimliche Auswanderung oder durch das Verlassen Lippes vor Erreichen des militärpflichtigen Alters zu umgehen suchten.

1848, das Jahr der Revolution, markiert einen Wendepunkt in der Haltung der Behörden. Man gewährte großzügig Auswanderungskonsense, um das Unruhepotential möglichst gering zu halten. Die Auswanderung wurde zu etwas Alltäglichem. Die Akten weisen nach Hitzemann fortan nur noch Zahlen, aber keine Verhandlungen oder Berichte mehr auf, die sich mit dieser Frage beschäftigen. Die Regierung sorgte in den folgenden Jahren zwar durch ein Gesetz zur Beaufsichtigung des Agentenwesens (1853) und durch die Einrichtung von Konsulaten, z.B. in Rio de Janeiro (1857), Bremen (1858) und New York (1859),[81] für den Schutz von Auswanderern. Doch erkannten die Verantwortlichen – mit wenigen Ausnahmen –[82] nicht die wirklichen Ursachen und Motive der Auswanderung. Im Gegenteil, sie hemmten durch einen Antireformkurs jede Möglichkeit der wirtschaftlichen Verhältnisse im eigenen Lande.

WANDERUNGSALTERNATIVEN

Zum Schluss sei noch kurz auf die Alternativen zur Auswanderung hingewiesen. Hier spielt die Wanderarbeit,[83] deren Anfänge bis ins 16. Jahrhundert zurückreichen, eine große Rolle. Lipper gingen seitdem für eine bestimmte Zeit des Jahres entweder als Torfstecher oder Grasmäher (Frühjahr bis Herbst) oder als Ziegler (April bis Oktober/November) hauptsächlich in die wirtschaftlich bedeutenden Niederlande. Anfangs versuchte die Regierung, auch die Wanderarbeit durch Verordnungen und Passzwang zu verbieten bzw. einzuschränken, im 19. Jahrhundert erkannte sie jedoch, dass die Wanderarbeit ein wichtiger Erwerbszweig war, der die materielle Lage der ländlichen Unterschichten verbesserte, und hob alle Beschränkungen auf.

---

81 Engelbert, Günther, Das Lippische Konsulatswesen, in: Lippische Mitteilungen aus Geschichte und Landeskunde 44 (1975), S. 99-124. Das Bremer Konsulat überlebte alle übrigen um Jahrzehnte und bestand kurioserweise bis 1935.

82 Hitzemann 1953, S. 99-102, zu den Reformvorschlägen des Regierungsrates Theodor Heldman.

83 Vgl. Fleege-Althoff 1928; 300 Jahre lippische Wanderziegler (Katalog zu einer Ausstellung des Instituts für Lippische Landeskunde), Detmold 1992, sowie: Lourens, Piet/Lucassen, Jan, Arbeitswanderung und berufliche Spezialisierung. Die lippischen Ziegler im 18. und 19. Jahrhundert. Aus dem Niederländischen von Klaus Mellenthin, Osnabrück 1999.

Während die Zahl derjenigen, die als Torfstecher und Grasmäher Beschäftigung fanden, im Verlauf des 19. Jahrhunderts mehr und mehr zurückging, erhöhte sich die Zahl der lippischen Wanderziegler. Sie fanden nicht nur im norddeutschen Küstengebiet eine harte, aber lohnende Beschäftigungsmöglichkeit, sondern auch in Skandinavien und Russland. Die Zahl der lippischen Ziegler stieg im 19. Jahrhundert stetig und erreichte 1905 mit 14.407 (20,4% der männlichen Bevölkerung!) einen einmaligen Höhepunkt.[84]

Insgesamt bleibt festzuhalten, dass saisonale Wanderarbeit die Auswanderung in der ersten Hälfte des 19. Jahrhunderts „gemindert" und etwa seit Gründung des Norddeutschen Bundes (1866) ersetzt hat.[85] So ist zu erklären, dass die Kurve der lippischen Auswanderung trotz der vor allem für die bäuerlichen Unterschichten sehr problematischen Verhältnisse mit der gesamtdeutschen nahezu deckungsgleich ist.

Perspektiven der lippischen Auswandererforschung

Die Ausgangsbedingungen, sich mit dem Thema „Auswanderung aus Lippe" zu beschäftigen, sind, um es noch einmal zu betonen, überaus günstig, da das Gebiet überschaubar und die Quellenlage reichhaltig und im Detmolder Staats- und Personenstandsarchiv zentral erreichbar ist. Überdies haben die beiden wichtigsten Auswandererforscher, Hitzemann und Verdenhalven, wertvolle Basisarbeit geliefert, auf die aufgebaut werden kann. Dass die Früchte einer solchen weiteren Beschäftigung mit diesem Thema durchaus nicht unbeachtet blieben, zeigt das anhaltende Interesse, nicht zuletzt von Seiten zahlreicher Familienforscher diesseits wie jenseits des Atlantiks. Ein erster Platz zur Veröffentlichung neuer Erkenntnisse sollte in Zukunft die Homepage des bereits erwähnten Genealogischen Arbeitskreises des NHV darstellen; die Homepage des Amerikanetzwerkes würde solche Veröffentlichungen wohl ebenfalls übernehmen. Doch wo könnten Schwerpunkte künftiger Forschungen liegen? Gibt es überhaupt noch Aspekte, die lohnen einer näheren Betrachtung unterzogen zu werden? Ist nicht bereits schon alles gesagt und geschrieben? Dass dem nicht so ist, soll durch die folgende Ideensammlung aufgezeigt werden.

---

84 Fleege-Althoff 1928, S. 17: Im Jahre 1780 waren es nur 155, 1842 3.348 und 1860 8.230 gewesen.
85 Hitzemann 1953, S. 47.

Die bisherige lippische Auswandererforschung hat sich – aus guten Gründen angesichts der Relevanz des Phänomens für diesen Zeitraum – auf das 19. Jahrhundert konzentriert. Sowohl Hitzemann als auch Verdenhalven wagten über das Jahr 1900 hinaus keinen Blick ins 20. Jahrhundert, wenngleich die Auswanderung aus Lippe mit diesem Datum keinesfalls ihren Abschluss gefunden hat. Zwar ging die Zahl der Auswanderer aus Lippe wie aus dem übrigen Deutschland deutlich zurück, doch gab es auch später Zeiträume, in denen ihre Zahl recht beachtlich war. In welcher Zahl, warum, wie und wohin diese Menschen aus Lippe im 20. Jahrhundert auswanderten, wäre zu klären. Wilhelm Bröker, in den 1920er Jahren Autor zahlreicher Studien zur lippischen Wirtschafts- und Sozialgeschichte, beschäftigte sich als Erster – allerdings nur im Rahmen eines Zeitungsberichts – mit der Auswanderung aus Lippe nach 1900.[86] Ganz offenbar war das Thema zu Zeiten der Weimarer Republik also durchaus von Belang, gründlich erforscht ist es jedenfalls noch lange nicht.[87] Auch während der NS-Zeit verließen zahlreiche Lipper ihre Heimat in Richtung Übersee, wie z.B. „der Volksgenosse Heinrich Geise" aus Kohlstädt Nr. 54, der im Herbst 1938 mit seiner Familie auswanderte, worüber sogar die „Lippische Staatszeitung" ausführlich berichtete, die den Auswanderern „alles Gute für die weitere Zukunft" wünschte.[88] Wie viele es waren, worin ihre Motivation bestand (waren es immer nur politische Gründe?) und wohin sie gingen, auch das ist bislang nicht untersucht worden. Natürlich müsste in diesem Zusammenhang auch die erzwungene Auswanderung der Juden Erwähnung finden, die in Teilen bereits recht gründlich erforscht worden ist.[89] Schließlich könnte der zeitliche Rahmen auf die Auswanderung in der Zeit nach dem Zweiten Weltkrieg, insbesondere in den 1950er und 1960er Jahren, ausgedehnt werden, denn auch in diesen Jahrzehnten sind zahlreiche

---

86 Bröker, Wilhelm, Die Lipper als Volk ohne Raum. Seit 90 Jahren fast 70.000 Lipper ausgewandert. Innerdeutsche und überseeische Auswanderung, Gründe und Ziele der Auswanderer, in: LP v. 11.7.1929.

87 Für das Deutsche Reich insgesamt liegt jetzt aber ein fundierter Überblick über Migration, Integration und Wanderungspolitik in der Weimarer Republik vor: Oltmer, Jochen, Migration und Politik in der Weimarer Republik, Göttingen 2005.

88 Lippische Staatszeitung v. 28.9.1938.

89 Zur Auswanderung der Juden aus Lippe zwischen 1939 und 1941 vgl. neben den zahlreichen Darstellungen zu einzelnen lippischen Orten vor allem Faassen, Dina van/Hartmann, Jürgen, „... dennoch Menschen von Gott erschaffen" – Die jüdische Minderheit in Lippe von den Anfängen bis zur Vernichtung, Bielefeld 1991, S. 105-107.

Menschen – wohl auch aus Lippe – ausgewandert; diesen wurde bislang ebenfalls noch keinerlei Aufmerksamkeit geschenkt.

Neben der Ausdehnung der lippischen Auswandererforschung auf das 20. Jahrhundert müsste des Weiteren eine Erweiterung hinsichtlich der Zielorte erfolgen. Wenngleich es auch die lippischen Auswanderer nach Amerika, und hier insbesondere in die Vereinigten Staaten zog, so darf doch nicht übersehen werden, dass es durchaus auch andere Länder und Kontinente gab, in denen Lipper ihr Glück suchten. Hier sind vor allem Südamerika, insbesondere Brasilien und Argentinien,[90] Australien, aber auch die deutschen Kolonien[91] zu nennen. Veröffentlichungen zu den Auswanderern in diese Gebiete und die Einbettung in einen Gesamtkontext liegen bislang überhaupt nicht vor.

Die günstige Quellenlage ist mehrfach erwähnt worden und durch die Arbeiten Verdenhalvens gründlich statistisch erfasst worden; diese nennen uns zwar Daten (bis 1900!) – die auch einmal in Tabellen gebracht werden müssten, um z.B. Durchschnittswerte für bestimmte Fragestellungen ermitteln zu können –, erzählen jedoch nicht die „Geschichten dahinter", wie es Hitzemann zumindest im Ansatz getan hat. Dabei darf wiederum nicht vergessen werden, dass sich Hitzemanns Untersuchung nahezu ausschließlich auf die Akten der Regierungsregistratur des 19. Jahrhunderts stützte,[92] alle übrigen diesbezüglichen Archivalien[93] in diese Richtung hin nicht ausgewertet wurden. Eine solche Ergänzung hatte übrigens Erich Kittel Anfang der 1960er Jahre angeraten, als die Drucklegung der Hitzemann'schen Dissertation diskutiert wurde. In einem Schreiben machte Kittel namens des NHV ausdrücklich auf die noch nicht durchgesehenen Bestände in seinem Hause sowie auf die Ausdehnung der Untersuchung „auf

---

90 Nach Bröker 1929 wanderten allein im Zeitraum 1920-1925 177 Lipper nach Brasilien und 61 nach Argentinien aus. Vgl. auch Lohmeyer, Werner, Bei den lippischen Farmern in Südamerika, in: Unsere Kirche, Beilage für die Lippische Landeskirche v. 24.2.1957.

91 Vgl. die einzelnen Einträge bei Verdenhalven 1980 und Verdenhalven 1995; manch Hinweis zu Auswanderungen in die deutschen Kolonien findet sich auch in Familien-Nachlässen, wie z.B. in LAV NRW StA Dt D 72 E. u. W. Hunke bzw. ebd. D 72 Fiedr. Hunke, oder Stadtarchiv Bad Salzuflen, N III.

92 Die von Hitzemann 1953, S. 5, erwähnten Akten aus Fach 146 der „Reg. Reg." entsprechen heute im Wesentlichen LAV NRW StA Dt L 77 A, Nr. 4733-4808.

93 Die Angaben der von Verdenhalven ausgewerteten Quellen finden sich bei Verdenhalven 1980, S. XXI-XXIV, bzw. Verdenhalven 1993, S. 13-14.

die nicht behandelte Zeit bis 1914" aufmerksam.[94] Ein „erzählender Text" ließe manch Auswandererschicksal deutlicher werden, als es je Statistiken mit noch so eindrucksvollem Zahlenmaterial vermöchten.

In den eingangs bereits erwähnten Beiträgen zur lippischen Auswanderung in Zeitungen und Kalendern, aber auch bei Hitzemann werden gelegentlich Briefe von Auswanderern erwähnt, die sie in ihre alte Heimat geschrieben haben.[95] Bislang – und hier täte sich ein weiterer Pfad auf, dem noch nachgegangen werden könnte – sind solche Briefe, aber auch andere Erinnerungsstücke, wie z.B. Fotos, nirgendwo gesammelt und ausgewertet worden, ja es ist auch zu keiner Zeit und durch kein Medium dazu aufgerufen worden, in Familienbesitz (oder in kommunalen Archiven!) befindliche Briefe aus der Neuen Welt, an einer Stelle zwecks Abschrift und Auswertung zusammenzubringen. Sicher ließe sich – wie andere Regionen zeigen – aber auch in Lippe wertvolles Material finden, das noch mehr Aufschluss über das Leben und das Selbstverständnis der lippischen Auswanderer in ihrer neuen Lebenswelt gäbe.

Ein weiterer Punkt sei abschließend genannt: Das bereits vorliegende Schrifttum zur (lippischen) Auswanderung, insbesondere zur Amerika-Auswanderung, ist voll von Erfolgsgeschichten. Mannigfaltig sind die Berichte von Männern – Frauen werden fast nirgends erwähnt, was ein weiteres Manko darstellt –, die auf ganz unterschiedlichen Feldern, sei es als begnadete Pfarrer und Gemeindegründer, erfolgreiche Fabrikanten, einflussreiche Politiker oder innovative Wissenschaftler, Karriere machten. Nicht umsonst bezeichnet Schütte diese Menschen, die den bilderbuchgleichen Aufstieg vom Tellerwäscher zum Millionär schafften, als „Heroes". Doch es gab auch die anderen, die Gescheiterten und Gestrandeten, diejenigen, die es „drüben" nicht schafften und in größerem Elend als zu Hause untergingen, wie Schütte bereits ebenfalls selbstkritisch anmerkt.[96] Auch diese

---

94 Schreiben Erich Kittels v. 9.1.1963, das sich im Besitz des Verfassers befindet. Offenbar hat sich Hitzemann dieser deutlichen Umarbeitung seiner zehn Jahr zuvor abgeschlossenen Dissertation nicht stellen wollen, weshalb die Veröffentlichung als „Sonderveröffentlichung" unterblieb, und das, obwohl Kittel versicherte: „Unser Verein würde finanziell in der Lage sein, Ihre Dissertation [...] herauszubringen, und ich glaube, daß der Vorstand angesichts der Bedeutung des Themas [...] wohl zustimmen würde."

95 Vgl. Anm. 79.

96 Schütte 2005, S. 6-7. Die Zahl der lippischen „Heroes", d.h. der „erfolgreichen" Auswanderer, ließe sich über die bei Schütte erwähnten noch um folgende erweitern: Rudolph Blankenburg aus Barntrup, Bürgermeister von Philadelphia (Ein Lipper als Bürgermeister von Philadelphia, in: Lippischer Kalender 1915, S. 64-65), Ferdinand und Gustav

schwer fassbare Gruppe müsste im Hinblick auf „lippische Opfer" einer genaueren Untersuchung unterzogen werden, was sicher besonderer Anstrengungen bedürfte.[97] In diesem Zusammenhang sei auch auf die Existenz möglicher Rückwanderer hingewiesen, also Menschen, die – vielleicht auf Grund gescheiterter Bemühungen, in der Neuen Welt Fuß zu fassen, – wieder nach Lippe zurückkehrten und hier ihre Wanderungserfahrungen verarbeiten mussten.[98]

Die vorgenannten Aspekte verstehen sich lediglich als Ideensammlung – sie wurden nicht mittels Akteneinsicht auf ihre Machbarkeit hin überprüft. Der eine oder andere Aspekt könnte aber vielleicht aufgegriffen und dennoch umgesetzt werden. Insbesondere mit Unterstützung der Mitglieder des Genealogischen Arbeitskreises des NHV und des Amerikanetzwerkes müsste es möglich sein, eine wissenschaftlich fundierte, aber lesbare, über das 19. Jahrhundert hinausgehende, nicht nur auf die Auswanderung in die Vereinigten Staaten beschränkte und dabei staatliche wie private Überlieferung berücksichtigende Darstellung zum Thema „Auswanderung aus Lippe" zu schaffen. Möge der vorliegende, mit einem Blick in die Zukunft verbundene Versuch einer Bestandsaufnahme der Anstoß zu einem solchen Unternehmen sein!

Bunte aus Lemgo, Süßwaren-Fabrikanten in Chikago (Wiemann 1929, S. 107), Wilhelm Ferdinand Detert aus Horn, Bergwerksingenieur in Kalifornien (Röhr, Heinz, Wilhelm Ferdinand Detert (1850-1929), in: Heimatland Lippe 66 (1973), S. 88-91), Friedrich Duesenberg aus Kirchheide, Autokonstrukteur (Schaefer, Hermann Ludwig, Pionierarbeit eines Lippers in Amerika. Auf den Spuren der 1885 ausgewanderten Familie Düsenberg aus Kirchheide, in: LZ v. 13.5.1967, und www.lemgo.de/personen/duesenberg. htm), Leopold Gast aus Belle, Druckereibesitzer in St. Louis (Schmidt, A[dolf], Lipper in Amerika, in: Lippischer Dorfkalender 1899, S. 96-98, hier S. 96-97), Christian Voechting aus Blomberg in Milwaukee, Brauereibesitzer (LZ v. 10.7.1882).

97 Für den benachbarten Regierungsbezirk Minden sind solche Berichte über Misserfolge z.B. gesammelt in LAV NRW StA Dt M 1 I A, Nr. 110.

98 Vgl. zur Rückwanderung allgemein: Schniedewind, Karin, Fremde in der Alten Welt: die transatlantische Rückwanderung, in: Bade 1992, S. 179-185.

Das Amerikanetz: eine elektronische Brücke für Auswanderungsforscher

von Friedrich Schütte

Am Anfang von www.amerikanetz.de stand die Idee, einen regionalen Kreis von Auswanderungsforschern in Ostwestfalen-Lippe elektronisch miteinander zu vernetzen. Erklärtes Ziel: Wege, Zeit und Kosten sparend grenzenlos miteinander zu kommunizieren und per Datenautobahn, sprich Internet einen ständigen elektronischen Wissensaustausch untereinander als auch mit Partnern in Übersee aufzubauen. Gründungstag war der 15. Februar 2003, Ort: das Kommunalarchiv Herford. Die 18 Teilnehmer aus Herford, Bielefeld und den umliegenden Kreisen hatten rasch einen passenden, wenn auch etwas sperrigen Namen gefunden: „Netzwerk Westfälische Amerika-Auswanderung seit dem 19. Jahrhundert".

Drei Jahre nach seiner Gründung zählt das Netzwerk im Frühling 2006 über 40 Mitglieder, die sich beruflich und in ihrer Freizeit haupt- oder ehrenamtlich mit Migration und speziell der Massenauswanderung im 19. Jahrhundert nach Amerika beschäftigen. Bei den Mitgliedern handelt es sich hauptsächlich um Archivare, Historiker, Soziologen, Genealogen, Linguisten, Theologen, Bibliothekare, Pädagogen und Journalisten. Hinzuzurechnen sind ebenso viele Kooperationspartner aus dem In- und Ausland. Diese werden von Fall zu Fall in den Informations- und Datenaustausch der Netzwerkmitglieder einbezogen. Ferner bestehen über wissenschaftlich tätige Mitglieder des Netzwerks ständige Kontakte zu einschlägigen Archiven, in- und ausländischen Universitäten, Geschichtsvereinen und genealogischen Arbeitskreisen in Westfalen, dem angrenzenden Rheinland und Niedersachsen.

Die Vereinigung hat weder Satzung noch Vorstand. Es gibt lediglich einen Koordinator, der gewissermaßen die Fäden zusammenhält. Das ist seit Gründung des Netzwerks meine Aufgabe. Außerdem haben wir einen Webmaster: Frithjof Meißner. Ihm stehen zwei Junioren hilfreich zur Seite, und zwar Jochen Meißner und Christian Wemhoff. Die Mitgliedschaft ist beitragsfrei. Sofern Kosten entstehen, z.B. zum Aufbau einer eigenen Website (wie geschehen!), werden diese unter den Mitgliedern umgelegt. Koordinator und Webmaster arbeiten grundsätzlich ehrenamtlich und verzichten auf jedweden Kostenersatz. Solch selbstverantwortetes, radikal unbürokratisches „Vereinsmanagement" hat sich bisher in jeder Weise bewährt.

Schon bald nach der Gründung mit der eigenen Website im Netz

Die am Gründungstag gestellten organisatorischen Aufgaben waren bereits Anfang des Jahres 2005 erfüllt. Damit konnte das Netzwerk, unter meiner ehrenamtlichen Koordination, seine eigentliche Arbeit beginnen:

1. Aufbau der eigenen Website www.amerikanetz.de im Internet mit bewusst einfach zu nutzendem Suchbaum, Mitgliederliste, Terminkalender, Mitteilungen, Links zu den verschiedenen regionalen Spezialisten, Veröffentlichungen und vielem mehr.

2. Erarbeitung einer speziellen „Bibliographie zur westfälischen Auswanderung nach Amerika". Hierzu boten Dr. Monika Minninger und Ulrike Kunze (M.A.) ihre Aufbauhilfe sowie die Platzierung im Stadtarchiv und Landesgeschichtliche Bibliothek Bielefeld an.

Seit dem Frühjahr 2005 steht die Bibliographie im Netz. Der entsprechende Bestand an Büchern und Dokumenten innerhalb der Landesgeschichtlichen Bibliothek wird laufend um neue Veröffentlichungen und Neuerwerbungen ergänzt, was analog in der elektronisch weltweit zugänglichen Bibliographie seinen Niederschlag findet.

In welch unerwartet starkem Maße das spezielle Know-how unserer Mitglieder, außerdem sämtliche über sie zu erreichenden, spezifischen Daten, insbesondere unsere Bibliographie in Anspruch genommen werden, zeigt eine von Webmaster Meißner für die Zeit von Mai 2005 (Installation der aktuellen Software für www.amerikanetz.de) und dem 18. Februar 2006, Tag des dritten Netzwerk-Jahrestreffens in Osnabrück, aufgestellte Nutzerliste.

Anfragen von den USA über Kanada bis Südamerika, Israel und Australien

Demnach wurde unsere gemeinsame Homepage innerhalb der genannten 10 Monate 17.136 mal besucht. Hierbei blieben direkt gestellte Abfragen zur Bibliographie unberücksichtigt, da vom Netzwerk aus nicht ermittelbar. Hinzu zu zählen sind Hunderte Mitteilungen, Anfragen oder Abfragen per Telefax, Telefon oder auch (noch) per Brief. Etwa jeder dritte E-Mail-Kontakt zu unserem Amerika-Netzwerk kommt von Übersee, vorwiegend aus den USA. Anfragen stammen häufiger jedoch auch aus Kanada, Lateinamerika, aus Israel und sogar Australien.

Der Suchbaum ist so angelegt worden, dass Besucher unserer Homepage www.amerikanetz.de sich im Normalfall mit ihrem Anliegen sogleich zu dem regional und von der Sache her ausgewiesenen Spezialisten auf unserer Mitgliederliste durchklicken können. Nur in allgemeinen Angelegenheiten, z.B. Erwerb der Mitgliedschaft oder immer dann, wenn ein Besucher nicht weiß, wer seine spezielle Anfrage möglichst erfolgreich beantworten kann, landet der oder die Betreffende auf dem Rechner des Koordinators, also bei mir. So etwas kommt pro Woche wohl zehnmal und häufiger vor. Meine Aufgabe ist es dann, die entsprechende Anfrage, Nachricht oder Datei per Mausklick an das Mitglied weiterzuleiten, von dem ich aufgrund meiner Erfahrung weiß, dass es dem Anfragenden am ehesten weiterhelfen kann.

Kooperation im Netz soll Leistungen „einsam forschender" Spezialisten zusammenführen

Warum es nicht schon viel früher zu einem kooperativen Zusammenschluss aller in der westfälischen und südniedersächsischen Auswanderungsforschung stehenden Personen gekommen ist, habe ich mich bei der eigenen, familiären wie beruflichen Suche auf den Spuren unserer Amerika-Auswanderer schon vor Jahrzehnten gefragt. Zumal ich damals und bis in das 21. Jahrhundert hinein hundert und mehr Historiker, Soziologen, Sprach-, Religions-, Medien- und Politikwissenschaftler bzw. deren Veröffentlichungen kennen lernte, die sich jeweils gründlich mit einem bestimmten Aspekt der Amerikaauswanderung (und dabei wiederum oft fokussiert auf die Vorgänge in einer ganz bestimmten Region) beschäftigt hatten. Von zahllosen Auswandererbriefen, Aufsätzen in Zeitungen, Zeitschriften und Sendebeiträgen in den elektronischen Medien gar nicht zu reden. Viele dieser Arbeiten sind als Examens-, Magister- und Doktorarbeiten erschienen, entweder in Deutschland oder den USA.

Bei Kontakten mit den verschiedenen Forschern bzw. Autoren fiel mir auf, dass diese ausgewiesenen Experten jeweils auf ihrem Gebiet glänzend Bescheid wussten und über einzigartige Kenntnisse verfügten, jedoch interdisziplinär und international nur in geringerem Maße miteinander vernetzt waren. Nicht selten blieb bedauernd festzustellen, dass in jahrelanger Recherche erfolgreich zusammengetragene Geschichts- bzw. Namensdateien speziell zur Amerikaauswanderung von Westfalen und Niedersachsen einsam in universitären oder privaten Archiven schlummerten, statt auswärtigen Forschenden nachrichtlich zur Verfügung zu stehen.

Diese Neigung, seine Erkenntnisse im „stillen Kämmerlein" zu bewahren, ist bei der großen Schar privater Hobby- und Vereins-Auswandererforscher Westfalens, rückblickend betrachtet, eher noch ausgeprägter gewesen. In Mastholte (Kreis Gütersloh) und Darfeld (Münsterland), in Westerkappeln und Lengerich (Kreis Steinfurt), in Ostbevern (Kreis Warendorf), Stemwede (Kreis Minden-Lübbecke), Hövelhof und Delbrück (Kreis Paderborn) haben Hobby-Genealogen über Jahrzehnte erstklassige Forschungsarbeit geleistet und dokumentiert. Nur: Was sie über die Gründe der seinerzeitigen Massenauswanderung, Militärdienstflüchtlinge, politische oder wirtschaftliche Motive zur Emigration und über Namen und Transatlantiksegler herausfanden, behielten sie nicht selten still für sich oder veröffentlichten ihre Ergebnisse lediglich in örtlichen Vereinsschriften oder Zeitungen.

Doch obgleich sie dasselbe Ziel hatten und gleiche Wege erforschten, um historische und soziale Daten zu bekommen, hatten die meisten dieser Forscher westfalenweit keine Verbindung zueinander, noch wussten sie um ihre jeweiligen Ergebnisse. Für den Heimatforscher im Münsterland war Herford eben weit weg – so weit, dass z. B. in Herford lange Jahre unbekannt blieb, wie viele Hunderte *katholischer* Bürger der Herforder Partnerstadt Quincy, Illinois, aus dem Münsterlande stammen – neben einer Heerschar von *evangelischen* Quincianern, die Mitte des 19. Jahrhunderts aus dem Kreis Herford eingewandert sind. So baut www.amerikanetz.de denn auch hier Brücken der Zusammenarbeit zwischen den verschiedenen Regionen und Gemeinden in Westfalen bzw. deren mit der Auswanderungsforschung befassten Bürgern.

Neugier für Amerikaauswanderung gewissermaßen in die Wiege gelegt

In meiner landwirtschaftlich geprägten elterlichen Familie ist das Thema „Amerika" seit 150 Jahren aktuell. Zahlreiche Mitglieder unserer Sippe, Männer wie Frauen, sind in die Neue Welt ausgewandert. Der briefliche Kontakt blieb über die folgenden Generationen hinweg stets erhalten, nur durch Kriege unterbrochen.

Bereits wenige Jahre nach dem Zweiten Weltkrieg standen amerikanische Vettern und Cousinen meiner Eltern vor der Tür und sprachen zu meinem großen Erstaunen unverfälscht das vertraute Plattdeutsch ihrer vor 100 Jahren von hier ausgewanderten Groß- und Urgroßeltern.

Dies brachte mich bereits in den 1950er Jahren als junger Journalist auf die Spur zu erforschen, warum und auf welche Weise unsere amerikanischen Verwandten während des 19. Jahrhunderts wohl ihre Heimat verlassen haben könnten. Daraus wurde eine lebenslange Recherche über fast 50 Jahre, und zwar für die eigene Familie, als Reporter und Redakteure von Tageszeitungen sowie für den Rundfunk, mit über 30 Reisen in die sogenannte „Plattdeutsche Prärie" des Mittleren Westens der USA und zu den Little Germanies in Metropolen, namentlich New York, Chicago und St. Louis.

Bei meinen zahlreichen Flügen in die Neue Welt suchte und fand ich nicht nur eine große Zahl ländlicher Ortschaften mit Namen, die mit Dörfern meiner Heimat identisch sind oder deren Namen davon abgeleitet worden waren, wie etwa Minden, Westphalia, Detmold, Gehlenbeck, Schaumburg, Melle, Wehdem, Glandorf, Kappeln, Minster oder Paderborn. Sondern ich entdeckte auch viele Siedlungen, die den Namen ihrer Entdecker bzw. ersten Pioniere aus Westfalen trugen: Hoffmann, Kruse, Marmet, Gering, Drake, Beckemeyer.

Auf den Spuren westfälisch-lippischer „Little Germanies" im Mittleren Westen

Gemeindeakten, Pfarrchroniken, Familienbibeln und sonstige private Familiendokumente speziell in den „Little Westphalians" des Mittleren Westens der USA zeigten mir, dass und wie unsere ausgewanderten Landsleute sich in der Neuen Welt oft familien-, dorfweise oder im konfessionellen Verband ansiedelten. Entsprechend versuchte ich, zwischen New Minden (Illionis) und Minden Westfalen, Neu Paderborn (USA) und der westfälischen Bischofsstadt Paderborn, zwischen Quincy „auf der Herforder Wiese" am Mississippi und der Werrestadt Herford, Detmold Missouri und Detmold (Lippe) die in Zeit und Kriegen verloren gegangenen genealogischen Fäden neu zu knüpfen.

Ein Ergebnis der Forschungen war, dass ein großer Teil der in den USA entdeckten Auswandererfamilien tatsächlich aus den genannten westfälischen Ortschaften stammte. Recherchen auf Friedhöfen und in örtlichen Personenstandsregistern ließen jedoch bald erkennen, dass es in den „Little Westphalians" eine Menge Einwandererfamilien mit typisch ostwestfälischen Hausnamen gab, deren Auswanderung hierzulande nicht nachweisbar war. Umgekehrt ist ein sehr großer Teil der hierorts als Amerikafahrer registrierten (Ost-) Westfalen in amerikanischen Akten nicht wiederzufinden.

Meine vor allem in den 60er Jahren von Reise zu Reise intensivierten, jahrzehntelangen privaten journalistischen Nachforschungen liefen parallel mit einer in ganz Nordamerika populär gewordenen „Suche nach den Roots" (Erforschung familiärer Wurzeln) in Europa und speziell in Deutschland. Behörden und Archivare sahen sich damals einer Welle von Besuchern und Anfragen aus Übersee gegenüber gestellt, die zum Ziel hatten, deutschstämmigen Amerikanern ihre europäischen bzw. westfälischen Wurzeln aufzuzeigen. Dies wiederum weckte auch hierzulande in der Bevölkerung den Wunsch zu erfahren, wer, wann und weshalb im 19. Jahrhundert seine schöne lippische oder ostwestfälische Heimat Richtung Amerika verlassen hatte: Geschichts- und Heimatvereine, genealogische Gesellschaften und Archivare wurden aktiv, um die Massenauswanderung Hunderttausender Westfalen und Lipper zu erforschen und zu dokumentieren!

Die Ausgangslage war damals höchst unterschiedlich und fast überall fragmentarisch. Während lippische Auswandererforscher, allen voran Fritz Verdenhalven, eine verhältnismäßig geordnete behördliche und kirchliche Aktenlage vorfanden, waren in Bielefeld und Paderborn während des Zweiten Weltkrieges große Aktenbestände verbrannt oder in Minden teilweise bereits um 1900 kassiert worden. Kirchenbücher zeigten sich, je nah Berichtsfreudigkeit der jeweiligen Pfarrer im 19. Jahrhundert, unterschiedlich ergiebig. Vor allem die sehr große Zahl heimlich ausgewanderter junger Leute bereitete Kopfzerbrechen.

Dabei war das Interesse der Bevölkerung und mit Migration befassten Organisationen im Untersuchungsraum Ostwestfalen-Lippe sehr verschieden. Während es im Kreis Herford etwa von 1970 bis 1990 gelang, auf Initiative des Kreisheimatvereins und unter aktiver Mitarbeit aller örtlichen Heimatvereine, von Historikern, Pädagogen, Politikern, Archivaren und Journalisten eine flächendeckende, alle verfügbaren heimischen und überseeischen Quellen auswertende Dokumentation („Wittekindsland/Beiträge zur Heimatkunde" 1-4) zu erstellen, die rd 10.000 Auswandererschicksale umfasst, kamen im Kreis Gütersloh nur in einzelnen Gemeinden entsprechend umfassende Arbeiten zustande, wie z.B. in Rietberg oder Steinhagen.

Für den Kreis Minden-Lübecke erforschten Studierende bzw. Doktoranden die „Amerikaauswanderung im 19. Jahrhundert": Heinz-Ulrich Kammeier und Wolfgang Riechmann.[1] In Lippe hatte bereits Anfang der 1950er Jahre Herbert Hitzemann (Lemgo) eine Dissertation zur Amerikaauswanderung vorgelegt. Diese Arbeit konnte aufgrund der damals noch sehr spärlichen inländischen wie überseeischen Quellenlage freilich vieles von dem, was in den folgenden Jahren Friedrich Verdenhalven im damaligen Staatsarchiv Detmold sorgsam zusammen trug und umfangreich dokumentierte, noch nicht ausweisen.[2] Im Kreis Paderborn erforschte und dokumentierte in den 1990er Jahren ein Team von Historikern, Soziologen und Hobbyforschern (Wolfram Czeschick, Otmar Allendorf, Friedrich Marxkors, R.D. Müller) die Auswanderung nach Amerika im 19. Jahrhundert. Dagegen ist es im Kreis Höxter bisher nur bei örtlichen Arbeiten zu speziellen Gesichtspunkten der Migration geblieben. In Bielefeld hat Stadtarchivarin Monika Minninger in den 1980/90er Jahren die Emigration vornehmlich aus den Dörfern des ehemaligen Landkreises Bielefeld in die „Plattdeutsche Prärie" des Mittleren Westens grundlegend erforscht und dokumentiert. Dazu kommt neuerdings eine Arbeit über Bielefelder Vormärzdemokraten und Amerikaflüchtlinge nach der missglückten 1848er Revolution.

Mit der EDV ein neuer Schub für die westfälische Auswandererforschung

In allen genannten Kreisen und Gemeinden mit bereits vorhandener US-Auwanderungs-Dokumentation waren die entsprechenden Datenbestände bis zur Einführung des Internets vorläufig abgeschlossen. Zufällig neu entdeckte Funde wurden zwar fortlaufend eingefügt. Doch galt die Arbeit nach Auswertung aller bis dahin verfügbaren Quellen weitgehend als vorerst erledigt, wenn auch nach wie vor mit großen Lücken behaftet.

Spätestens ab der Jahrtausendwende nun schuf die elektronische Datenübertragung unverhofft eine neue Quellenlage. Plötzlich öffneten sich den Forschern per Internet überseeische Archive, US-Datenbanken, Chroniken, einschlägige neue, wissenschaftliche Forschungsergebnisse, bis hin zur größten genealogischen Datensammlung auf CD-Rom mit 6,4 Millionen Namen deutscher Einwanderer aus den Mormonenarchiven in Salt Lake

---

1 Kammeier, Heinz-Ulrich, Deutsche Amerikaauswanderung aus dem Altkreis Lübbecke in der zweiten Hälfte des 19. Jahrhunderts, Münster 1983; Riechmann, Wolfgang, ‚Vivat Amerika'. Auswanderung aus dem Kreis Minden, 1816-1933, Minden 1993.
2 Vgl. hierzu den Beitrag von Stefan Wiesekopsieker in diesem Band.

City und den Volkszählungen (US-Census) nebst Passagierlisten ankommender Einwandererschiffe im 19. und 20. Jahrhundert.

Dieser geradezu umwälzend neue, gewaltige Datenstrom fordert seitdem alle mit Auswanderungsforschung Befassten heraus, vorhandene Ergebnisse im Lichte neuester Zugriffsmöglichkeiten zu überprüfen sowie noch nicht bekannte Daten hierzulande und in Übersee elektronisch auszuwerten. Bis hin zur Klärung von Tausenden von Einzel- und Gruppenschicksalen emigrierter Westfalen.

Gleichzeitig geben der Datenaustausch und die Unterstützung der Auswanderungsforschung per Internet all jenen Kreisen, Gemeinden und Städten in Westfalen noch einmal eine Chance, die dort teilweise immer noch unbearbeitete, brachliegende Erforschung von Migrationsbewegungen im 19. Jahrhundert nach Amerika doch noch anzupacken und nach Vorbild von Lippe, Herford und Paderborn zu dokumentieren. Hier sind Kreise wie Höxter, Gütersloh, Soest und Warendorf gefordert. Das „Netzwerk Westfälische Amerika-Auswanderung im 19. Jahrhundert" ist nicht zuletzt auch deswegen gegründet worden und steht mit seinen Mitgliedern allen interessierten Stellen bzw. Personen kostenfrei mit Rat und Tat zur Seite.

Zwischenbilanz zur Auswandererforschung in dieser Region in „Westfalen in Amerika"

In meinem Buch „Westfalen in Amerika" habe ich versucht, weniger wissenschaftlich, jedoch mit journalistischer Sorgfalt, eine Zwischenbilanz der Auswanderungsforschung in Westfalen zu ziehen.[3] Darin werden 40 Biographien von Westfalen und Lippern vorgestellt, die in der „Neuen Welt" Geschichte und Geschichten geschrieben haben. Die Veröffentlichung basiert auf jahrzehntelangen, eigenen Recherchen in den USA und wurde insbesondere mit Informationen von zahlreichen Auswandererforschern (Historikern, Soziologen,Linguisten u.a.) reichhaltig ergänzt.

Unter den von mir ermittelten 40 „Auswanderer-Heroes" befinden sich einfache Leute, die es vom Heuerling zum Farmer, vom Schäferjungen bis zum Pharma-Millionär oder vom einfachen Ackersmann zum Erzbischof gebracht haben. Dazu kamen westfälische Intellektuelle als Pfadfinder nachfolgender Heerscharen von Amerikafahrern, wie der Oelder Arzt Dr.

---

3 Schütte, Friedrich, Westfalen in Amerika. Von Boeing, Bruns und Boas bis Ney, Niebuhr und Wewer, Münster 2005.

Bernhard Bruns oder der Bauer Friedrich Reineking aus dem lippischen Langenholzhausen.

Der Mindener Arzt Dr. Abraham Jacobi gründete in New York das erste amerikanische Kinderkrankenhaus. Dessen Neffe Professor Franz Boas wurde in Amerika ein weltberühmter Anthroposoph. Hegelianer Heinrich Brockmeyer aus Neuenknick galt in St.Louis als führender literarischer Kopf und war kurzzeitig Governor von Missouri. Die Achtundvierziger Revolutionäre Wilhelm von Laer (Herford), Julius Vordtriede (Heiden, Lippe), Hermann Kriege (Lienen) und Dr. Ernst Kapp (Minden) machten in USA (wie teilweise auch nach ihrer Rückkehr in Deutschland) ungewöhnlich Karriere.

Auswanderersohn Professor Reinhold Niebuhr aus Hardissen (Lippe) schrieb sich als kritischer Berater für politische Ethik bei vier amerikanischen Präsidenten des 20. Jahrhunderts in die große Weltgeschichte ein. Die in Minden geborene Pauline von Mallinckrodt und ihr Orden von den „Schwestern der Christlichen Liebe" gilt in den USA heute als Wegbereiterin eines geordneten staatlichen Schulwesen seit den 70er Jahren des 19. Jahrhunderts.

Die im Vorspann meines Buches genannte Zahl von 300.000 Westfalen in Amerika ist nicht gesichert. Früher publizierte Angaben aus Wissenschaftskreisen in Münster belaufen sich eher auf 90.000 bis 190.000. Doch zu der Zeit, als letztgenannte Zahlen in den 1960er bis 1980er Jahren veröffentlicht wurden, war erst ein geringer Teil der heute bekannten bzw. verfügbaren in- und ausländischen Quellen zur Amerikaauswanderung zugänglich bzw. wiederentdeckt worden. Außerdem bediente man sich noch nicht der Möglichkeiten des elektronischen Datenaustauschs. Diese damaligen Angaben dürften also auf jeden Fall zu niedrig sein.

Meine Angabe von 300.000 Amerikaauswanderern in Westfalen entstammt einer privaten Hochrechnung, die aufgrund der bisher teilweise flächendeckend ermittelten, wirklichkeitsnahen Zahlen aus den Kreisen Minden-Lübbecke (32.000), Herford (12.000), Lippe (20.000), Paderborn (10.000), Steinfurt (20.000) stammen. Bei meiner Ziffer von 300.000 handelt es sich also nur um eine (meines Erachtens berechtigte) Annahme, wobei aufgrund neuerer Quellenforschung hüben und drüben davon ausgegangen werden kann, dass die Schar der heimlichen Auswanderer in vielen Regionen ungleich höher gewesen ist als bisher angenommen wurde; ferner, dass kleine Kinder bei der Registrierung von Auswanderern in Gemeindeakten und Schiffslisten vielfach zu Tausenden völlig unbeachtet blieben.

Im Vergleich zu Ostwestfalen-Lippe und dem Münsterland gibt es in der Auswanderungsforschung für den Regierungsbezirk Arnsberg meines Erachtens zusätzlich noch einiges zu tun. Anders als in den Regierungsbezirken Detmold und Münster, konnte seitens der Westfälischen Gesellschaft für Genealogie und Familienforschung für den Regierungsbezirk Arnsberg, in Ermangelung flächendeckender regionaler Dokumentationen, bisher noch kein entsprechendes, zentrales Namensverzeichnis erstellt werden. Das mindert jedoch nicht die Leistungen örtlicher Forscher wie meines Wisssens z. B. im Raum Soest, in Altena, Olpe, Siegen oder Dortmund, wo nach dem Zweiten Weltkrieg die Auswanderung nach Amerika punktuell durchaus gründlich erforscht und dokumentiert worden ist.

17 westfälische Städte und Gemeinden kooperieren mit 19 „Sister Cities" in USA

„Westfalen in Amerika" war für mich schließlich auch das geeignete Medium, um eine besondere und genau in diese Zeit passende eigene Arbeit über Partnerschaften westfälischer Städte und Gemeinden mit Kommunen in den Vereinigten Staaten zu veröffentlichen. Exakt 2006 jährt sich nämlich zum 50. Mal die Gründung von Sister Cities International (SCI) durch den damaligen amerikanischen Präsidenten Dwight D. Eisenhower. Nach Auskunft des amerikanischen Generalkonsulats Düsseldorf und ergänzt um meine eigenen Recherchen pflegen derzeit 17 Städte bzw. Gemeinden in Westfalen Partnerschaften mit 19 Kommunen in den USA.

Von den US-Sister Cities westfälischer Gemeinden befinden sich die meisten im Mittleren Westen, der sogenannten „Plattdeutschen Prärie". Etwa die Hälfte aller Verbindungen, die vornehmlich dem Jugendaustausch dienen, hat einen Migrations-Hintergrund. Weil der westfälische Priester Wilhelm Busch aus Fürstenberg nahe Belleville (Illinois) in den 50er Jahren des 19. Jahrhunderts Neu Paderborn gründete, kam es zur Städtepartnerschaft zwischen Paderborn und Belleville. Und weil die Gründer von Waterloo (Illinois) aus Veltheim an der Weser stammen, beschlossen Waterloo und Porta Westfalica 1981 eine Verschwisterung.

So werden in einem gesonderten Kapitel des Buches sämtliche bekannten westfälischen US-Partnerkommunen und deren Sister Cities mit dem jeweiligen historischen Hintergrund und ihren dies- und jenseitigen Internet-Adressen bzw. Ansprechpartnern dargestellt. Wobei die Partnerschaften zwischen dem Münsterländer Lengerich und Wapakoneta (Ohio) sowie Ladbergen und New Knoxville (Ohio) einen ganz und gar außergewöhnlichen Bezugspunkt haben. Neil Armstrong, geboren in der Lengericher US-Partnerstadt Wapakoneta, ist Abkömmling bettelarmer Münsterländer Emigranten aus der Mitte des 19. Jahrhunderts. Unter den 1.310 Amerikafahrern der kleinen evangelischen Gemeinde Ladbergen befand sich seinerzeit auch der Heuerling Friedrich Kötter. Er ist der Urgroßvater von Neil Armstrong, jenes weltberühmten amerikanischen Astronauten, der 1969 als erster Mensch den Mond betrat.

Frühe „Auswanderer" aus der Vogtei Heiden (Lippe)

Ein Verzeichnis von 1708 als genealogische und sozialgeschichtliche Quelle

von Wolfgang Bechtel und Nicolas Rügge

Einführung

Wer sich mit lippischer Höfe- und Familiengeschichte befasst, kann über einen Mangel an geeigneten Quellen in den staatlichen, kommunalen und kirchlichen Archiven nicht klagen. Die Abfolge der Hof- und Stättebesitzer lässt sich meist über einen langen Zeitraum rekonstruieren.[1] Schwieriger zu ermitteln ist dagegen der Verbleib der „weichenden Erben", also derjenigen Familienangehörigen, die infolge des Anerbenrechts keinen Anteil am elterlichen Grundbesitz erhielten, sondern mit Geld und Sachwerten ausgesteuert wurden. Zwar blieben die meisten im näheren oder weiteren Umkreis wohnen, doch nicht wenige verließen ihre Heimat auf Dauer. Für deren zahlreichste und bekannteste Gruppe, die Amerikaauswanderer des 19. Jahrhunderts, liegen viel benutzte Hilfsmittel vor.[2] Frühere Perioden der Auswanderung aus Lippe sind dagegen bisher nicht systematisch erforscht worden. Einzelne erhaltene und edierte Leibeigenenverzeichnisse von etwa

---

1 Vgl. z.B. Lenniger, Margit, Die Höfe und Stätten, in: dies. (Hg.), Talle. Das Kirchdorf und seine Nachbarn Niederntalle, Röntorf und Osterhagen. Beiträge zur Orts- und Höfegeschichte, Bielefeld/Norderstedt 2005, S. 275-372; Stiewe, Heinrich, Höfe und Stätten, in: ders. (Hg.), Wellentrup. Geschichte eines Dorfes im Blomberger Becken, Petersberg 2002, S. 275-309; Linde, Roland, Der Amtsmeierhof Asemissen und das Amt Barkhausen. Eine Hof- und Familiengeschichte aus dem lippisch-ravensbergischen Grenzgebiet, Horn 2002; Rügge, Nicolas, Hardissen. Eine lippische Ortsgeschichte, hg. vom Lippischen Heimatbund, Ortsverein Lage, Lage 1997, S. 177-214.

2 Die aktenkundigen Fälle verzeichnet Verdenhalven, Fritz, Die Auswanderer aus dem Fürstentum Lippe (bis 1877), Detmold 1980 (S. 1-13 einzelne ältere Fälle aus dem 17./18. Jh.) und ders., Die Auswanderer aus dem Fürstentum Lippe (1878 bis 1900), Bielefeld 1995. Vgl. ergänzend das von Dietmar Willer begonnene, zunächst auf Passagierlisten basierende Projekt: http://www.nhv-ahnenforschung.de/Auswanderung/index.htm.

1620 deuten auf eine damals eher kleinräumige Mobilität hin.[3] Bald gewannen aber die Niederlande stark an Anziehungskraft, die im 17. ihr „goldenes Jahrhundert" erlebten, während die deutschen Gebiete unter dem Dreißigjährigen Krieg und seinen Folgen zu leiden hatten. Neben der räumlichen Nähe dürften die Ähnlichkeit der Sprachen und die reformierte Religionsverwandtschaft zu einer intensiven Wanderungsbewegung beigetragen haben. Arbeitsmöglichkeiten boten zunächst die Zuckerbäckerei in Amsterdam sowie die Grasmäherei und Torfstecherei in Friesland, schließlich vor allem die Ziegelproduktion.[4] Schon 1705 sorgte ein „Blomberger Bote" für einen regelmäßigen Postverkehr zwischen Lippe und Amsterdam, wo im 17. und 18. Jahrhundert nachweislich über 1.800 aus Lippe stammende Personen heirateten.[5] Über Holland gelangten nicht wenige Lipper als Seeleute nach Batavia, dem kolonialen Hauptstützpunkt der Niederlande in „Ostindien" (auf Java im heutigen Indonesien gelegen).[6]

Spuren dieser Entwicklung sind auch in der hier vorgestellten Quelle zu entdecken. Aus dem Jahr 1708 datieren mehrere erhaltene Eigenbehörigenverzeichnisse des Detmolder Grafen,[7] doch beschränkt sich nur das Heidener auf die Personen, die sich „in die Frembde begeben oder sonst anderwerts verheyrahtet" haben. Über die Vogtei Heiden im Amt Detmold liegen einige orts- und sozialgeschichtliche Veröffentlichungen vor, die eine Einordnung der Daten erleichtern.[8] In der Vorlage wird zwischen

3 Stöwer, Herbert/Verdenhalven, Fritz (Bearb.), Salbücher der Grafschaft Lippe von 1614 bis etwa 1620, Münster 1969, S. 425-436 (Verzeichnis der fortgezogenen Leibeigenen des Amtes Varenholz von etwa 1620) und S. 441-467 (Verzeichnis der Leibeigenen des Amtes Horn von 1620).

4 Vgl. zuletzt Lourens, Piet / Lucassen, Jan, Arbeitswanderung und berufliche Spezialisierung. Die lippischen Ziegler im 18. und 19. Jahrhundert, Osnabrück 1999; zur Wanderarbeit unter dem Gesichtspunkt der Mobilität auch Hennigs, Annette, Gesellschaft und Mobilität. Unterwegs in der Grafschaft Lippe 1680 bis 1820, Bielefeld 2002, S. 144 ff.

5 Lourens/Lucassen 1999, S. 35; vgl. Hennigs 2002, S. 120 f.

6 Belege dafür schon bei Verdenhalven 1980, S. 1-13; vgl. auch Rügge 1997, S. 99-101. Niederländische Archive bereiten eine Datenbank der Seefahrer der VOC (Vereinigte Ostindische Compagnie) vor: http://voc.websilon.nl.

7 Vogtei Detmold: Landesarchiv NRW Staats- und Personenstandsarchiv Detmold [im Folgenden: LAV NRW StA Dt] L 101 C I Nr. 23, Bl. 546-558; Vogtei Lage: LAV NRW StA Dt L 92 Z IV Nr. 11, Bl. 495-534.

8 Vgl. Hüls, Hans, Heiden in Lippe. Zur Genese und Struktur eines dörflichen Lebensraumes, Detmold 1974; Meier, Burkhard, Hedderhagen – eines der kleinsten Dörfer Lippes, in: Heimatland Lippe 77 (1984), S. 312-315; Hüttemann, Werner, Chronik der ehemaligen Gemeinde Pivitsheide V.H., Detmold-Pivitsheide 1987; Rhiemeier, Günter, Hörstmar.

(Vollerwerbs-) „Höfen" und (unterbäuerlichen) „Stätten" unterschieden. Dabei ist zu beachten, dass nur dem lippischen Landesherrn eigenbehörige Kolonate erfasst sind.[9] Die örtliche Spannbreite der „Auswanderungen" reicht vom direkt benachbarten Loßbruch im Amt Brake über Halberstadt und Amsterdam bis nach Batavia. Selbst wer in die lippischen Ämter Brake und Blomberg heiratete, benötigte offenbar einen Freibrief, weil die Grafschaft unterhalb der Hoheitsebene faktisch geteilt war und der Erbherr zur Lippe-Brake – bis zum Aussterben dieser Nebenlinie im folgenden Jahr 1709 – über „Land und Leute" in mehreren Ämtern verfügte.[10] In einigen Fällen (Hofprediger, Superintendent usw.) wird neben der räumlichen auch eine soziale (Aufstiegs-) Mobilität greifbar.[11] Möge die kommentierte Edition der Quelle über die einzelnen Daten hinaus Interesse an weiteren Forschungen in dieser Richtung wecken.

Vom Urdorf zur ländlichen Wohngemeinde, Lemgo 1989; ders., Trophagen. Gegenwart und Geschichte einer kleinen Hagensiedlung, Lemgo 1991; Frank, Michael, Dörfliche Gesellschaft und Kriminalität. Das Fallbeispiel Lippe 1650-1800, Paderborn 1995 (zur Wanderarbeit bes. S. 117 ff., zu der gesellschaftlichen Gliederung, den Höfen und Stätten S. 127 ff.); Rügge 1997.

9 Deren Anteil betrug um 1617 – örtlich und sozial differierend – etwas über 70 Prozent: in Heiden 33 von 38, in Hardissen 6 von 13, in Hörstmar und Trophagen 12 von 19, in Dehlentrup 12 von 14, in Niewald 4 von 7, in Jerxen-Orbke 1 von 9, in Oettern-Bremke 11 von 14, in Bentrup 10 von 16, in Hedderhagen alle 5, in Nienhagen 8 von 13, in Pivitsheide 17 von 19 und in Heßloh 6 von 8 (nach Stöwer/Verdenhalven 1969, S. 76-101).

10 Vgl. Süvern, Wilhelm, Brake. Geschichte des Schlosses und der Gemeinde Brake in Lippe, Lemgo 1960, S. 74-103, zit. S. 75.

11 Dazu immer noch beachtenswert: Puhstkuchen, Friedrich Christoph, Von etlichen auswärtigen Lippern, in: ders., Beyträge zu den Denkwürdigkeiten der Grafschaft Lippe, Lemgo 1769, S. 159-170 (Expl. der Lippischen Landesbibliothek mit handschriftlichen Nachträgen).

Quellentext[12]

Verzeichnüß der jenigen Persohnen, so sich von Ill(ustrissimo) (et cetera) Hochgräf(lichen) Gn(aden) eygenbehörigen Gühtern in die Frembde begeben oder sonst anderwerts verheyrahtet.

BAURSCHAFFT HEYDEN [HEIDEN]

Aus dem *Kruege* zu Heyden ist

1. eine Tochter nach dem Kohlpotte verheyrahtet, soll frey gekauffet sein,
2. eine Tochter an Bürgerm(ei)st(e)r Gehlen in der Lage, sol gleichfalß frey gekauffet sein,
3. ein Sohn Johan Herman,
4. ein Sohn Johan Cordt, beyde in Amsterdam verheyrahtet, aber noch beyde im Eygenthumb
[5.-7.] Uberdeme ist der König(lich) Preußische gewesener Hoffprediger zu Halberstadt Johan Henrich Kruger sehl(iger) wie auch deßen Brüdere alß sehl(iger) Cordt Kruger in Dettmoldt undt [Lücke gelassen] Kruger in der Müß(e)n V(ogtei) Lage aus gem(eltem) Kruge bürtig. Ob nun solche frey gekauffet, davon ist keine Nachricht.

Von *Deichmans* Hoffe ist
[8.] eine Tochter nacher Ohr in die Graffschaft Schaumburg verheyrahtet, soll frey gekauffet sein.

Von *Gahrenn* Dierks Stette ist
[9.] ein Sohne in Amsterdam verheyrahtet, aber noch im Eygenthumb.

Von Cordt *Darneden* Stette ist
[10.] ein Sohn in Amsterdam verheyrahtet, so noch im Eygenthumb,
[11.] eine Tochter in Lemgo undt

---

12 LAV NRW StA Dt L 17 Nr. 8, Bl. 8-12. Verfasser war vermutlich der Amtsvogt zu Heiden; als solcher amtierte seit 1694 Andreas Kestner († 1715; vgl. Verdenhalven, Fritz/Fink, Hanns-Peter (Bearb.), Das Diarium Lippiacum des Amtmanns Anton Henrich Küster, Detmold 1998, Nr. 916/1). Die Liste wurde in Detmold vorgelegt am 18. Juni 1708; das zeitgenössische Rubrum (und entsprechend das des Archivars Knoch) weist das Verzeichnis irrtümlich dem Kirchspiel Detmold zu. Der Text folgt buchstabengetreu mit moderner Groß- und Kleinschreibung sowie Zeichensetzung. Abkürzungen sind in runden Klammern aufgelöst. Die durchlaufende Nummerierung und andere in eckigen Klammern stehende Ergänzungen wurden zusätzlich eingefügt.

[12.] eine Tochter nach Entrup A(mt) Brake, sollen beyde frey gekauffet sein.

Von *Holsten* Hoffe ist
[13.] eine Tochter uff Riem Josts Hoff zu Lüerdißen A(mt) Brake verheyrahtet, man weiß nicht, ob vor dieselbe der Freybrieff gelöset.

Von *Sültemeyers* Hoffe ist
[14.] ein Sohn ins Flecken Lage verheyrahtet, an jetzo in Kriegs Diensten, ist noch im Eigenthumb,
[15.] eine Tochter nacher Kach[t]enhausen V(ogtei) Örlinghausen, uff einen freyen Krueg, ist noch im Eigenthumb,
[16.] eine Tochter an den zeitigen Küster zu Heyden, ist gleichfalß noch im Eigenthumb.

Von *Weingärtners*, jetzo *Schröders* Stette
[17.] ist der Herr Superintendens zu Dettmoldt bürtig, wie auch
[18.] deßen Bruder Bartold, so in Amsterdam sich verheyrahtet. Ob derselbe den Freybrieff gelöset, davon weiß jetziger Possessor der Stette nichts.

Von *Bente* Cordts Stette ist
[19.] ein Sohn in Amsterdam verheyrahtet, so noch im Eigenthumb.

Von Otte Henrichs *Hurlaheys* Stette ist
[20.] ein Sohn Johan Christoph an des Hern Amptman Buschens Tochter verheyrahtet, jetzo in Kriegs Diensten undt noch im Eigenthumb,
[21.] ein Sohn Christian ist im Stiffts Hildesheimb verheyrahtet undt daselbst ein Forstbedienter, gleichfalß noch im Eigenthumb.
[22.] Johan Henrich *Giese* ist nacher Halberstadt verheyrahtet, auch noch im Eigenthumb.

Von *Ste[c]kers* Stette ist
[23.] eine Tochter nacher Hameln verheyrahtet, soll freygekauffet sein,
[24.] eine Tochter nacher Magdeburg, ob solche freygekauffet, davon weiß jetziger Possessor der Stette nichts.

Von *Avenh[a]uß* Hoffe ist
[25.] ein Sohn nacher Kappel A(mt) Brake,
[26.] ein Sohn nach dem Nolte Hoffe,

[27.] ein Sohn nach dem Vogelsange,
[28.] eine Tochter nach Neuhaus verheyrahtet, sollen alle 4 frey gekaufet sein.

Von *Dröegen* Hoffe ist
[29.] eine Tochter nach Donop A(mt) Brake [!] u(nd)
[30.] eine Tochter nach der Waembke A(mt) Brake verheyrahtet, sollen beyde freygekauffet sein.

Von *Gröhnen* Hoffe ist
[31.] ein Sohne zu Heyden Küster gewesen undt im Eigenthumb gestorben, auch 3 Söhne undt eine Tochter hinterlaßen, wovon der eltiste Sohn, so Küster zu Horn gewesen, gleichfalß todt.

Von *Bökers* Stette sindt
[32.-33.] zwey Söhne nacher Amsterdam gezogen. Ob selbige frey gekauffet, weiß man nicht, auch nicht ob sie noch lebendig oder todt sein.

Von *Höste* Cordts Stette ist
[34.] ein Sohn nach der Wiembeke, imgleichen
[35.] eine Tochter nach der Waembke A(mt) Brake verheyrahtet, sollen beyde frey gekauffet sein.

BAURSCHAFFT HARDIßEN [HARDISSEN]

Von *Fegers* Hoeffe sind
[36.-37.] zwey Söhne nacher Holland undt von dar ferner nacher Batavia gangen, wovon einer verheyrahtet sein soll, sind noch beyde im Eigenthumb,
[38.] ein Sohn nach dem Laßebruche A(mt) Sternberg, sol frey gekauffet sein,
[39.] ein Sohn uffem Nuldieke A(mt) Sternberg, sol frey gekauffet sein,
[40.] eine Tochter an den Meyer zum Wöerden,
[41.] eine Tochter an den Meyer zu Ustrup A(mt) Blomberg, sollen beyde freygekauffet sein.

Von *Grünnen* Johans Stette sindt
[42.-43.] zwey Söhne nach der Hummertrupper Heyde A(mt) Brake undt

[44.] eine Tochter nach dem Wedderwillen V(ogtei) Lage verheyrahtet, sollen alle drey freygekauffet sein,

[45.] ein Sohn Berndt in Amsterdam verheyrahtet, ist todt undt hat einen Sohn nachgelaßen, welcher daselbst im Weysenhause. Ob selbiger seinen Freybrieff gelöset, davon weiß jetziger Possessor der Stette nichts.

Von *Obermeyers* Hoffe zu Lück[hau]sen ist
[46.] ein Sohn nach dem Liemer Thurm verheyrahtet,
[47.] ein Sohn uff Plögers Hoff in der Lütte A(mt) Brake,
[48.] ein Sohn uff Reesen Hoff zu Graßtrup,
[49.] eine Tochter uff Sobben Hoff zu Hagen V(ogtei) Lage,
[50.] ein Sohn uff Taschen Hoff zu Lücksen, sollen alle 5 freygekauffet sein.

BAURSCHAFFT HÖRSTMAR [MIT TROPHAGEN]

Von Johan *Cuhlemans* Stette ist
[51.] eine Tochter an den Papiermeister zur Holte verheyrahtet, wohnet an jetzo im Stifft Cöln, ist noch im Eigenthumb.

Von *Sannemeyers* Stette ist
[52.] ein Sohn in Frießlandt verheyrahtet, ist noch im Eigenthumb

Von *Frischen* Hoffe im Traphagen ist
[53.] eine Tochter uff den Meyer Hoff zu Bentrup verheyrahtet, soll freygekauffet sein.

Von Johan *Lüttmans* Stette ist
[54.] ein Sohn nacher Beverungen verheyrahtet, daselbst er Papiermeister,
[55.] ein Sohn aber nacher Thoren [Thorn in Westpreußen], ob solche frey gekauffet, davon weiß der jetzige Possessor nichts.

Von *Möller* Johans Stette ist
[56.] ein Sohn verheyrahtet, welcher wegen alhie begangener Dieberey in Hannöversche Kriegs Dienste gangen, ist noch im Eigenthumb.

BAURSCHAFFT DEHLENTRUP

Von Bertoldt *Manhencken* Hoffe ist
[57.] eine Tochter in Brake verheyrahtet,

[58.] eine Tochter im Loßebruche A(mt) Brake, sollen beyde frey gekauffet sein.

Von *Cuhlemans* Hoffe im Klühte ist
[59.] eine Tochter ins Loßebruch A(mt) Brake verheyrahtet, soll frey gekauffet sein.

Von *Klüht* Johan Hermans Hoffe ist
[60.] eine Tochter ins Waldeksche,
[61.] ein Sohn gleichfals ins Waldecksche,
[62.] eine Tochter an Strunk zu Wißentrup und
[63.] eine Tochter nacher Schlangen uff eine freye Stette verheyrahtet, sind noch alle viere im Eigenthumb.
[64.] Noch ein Sohn in Dettmoldt in Kneen Hauß verheyrahtet, sol frey gekauffet sein.

BAURSCHAFFT NIEWALDT [NIEWALD]

Von Friedrich *Ludolffs* Hoffe ist
[65.] ein Sohn nacher Holland gangen, man weiß nicht, ob er noch lebendig, ist sonst noch im Eigenthumb.
[66.] Ein Sohn, so noch unverheyrahtet, ist uffs Schmiede Handwerck nacher Bremen verreiset.

Von *Neesen* Hoffe ist
[67.] ein Sohn Jurgen genand ins Flecken Lage verheyrahtet, man weiß nicht, ob derselbe frey gekauffet.
[68.] Noch ein Sohn in ged(achten) Flecken verheyrahtet, sol frey gekauffet sein.
[69.] Ein Sohn Ludwig ist unverheyrahtet in Frießland zu arbeiten gangen.

BAURSCHAFFT JERXEN

Vom *Meyer* Hoffe ist
[70.] ein Sohn Henrich genand in Zutphen verheyrahtet, sol frey gekauffet sein.

230

BAURSCHAFFT BREHMCKE [BREMKE]

Von *Betkers* Hoffe ist
[71.] eine Tochter ins A(mt) Artzen [hannoversches Amt Aerzen] verheyrahtet, sol frey gekauffet sein.

BAURSCHAFFT BENTRUP [MIT HEDDERHAGEN]

Von *Wendt Iggensen* Stette ist
[72.] eine Tochter ins Loßebruch A(mt) Brake verheyrahtet, aber noch im Eigenthumb.

Von *Wendts* Hoffe im Hedderhagen wohnet
[73.] ein Sohn in Dettmoldt, ist vorhin Dreschemeister gewesen.

BAURSCHAFFT NIENHAGEN

Von *Plögers* Hoffe ist
[74.] ein Sohn in Wesep [?] unfern Amsterdam verheyrahtet, ist noch im Eigenthumb.

Von *Fischers* Hoffe ist
[75.] ein Sohn in Amsterdam verheyrahtet, auch noch im Eigenthumb.

Von *Bökers* Hoffe ist
[76.] eine Tochter uff Rüters Hoff zu Ermgaßen V(ogtei) Örlinghausen verheyrahtet, soll frey gekauffet sein.

BAURSCHAFFT PIVITS HEYDE [PIVITSHEIDE V.H.]

Von *Funcken* Stette ist
[77.] ein Sohn lange Jahre in Kriegs Diensten gewesen, dienet nuhnmehr alß Geselle uff der Papier Mühlen zu Veern [?] Bentrup A(mt) Brake, ist noch im Eigenthumb.

Anmerkungen zu den genannten Personen:[13]

1. Catharina Margretha Krüger (Tochter von Johann Friedrich Krüger und Margretha Ilsabein Böger), ~ 21.11.1669, begr. Heiden 20.6.1706 (36 ½ J.), ∞ Heiden 6.11.1691 Johann Cord Meyer vom Kohlpott

2. Anna Ilsabein Krüger (Tochter von Johann Friedrich Krüger und Anna Maria Meyer zu Ottenhausen), ~ 4.11.1664 , begr. Lage 19.4.1716 (51 J. 25 W.), ∞ lt. Eheprotokoll Amt Detmold 13.12.1682 Johann Bernd Gehle

3. Hermann Conrad Krüger (so genannt 1685), vermutlich ~ 5.4.1678 als Sohn von Johann Friedrich Krüger und Catrina Magdalena Koch

4. Johann Co(n)r(a)d Krüger (so genannt 1685), vermutlich ~ 10.6.1681 als Sohn von Johann Friedrich Krüger und Catrina Magdalena Koch

5. Johann He(i)nrich Krüger (Sohn von Simon Krüger und Margreta Schlepper) war „Hofprediger und Consistorial Rath, gebohren zu Heyden in der Grafschaft Lippe 1629. Hat in Rinteln, Bremen und Marpurg studiret. Wurde zuerst Geheim Prediger in Wien bey einer Gräfin von Brederode eines Böhmischen Grafen von Slawata Wittibe. Anno 1664 wurde er zum ersten Reformirten Prediger nach Halberstadt verordnet, wie aus dem Rescripto de 30. Sept. 1664 so in append[ice] num[ero] XVII hiebey befind[lich], darin von deßen Qualitäten Nachricht zu befinden, allwo [?] er keine Gemeinde fand, sondern eine aufrichtete, und derselben in der Lehre, Leben und Wandel rühmlich vorstand. [...] A[nn]o 1696 wurde ihm befohlen, denen Reformirten in denen Braunschweig Wolfenbüttelischen Landen die Communion 4 mahl im Jahr in Hornburg zu administriren, worum dieselben bey dem Churfürsten Friedrich III angesuchet [...]. Diese Gemeinde hat er nicht allein einige Jahr versorget, sondern auch noch die zu Aschersleben zu respiciren gehabt. Starb den 6ten April 1707 im 78 ten Jahre seines Alters."[14]

6. Cord Krüger (Sohn von Simon Krüger und Margreta Schlepper), * um 1628, begr. Detmold 6.10.1688, Freilassung 25.2.1654, Bürgereid Detmold 12.10.1654, ∞ I Detmold 12.10.1654 Catharina Elisabeth Feldmann, ∞ II um 1661 Anna Ilsabein Meyer zu Ottenhausen. Tuchhändler und Stadtkämmerer in Detmold. Gräfliche Kommissare stellten bei der Revision der Stadtrechnungen 1679 fest, „daß einige Ratsleute sich bei der Verwaltung der gemeinen Stadtgüter strafbar gemacht hatten, und der Graf verbot darauf, daß Cord Krüger (1678 Kämmerer) und Jakob Meyer (1677 Kämmerer) an der Ratswahl aktiv oder passiv mitwirkten." Beide wurden durch Vollandt und Volckhausen ersetzt. „Cord Krüger versuchte 1688, mit landesherrlicher Hilfe wieder in den Rat zu kommen, aber die Stadt weigerte sich und hielt ihm vor, er habe als Kämmerer nicht recht hausgehalten, der Stadt Güter übel verwaltet, Einnahmen nicht verbucht, als Armendeche erhobene Gelder für sich selbst verwandt und den Armen 'seine faulen Schuldner, davon wenig oder nichts zu hoffen', abgetreten. Er sei deshalb seines Amtes entsetzt worden, die Katze würde das Mausen nicht lassen, und seine Wiederzulassung

---

13 Ohne Einzelnachweise: Kirchenbücher, Eheprotokolle (LAV NRW StA Dt L 108 A), Gogerichtsregister (LAV NRW StA Dt L 89 A I), Freilassungen (LAV NRW StA/ PSADt L 83 D), edierte Bürgerbücher. Taufort ist, soweit nicht anders angegeben, Heiden.

14 Aus der Chronik T. I u. T. II von Heinrich Lucanus, freundliche Mitteilung des Stadtarchivs Halberstadt.

in seinen Ratsstuhl und den Ratskirchenstand würde einen gemeinen Aufstand der Bürger erwecken."[15]

7. Wohl Tönnies Krüger (Sohn von Simon Krüger und Margreta Schlepper), * um 1624, Untervogt zu Lage, ∞ lt. Eheprotokoll Amt Detmold 22.9.1649 Anna Elisabeth Darneden aus Detmold

13. Anna Ilsabein Holste (Tochter von Henrich Holste und Anna Niewald), * um 1630, † Lüerdissen, begr. Lemgo St. Johann 14.1.1710 (80 J.), ∞ lt. Eheprotokoll Amt Brake 21.10.1665 Jobst Rehm

14. Johann Cord Sültemeier (Sohn von Johann Sültemeier und Elisabeth Meyer zu Ottenhausen), ~ 16.9.1661, ∞ lt. Eheprotokoll Amt Detmold 7.9.1689 Anna Elisabeth Kleine Brune (Lütgebrune), er zieht zu ihr

15. Maria Ilsabeen Sültemeier (Tochter von Johann Sültemeier und Elisabeth Meyer zu Ottenhausen), ~ 2.2.1675, begr. Oerlinghausen 23.2.1746, ∞ Oerlinghausen 17.11.1704 Johann Cord Sprenger zu Kachtenhausen

16. Marie Agnese Sültemeier (Tochter von Johann Sültemeier und Elisabeth Meyer zu Ottenhausen), * um 1672, begr. Heiden 8.12.1724 (52 J.), ∞ ebd. 27.10.1699 Hermann Adolph Gröne, Küster und Organist in Heiden (s. lfd. Nr. 31)

17. „Johann Vineator (Weingärtner), [Generalsuperintendent] 1692-1714, gebürtig aus Heiden. Nachdem er das Gymnasium zu Detmold besucht hatte, bezog er 1664 das Gymnasium zu Bremen. 1670 die Universität zu Leyden und dann zu Utrecht. Um 1672 wurde er Gehülfe des Pastors Martheus in Oerlinghausen, 1675 zweiter Pastor zu Horn, 1680 Pfarrer zu Salzuflen, 1692 Generalsuperintendent in Detmold, wo er von dem Sup. Hildebrand aus Lüdenhausen eingeführt wurde [...] Er war viermal verheiratet, starb am 20. April 1714 und wurde auf dem Chor beerdigt."[16]

20. Johann Christoph Hurlahey (Sohn von Otto Henrich Hur(la)hey und Anna Catharina Stapelage), ~ 6.11.1670, † nach 1720, hat minderjährig ohne Einverständnis seiner Eltern Anna Margaretha Busch, Tochter des Amtmanns, geheiratet; 1709 ist er 39 Jahre alt[17]

21. Christian Hurlahey (Sohn von Otto Henrich Hur(la)hey und Anna Catharina Stapelage), vermutlich ~ 5.3.1673, † nach 1713

25. Simon Jobst Christoph Avenhaus (Sohn von Cord Avenhaus und Ilsabein Meyer zu Stapelage), * um 1672, Freilassung 10.1.1697, begr. Cappel 22.5.1722, Krüger in Cappel

26. Johann Anthon Avenhaus (Sohn von Cord Avenhaus und Ilsabein Meyer zu Stapelage), Freilassung 19.5.1705, ∞ Wöbbel 7.8.1704 Witwe Noltemeyer

27. Martin Adolph Avenhaus (Sohn von Cord Avenhaus und Ilsabein Meyer zu Stapelage), * um 1681, Freilassung 29.7.1707, begr. Oerlinghausen 13.3.1748, ∞ ebd. 5.10.1708 Anna Maria Ilsabein Huneke, Witwe Möller zum Vogelsang bei Wellentrup

28. Catharina Ilsabein Avenhaus (Tochter von Cord Avenhaus und Ilsabein Meyer zu Stapelage), heiratet lt. Freilassung 17.12.1701 nach Neuhaus

15 Kittel, Erich, Geschichte Detmolds bis zum Ende des 17. Jahrhunderts, in: Geschichte der Stadt Detmold, Detmold 1953, S. 48-181, hier S. 115.

16 Butterweck, Wilhelm, Die Geschichte der Lippischen Landeskirche, Schötmar 1926, S. 268.

17 LAV NRW StA Dt L 20 Nr. 33.

29. Anna Ilsabein Dröge (Tochter von Hans Dröge und Anna Elisabeth Holste), ∞ Donop 19.10.1692 Gerd Niedermeyer

31. Simon Jobst Gröne (Sohn von Tönnies Gröne und Anna Margreta Krüger), ~ 26.5.1650, Küster zu Heiden, ∞ 2.2.1673 Ilsabein Fellensiek

31.1 Sohn Johan Conrad, ~ 9.1.1674, begr. lt. Kirchenbuch Detmold am 12.12.1705 als Johan Conrad Gröne, Küster zu Horn, „welcher in seinem Arrest gestürtzet in den Burggraben. Aussen beygesetzet."

31.2 Sohn Hermann Adolph, * um 1676, begr. 26.3.1720 (44 J.), Küster und Organist in Heiden (s. lfd. Nr. 16)

31.3 Sohn N.N. ~ 9.6.1693

31.4 Tochter Catharina Ilsabein, ~ 16.10.1678, begr. 1.9.1715, ∞ Heiden 5.11.1710 Johann Henrich Möller

34. Christian Wessel oder Höst (Sohn von Johann Wessel oder Höst und Anna Ilsabein Niederfriedrich), vermutlich ~ 14.5.1671, ∞ Brake 5.6.1696 Anna Margretha Schefer aus Wiembeck. Lt. Antrag auf Freilassung vom 6.5.1696 hat er „bey Ihr(er) Hochgr(äflichen) Gn(a)d(en) Herrn Graf Ferdinand Christian zwey Jahr lang unterthänig gedienet"

35. Anna Ilsabein Wessel oder Höst (Tochter von Johann Wessel oder Höst und Anna Ilsabein Niederfriedrich), ~ 16.10.1674 (?), † Wiembeck (!), begr. Brake 21.12.1708 (34 J.), Freilassung 19.10.1703, ∞ Brake 24.10.1703 Hans Hermann Kruel

36. Christoph Feger (Sohn von Gottschalk Adrian Meyer-Jobst wird Feger und Ilsabein Meyer zu Hohenbarkhausen), * ca. 1666, † 1730, ∞ Elisabeth NN; 1717 seit 23 Jahren als Soldat und „Freyborger" (Freibürger) in holländischen Diensten in Batavia/Ostindien; Freilassung 15.3.1721 mit seinen beiden Söhnen Adrian und Ludewig.[18]

38. Christian Otto Feger (Sohn von Lüdeke Held wird Feger und Ilsabein Meyer zu Hohenbarkhausen), * ca. 1682, Freilassung 3.10.1707, ∞ N.N. Windmeyer vom Windhof bei Lage; Krüger in Laßbruch, Amt Sternberg

39. Wahrscheinlich Cord Henrich Feger (Sohn von Lüdeke Held wird Feger und Ilsabein Meyer zu Hohenbarkhausen), ~ vermutlich 9.5.1679, Freilassung 22.3.1704

40. Maria Ilsabein Feger (Tochter von Johann Feger und Ilsabein Meyer zu Hohenbarkhausen), * ca. 1661, Freilassung 1686, ∞ 1686 Hinrich Meyer zu Wöhren

41. Catharina Elisabeth Feger (Tochter von Gottschalk Adrian Meyer-Jobst wird Feger und Ilsabein Meyer zu Hohenbarkhausen), ~ 13.5.1669, † 14.9.1728, ∞ lt. Eheprotokoll Amt Detmold 26.9.1689 Johann Tönnies Wieman oder Meyer zu Oestrup bei Cappel

42. Tönnies Cordt Grünnen (Sohn von Johann Jobst Lukebart wird Grünnen und Anna Catharina von der Hausstätte), * um 1679, begr. Brake 12.5.1731, ∞ ebd. 7.10.1701 Catharina Elisabeth Multhaupt auf der Hummerntrupper Heide, er wird Multhaupt

43. Simon Jobst Grünnen (Sohn von Johann Jobst Lukebart wird Grünnen und Anna Catharina von der Hausstätte), ∞ Brake 5.10.1706 Anna Elisabeth Schnitker auf der Hummerntrupper Heide

44. N.N. (Tochter von Johann Jobst Lukebart wird Grünnen und Anna Catharina von der Hausstätte). Ihr Stiefvater (Johann Multhaupt aus Wiembeck, ∞ lt. Eheprotokoll Amt Detmold 2.5.1691) beantragt für sie am 4.9.1703 einen Freibrief, weil sie auf Wedderwillen Kottstätte heiraten will

---

18 Vgl. Verdenhalven 1980, Nr. I 10; ausführlich Rügge 1997, S. 99-101.

46. Hans Obermeier (Sohn von Cord Ernsting wird Obermeier und Margarete Hellweg), ∞ 16.7.1694 die Witwe Anna Kruse geb. Plückbaum, wird Liemertürmer

47. Cord Obermeier (Sohn von Barthold Meyer-Jobst wird Obermeier und Margarete Hellweg), * um 1645, † Lütte, begr. Lemgo St. Johann 25.9.1722 (77 J.), ∞ lt. Weinkauf Gogericht Amt Brake 1679 N.N. Plöger in Lütte

48. Hermann Cord Obermeier (Sohn von Cord Ernsting wird Obermeier und Margarete Hellweg), † Grastrup, begr. Schötmar 28.3.1704, ∞ lt. Eheprotokoll Amt Detmold 20.5.1686 Witwe Ilsabein Reese geb. Meyer zu Krentrup

49. Anna Catharina Obermeier (vermutlich Tochter von Cord Ernsting wird Obermeier und Margarete Hellweg), ~ 11.11.1655 (?), begr. Lage 9.2.1722 (72 J.!), heiratet lt. Antrag auf Freilassung vom 25.8.1674 auf den Hof Sobbe zu Hagen

50. Johann Wilhelm Obermeier (Sohn von Jost Obermeier und Ilsabein Tasche), ~ 17.10.1674, ∞ Heiden 12.7.1711 Witwe Anna Ilsabein Tasche geb. Brede aus Dehlentrup. Ihr erster Mann Gottlieb Tasche war 1705 verstorben. Sie musste als Witwe mit sieben Kindern den überschuldeten Hof verlassen, der Tasches Vetter J. W. Obermeier übertragen wurde. Dieser heiratete 1711 die Witwe, die damit auf den Hof zurückkehrte[19]

53. Anna Catharina Frische (Tochter von Bartold Frische und Anna Catharina Rehming), * um 1682, begr. Heiden 31.1.1741, ∞ 14.10.1705 Johann Bernd Meyer zu (Heiden-) Bentrup

54. Hans Peter Lüttmann (Sohn von Johann Lüttmann und Anna Catharina Wollrath [vgl. lfd. Nr. 55]), * um 1650 (Eigenbehörigenverzeichnis 1656: 6 J.), † Beverungen 3.12.1718, ∞ ebd. 14.8.1685 Anna Ilsabe Resser; er wird katholisch[20]

55. Hans Jürgen Lüttmann (Sohn von Johann Lüttmann und Anna Catharina Wollrath [s.u.]), * um 1648 (Eigenbehörigenverzeichnis 1656: 8 J.). Sein Vater bittet im Juli 1680 um einen Geburtsbrief für ihn, der sich in Danzig verheiratet habe und zur Fortsetzung des Küperhandwerks das dortige Bürgerrecht erwerben wolle. Als Mutter wird die verstorbene Anna Catharina Wollrath genannt, aus Homburg in Hessen gebürtig[21]

57. Catharina Ilsabein Manhenke (Tochter von Bartold Manhenke), ∞ Brake 29.10.1681 und lt. Eheprotokoll Amt Detmold 30.9.1681 Hans Hermann Blattgerste aus Brake

58. Vermutlich Anna Elisabeth Manhenke (Tochter von Bartold Manhenke und Stineke Sander), ∞ lt. Eheprotokoll Amt Detmold 17.9.1686 Hanß Eckerman aus Bentrup, Amt Brake

59. Anna Elisabeth Culemann (Tochter von Tönnies Culemann und Anna Lucia Diekmann), Freilassung 29.10.1707, ∞ Heiden 24.11.1707 Johann Christian Dreymann in Loßbruch, Amt Brake

64. Hermann Henrich Arndt (Sohn von Hermann Arndt und Maria Magdalena Giebe), vermutlich ~ 16.4.1661, lebt 1710, Schmiedemeister, Detmolder Bürger 1.4.1690, ∞ Detmold 25.4.1690 und lt. Eheprotokoll Amt Detmold 6.4.1690 Anna Ilsabein, Witwe des Johann Cord von Kneen in der Möhrstraße

19 Vgl. Rügge 1997, S. 191.
20 Freundliche Mitteilung von Herrn Hans-Jürgen Pagendarm.
21 LAV NRW StA Dt L 37 XV, Karton 1. Der Vater hatte seine Ehefrau offenbar während seines 16jährigen Militärdienstes für den hessischen Landgrafen kennen gelernt.

65. Evtl. Henrich Ludolf (Sohn von Hermann Ludolf und Catharina Beck), ~ vermutlich 5.3.1652 (Eigenbehörigenverzeichnis 1656: 4 J.), ∞ lt. Eheprotokoll Amt Detmold 1.4.1682 Anna Margaretha Steins „aus dem Gülicher Lande"

67. Jürgen Neese aus Niewald beantragt 1670 den Freibrief, da er sich nach Lage an Jobst Möllers Witwe verheiraten will (demnach Sohn von Johann Neese und N.N. Wind); er war zu dieser Zeit Knecht beim Meyer zu Heiden

68. Simon Jost Neese (Sohn von Johann Neese und Elisabeth Krüger), Freilassung 1699, Kinder in Lage nachgewiesen 1702 bis 1709, begr. Lage 4.1.1739 (84 J.; das angegebene Alter kann nicht stimmen, da die Eltern erst 1664 heirateten)

69. Ludwig Neese (Sohn von Johann Neese und Elisabeth Krüger), begr. Heiden 18.4.1744, ∞ I Heiden 1.2.1709 Maria Benten, Witwe Johann Fischers im Ellernkruge, ∞ II Heiden 13.8.1743 („von Termunten [friesischer Küstenort am Dollart bei Delfzijl] nach vieljährigem auffenthalt alß wittiber wiederkommen") Anne Marie Engel Witwe Plöger aus Bentrup, geb. Sieck aus Großenmarpe

70. Henrich Meyer zu Jerxen (Sohn von Bernd Meyer zu Jerxen und Margaretha Meier-Rieks), Freilassung 10.2.1701

73. Johann Tönnies Wend (Sohn von Jürgen Wend und Ilsabein Töselkamp), * um 1674, begr. Detmold 19.4.1723, Freilassung 15.5.1704, ∞ Detmold 18.7.1704 Marie Dorothee Richters. Bürgerbuch Detmold, lfd. Nr. 511, 7.10.1704: Johann Tönnies Wendt. Anmerkung: hiesiger Dreschemeister Tönies Wend aus der Vogtei Heiden

75. Evtl. Johann Henrich Fischer (Sohn von Hermann Fischer und Agnese Jürgens), der sich lt. Gogericht 1703 gegenüber seinem „Schwager" Fischer in Nienhagen als eigentlicher Anerbe des Hofes bezeichnet, der ihm schon vor zehn Jahren übertragen worden sei

76. Anna Catrina Lisebeth Bö(de)ker (Tochter von Tönnies Tiemann wird Böker und Anneken Wilkenloh), ~ 14.3.1675, † Greste, begr. Oerlinghausen 23.10.1728, ∞ ebd. 27.10.1693 Bernd Simon Rüter

Meistererzählung und Leidensgeschichten

Anmerkungen zum kollektiven und personalen Gedächtnis von Flüchtlingen und Vertriebenen

von Thomas Kailer

I „Flucht und Vertreibung" als „deutscher Erinnerungsort"

Flucht und Vertreibung der deutschen Bevölkerungsgruppen aus Ost-, Mittel- und Südosteuropa stellen einen besonderen Ausschnitt der deutschen Geschichte dar – und einen Einschnitt von so hoher Bedeutung, dass er jüngst in die Reihe jener „Orte" aufgenommen wurde, in denen sich das Gedächtnis der Nation gleichsam kondensiert und die in besonderem Maße deutsche Identität prägen: Gedenkstätten, Statuen, Symbole, Gebäude, Ereignisse wie Reformation, Goethe, Paulskirche, Versailles, Sozialstaat, Kniefall, „Wunder von Bern" und andere. Diese „Erinnerungsorte" bilden „ein Netz von materiellen und immateriellen Erinnerungsfäden, das das nationale Bewußtsein in einem ungenau bestimmbaren, aber sehr profunden Sinne zusammenhält."[1] Als *die* prägende Erfahrung für Millionen Menschen gehören Flucht, Vertreibung und Integration zu den Gründungserfahrungen der beiden deutschen Staaten, die dann jedoch jeweils auf ihre Weise mit dieser Erfahrung umgegangen sind: Während man in der SBZ/DDR nicht von Vertriebenen, sondern von „Umsiedlern"[2] und seit den 1950er Jahren gar nicht mehr von der „Umsiedlung" sprach, wurde in den westdeutschen Besatzungszonen und in der BRD die Figur des Flüchtlings und des Heimatvertriebenen, wurden Flucht und Vertreibung im gesellschaftlichen Gefüge und in der kollektiven Erinnerung präsent gehalten – „Flucht und Vertreibung" wurde ein „deutscher Erinnerungsort".

1 François, Etienne/Schulze, Hagen, Einleitung, in: dies. (Hg.), Deutsche Erinnerungsorte, Bonn 2005, S. 7-12, hier S. 8f.
2 Ein politisch vorgeblich neutraler Begriff, der das Verhältnis zum sowjetischen Bruderstaat, der die Vertreibung gebilligt, wenn nicht forciert hatte, weniger belasten sollte (Michael Schwartz, Vom Umsiedler zum Staatsbürger. Totalitäres und Subversives in der Sprachpolitik der SBZ/DDR, in: Hoffmann, Dierk/Krauss, Marita/Schwartz, Michael (Hg.), Vertriebene in Deutschland, interdisziplinäre Ergebnisse und Forschungsperspektiven, München 2000, S. 135-166).

„Der Begriff ›Flüchtlinge und Vertriebene‹ ist keine deskriptive Bezeichnung, sondern die Konstruktion einer ganz bestimmten und umstrittenen Form der Erinnerung, die in den westlichen Besatzungszonen, vor allem aber in der Bundesrepublik mit der Unterstützung aller im Bundestag vertretenen Parteien und dementsprechend mit staatlicher Förderung in den fünfziger Jahren entwickelt und seitdem gepflegt wurde. Die westdeutsche Vergangenheits- und Erinnerungspolitik schuf mit großem Aufwand den Erinnerungsort ›Flucht und Vertreibung‹ und bemühte sich um seine Verankerung im kollektiven Gedächtnis der westdeutschen Nachkriegsgesellschaft."[3]

Quellen zu Flucht und Vertreibung (und auch Quellen zur Integration, die im Anschluss an „Flucht und Vertreibung" zu einer Ergänzung dieses Erinnerungsorts zu werden verspricht) sind demnach Medien der Erinnerung, mit denen sich die Deutschen ihrer Vergangenheit versichern; sie gehören zu ihrem kollektiven Gedächtnis, sie gehören zum kollektiven Gedächtnis der Flüchtlinge und Vertriebenen und ihrer Nachkommen.

Laien- und professionelle Historiker haben dieses kollektive Gedächtnis auf zwei Ebenen zu bedenken: Auf einer ganz grundsätzlichen, der *Ebene der Selbsthistorisierung*, muss berücksichtigt werden, dass die „Wahrnehmung und Interpretation der Vergangenheit und der Wir-Gruppe, zu der man gehört", Ausgangspunkt für „individuelle und kollektive Identitätsentwürfe" ist.[4] Beim Blick auf die selbst erfahrene Vergangenheit gilt es ebenso wie beim Blick auf die Vergangenheit der „Wir-Gruppe", die eigene Standortgebundenheit in der Gegenwart zu beachten. Auf der *Ebene der Quelleninterpretation* konfrontiert der Umstand, dass Flucht, Vertreibung und Integration Teil des kollektiven Gedächtnisses der Deutschen, der Flüchtlinge und Vertriebenen und ihrer Nachkommen sind, den Historiker mit spezifischen Problemen: Neben den Besonderheiten der Überlieferung und der Beschaffenheit der Quellen ist vor allem auf ihre Entstehungskontexte zu achten, darauf, dass der jeweilige Status einer Quelle im kollektiven Gedächtnis dieser oder jener Gruppe bzw. im personalen Gedächtnis dieses oder jenen Menschen ihren Aussagewert erheblich beeinflusst. Diese Ebene der Interpretation steht im Mittelpunkt des Beitrags. Es geht darum,

---

3 Hahn, Eva/Hahn, Hans Henning, Flucht und Vertreibung, in: François/Schulze 2005, S. 332-350, hier S. 335f.
4 Welzer, Harald, Das soziale Gedächtnis, in: ders. (Hg.), Das soziale Gedächtnis. Geschichte, Erinnerung, Tradierung, Hamburg 2001, S. 9-21, hier S. 11.

unter Berücksichtigung dieser spezifischen Quellensituation einige Spuren, die Flucht, Vertreibung und Integration im kollektiven Gedächtnis der Deutschen und der Flüchtlinge und Vertriebenen hinterlassen haben, auszumachen – ganz bewusst über die Grundlagenarbeit der genealogischen Forschung hinaus, um auch alltags- und mentalitätsgeschichtliche Aspekte in den Blick zu nehmen. Im begrenzten Raum eines Sammelbandaufsatzes lassen sich natürlich nur Schneisen schlagen, die angesichts der Komplexität des Themas doch allein Trampelpfade sein können. Es kann also nur darum gehen, mit einigen quellenkritischen Anmerkungen auf die Besonderheiten der Quellen im Zusammenhang mit Flucht, Vertreibung und Integration, mit diesem „deutschen Erinnerungsort", aufmerksam zu machen.

Dafür sollen – eher kursorisch denn systematisch – einige dieser Besonderheiten angesprochen werden. Zunächst soll der Aussagewert von Quellen zum Thema in Bezug auf ihren „materiellen" Kontext, d.h. auf die Überlieferungssituation, auf die „Trägerschaft" der Erinnerung sowie auf den narrativen Charakter der Quellen angesprochen werden (II.). In einem weiteren Schritt wird dann der „immaterielle", genauer gesagt: der erinnerungskulturelle Kontext dieser Quellen in den Blick genommen; dabei sollen Quellen zu Flucht, Vertreibung und Integration präziser verschiedenen „Gedächtnisrahmen" – kulturelles, kommunikatives und Körpergedächtnis – zugeordnet werden. Ziel ist es, das kollektive und das personale Gedächtnis von Flüchtlingen und Vertriebenen in einen Zusammenhang zu bringen.[5] Zur Kennzeichnung dieses – schwierigen – Zusammenhanges wähle ich das Begriffspaar „Meistererzählung und Leidensgeschichten", wobei ich davon ausgehe, dass die Leidensgeschichten als Teil des individuellen, des „autobiographischen" Gedächtnisses nur bedingt in den Meistererzählungen, die wiederum Teil des kollektiven, des „nationalen" Gedächtnisses sind, ihren Niederschlag fanden; was – so möchte ich weiter argumentieren – für die Betroffenen als problematischer Erinnerungsverlust empfunden wird (III.). Eine anekdotische Überlegung zur Rolle des Historikers im Rahmen dieser Erinnerungsprozesse soll den quellenkritischen Blick auf das kollektive und personale Gedächtnis von Flüchtlingen und Vertriebenen und ihrer Nachkommen abschließen (IV.).

---

5   Was hier nur exemplarisch geschehen kann; der Verfasser erarbeitet diese Thematik im Rahmen eines Habilitationsprojekts am Lehrstuhl für Zeitgeschichte der Justus-Liebig-Universität Gießen.

II Materieller Kontext

Schon die *Überlieferung* der Quellen zu Flucht, Vertreibung und Integration kann problematisch sein: So etwa ist die private Überlieferung oft uneinheitlich; vieles ist verloren gegangen oder mit den Familien zerrissen, die durch die chaotischen Vorgänge bei Kriegsende zerstreut wurden. Quelleneditionen versammeln in der Regel eine Auswahl an (Augenzeugen-) Berichten über Gewalt: Es war in der Nachkriegszeit einerseits ein Bedürfnis, die Erinnerung an die nur kurz zurückliegenden Gewalterfahrungen zu erhalten, andererseits sollte das Ausmaß des Vertreibungsleids für Verhandlungen mit osteuropäischen Ländern dokumentiert werden.[6] Archivalische Quellen, etwa amtliche Akten aus der Zeit vor Flucht und Vertreibung, sind häufig in den Vertreibungsgebieten verloren gegangen oder zerstört worden. Das Flucht- und Vertreibungsgeschehen selbst hat in ihnen allenfalls wenig Niederschlag gefunden; erst später produzierte Akten (etwa die Überlieferung im Lastenausgleichsarchiv[7]) erlauben es in gewissem Maße, die persönlichen und wirtschaftlich-rechtlichen Verhältnisse vor Flucht und Vertreibung zu rekonstruieren.[8]

Die archivalischen Quellen zur Integration der Flüchtlinge und Vertriebenen in West- und Ostdeutschland sind meist – durchaus ergiebige – amtliche Akten aus der Verwaltungspraxis, die oft jedoch nur indirekt alltags- und mentalitätsgeschichtliche Aspekte widerspiegeln; die Bedeutung von Verordnungen etwa erschließt sich erst in der Kontextualisierung; sie sind als Reaktion auf die jeweiligen Gegebenheiten zu verstehen. Für eine alltagsgeschichtliche Analyse der Beziehungen zwischen Einheimischen und Neuankömmlingen lohnt da schon eher der Blick in zeitgenössische lokale Tageszeitungen, in denen Artikel, Kommentare und Leserbriefe die Probleme der Zeit – subjektiv oft – aufzeigen. Quelleneditionen zur Integration wiederum sind selektiv und rekonstruieren eigentlich nur „Momentaufnahmen" eines Prozesses, dies zudem häufig mit einem einseitigen Blick auf die Schwierigkeiten der Integration sowie darauf, dass „typische" Integrationsproblematiken in einer Quelle deutlich werden. Deren Repräsentativität gilt es also bei aller Nutzbarkeit immer zu hinterfragen, und die

6   Beer, Mathias, Die Dokumentation der Vertreibung der Deutschen aus Ost-Mitteleuropa, in: Geschichte in Wissenschaft und Unterricht 50 (1999), S. 99-117, hier S. 104f.
7   Lastenarchiv im Bundesarchiv, Außenstelle Bayreuth.
8   Ringsdorf, Ulrich, Die Bestände des Lastenausgleichs, in: Hoffmann/Krauss/Schwartz 2000, S. 421-426, hier S. 426.

Quellenedition selbst daran zu messen, ob die Auswahl begründet und die Quellen kontextualisiert werden.[9] Eine Quellengruppe ersten Ranges stellen sicherlich die Bestände der Vertriebenenverbände und des musealen und privaten Umfelds von Flüchtlingen und Vertriebenen dar; die spezifischen Probleme liegen hier eher, wie Albert Feiber vor allem für die Landsmannschaften konstatiert hat, in der Zugänglichkeit.[10]

Auch die Altersgruppen, die in diesen Quellen präsent sind, sowie die *Trägerschaft der Erinnerung*, diejenigen also, die sich erinnern, müssen in ihrem Wandel beachtet werden. So zeigt sich zunächst, dass vor allem die Flucht- und Vertreibungserfahrungen der damaligen erwachsenen Erlebnisgeneration[11], also der vor ungefähr 1930 Geborenen, dokumentiert sind. Zugleich kann man für eine andere Generation eine weit reichende quellenmäßige Absenz als handelnde Akteure feststellen: Für die „zweite Generation" nämlich, diejenigen also, die zwischen 1930 und 1945 geboren wurden und die damals Kinder und Jugendliche waren. Sie sind nur selten in den zeitgenössischen archivischen Dokumenten präsent – und in anderen Quellen häufig nur als „Objekte", etwa in frühen soziologischen Studien über die Lebenssituation von „Flüchtlingskindern".[12] Während die ge-

---

9 Neuerdings sehr gelungen bei: Pfau, Dieter/Seidel, Heinrich (Hg.), Nachkrieg in Siegen, 1945 bis 1949. Flüchtlinge und Vertriebene zwischen Integration und Ablehnung, Siegen 2004.

10 Feiber, Albert A., Die archivalischen Bestände der deutschen Vertriebenengruppen und anderer „nichtöffentlicher" Institutionen, in: Hoffmann/Krauss/Schwartz 2000, S. 427-436, vor allem S. 430f.

11 Mit dem Generationen-Begriff kann die Generationenfolge innerhalb einer Familie – Großeltern, Kinder und Enkel – gemeint sein oder aber – wie hier – eine Gruppe von Menschen, die innerhalb eines gewissen Zeitrahmens geboren wurden, eine Alterskohorte also. Der Begriff „Generation" wirkt jedoch wegen inflationärer Verwendung nur noch wenig erhellend; wenn er es denn in der eher unspezifischen Zuschreibung an eine bestimmte Alterskohorte (z.B. „68er", „Flakhelfer-Generation) je war. Alterskohorten kann eine gewisse „Generationalität" anhaften: Dieser Begriff „zielt nicht auf eine (rückblickende oder aktuelle) Konstruktion von quasi ›objektiv‹ fassbaren, allgemeinen Generationenstrukturen ganzer Alterskohorten, sondern auf eine Annäherung an die subjektive Selbst- oder Fremdverortung von Menschen in ihrer Zeit und deren damit verbundene Sinnstiftung" (Reulecke, Jürgen, Warum und wie jede Generation sich ihr eigenes Bild von der Vergangenheit macht, in: Calließ, Jörg [Hg.], Die frühen Jahre des Erfolgsmodells BRD – Oder: Die Dekonstruktion der Bilder von der formativen Phase unserer Gesellschaft durch die Nachgeborenen, Rehburg-Loccum 2002, S. 13-22, hier S. 21).

12 Z.B. Lippert, E./Keppel, C., Deutsche Kinder in den Jahren 1947 bis 1950. Beitrag zur biologischen und epochalpsychologischen Lebensalterforschung, in: Schweizerische Zeitschrift für Psychologie und ihre Anwendungen 9 (1950), S. 212-322.

walttätigen Flucht- und Vertreibungserfahrungen vieler Angehöriger der Erlebnisgeneration in der politisch dafür günstigen Zeit der 1950er und 60er Jahre[13] als Augenzeugen- oder Erlebnisbericht dokumentiert wurden, stellt sich die Situation für die zweite Generation, für die „Kriegskinder" und damit auch für die Flüchtlingskinder, anders dar: Auf belastende Erfahrungen und schwierige Verarbeitungsprozesse – Leid und Not der Eltern, deren Verstrickung in den Nationalsozialismus, „Endlösung" und Vernichtungskrieg, eigene Kindheit und eigenes Leid, Integrations- und Aufstiegsdruck, gesellschaftliche Erinnerungskonjunkturen – antworteten viele „Kriegskinder" häufig mit schützenden Vermeidungsstrategien und eben mit: Schweigen.[14] Diese Generation war (und ist) eine „undokumentierte" Generation, und sie war bislang eine schweigsame.

Dem steht jedoch heute gegenüber, dass sich sechzig Jahre nach Kriegsende die Perspektiven verändert haben. Die Zeitzeugen aus der damaligen Erwachsenengeneration treten ab, und der „Staffelstab" der Erinnerung wird weitergegeben an die Angehörigen der „zweiten Generation". Die Trägerschaft von Erinnerung an Flucht, Vertreibung und Integration hat sich verschoben: Es ist die Zeit der „Kriegskinder", die Erinnerungszeit der „Flüchtlingskinder". Gegenstand ihres Erinnerns ist die Erfahrung des Kriegsendes mit Flucht oder Vertreibung, vor allem aber der unmittelbaren Nachkriegszeit, die Notzeit und Zeit ungekannter Freiheit zugleich war in der neuen Heimat, einer konfliktreichen „Zwangsheimat" (Michael Schwartz) zumeist. Aber erst jetzt werden, so scheint es, die „Kriegskinder" entdeckt; von der historischen Forschung,[15] von den Massenmedien und – von sich selbst: Erst jetzt beginnt diese Generation, in größerem Umfang eigene Erinnerungsdokumente vorzulegen, da die „Kriegs-" und die „Flüchtlingskinder" in jüngster Zeit erzählerisch in den Vordergrund drängen. Aus der schweigsamen Generation ist eine sehr gesprächige geworden: Sie treten als Zeitzeugen in TV-Dokumentationen auf, ihre Lebens-

13 Vgl. für die Konjunkturen des (west)deutschen Opferdiskurses Goschler, Constantin, „Versöhnung" und „Viktimisierung". Die Vertriebenen und der deutsche Opferdiskurs, in: Zeitschrift für Geschichtswissenschaft 53 (2005), S. 873-884.

14 Radebold, Hartmut, Die dunklen Schatten unserer Vergangenheit. Ältere Menschen in Beratung, Psychotherapie, Seelsorge und Pflege, Stuttgart 2005, S. 41-60; vgl. auch: ders. (Hg.), Kindheit im II. Weltkrieg und ihre Folgen, Gießen 2004.

15 Bode, Sabine, Die vergessene Generation. Die Kriegskinder brechen ihr Schweigen, 3. Aufl. München 2005; Lorenz, Hilke, Kriegskinder. Das Schicksal einer Generation, Berlin 2005; Schulz, Hermann/Radebold, Hartmut/Reulecke, Jürgen, Söhne ohne Väter, Bonn 2005.

geschichten werden erfragt und aufgeschrieben,[16] sie sprechen in Erzählwerkstätten und in Erlebnisberichten von ihren Erfahrungen mit Krieg und Nachkrieg, mit Flucht, Vertreibung und Integration.[17] Doch diese Generation spricht nicht nur öffentlich: Präsent sind viele der damaligen Kinder und Jugendliche heute, im höheren Alter, auch in den Praxen der Psychotherapeuten. Diese berichten von einer deutlichen Zunahme an Patienten, die wegen ich-synthonen Verhaltensweisen,[18] wegen Depressionen oder funktionellen Störungen kommen, die wiederum auf (früh)kindliche Erfahrungen und deren mangelnde Verarbeitung zurückgeführt werden können. Man schätzt, dass ungefähr ein Drittel aus dieser Alterskohorte (1935 bis 1945) gravierende Erfahrungen gemacht hat, und dass die Erinnerung daran heute – im Alter, nach der Berentung, durch Lebensbilanzierung – trotz schützender, jahrelang erfolgreich eingeübter Vermeidungsstrategien erneut problematisch, oft sogar traumatisierend hervorbrechen. Die zweite Generation – „Kriegskinder", „Flüchtlingskinder" – repräsentiert damit eine Trägerschaft der Erinnerung, die eine latente, problematische Erinnerungsspur in sich trägt (dazu noch ausführlicher).

Diese erzählerische Präsenz hat aber schon auf der „materiellen" Ebene der Quellen zu Flucht, Vertreibung und Integration Auswirkungen, da man es bei diesem Thema vornehmlich mit Ego-Dokumenten und Selbstzeugnissen zu tun hat.[19] Selbstzeugnisse sind in der Regel „Erinnerungs-

16 Vgl. Völklein, Ulrich, Mitleid war von niemand zu erwarten. Das Schicksal der deutschen Vertriebenen, München 2005; Hirsch, Helga, Schweres Gepäck. Flucht und Vertreibung als Lebensthema, Hamburg 2004; Friesen, Astrid von, Der lange Abschied. Psychische Spätfolgen für die 2. Generation von deutschen Vertriebenen, Gießen 2000.

17 Friesen, Astrid von/Szalai, Wendelin, Heimat verlieren – Heimat finden. Geschichten von Krieg, Flucht und Vertreibung aus einer Erzählwerkstatt in der Bürgerstiftung Dresden, Gießen 2002; die Reihe „Wir Kriegskinder" beim Wartberg-Verlag; die Lebensberichte auf der Homepage von „kriegskind.de e.V." (http://www.kriegskinder.de/berichte.htm; Stand: März 2006).

18 Aufheben („nichts wegwerfen können"); Suche nach Geborgenheit; Sparen; sorgfältiges Planen; Funktionieren; Sicherheitsstreben; Vermeiden von Abhängigkeit; fehlende Rücksichtnahme auf sich selbst und den eigenen Körper; Angst, wichtige Menschen zu verlieren; misstrauische Einstellung (Radebold 2005, S. 61-81).

19 Schulze, Winfried, Ego-Dokumente: Annäherungen an den Menschen in der Geschichte? Vorüberlegungen für die Tagung „Ego-Dokumente", in: ders. (Hg.), Ego-Dokumente: Annäherungen an den Menschen in der Geschichte, Berlin 1996, S. 11-20, hier S. 28; vgl. für eine Übersicht: Stephan, Anke, Erinnertes Leben: Autobiographien, Memoiren und Oral-History-Interviews als historische Quellen, in: Digitales Handbuch zu Geschichte und Kultur Russlands und Osteuropas. München 2004 (URL: http:// www.vifaost.de/

texte": Autobiographien, Tagebücher, Augenzeugen- und Erlebnisberichte, Zeitzeugeninterviews. Sicherlich ermöglichen Erinnerungstexte gegenüber anderen Ego-Dokumenten oder unpersönlichen Quellen erweiterte Einblicke in soziale und materielle Verhältnisse oder kulturelle Praktiken, „Innenansichten vom alltäglichen Zusammenleben der Menschen" (Stephan), und in Erfahrungen, Wahrnehmungs-, Deutungs- und Handlungsmuster historischer Subjekte. Man ist, was alltagsgeschichtlich bedeutsam ist, scheinbar ›näher dran‹ am Menschen. Der *erinnernd-narrative Charakter* dieser Quellen erfordert jedoch eine besondere Art von Quellenkritik, einen besonderen Blick auf ihre Entstehungskontexte: Bei der Niederschrift mit einem teilweise erheblichen zeitlichen Abstand können Ereignisse vergessen oder verdrängt, umgedeutet, nachträglich reflektiert und neu interpretiert werden, können fiktionale Elemente und Stilmittel Eingang in den Text finden, bestimmen Kommunikationsregeln und -grenzen das biographische Erzählen. Auch bei Zeitzeugen-Interviews ist dies der Fall: „Auch mündliche Lebensgeschichten setzen sich aus Ereignissen sowie subjektiv Gedeutetem und nachträglich erworbenem Wissen zusammen. Sie enthalten fiktionale Elemente, ›importierte‹ Erinnerungen Dritter, Beschönigungen, Verklärungen, Vergessenes und Verdrängtes"; hinzu kommt, dass die Erzählung immer auch von der gegenwärtigen Lebenssituation des Erzählers bestimmt ist.[20]

Die mündliche Lebensgeschichte ist also ebenso komponiert und konstruiert wie ein schriftlicher Erinnerungstext. Die Produzenten von Erinnerungstexten, die Zeitzeugen, unterliegen dem, was Pierre Bourdieu die „biographische Illusion" genannt hat:[21] Bourdieu entlarvte die Vorstellung einer konsistenten Lebensgeschichte als eine nachträglich konstruierte, narrativ hergestellte Illusion. Diese beruhe auf der Wahrnehmung, dass das Leben eine kohärente und gerichtete Gesamtheit darstelle mit „einer chronologischen Ordnung, die auch eine logische Ordnung ist", mit einem Be-

---

geschichte/handbuch; Stand: März 2006); zu Selbstzeugnissen: Krusensterjn, Benigna von, Was sind Selbstzeugnisse? Begriffskritische Überlegungen anhand von Beispielen aus dem 17. Jahrhundert, in: Historische Anthropologie 2 (1994), S. 462-471; grundlegend zum Quellenwert von Erinnerung: Wierling, Dorothee, Oral History, in: Maurer, Michael (Hg.), Aufriß der Historischen Wissenschaften. Bd. 7: Neue Themen und Methoden der Geschichtswissenschaften, Stuttgart 2003, S. 81-151, hier S. 94-105.

20 Stephan 2004, S. 14f.
21 Bourdieu, Pierre, Praktische Vernunft. Zur Theorie des Handelns, Frankfurt/M. 1998, S. 75-83.

ginn und einem Endpunkt, dazwischen eine teleologisch gedachte Abfolge von Ereignissen. Und um der Erzählung, also dem Leben, Sinn zu geben, würden, so Bourdieu, in der biographischen Illusion Ereignisse aus dieser Abfolge als bedeutsam selektiert und in einen Zusammenhang gebracht. Es bestünde ein „Interesse an der Sinngebung", am „Auffinden einer zugleich retrospektiven und prospektiven Logik, einer Konsistenz und Konstanz, um derentwillen intelligible Relationen wie die von Wirkung und Ursache zwischen aufeinanderfolgenden Zuständen hergestellt werden, die damit zu Etappen einer notwendigen Entwicklung erhoben sind." Gleichwohl ist die Produktion einer sinnhaften Lebensgeschichte mittels *narrativer Kohärenz* entscheidend für das Individuum, trägt diese Kohärenz doch erheblich zur Ausbildung seiner Identität, zum Entwurf des eigenen Ichs durch narrative Selbstrepräsentation, bei.[22]

Für Selbstzeugnisse im Zusammenhang mit unserem Thema ist vor diesem Hintergrund zunächst zu beachten, dass Flucht und Vertreibung, dann aber auch die Ankunft im Westen und die darauf folgenden Notwendigkeiten der Integration für viele Betroffene und ihre Nachkommen ein biographischer Bruch waren, ein lebensgeschichtlicher Einschnitt, der vielfältige Bewältigungsstrategien hervorgebracht hat.[23] Der Blick auf die Quelle, auf Ego-Dokumente etwa oder auf Leserbriefe, muss daher eigentlich immer ein Blick auf den Einzelfall und auf die jeweilige Form der Bewältigung dieses Bruchs sein. In Hinsicht auf die narrative Kohärenz erscheint dieser biographische Bruch wie ein Knick im Telos der konsistenten Lebensgeschichte, bleibt er Fremdkörper im erzählten Leben der Betroffenen, die ihre Geschichte in eine Zeitspanne *vor* Flucht und Vertreibung und eine *danach*, in eine Zeit *vor* der Integration und eine *danach* einteilen. Es scheint – und hier ist noch historische und psychologische Forschung zum Themenkomplex Erzählen und Erinnern bei Flüchtlingen und Vertriebenen und ihren Nachkommen nötig – für viele Betroffene durchaus problematisch, eine narrative Kohärenz herzustellen, ihr Leben erzählerisch zu bewältigen.

---

22 Stephan 2004, S. 12.
23 Dazu die Studien von Michael von Engelhardt, etwa: Engelhardt, Michael von, Lebensgeschichte und Gesellschaftsgeschichte. Biographieverläufe von Heimatvertriebenen des Zweiten Weltkriegs, München 2001.

III Erinnerungskultureller Kontext

Dieser letzte Aspekt verweist bereits auf den „immateriellen", auf den erinnerungskulturellen Kontext der Quellen zu Flucht, Vertreibung und Integration. Die einzelne Lebensgeschichte, erzählt mit narrativer Kohärenz, hängt einerseits von unserem kreativen Gedächtnis ab, das Erlebtes durch neu gewonnene Erkenntnisse und veränderte Lebensumstände umformt. Andererseits aber wird das individuelle Erinnern durch Muster kollektiven Erinnerns überformt, da Erinnern, so Maurice Halbwachs, nur in der Kommunikation mit anderen Menschen erfolgt, innerhalb des sozialen Rahmens einer Gruppe, der wir zugehören, und der unsere Wahrnehmung und Erinnerung in bestimmte Bahnen lenkt: Man könne sagen, „daß das Individuum sich erinnert, indem es sich auf den Standpunkt der Gruppe stellt, und daß das Gedächtnis der Gruppe sich verwirklicht und offenbart in den individuellen Gedächtnissen."[24]

Flucht, Vertreibung und Integration haben in vielerlei Form Eingang in das kollektive Gedächtnis der Deutschen gefunden. Für eine intensivere Auseinandersetzung mit dieser Erinnerung aber ist der Begriff des „kollektiven Gedächtnisses" nicht präzise genug; kulturwissenschaftliche Gedächtnistheorien unterscheiden daher beim kollektiven Gedächtnis gemeinhin zwei so genannte „Gedächtnisrahmen", die jedoch eng miteinander zusammenhängen und sich gegenseitig bedingen: das kulturelle Gedächtnis einerseits, das kommunikative Gedächtnis andererseits. Das kulturelle Gedächtnis umfasst, nach der schon kanonischen Definition des Begründers dieser Gedächtnistheorie, Jan Assmann,

> „den jeder Gesellschaft und jeder Epoche eigentümlichen Bestand an Wiedergebrauchs-Texten, -Bildern, und -Riten zusammen, in deren ›Pflege‹ sie ihr Selbstbild stabilisiert und vermittelt, ein kollektiv geteiltes Wissen vorzugsweise (aber nicht ausschließlich) über die Vergangenheit, auf das eine Gruppe ihr Bewusstsein von Einheit und Eigenart stützt."[25]

---

24 Halbwachs, Maurice, Das Gedächtnis und seine sozialen Bedingungen (1925), Frankfurt/M. 1985, S. 23; auch: ders., Das kollektive Gedächtnis (1950), Frankfurt/M. 1985.

25 Assmann, Jan, Kollektives Gedächtnis und kulturelle Identität, in: Assmann, Jan/Hölscher, Tonio (Hg.), Kultur und Gedächtnis, Frankfurt/Main 1988, S. 9-19, hier S. 15.

Dieser Gedächtnisrahmen repräsentiert also, verkürzt formuliert, die offizielle Erinnerung einer sozialen Gruppe, kollektiv geteiltes Wissen über die Vergangenheit, das von Generation zu Generation zur wiederholten Einweisung bereit steht. Es stützt sich auf Punkte, die fest zur Vergangenheit einer Gruppe gehören und die durch kulturelle Formung in Texten, Riten oder Denkmälern und durch institutionalisierte Kommunikation wach gehalten werden. Es ist von hoher Verbindlichkeit, strukturiert doch sein starker normativer Anspruch den kulturellen Wissensvorrat und den Symbolhaushalt einer Gruppe: Zum kulturellen Gedächtnis kann nicht beliebig jedes Ereignis gehören. Das kommunikative Gedächtnis dagegen ist der Gedächtnisrahmen, der auf Alltagskommunikation beruht, auf der Erinnerung, die an Erfahrung gekoppelt und die eigentlich aktualisierte Erfahrung ist. Es hat die Geschichtserfahrungen der Zeitgenossen zum Inhalt und bezieht sich somit immer nur auf einen begrenzten, „mitwandernden" Zeithorizont von etwa 80 bis 100 Jahren; seine Inhalte sind veränderlich und erfahren keine feste Bedeutungszuschreibung. Das kommunikative Gedächtnis ist die Form des kollektiven Gedächtnisses, die Halbwachs im Sinne hatte, und die „Gegenstand der *Oral History* ist: also das Gedächtnis als persönliches Produkt und sozialer Prozess".[26]

Da nun die Ereignisse von Flucht, Vertreibung und Integration noch nicht so lange zurückliegen, wie es das Konzept des kulturellen Gedächtnisses eigentlich fordert – nämlich in der „absoluten Vergangenheit einer mythischen Urzeit" (Assmann) – besteht das Problem darin, dass sich kulturelles und kommunikatives Gedächtnis zu überlappen scheinen. Gleichwohl lässt sich dieses Paradoxon auflösen, denn entscheidend ist der Rahmen, in dem erinnert wird: Im Rahmen der fundierenden Erinnerung, die in den Gründungs- und Legitimationsmythos übergeht, sind es Erinnerungen gemäß dem kulturellen Gedächtnis, im Rahmen der biographischen Erinnerung, die Ereignisse und die Erinnerung daran als den alltagsweltlichen Nahhorizont einer als Gegenwart empfundenen Zeit versteht, sind es Erinnerungen gemäß dem kommunikativen Gedächtnis. Das kulturelle Gedächtnis bedarf aufgrund seiner verbindlichen Sinndeutungen und seiner hohen Relevanz für die Gemeinschaft einer Statik – eines festen Bestandes institutionalisierter Texte etwa. Die Bedeutung des kommunikativen Gedächtnisses liegt darin, dass die Erinnerung an eine Erfahrung eben nicht verallgemeinert, ritualisiert und damit in das kulturelle

---

26 Wierling 2003, S. 101.

Gedächtnis eingespeist wird; hier bleiben Erfahrung und Erinnerung gleichsam beim Individuum – als vergegenwärtigte Lebensgeschichte etwa.

Jüngst hat der Sozialpsychologe Harald Welzer das duale kulturwissenschaftliche Gedächtnis-Konzept um den Begriff des „sozialen Gedächtnisses" ergänzt und damit, wie er meint, den Rahmen des kommunikativen Gedächtnisses präzisiert. Genau genommen aber ist das „soziale Gedächtnis" kein dem kulturellen oder dem kommunikativen Gedächtnis vergleichbarer Gedächtnisrahmen, sondern eher ein Prozess: Gemeint ist die alltägliche Verfertigung von Vergangenheit mittels jener „Medien" (Interaktionen, Aufzeichnungen, Bilder und Räume), die „nicht zu Zwecken der Traditionsbildung verfertigt wurden, gleichwohl aber Geschichte transportieren und im sozialen Gebrauch Vergangenheit bilden."[27] Nun unterscheidet die Geschichtswissenschaft bereits seit Ranke, Droysen und Bernheim zwischen „Tradition" und „Überresten", und die Medien des sozialen Gedächtnisses erscheinen als ebensolche Überreste. Interessant mutet daher allein Welzers Ansatz an, das Medium „Interaktion" im Rahmen des sozialen Gedächtnisses als eine kommunikative Praktik zu verstehen, die Vergangenes entweder direkt oder *en passant*, nicht-intentional thematisiert. Letztere Kommunikation ist in Hinsicht auf die transgenerationelle Weitergabe von Erinnerungen von Bedeutung: Für die Ausbildung des individuellen Gedächtnisses sei, so Welzer, die soziale Praktik des *memory talk* nötig, die das Thematisieren von Vergangenheit innerhalb der familialen Interaktion einübe. Solcherart Familiengespräch über Vergangenheit (auch über die der eigenen Familie) überführe thematisierte Episoden in das Familiengedächtnis. Dieses nun stelle den sozialen Rahmen dar, innerhalb dessen sich Familienangehörige erinnern; hier finden sich nicht nur Erzählungen über die Vergangenheit, die im Gespräch zwischen den Generationen gemeinsam erstellt bzw. verfertigt wird, sondern auch Vorstellungen und Urteile über die Familie. Die Familie wird zur Erinnerungsgemeinschaft.[28]

Kulturelles und kommunikatives/soziales Gedächtnis lassen sich jedoch auch auf eine andere Formel und auf diese Weise in Beziehung zu „Geschichte" bringen; zudem kann gezeigt werden, dass das duale System der Gedächtnis-Theorien um einen weiteren Gedächtnisrahmen ergänzt werden muss, und zwar um das so genannte Körpergedächtnis. Der Psycho-

---

27 Welzer 2001, S. 16.
28 Vgl. etwa: Welzer, Harald/Moller, Sabine/Tschuggnall, Karoline, „Opa war kein Nazi". Nationalsozialismus und Holocaust im Familiengedächtnis, 4. Aufl. Frankfurt/M. 2003, S. 18-43.

analytiker Hartmut Radebold differenziert drei Arten von „Geschichte" – eine Trias, die sich auf die griffige Formel „Wir haben, wir sind, wir verkörpern Geschichte" bringen lässt: Es gibt

> „einerseits die Geschichte, die die Geschichtswissenschaft mit ihren gängigen Methoden rekonstruiert, die an den Schulen gelehrt wird und die unser ›offizielles‹ kollektives Gedächtnis bestimmt. Dazu tritt andererseits die aus ›Geschichten‹ bestehende Geschichte, die die Menschen je nach ihrer generationellen Zuordnung und Prägung als gelebte ›Aneignung‹ dieses Jahrhunderts für sich reklamieren und die ihnen in je altersspezifischer Art und Weise zugemutet worden sind. Hinzu mag noch eine weitere, dritte Art von Geschichte kommen, deren Bedeutung wir zur Zeit erst zu ahnen beginnen: die in uns verkörperte Geschichte. Damit sind sowohl der Körper im ganz konkreten Sinn als auch die unterhalb der Ebene des Bewußtseins und der Erinnerung liegenden traumatischen Bestandteile unserer Lebensgeschichte gemeint."[29]

Nachfolgend sollen diese drei „Arten von Geschichte" mit den genannten Gedächtnisrahmen in Beziehung gebracht werden. Dabei gehe ich davon aus, dass sich das kulturelle Gedächtnis (bei Radebold: das „offizielle Gedächtnis"), die Geschichte, die „wir haben", in so genannten „Meistererzählungen" (1.) äußert, das kommunikative/soziale Gedächtnis, also die Geschichte, die „wir sind", dagegen in „Leidensgeschichten" (2.), das Körpergedächtnis, die Geschichte, die „wir verkörpern", entsprechend in „Körpergeschichten" (3.).

1 MEISTERERZÄHLUNGEN: FLUCHT, VERTREIBUNG, INTEGRATION IM KULTURELLEN GEDÄCHTNIS

Soziale Gruppen konstruieren also retrospektiv anhand von Fixpunkten in der gemeinsamen Vergangenheit ein kulturelles Gedächtnis, aus dem sie ihre Identität ableiten und das die Lebenswelt der Gruppe und ihr Selbstbild reflektiert. Dieses Gedächtnis wird von der Gruppe sprachlich, visuell und rituell mit Sinn ausgestattet und durch Institutionalisierung sowie durch Spezialisierung seiner Träger auf Dauer gestellt. Nun hat Assmann das Konzept des kulturellen Gedächtnisses an der Hochkultur der Ägypter entwickelt; beschäftigt man sich aber mit der Neuzeit, so ist es vor allem die Nation, die „Kultur" als Gemeinschaft stiftendes Moment ersetzt. Nati-

---

29 Radebold 2005, S. 190f.

onen tendieren in der Phase ihrer Bildung und in Zeiten von Krisen dazu, über eine gemeinsame Vergangenheit, „über geteilte Freuden und vor allem geteilte Leiden ein gemeinsames Wissen herzustellen, wozu auch gehört, dasjenige dem kollektiven Vergessen zu überlassen, was die zu schaffende Kohärenz der Nation stören und behindern würde"; es seien in der Regel Nationen oder kommunikativ ähnlich potente Gebilde, „die am ehesten über die Mittel verfügen, eine durch gemeinsame Sprache, strukturierte Öffentlichkeit und Erziehungsinstitutionen ermöglichte zentrale Erzählung über [die] gemeinsame Vergangenheit durchzusetzen" – ein „nationales Gedächtnis" wäre demnach die moderne Form des kulturellen Gedächtnisses.[30] Dieses nationale Gedächtnis, verkürzt gesagt also, wie eingangs erläutert, die Summe der Erinnerungsorte, das „Netz von materiellen und immateriellen Erinnerungsfäden", das das jeweilige nationale Bewusstsein zusammenhält, konkretisiert sich nun in Form von „Meistererzählungen" zu den einzelnen Erinnerungsorten, in Form einer dominanten Deutung dieses spezifischen Teils der jeweiligen nationalen Geschichte.

Der Begriff der „Meistererzählung" hat seinen angestammten Kontext in der Belletristik verlassen, wo mit ihm meisterliche Erzählungen bezeichnet werden; Historiker verwenden den Begriff hingegen, um geschichtliche Großdeutungen nachzuzeichnen und meinen damit „die einer kulturellen Gemeinschaft zu einer gegebenen Zeit dominante Erzählweise des Vergangenen". „Meistererzählungen

> verfolgen langfristige, übergeordnete Entwicklungslinien; sie reduzieren komplexe Zusammenhänge auf ein einfaches Grundmuster; sie bieten eine dramatische Darstellung in Form einer leicht erzählbaren Geschichte; sie transportieren eine ideologische Botschaft mit konkreten Handlungsanweisungen; sie schlagen eine Brücke zwischen wissenschaftlichen Forschungen und allgemeingesellschaftlichen Geschichtsbildern; und sie dienen durch emotionale Appelle schließlich der kollektiven Identitätsbildung."[31]

---

30 Wierling 2003, S. 100f.
31 Jarausch, Konrad H., Die Krise der nationalen Meistererzählung. Ein Plädoyer für plurale, interdependente Narrative, in: Jarausch, Konrad H./Sabrow, Martin (Hg.), Die historische Meistererzählung. Deutungslinien der deutschen Nationalgeschichte nach 1945, Göttingen 2002, S. 140-162, hier S. 142; vgl. auch: Jarausch, Konrad H./Sabrow, Martin: „Meistererzählung" – Zur Karriere eines Begriffs, in: ebd., S. 9-32.

Häufig nur in Anführungsstrichen verwendet, impliziert der Begriff zugleich aber auch die Abwehr einer aufgenötigten Sichtweise, enthält er die Kritik an einer Vergangenheitsbetrachtung, „die anmaßend zu wissen behauptet, ›wie es eigentlich gewesen sei‹."[32] Es steckt also zweierlei in der analytischen Verwendung von „Meistererzählung": Die Beobachtung, dass bestimmte dominante Erzählungen durch Bedeutungsreduktion zur Sinn- stiftung einer Gruppe beitragen, und die Reflexion über die nur relative Tragweite dieser Sinnstiftung.

Zur Annäherung an die Quellen, die eine Meistererzählung tragen, un- terscheiden Jarausch und Sabrow unter anderem die stoffliche Seite histori- scher Erzählungen (Auswahl und Verknüpfung von Ereignissen, Personen und Zusammenhängen), die theoretische Dimension (Argumentation, Denkstil) und die semantische Komponente (Sprachinventar, Erzählmus- ter). Auf der semantischen Ebene präsentieren sich Meistererzählungen oft als Erfolgs- oder als Leidensgeschichte;[33] das ist beim Erinnerungsort „Flucht, Vertreibung und Integration" nicht anders: Hier finden sich Meis- tererzählungen wie „Wir Flüchtlinge und Vertriebenen sind die vom Leid der Zeit am schwersten Betroffenen" (Geschichte als Leidensgeschichte) oder auch „Die Integration der Flüchtlinge und Vertriebenen war ein Er- folg" (nationale Geschichte als Erfolgsgeschichte). Die Begriffe Erfolgs- und Leidensgeschichte für Ausprägungen einer Meistererzählung sind sinnvoll, wenn sie – verwendet im Singular – Aussagen machen über *die eine ge- schichtliche Erfahrung einer Gruppe*, die als erfolgreich oder als leidvoll be- nannt werden soll. Erfolgs- und Leidensgeschichten hingegen, verwendet im Plural, verweisen auf die *Lebensgeschichten der Betroffenen*, die – wenn sie denn erzählt werden – vornehmlich eben Geschichten der persönlichen Leiderfahrung und (nur unter bestimmten Bedingungen) Erzählungen ei- nes erfolgreichen Lebens sind. Die Zugehörigkeit der Meistererzählungen zu „Flucht, Vertreibung, Integration" zum nationalen Gedächtnis, das letzt- lich das kulturelle Gedächtnis der Deutschen ist, hat zur Folge, dass diese sich durch Alltagsferne auszeichnen und vom Individuum abstrahieren; deren Lebensgeschichten sind in Quellen, die zu einer „Meistererzählung" beitragen, in der Regel nicht präsent.

„Die Völker der Welt sollen ihre Mitverantwortung am Schicksal der Heimatvertriebenen als der vom Leid dieser Zeit am schwersten Betroffe-

---

32 Jarausch/Sabrow 2002, S. 11.
33 Ebd.; vgl. auch: Giesen, Bernard, Triumph and Trauma, Boulder 2004.

nen empfinden." So steht es in einem Dokument, dass zweifellos zum kulturellen Gedächtnis von Flüchtlingen und Vertriebenen gehört: in der *„Charta der Heimatvertriebenen"*, verkündet 1950 in Stuttgart. Die *„Charta"* steht an der Spitze jenes Repertoires an Texten, die das kulturelle Gedächtnis der „Heimatvertriebenen" ausmachen. Mit der *„Charta"* verzichten sie auf Rache und Vergeltung und formulieren ein Bekenntnis zu Deutschland und Europa. „Heimatlose" seien „Fremdlinge auf dieser Erde"; einen Menschen mit Zwang von seiner Heimat zu trennen heiße, „ihn im Geiste zu töten". Entsprechend sei das „Recht auf Heimat" als eines der „Grundrechte der Menschheit" anzuerkennen und zu verwirklichen. Solange dies nicht geschehen sei, werde man an einem „brüderlichen" Zusammenleben „mit allen Gliedern unseres Volkes" mitwirken; umgekehrt erwartet man gleiches Recht nicht nur vor dem Gesetz, sondern auch im Alltag, eine gerechte Verteilung der Lasten des Krieges auf das ganze deutsche Volk – und eine ehrliche Durchführung dieses Grundsatzes – sowie schließlich die Berücksichtigung aller Berufsgruppen der „Heimatvertriebenen" in der deutschen Wirtschaft. Dann eben jener Satz von der Mitverantwortung der „Völker der Welt" für das Schicksal der „Heimatvertriebenen" und schließlich der Appell, daran zu arbeiten, „damit aus Schuld, Unglück, Leid, Armut und Elend für uns alle der Weg in eine bessere Zukunft gefunden wird."

Ralph Giordano hat die *„Charta"* ein „Dokument historischer Unterschlagungen" genannt, weil die Vorgeschichte der Vertreibung verschwiegen wird; er hat sie ein „Dokument innerer Beziehungslosigkeit zur Welt der Naziopfer" genannt, weil sie die Grenzen zwischen Opfern und Tätern verwischt: „Der einzige Superlativ, den die Unterzeichner dieser Schrift der Umschreibungen und Verschwommenheit finden, dient der Beschwörung des eigenen Leids." Und er hat sie ein „Dokument deutscher Anmaßung" genannt, weil sie sich blind gegenüber dem gebe, was zur Vertreibung von Millionen Deutschen aus dem Osten geführt hat.[34] In der Tat zeichnet sich das Dokument durch Verantwortungslosigkeit gegenüber der deutschen Geschichte aus, werden Schuld und Verantwortung verdrängt – wie Erich Später recherchiert hat, waren fast alle Erstunterzeichner der *„Charta"* Nationalsozialisten, einige in SS und SD an der „Endlösung der Judenfrage"

---

34 Giordano, Ralph, Die zweite Schuld oder Von der Last, ein Deutscher zu sein (1987), Köln 2000, S. 267-292.

beteiligt.[35] Höhepunkt dieser Verdrängung ist eben jener großmütig vorgebrachte Verzicht auf Rache, der zunächst einmal davon ausgeht, dass ein Anspruch auf Rache überhaupt bestanden hätte. „Wem gegenüber denn? Den Polen, die die deutsche Besetzung ein Sechstel ihres biologischen Bestandes gekostet hat?", fragt Giordano. Dem „Verzicht" zur Seite steht die Stilisierung der „Heimatvertriebenen" als die eigentlichen Opfer des Zweiten Weltkriegs, ohne Juden, Sinti und Roma, Homosexuelle, „Asoziale", „Gewohnheitsverbrecher", Polen, Russen, Tschechen, Sozialdemokraten, Kommunisten, Emigranten, Widerständler auch nur zu erwähnen. Und die „Mitverantwortung" der „Völker der Welt" an ihrem Schicksal wird aufgerechnet mit der eigenen Schuldbilanz, die geringer erscheint als die der Alliierten, so gering jedenfalls, dass sie den Verfassern der „*Charta*" keine Silbe wert war – angesichts der Aktivitäten der Beteiligten eine zynische Strategie der Opfer-Konkurrenz. Ein vergleichbarer Opferstatus wie jener der westdeutschen „Heimatvertriebenen" hat sich in der SBZ/DDR in dieser Form aufgrund der dortigen sprachlichen „Umwidmung" von Flucht und Vertreibung in „Umsiedlung" gar nicht erst entwickeln können. In den westlichen Besatzungszonen und in der jungen BRD dagegen konstituierte sich eine Meistererzählung, in deren Mittelpunkt die Deutschen als Opfer standen: Die Geschichten deutscher Opfer, insbesondere von Vertriebenen und deutschen Kriegsgefangenen in sowjetischer Hand, wurden ein zentrales Moment bei der Herausbildung eines Selbstverständnisses vieler Deutscher in der Nachkriegszeit. Darüber definierte sich die Mitgliedschaft in jener ›vorgestellten Gemeinschaft‹ (*imagined community*), einem von Benedict Anderson benutzten Konzept zur Beschreibung der tiefen kameradschaftlichen Verbundenheit (*deep horizontal comradeship*), die eine Nation einen kann.[36]

Die „*Charta*" und der dort reklamierte Status als der „vom Leid der Zeit am schwersten Betroffenen" ist Teil dieser Meistererzählung, dieser Leidensgeschichte, die Deutschland als eine „Gemeinschaft von Opfern" (Moeller) heraushob, die sich über Verlusterfahrungen während des Krieges und der Nachkriegszeit definierte. In der Frühphase der Bundesrepublik ging es darum, die Verluste verschiedener Gruppen zu erfassen,

---

35 Später, Erich, Gez. NSDAP, SA und SS, in: Konkret, Hefte 4 (S. 30-32), 5 (S. 26f.) und 10 (S. 34f.) (2004).

36 Moeller, Robert G., Deutsche Opfer, Opfer der Deutschen. Kriegsgefangene, Vertriebene, NS-Verfolgte: Opferausgleich als Identitätspolitik, in: Naumann, Klaus (Hg.), Nachkrieg in Deutschland, Hamburg 2001, S. 29-58, hier S. 32f.

darum, „Leiden zu berechnen. Diese Aufrechnung der Vergangenheit ging mit dem Versuch einher, Teile davon zum Verstummen zu bringen, während andere Teile in die Gründungsfundamente der Bundesrepublik eingelassen wurden."[37] Der „Beginn" des deutschen Erinnerungsortes „Flucht und Vertreibung" ist daher eben nicht im Ereignis selbst zu suchen; er „entstand auch nicht aus einem freien ›Spiel‹ der Erinnerungen, sondern ist das Ergebnis einer ganz konkreten Erinnerungspolitik nach der Ankunft der aus Osteuropa geflüchteten und vertriebenen Deutschen in den westlichen Besatzungszonen."[38] Das Verschweigen des einen und das Betonen des anderen Leids sind Kennzeichen auch der „*Charta*", die damit einem spezifischen, westdeutschen Opfer-Diskurs angehört, der auch Flüchtlinge und Vertriebene zum Gegenstand hatte.[39]

Interessanterweise ist eine weitere dominante Erzählung mit diesem Dokument verbunden: die Erzählung von der „Versöhnung". Die „*Charta*" wurde vom „offiziellen Deutschland" als Dokument der Vernunft, der Versöhnung und des Engagements gelobt, in der Ausstellung „Flucht, Vertreibung und Integration", 2005/06 unter anderem im Bonner „Haus der Geschichte" gezeigt, findet sich neben dem Originaldokument eine Tafel mit dem Text: „Manifest der Versöhnung". Der Unterton solcher Äußerungen ist ganz offenbar einer der Erleichterung, der Erleichterung über die „ausgebliebene Radikalisierung" (Helmut Grieser) der „Heimatvertriebenen", die angesichts von Verlust- und Rachegefühlen und vielfach erlebten Unterschichtungs- und Ablehnungserfahrungen im Westen zu befürchten stand. Die „*Charta*" ist also vielleicht auch deshalb ein Dokument des kulturellen Gedächtnisses (auch der westdeutschen einheimischen Gesellschaft), da sie in eine andere Meistererzählung passte: „Die Integration von Millionen Flüchtlingen und Vertriebenen in den westlichen Besatzungszonen/in der BRD und in der SBZ/DDR war eine Erfolgsgeschichte."

Diese Geschichte wurde in den beiden deutschen Staaten jeweils anders erzählt: In der BRD wurde „Eingliederung" verstanden als wirtschaftliche, soziale und kulturelle, vor allem aber dauerhafte Gleichstellung der Flüchtlinge und Vertriebenen mit der einheimischen Bevölkerung. Die „Eingliederung" sollte dazu führen, dass sowohl die aufnehmende wie auch die ankommende Gruppe verändert würden, bevor im Lauf von einer

37 Ebd., S. 35.
38 Hahn/Hahn 2004, S. 345.
39 Der aber hier in seiner Breite nicht nachvollzogen werden kann; vgl.: Goschler, „Versöhnung" und „Viktimisierung".

254

oder zwei Generationen die Zuwanderer der veränderten Gesellschaft ganz zugehörten.[40] In der SBZ/DDR dagegen sprach man offiziell gar nicht von Flüchtlingen oder Vertriebenen, sondern, wie es von den Sowjets 1945 oktroyiert worden war, von „Umsiedlern" – ein politisch vorgeblich neutraler Begriff, der das Verhältnis zum sowjetischen Bruderstaat, der die Vertreibung gebilligt, wenn nicht forciert hatte, weniger belasten sollte.[41] Anders als die „Eingliederung" zielte die „Umsiedlerpolitik" der DDR in der Konsequenz auf die möglichst sofortige Assimilation der Neuankömmlinge; dieser Prozess wurde offiziell als gelungen und 1952 für beendet erklärt: „Umsiedler" gab es nicht mehr, nur noch „Neubürger". Während im Osten nach diesem Zeitpunkt die Problematik offiziell nicht mehr erwähnt wurde, entwickelte sich im Westen der Erinnerungsort „Flucht und Vertreibung", in den 50er Jahren dann vor allem aber die Erzählung von der „gelungenen Integration der Flüchtlinge", als ein wesentlicher Gründungsmythos der Bundesrepublik, die öffentliche Anerkennung etwa durch Politikerreden oder an dominanten Erzählorten (etwa Ausstellungen) erhielt – und erhält.[42]

Beide Meistererzählungen sind Teil des nationalen Gedächtnisses: Die DDR verstand sich als emanzipatorisches und antifaschistisches Projekt; die Integration der Flüchtlinge und Vertriebenen wurde als Teil des Aufbaus einer sozialistischen Gesellschaft verstanden, als Teil auch des antifaschistischen Kampfes, existierte doch auch in der SBZ/DDR die „Vorstellung von einer besonderen NS-Schuld der Vertriebenen", die mit der

---

40 Vgl. zu den Prozessen der Integration: Ackermann, Volker, Integration – Begriff, Leitbilder, Probleme, in: Beer, Mathias (Hg.), Zur Integration der Flüchtlinge und Vertriebenen im deutschen Südwesten nach 1945, Sigmaringen 1994, S. 11-26, hier S. 14; Krauss, Marita, Das „Wir" und das „Ihr". Ausgrenzung, Abgrenzung, Identitätsstiftung bei Einheimischen und Flüchtlingen nach 1945, in: Hoffmann/Krauss/Schwartz 2000, S. 24-39, hier S. 28.

41 Schwartz, Michael, Vom Umsiedler zum Staatsbürger. Totalitäres und Subversives in der Sprachpolitik der SBZ/DDR, in: Hoffmann/Krauss/Schwartz 2000, S. 135-166, hier S. 135f.

42 Die erfolgreiche Integration, von Einheimischen und Zugewanderten gemeinsam erbracht, markiere, so der damalige Präsident der Stiftung Haus der Geschichte der Bundesrepublik Deutschland, Hermann Schäfer, „einen der großen Erfolge der Bundesrepublik. Ihn zu würdigen, ist ein Anliegen [der Ausstellung, Th.K.]. Dass auch Schattenseiten zu dieser Bilanz gehören, liegt bei der Größe dieser gewaltigen Aufgabe auf der Hand." (Schäfer, Hermann, Zur Ausstellung „Flucht, Vertreibung und Integration", in: Flucht, Vertreibung und Integration. Begleitbuch zur Ausstellung, Bonn 2005, S. 7-13, hier S. 12.

Vertreibung die ›gerechte‹ Strafe getroffen hätte.[43] Die BRD ihrerseits stilisierte sich als „Erfolgsmodell" mit einer Geschichte der gesellschaftlichen Modernisierung und des wirtschaftlichen Erfolgs. Die Integration der Flüchtlinge und Vertriebenen erhielt hier die Aura des Außergewöhnlichen: Der Eingliederungsprozess schien Anfang der 1960er Jahre tatsächlich abgeschlossen gewesen zu sein, als die Versorgung mit Wohnraum, Erwerbstätigkeit und Einkommen gesichert war; daneben galten Mitgliedschaften in Vereinen und Ehen zwischen Einheimischen und Vertriebenen als Indikatoren für die gelungene Integration. In dieser Erzählung ist jedoch nicht die Rede von den Konflikten, die die zwangsweise Aufnahme von Millionen Menschen im zerstörten Deutschland für die Einheimischen wie für die Zuwandernden mit sich brachte. Und das vielleicht aus gutem Grund, ist doch die für die Menschen damals offene Zukunft, die heute eine „vergangene Zukunft" (Reinhart Koselleck) ist und damit eine uns bekannte Vergangenheit, in Rechnung zu stellen: Die offene Zukunft der Nachkriegs-Gesellschaft wurde durch die Gegenwart scheinbar unlösbarer Probleme bestimmt. Angesichts von Gewalterfahrungen, von millionenfach erlebter „ethnischer Säuberung", angesichts des materiellen Notstands der deutschen Zusammenbruchsgesellschaft, des Zwangs zur Aufnahme der Flüchtlinge und Vertriebenen, gehörte auch die Integration aus der Sicht der erleichterten Zeitgenossen zum damaligen Gefühl, dass eine Katastrophe ausgeblieben war.[44] Verbunden mit dem „Leistungsstolz der ›Aufbau‹-Generation" musste dieses Ausbleiben dann in der Rückschau geradezu mirakulösen Charakter annehmen; das „Wunder der Integration" mündete in der BRD in die große Erzählung vom „Wirtschaftswunder". Doch während „Wunder" einigermaßen voraussetzungslos geschehen, so waren es im Fall der Integration spezifische Konstellationen wie z.B. der immense Arbeitskräftebedarf einer mit Hilfe des Marshall-Plans angekurbelten Wirtschaft, so dass das rasche Gelingen der (wirtschaftlichen) Integration als

43 Schwartz, Michael, „Zwangsheimat Deutschland". Vertriebene und Kernbevölkerung zwischen Gesellschaftskonflikt und Integrationspolitik, in: Naumann 2001, S. 114-148, hier S. 134.
44 Schwarz, Hans-Peter, Die ausgebliebene Katastrophe. Eine Problemskizze zur Geschichte der Bundesrepublik, in: Rudolph, Hermann (Hg.), Den Staat denken. Theodor Eschenburg zum Fünfundachtzigsten, Berlin 1993, S. 151-174.

„gleichsam selbstläufiger Prozeß betrachtet werden muss": Das „unverhoffte Glück der Integration [war] schlechterdings unausweichlich."[45]

Vor dem Hintergrund der katastrophalen Ausgangslage und der gesellschaftlichen Verwerfungen stellt die Integration weniger ökonomisch als vielmehr sozial- und alltagsgeschichtlich gesehen sicher einen nicht unbedingt zwangsläufigen Erfolg dar; insofern berichtet die Erzählung Authentisches. Dennoch aber darf, und das wäre die quellenkritische Anmerkung, diese Erzählung nicht einfach affirmativ übernommen werden, berge doch jede Erfolgsgeschichte, so Michael Schwartz, zugleich „Verdunkelungsgefahr":

„Allzu leicht dispensiert die Rhetorik des ›Wunders‹ von der Analyse vorgängiger Entscheidungen und Entwicklungen. Allzu leicht verleitet eine Rhetorik des Erfolgs‹ dazu, die Integrationswirkung einzelner politischer Maßnahmen […] zu überschätzen. Allzu gern lässt eine Historiographie der erleichterten Mitlebenden die sozialen und sozialpsychologischen Verwerfungen der ursprünglichen gesellschaftlichen Konfliktgeschichte, die sich mit dem Vertriebenenproblem im Nachkriegsdeutschland entfaltete, in einen milde abgedunkelten Hintergrund treten."[46]

Die nachvollziehbaren mentalen und sozialen Bedürfnisse dieser „erleichterten Mitlebenden" hatten nun, so könnte man mit Peter Burke sprechen, eine „soziale Amnesie" zur Folge: Die kollektive „Löschung von Konflikterinnerungen im Dienst gesellschaftlicher Kohäsion"[47] bewirkte das Vergessen des Umstands, dass „am Beginn dessen, was man ›Integration‹ nennt, […] keine durch nationale Identifikation vermittelte Solidargemeinschaft [stand], sondern ein massiver gesellschaftlicher Gruppenkonflikt".[48] Spuren dieser Konfliktgemeinschaft finden sich leicht: Akten der Verwaltungspraxis zwischen Wohnraumzuweisung und Lastenausgleich zeugen davon,

---

45 Bauer, Franz J., Zwischen „Wunder" und Strukturzwang, in: Becker, Winfried (Hg.), Die Kapitulation von 1945 und der Neubeginn in Deutschland, Köln, Wien 1987, S. 73-95, hier S. 82.

46 Schwartz, Michael, Vertriebene und „Umsiedlerpolitik". Integrationskonflikte in den deutschen Nachkriegs-Gesellschaften und die Assimilationsstrategien in der SBZ/DDR 1945-1961, München 2004, S. 2.

47 Burke, Peter, Geschichte als soziales Gedächtnis, in: Assmann, Aleida/Harth, Dietrich (Hg.), Mnemosyne. Formen und Funktionen der kulturellen Erinnerung, Frankfurt/Main 1991, S. 289-304, hier S. 299.

48 Schwartz, Vertriebene und „Umsiedlungspolitik", S. 8.

Beschwerdebriefe von beiden Seiten, Unterstützungsforderungen – auch von beiden Seiten.[49] Auf die Katastrophenerfahrung von Flucht und Vertreibung folgte eine weitere, nämlich die Katastrophe der Ankunft im Westen; „[e]s war schlimmer als ein Kulturchoque, es war die totale Aufkündigung der nationalen Solidarität. Alle waren Verlierer, aber nicht alle hatten alles verloren."[50] Und so wird deutlich, dass zwar für alle, auch für die Einheimischen, für die Menschen in einer zwangsweise mobilisierten Gesellschaft, ein Integrationszwang bestand, dass aber Flucht und Vertreibung, dann aber auch die Integration einen biographischen Bruch in der Lebensgeschichte der Betroffenen darstellte, ein Bruch, der in der „Meistererzählung" von der „Integration als Erfolgsgeschichte" nicht präsent ist.

2 LEIDENSGESCHICHTEN: FLUCHT, VERTREIBUNG UND INTEGRATION ALS LEBENSTHEMA

Während im kulturellen Gedächtnis die Geschichte repräsentiert ist, die „wir" – als Nation, als Großgruppe – „haben", äußert sich im kommunikativen Gedächtnis jene Geschichte, die „wir sind", jene Erfahrungen der Zeitzeugen, die aktualisiert und narrativ vergegenwärtigt werden können. Der biographische Bruch, den Flucht, Vertreibung und Integration im Rahmen der Lebensgeschichte Betroffener darstellen, gehört demnach in den Rahmen des kommunikativen Gedächtnisses, das entsprechend vor allem von Leidensgeschichten, von Geschichten von Gewalt und Konflikten, geprägt ist. Dabei lässt sich, wie schon gesagt, beobachten, dass die Erfahrungen der beim Kriegsende erwachsenen Generation der Flüchtlinge und Vertriebenen in den ersten beiden Jahrzehnten nach den Ereignissen gut dokumentiert worden sind, diejenigen der damaligen Kinder und Jugendlichen hingegen nicht.

Die bekannteste Dokumentation von Flucht- und Vertreibungserfahrungen ist sicherlich die so genannte „Ost-Dokumentation".[51] Die Initiative für

---

49 Vgl. etwa die in Messerschmidt, Rolf (Hg.), „Wenn wir nur nicht lästig fallen …". Aufnahme und Eingliederung der Flüchtlinge und Vertriebenen in Hessen (1945 - 1955), Frankfurt/Main 1991, dokumentierten Quellen.

50 Jeggle, Utz, Kaldaunen und Elche. Kulturelle Sicherungssysteme bei Heimatvertriebenen, in: Hoffmann/Krauss/Schwartz 2000, S. 395-407, hier S. 398.

51 Dokumentation der Vertreibung der Deutschen aus Ost-Mitteleuropa. Hrsg. v. Bundesministerium für Vertriebene, Flüchtlinge und Kriegsgeschädigte, Bonn 1953-1962. Ndr.: München 2004; zur „Ost-Dokumentation": Beer, Mathias, Im Spannungsfeld von Politik und Zeitgeschichte. Das Großforschungsprojekt „Dokumentation der Vertrei-

diese erste umfangreiche Sammlung von Augenzeugenberichten ging zu Beginn der 1950er von politischer Seite, vom Bundesministerium für Vertriebene, Flüchtlinge und Kriegsgeschädigte, aus; es gab die dezidiert geschichtspolitische Stoßrichtung, für die Beeinflussung der politischen Folgen des Krieges ein ausgewogenes Dokumentationsmaterial zur Verfügung zu stellen. Die acht voluminösen Bände erschienen Ende der 1950er und zu Beginn der 1960er Jahre und wurden 1985 und erst kürzlich, 2004, unverändert nachgedruckt. Sie enthalten Tausende Berichte von Augenzeugen der Flucht und Vertreibung der Deutschen aus Ost-, Mittel- und Südosteuropa; jedem Band ist eine Einleitung zur Kontextualisierung der Berichte beigegeben. Die „Ost-Dokumentation" gilt bis heute als eine nach wissenschaftlichen Kriterien erstellte Sammlung authentischen Materials, als verlässliche Quellensammlung. Quellenkritisch muss jedoch unter anderem Folgendes angemerkt werden: Wie Mathias Beer gezeigt hat, waren die ersten Berichte unter dem Gesichtspunkt der „Unmenschlichkeit" gesammelt worden; das Bundesministerium hatte zudem die Sammler entsprechend der Zahl der in einem Bericht enthaltenen Fälle wie etwa Mord, Totschlag oder Vergewaltigung honoriert. Der Entstehungszusammenhang der „Ost-Dokumentation" wirft die Frage auf, inwieweit diese lediglich eine selektive, gesteuerte Erinnerung darstellen. Es sollten typische „Einzelschicksale" gesammelt werden, um durch die Darstellung verschiedener Formen von Flucht und Vertreibung einen Überblick zu erhalten. Dies bedeutet, dass auch die Schicksale derer, die ihre Geschichte nicht aufgeschrieben hatten und daher nicht in den verschiedenen Sammlungen dokumentiert sind, mit angesprochen wurden: „Ja, so war es bei mir auch". Unterstützt wird diese Wirkung, die kaum belegt werden kann, durch Formulierungen in den Berichten, die die Erfahrungen der anderen einschließen: „Ich habe nichts Besonderes zu sagen, das ist doch allen so gegangen" ist eine wiederkehrende Formulierung. Die semantische Ebene von Berichten, die Gewalt gegen eine Gruppe dokumentieren, muss noch stärker in den Fokus der Forschung rücken,[52] ebenso die Rolle der „Ost-"

bung der Deutschen aus Ost-Mitteleuropa", in: Vierteljahreshefte für Zeitgeschichte 46 (1998), S. 345-389; ders. 1999.

52 Vgl. zur Struktur von Augenzeugenberichten: Abels, Heinz, Zeugnis der Vernichtung. Über strukturelle Erinnerungen und Erinnerung als Leitmotiv des Überlebens, in: Platt, Kristin / Dabag, Mihran (Hg.), Generation und Gedächtnis. Erinnerungen und kollektive Identitäten, Opladen 1995, S. 305-337; Kailer, Thomas, Gewählte Erinnerung. Die Vertreibung der Sudetendeutschen und die mediale Inszenierung des Massakers von Aussig

und anderer Dokumentationen für das kommunikative Gedächtnis. Bei den Augenzeugen-Berichten muss zudem das ganze Arsenal quellenkritischer Fragen an Selbstzeugnisse ausgeschöpft werden: In erster Linie ist der zeitliche Abstand zwischen Niederschrift der Berichte und den Ereignissen zu berücksichtigen. Trotz dieser (und anderer) kritischen Aspekte werden die Berichte bis heute als authentische Belege für die Gewalt gegenüber Deutschen herangezogen.

Eine vergleichbare Dokumentation existiert für die Erfahrungen der „zweiten Generation", für die damaligen Kinder und Jugendlichen, nicht. Für diese Gruppe stellen Flucht und Vertreibung einen biographischen Bruch dar, der durch die Erfahrungen bei Flucht- und Vertreibung, dann vor allem aber durch vielfältige eigene Integrationserfahrungen sowie durch die Integrationskonflikte der Elterngeneration auf lange Dauer gestellt wurde. Die Forschung zu dieser Generation, der „Kriegskinder-Generation", befindet sich noch in ihren Anfängen, nicht zuletzt deshalb, weil diese Generation – wie schon angedeutet – bislang nur wenige Ego-Dokumente hinterlassen hat. Auch erfahren die „Kriegskinder" erst jetzt eine gewisse Aufmerksamkeit, treten Psychologen, Historiker und Dokumentar-Filmer auch jetzt selbst mit eigenem (Forschungs-)Interesse an diese Gruppe heran. Der Aussagewert dieser „Quellen" muss jedoch im einzelnen genau bestimmt werden. Dazu zwei Beispiele:

Zeitzeugen dienen in historischen TV-Dokumentationen in erster Linie der Beglaubigung dessen, was als historische Wahrheit präsentiert wird – eine höchst selektive und verkürzte Wahrheit zumeist. Der Zuschauer steht angesichts der Eindringlichkeit der Zeitzeugen-Erzählungen immer in der Gefahr, einer „Authentizitätsfiktion" zu erliegen, einer Verlagerung der historischen Aussage hin zur nachträglichen, subjektiven Deutung der Vergangenheit durch den um narrative Kohärenz bemühten Zeitzeugen, die als authentische Erzählung missverstanden wird – Norbert Frei hat das „Kopfsalat mit Zeitzeugen" genannt.[53] Ein interessanter Effekt des inflationären Auftretens von Zeitzeugen in TV-Dokumentationen ist, dass der Versuch, Geschichte im Fernsehen zu personalisieren, letztlich dazu führt, sie zu entpersonalisieren, wenn die Zeitzeugen – immer gleich insze-

---

vom 31. Juli 1945, in: Vogel, Christine (Hg.), Bilder des Schreckens. Die mediale Inszenierung von Massakern, Frankfurt/Main 2006, S. 189-221.

53 Interview mit Norbert Frei, Süddeutsche Zeitung vom 22./23. Januar 2005; vgl. auch: Bösch, Frank, Historiker-Ersatz und Quelle: Der Zeitzeuge im Fernsehen, in: Geschichte lernen 76 (2000), S. 62-65.

niert, immer gleich ausgeleuchtet, immer gleich geschnitten – nur vermeintlich typische Erfahrungen im Zusammenhang mit dem Dokumentations-Thema repräsentieren: Der Zeitzeuge wird so zu „irgendeinem Zeitzeugen", an den man sich bald nicht mehr erinnert. Aus all diesen Gründen darf man nicht der Versuchung erliegen, die Interview-Schnipsel für etwas zu halten, das der Repräsentation von Lebensgeschichten im Sinne des kommunikativen Gedächtnisses gleichkäme: Das Kommunikations- und Beglaubigungsinteresse der Filmemacher ist initiativ, nicht das Erinnerungsbedürfnis der Betroffenen.

Ein anderes Beispiel stellen einige jüngst publizierte Zusammenfassungen lebensgeschichtlicher Interviews dar, in denen die Lebensgeschichten der Zeitzeugen von den Interviewerinnen nacherzählt werden.[54] Es liegen mehr oder weniger eindringliche, gut lesbare Geschichten vor, die nicht einfach nach dem Kriterium des Typischen ausgewählt sind, sondern in einer gewissen Breite die Lebensstationen, die Konflikte und Erfolge, in der Regel aber eine Leidensgeschichte der Betroffenen spiegeln. Die narrative Kohärenz, die auch bei diesen Geschichten frappiert, wird hier jedoch gedoppelt: Bereits das lebensgeschichtliche Interview weist diese Kohärenz auf, die durch die biographisierende und vor allem psychologisierende Zusammenfassung der Interviewer noch einmal verschärft wird, ohne dass die Selektions- und Verknüpfungsprozesse nachgeprüft werden könnten. Einige der Interview-Geschichten sind transgenerationell angelegt, d.h., es wurden entweder mehrere Generationen zusammen oder getrennt interviewt oder aber die Perspektive explizit auf die Elterngeneration gerichtet, wenn die „zweite Generation", die „Kriegskinder", befragt wurde. Das Generationenverhältnis tritt zwangsläufig in den Mittelpunkt der Erzählungen der damaligen Kinder und Jugendlichen, wegen der eigenen Erfahrungen – auch mit den Eltern – einerseits, wegen der eigenen Prägung durch die Eltern andererseits, wegen dem also, was in der neueren Forschung „mentales Gepäck" genannt wird.[55] Die Weitergabe dieses „Gepäcks", das gar nicht nur belastend oder gar traumatisierend sein muss, erfolgt in der Regel *en passant* innerhalb der Familie. Auch hinsichtlich Flucht, Vertreibung und Integration ist vor allem die Familie der Ort, an dem die geschichtlichen Erfahrungen als gelebte Geschichte überdauern. Alltags-

---

54 Vgl. oben Anmerkung 14.
55 Reulecke, Jürgen, Erfahrungen bewahren: Archive als Orte von Erinnerungskulturen, in: Archiv und Wirtschaft 38 (2005), S. 105-112, hier S. 108.

und mentalitätsgeschichtliche Faktoren ragen über die individuelle Bewältigung der Nachkriegsherausforderungen in diese Familiengeschichte ebenso hinein wie ein Selbstverständnis dieser Familien in einer „doppelten Opferkonstellation", geprägt durch Verlust der alten Heimat und durch Ausgrenzung in der neuen. Eine Studie zum Thema Holocaust im Familiengedächtnis hat einen nicht-repräsentativen Seitenblick auch auf das Thema Flucht, Vertreibung und Integration im Familiengedächtnis geworfen. Die Autoren fassen ihre Ergebnisse folgendermaßen zusammen:

„Die Familien, in denen die Erinnerungen an Flucht, Vertreibung und Neuanfang besonders präsent sind, zeichnen sich durch eine doppelte Opferkonstellation aus: Diese gründet sich neben dem ›Heimatverlust‹ der Großeltern auch auf die Ausgrenzungserfahrungen der Kinder. Gerade für die während und kurz nach Ende des Krieges Geborenen bleiben diese Erfahrungen trotz einer insgesamt erfolgreichen politischen und wirtschaftlichen Eingliederung ihrer Familien lebensgeschichtlich äußerst bedeutsam."[56]

Die Rolle des Familiengedächtnisses für das Thema Flucht, Vertreibung und Integration stellt noch ein Desiderat der Forschung dar. Deshalb hier nur kursorische Anmerkungen:

„Ja, es bleibt in der Familie". Auf diese nachdenkliche Weise kommentierte einer meiner Informanten, ein donauschwäbischer Flüchtling der zweiten Generation, im telefonischen Vorgespräch mein Vorhaben, die Rolle der Familie für die Erinnerung von Flucht, Vertreibung und Integration zu untersuchen. Diese Aussage, „es bleibt in der Familie", hat nun verschiedene Implikationen: Auf einer ganz basalen Ebene zunächst die, dass die Familie eine Einheit bildet, deren Struktur allein durch die ihr Angehörenden bestimmt wird – was nach innen wie nach außen gleichermaßen eine kohärente Identität ermöglicht. Die Familie erscheint, bezogen auf einen problematischen oder gar katastrophischen Punkt in der Familienhistorie, als Schicksalsgemeinschaft, als Erinnerungsgemeinschaft allemal. Weiterhin: Da nur bestimmte Personen „zur Familie" gehören können, deutet die Aussage zugleich auch auf Akte der Ausschließung hin – man ›bleibt unter sich‹; Begebenheiten die Familie betreffend werden innerhalb der Familie ausgehandelt, durchgearbeitet. Das ›unter sich Bleiben‹ führt

---

56 Koch, Torsten/Moller, Sabine, Flucht und Vertreibung im Familiengedächtnis, in: Schulze, Rainer (Hg.), Zwischen Heimat und Zuhause. Deutsche Flüchtlinge und Vertriebene in (West-)Deutschland 1945-2000, Osnabrück 2001, S. 217-228, hier S. 227.

zu dem diachronen Aspekt, der Familien neben dem synchronen eigen ist, nämlich dass Familien sich in der Zeit bewegen, sie also gebildet sind durch das, was man diachrone Generationen nennen kann: Großeltern, Eltern, (Enkel-)Kinder. Bleibt also etwas „in der Familie", dann sind es die Generationen einer Familie in ihrer Abfolge, die mit einer bestimmten Begebenheit in der Familiengeschichte konfrontiert werden.

Die Weitergabe der Erinnerung an diese Begebenheit verläuft also auf transgenerationelle Weise, auf dem Weg der Kommunikation zwischen den Generationen innerhalb einer Familie. Wird zwischen den Generationen einer Familie über die Familien- und die Lebensgeschichte der einzelnen Angehörigen gesprochen – was vielleicht gar nicht den Normalfall darstellt –, dann findet diese Kommunikation im Rahmen des Familiengedächtnisses statt. Doch nicht in jeder Kommunikation wird auch gesprochen: Das „Gespräch" zwischen den Generationen kann auch geprägt sein durch Schweigen – und damit viel sagen: Das „kommunikative Beschweigen" von meist schwierigen Familienthemen, von katastrophischen Geschehnissen oder traumatisierenden Erfahrungen, gibt Erinnerungen an ein Nicht-Sagbares an die nächste Generation weiter und führt so dazu, dass dieses Nicht-Sagbare, das aber dennoch erlebt und erfahren wurde, als unbewältigtes Problem „in der Familie bleibt". Dieses Schweigen, das auch ein „Schweigen der Flüchtlingskinder" ist, hat viele Ursachen: Da gab es ein selbst auferlegtes Schweigegebot, das positive Funktion im Integrationsprozess hatte und gesamtgesellschaftlich typisch war für die wiederhergestellte „normative Normalität" der 1950er Jahre – Stichwort: soziale Amnesie. Das kommunikative Beschweigen nach '68 ist dagegen anders gelagert: „Nicht die Väter als Opfer interessierten, sondern die Väter als Täter. Die rebellierende Generation der Kriegskinder, unter denen sich auch die einstigen Flüchtlingskinder befanden, schwiegen also weiterhin über die Vertreibung." [57] Damit zusammen hängt das Schweigen als „Kriegskinder": Ein Grundgefühl „mir darf es nicht gut gehen" verweist auf die Loyalität dieser Kinder ihren Eltern gegenüber, deren Hilfsbedürftigkeit sie wahrnahmen und deren wie auch immer motiviertem Schweigen sie sich solidarisch anschlossen. Das Schweigen der Kinder ist jedoch mit dem schuldbedingten Schweigen der Eltern, mit dem Schweigen der Täter, nicht identisch, hatte

---

57 Ackermann, Volker, Das Schweigen der Flüchtlingskinder – Psychische Folgen von Krieg, Flucht und Vertreibung bei den Deutschen nach 1945, in: Geschichte und Gesellschaft 30 (2004), S. 434-464, hier S. 461.

dort aber auch einen Ausgangspunkt: Sie selbst fragten sich: „Darf ich das?", nämlich angesichts von Massenvernichtung und Vernichtungskrieg das eigene Schicksal beklagen, und beantworteten diese Frage oft – und nicht zuletzt wegen der Verstrickung der eigenen Eltern aus Scham – negativ.

3 KÖRPERGESCHICHTEN: FLUCHT, VERTREIBUNG UND INTEGRATION IM KÖRPERGEDÄCHTNIS

„Es bleibt in der Familie" bedeutet dann aber vor allem eines: In vielen Fällen brechen eingeübte psychisch-physische Verdrängungs- und Vermeidungsreaktionen auf lange zurückliegende Traumatisierungen auf, werden diese Traumatisierungen erneut virulent. Die belastenden Erfahrungen von Flucht, Vertreibung und Integration konnten oft nicht angemessen verarbeitet werden, Auf- und Durcharbeitungsprozesse blieben aus verschiedenen Gründen lange Zeit aus: Belastende Erlebnisse, drängende Nachkriegsprobleme oder das Übernehmen von Elternfunktionen für traumatisierte Mütter und gebrochene Väter erlaubten in vielen Fällen keine emotionale und affektive Selbstverortung. Ein Teil dieser Generation der Kriegskinder trat die Flucht in Leistung an, eine Reaktion, die in den Notwendigkeiten des gesellschaftlichen und staatlichen Wiederaufbaus eine wechselwirkende Entsprechung fand, deren äußerlicher Erfolg Belastungen und Probleme aber häufig nur verdeckte und verdrängte. Einem anderen Teil stand dieser Weg erst gar nicht offen; ihr Leben war geprägt durch körperliche und psychosomatische Folgeschäden, durch Identitätsstörungen, Beziehungsprobleme, eingeschränkte Funktionsfähigkeit im Alltag, eine verminderte Lebensqualität.

Lange Zeit dominierte in der Psychologie die Vorstellung, Kinder könnten gar nicht traumatisiert werden. Noch heute, so wird aus der Praxis berichtet, werden die psychogenen Symptome ihrer Altersgenossen nur selten von den Psychiatern dieser Generation auf belastende Kriegskindheitserfahrungen zurückgeführt oder gar, im Zuge der Eigenübertragung, von Therapeuten als geringfügig erachtet, da sie nicht „zeitgeschichtlich denken".[58] Die lebensgeschichtlichen Interviews mit Angehörigen der Kriegskinder-Generation und damaligen Flüchtlingskindern sprechen allerdings eine andere Sprache; sie decken die Geschichte auf, die „wir verkörpern". Nun, im Alter, weckt der Eintritt in den Ruhestand das Bedürfnis

---

58 Radebold 2005, S. 16-20.

nach Bilanzierung, werden im Rückblick frühkindliche seelische Verletzungen offenbar, die Verhaltensweisen des Erwachsenenlebens prägten, führen Sirenengeheul oder Gerüche im *now-moment* zu einer Re-Traumatisierung, die eine neue Selbsthistorisierung, aber auch Depressionen und Orientierungskrisen auslösen kann. Lebensbilanz und biographische Selbstdeutung richten den Blick auf das eigene Leben, oft aber auch auf das der Kinder und auf die Frage, was man denn der nachfolgenden Generation mit auf den Weg gegeben hat – „Gepäck", das eigene oft, allemal. Wie schwer dies aber für die Generation der Kriegskinder und deren Nachkommen wiegt, beginnt die Forschung erst aufzudecken.

IV Schluss: Der Historiker als „Wächter beunruhigender Fakten"

Beziehen wir diese letzte Aussage auf unsere drei Arten von Geschichte – „wir haben, wir sind, wir verkörpern Geschichte" – so heißt „Aufdecken" auf all diesen Ebenen auf die Hintergründe und Kontexte von Aussagen, von Quellen, aufmerksam zu machen. Welche Rolle also kommt dem Historiker, dem professionellen wie dem Laienhistoriker, im Rahmen des Themas Flucht, Vertreibung und Integration zu? Weniger die, so nochmals Peter Burke, des Wächters einer Erinnerung, die sich als das Gedächtnis an rühmenswerte Taten versteht. Vielmehr solle der Historiker der „Wächter beunruhigender Fakten" sein:

„Einst gab es in England einen Beamten, der den Titel *Remembrancer* trug, in Wahrheit aber war dies ein Euphemismus für den Schulden-Eintreiber. Es gehörte zu seiner Pflicht, die andern an das zu erinnern, was sie selbst vergessen wollten. Als *Remembrancer* tätig zu werden, ist eine der wichtigsten Aufgaben, die der Historiker wahrzunehmen hat."[59]

---

59 Burke 1991, S. 302 (kursiv im Original).

Der Zweite Weltkrieg: Suche nach vermissten oder vertriebenen Angehörigen – wie geht das?

Ein Beispiel aus der Praxis

von Simone Verwied

I Einleitung

Das hier geschilderte Forschungsprojekt ist aus einem persönlichen Interesse an der Geschichte der eigenen Familie entstanden. Ziel war es, eine Antwort auf die Frage nach der Geschichte des kleinen Dorfes Mischeny im ehemaligen Bessarabien und seiner deutschen Bewohner bis zur Zwangsumsiedlung 1940 zu erhalten und gleichzeitig Einblicke in das alltägliche Leben der Dorfbewohner zu bekommen. Dieses historische Zeitzeugenprojekt ist beispielhaft für die Erarbeitung einer Dorfgeschichte „von unten". Aus den lebensgeschichtlichen Schilderungen der ehemaligen Dorfbewohner konnte so, in Zusammenhang mit dem (hier nur spärlich vorhandenen) Quellen- und Archivmaterial, eine Dorfchronik rekonstruiert werden.

Drei Jahre, von 1999 bis 2002, hat die Arbeit an dem „Oral History" Projekt über die Geschichte Mischenys und seiner deutschen Bewohner, in Anspruch genommen. Hierbei wurden Zeitzeugen ausfindig gemacht und befragt als auch eine Vielzahl an Originaldokumenten archiviert. Durch die Auswertung der biographischen Schilderungen und die daraus gewonnenen Erkenntnisse in Bezug auf das damalige gesellschaftliche Leben, entwickelte sich diese historische Untersuchung nach und nach zu einem biographischen Forschungsprojekt. Den erfolgreichen Abschluss dieser historischen Forschungsarbeit bildete die feierliche Einweihung eines Gedenksteines auf dem alten Friedhof in Mischeny im August 2002.

II Historischer Kontext – Bessarabien bis zum Jahr 1940

Bessarabien,[1] der Name des zwischen Dnjestr und Pruth, der unteren Donau und dem Schwarzen Meer gelegenen Landes, geht auf das aus der Walachei stammende Fürstengeschlecht der *Basarab* zurück.[2] Nach dem Ende des „Russisch-Türkischen Krieges" (1806-1812) wurde Bessarabien im „Frieden von Bukarest" dem russischen Zarenreich zugesprochen. Dem Aufruf Zar Alexander I. folgend, kamen 1814 die ersten deutschen Siedler aus dem Herzogtum Warschau nach Bessarabien (*Warschauer Kolonisten*). Begründet im „Frieden von Tilsit" (1807) war dieses Herzogtum aus den von Preußen während der „Polnischen Teilungen"[3] annektierten Gebieten entstanden. Die deutschen Siedler kamen aber nicht nur aus den ehemals preußischen Provinzen nach Bessarabien, sondern auch aus dem württembergischen Raum. Dies hing u.a. mit den damaligen innen- und außenpolitischen Umwälzungen zusammen. Württemberg gehörte, wie andere süd- und westdeutsche Fürstentümer auch, seit 1806 dem „Rheinbund"[4] an.

Die in Bessarabien angesiedelten Deutschen wurden von der russischen Regierung mit einer Vielzahl an Privilegien ausgestattet. So mussten z. B. die Männer keinen Militärdienst leisten. Gleichzeitig bekam jede Familie über 60 ha Land zugeteilt (allerdings mit der Auflage, sich hauptsächlich dem „Garten-, Wein- und Seidenbau zu widmen"[5]) und wurde außerdem für zehn Jahre von jeglicher Steuer befreit.

Zwischen 1814 und 1822 wurden die ersten 14 Kolonien gegründet[6] und bis Mitte des 19. Jahrhunderts waren etwa 9.000 Siedler nach Bessarabien

---

1 Das frühere Bessarabien gehört heute zu Moldawien bzw. zur Ukraine.

2 Heer, Richard (Hg.), Die alte und die neue Heimat der Bessarabien-Deutschen. Eine Dokumentation. 1920-1980, Bietigheim-Bissingen o. J., S. 21.

3 1. Teilung 1772: Preußen erwirbt u.a Westpreußen (ohne Danzig und Thorn), Russland annektiert das Gebiet östlich von Düna und Dnjepr, Österreich erhält Galizien; 2. Teilung 1793: Preußen erhält u.a. Danzig, Thorn und Posen, Russland erwirbt u.a. Rest von Litauen; 3. Teilung 1795: Preußen annektiert u.a. Warschau und einen Teil von Krakau, Russland erhält die übrigen ostpolnischen Gebiete, Österreich erwirbt u.a. Westgalizien und Lublin.

4 Bereits im August des Jahres 1806 führte dieses, unter französischer Führung stehende Bündnis, zum Ende des Heiligen Römischen Reiches Deutscher Nation.

5 Baumann, Arnulf, Die Deutschen in Bessarabien, Hannover 2000, S. 4.

6 In Anlehnung an wichtige Schlachten während der napoleonischen Befreiungskriege wurden die Ortsnamen der bessarabischen Siedlungen ausgewählt (z. B. Leipzig, Teplitz, Paris).

eingewandert.[7] Ab 1874 kam es durch die nationalstaatlichen Tendenzen in Russland zur Aufhebung der deutschen Privilegien. Russisch wurde als offizielle Amtssprache eingeführt, und die Männer konnten zum russischen Militärdienst eingezogen werden. Dies führte dann letztlich zu einer großen Auswanderungswelle, vornehmlich in die Vereinigten Staaten. Deutsche Soldaten aus den bessarabischen Siedlungen wurden dann erstmals 1904/05 im „Russisch-Japanischen Krieg"[8] eingesetzt. Nach Ausbruch des 1. Weltkriegs mussten sie dann gegen die europäischen Mittelmächte an der Westfront ihre Stellung beziehen (und kamen dadurch auch in deutsche Kriegsgefangenschaft).[9]

Nach dem Ende des 1. Weltkriegs 1918 wurde Bessarabien Rumänien zugesprochen. Unter der neuen Regierung kam es von 1919 bis 1923 für die deutschen Siedler zu einer folgenschweren Agrarreform. Landbesitz, der größer als 100 ha war, wurde enteignet und an die landlose Bevölkerung verteilt. Viele der deutschen Bauern sahen sich durch diese Maßnahmen in ihrer Existenz bedroht und wanderten u. a. in das Kaukasusgebiet aus, da sie hier für ihre Rubel relativ viel Land bekamen. Andere haben auf Grund dieser Erbfolgeregel immer wieder versucht, zusätzliches Land zu erwerben, um so ihren Hof vergrößern zu können. Letztlich sollte für die Deutschen in Bessarabien die Sprach- und Staatsform bis 1940 rumänisch bleiben.

III Rekonstruktion einer Dorfgeschichte

1 QUELLEN – ARCHIVE – ZEITZEUGEN

Die Auswahl der Zeitzeugen für diese Untersuchung ist bewusst so gewählt worden, dass aus jeder der ursprünglich vier Stammfamilien des Dorfes (siehe hierzu Kapitel IV) Interviewpartner befragt wurden. So sollte verdeutlicht werden, dass neue Erfahrungen oder auch Erlebnisse oftmals dazu führen, historische Begebenheiten aus einer anderen Perspektive zu

---

7   Fiess, Christian (Hg.), Festschrift zur Jubiläumsfeier am 25. Oktober 1992. Anlässlich des 40jährigen Bestehens des Heimatmuseums der Deutschen aus Bessarabien e.V., Stuttgart 1992, S. 11.

8   Verursacht durch die imperialistische Politik Russlands und Japans in Bezug auf die Mandschurei und Korea. Beendet im „Frieden von Portsmouth" (1905). Russland anerkannte Korea als japanisches Protektorat und trat den südlichen Teil der Insel Sachalin an Japan ab.

9   Baumann 2000, S. 15.

betrachten. Das vorhandene Material (Zeitzeugenaussagen, Bilder und Do-kumente, z. B. Ahnenbuch 1941, Einbürgerungsurkunde ins „Deutsche Reich" 1941) kann zum einen für weitere historische Untersuchungen zur Sozial- und Mentalitätsgeschichte im früheren Bessarabien als Quelle die-nen, zum anderen aber auch die schon im Archiv vorhandenen Quellen (bildlicher oder auch schriftlicher Art) sinnvoll ergänzen.

Im Folgenden sollen nun die für diese Untersuchung wichtigsten Ar-chive genannt und genauer vorgestellt werden, beispielhaft für Forschun-gen zum Thema (Zwangs-) Umsiedlung, Flucht und Vertreibung während und nach dem 2. Weltkrieg. Durch Informationen von Seiten der *Lands-mannschaft der Bessarabiendeutschen* war es möglich, Kontakte zu ehemaligen Bewohnern des Ortes Mischeny in Deutschland aufbauen zu können. Die *Landsmannschaft*, mit Sitz in Stuttgart, beherbergt nicht nur ein interessantes Heimatmuseum, sondern auch ein umfassendes Archiv, wo der Familien-forscher eine Vielzahl an historischem Quellen- und Kartenmaterial, sowie Ortschroniken, persönliche Schilderungen usw. finden kann. Die Recherche beim *Gräbernachweis des Volksbundes der Deutschen Kriegsgräberfürsorge e.V.* trug dazu bei, einige Lücken in den Stammbäumen der vier ehemals in Mi-scheny ansässigen Familien schließen zu können. Die *Deutsche Kriegsgrä-berfürsorge e.V.*, gegründet 1919, pflegt und erhält nicht nur Kriegsgräber im In- und Ausland, sondern hilft auch Angehörigen bei der Suche nach Kriegsgräbern und unterstützt bei der Klärung von Kriegsschicksalen. In einer umfassenden Datenbank kann man online nach dem Verbleib oder der Grabstätte eines Angehörigen forschen.

Über den Suchdienst des *Deutschen Roten Kreuzes* können Nachfor-schungen über Kriegs- und Zivilgefangene, Wehrmachtsvermisste und Zi-vilverschleppte des 2. Weltkriegs sowie über während des Kriegs verloren gegangene Kinder betrieben werden. Der Familienforscher findet hier eine große Zahl historisch interessanter Dokumente, die Aufschluss und Erklä-rungen geben können, bezüglich des Verlaufs der eigenen Familienchronik. Bei der Suche nach Personen, die während oder kurz nach dem 2. Welt-krieg verschollen sind, unterstützt der *Internationale Suchdienst Bad Arolsen*. Seit 1996 stellt der *Internationale Suchdienst* ausgesuchte Sachdokumente für die historische Forschung zur Verfügung (z. B. Dokumente über Zwangs-lager, Haft, Verfolgung). Das *Berliner Document Center*, von der US-Armee zur Vorbereitung der Nürnberger Kriegsverbrecherprozesse gegründet, verwaltet u. a. die Personalunterlagen von SS und SA-Angehörigern, sowie die zentrale Mitgliederkartei der NSDAP.

2 „ORAL HISTORY" – BEDEUTUNG UND GRENZEN

Viele der damaligen Bewohner Bessarabiens, die heute ihre Erinnerungen schildern, sind zu Beginn des 2. Weltkriegs Kinder gewesen. So bergen ihre Schilderungen von realen historischen Begebenheiten, Jahre bzw. Jahrzehnte nach ihrem Geschehen, Erinnerungslücken. Nicht selten kommt es dazu, dass der nostalgisch zurückgewandte Blick oftmals die Sicht auf die tatsächlichen Geschehnisse und Begebenheiten verklärt. Durch die eigene geänderte Lebenssituation wird ein historisches (Alltags-) Geschehen aus einem anderen Blickwinkel betrachtet und geschildert. Daher sind die hier verwendeten und zum Teil aufgeführten Erinnerungsberichte rein persönlicher Natur und können nicht als historisch objektiv betrachtet werden.

Generell gilt, dass die Gewinnung von historischen Informationen durch Zeitzeugeninterviews sicherlich viele Vorteile aufweist. So bleiben die Themen letztlich nicht abstrakt, sie werden greifbar. Der Zeitzeuge liefert eine neue historische Perspektive, die auf „eigenem Erleben" beruht.[10] Zeitzeugenschilderungen können dort hilfreich sein, wo Akten zum Beispiel verschiedene Interpretationsmöglichkeiten zulassen und die schriftliche Überlieferung nur eingeschränkt oder gar nicht vorhanden ist. Interviews und Zeitzeugenschilderungen können aber letztlich nie Ersatz für schriftliche Quellen sein. Sicherlich ist es durch die Aussagen von Zeitzeugen oftmals möglich, eine tradierte Überlieferung aus einem anderen Blickwinkel zu betrachten, aber letztlich sind mündliche Überlieferungen doch auch immer subjektiv und bedürfen erst einmal einer eingehenden Interpretation und Analyse.

IV Ergebnisse

1 UMSIEDLUNG, FLUCHT, VERTREIBUNG – TIPPS UND HINWEISE FÜR DAS EIGENE FORSCHUNGSPROJEKT

Die Unterschiede im Hinblick auf historische Forschungsprojekte zum Thema Umsiedlung, Flucht und Vertreibung liegen in besonderem Maße in der Unterscheidung der einzelnen Begriffe und deren differenzierter Bedeutung. Die *Zwangsumsiedlung* der Deutschen aus Bessarabien und anderer Ostgebiete bedeutete 1940/41 für viele Deutsche eine Entwurzelung. Sie wurden nun in den Reichsgauen Wartheland, Danzig und Westpreußen,

---

10 Brüggemeier, Franz Josef/Wierling, Dorothee, Einführung in die Oral History, Kurseinheit 1: Alltag und Erinnerung, Hagen 1986.

Oberschlesien und Südostpreußen zwangsangesiedelt. Gleichzeitig hieß dies für fast alle dort zuvor lebenden Polen und Juden, dass diese entweder deportiert, zur Zwangsarbeit eingesetzt oder aber im so genannten Generalgouvernement angesiedelt wurden. Die große *Flucht* der im Reichsgebiet ansässigen Deutschen vor der sowjetischen Offensive setzte im Osten 1944 ein und fand ihren Höhepunkt in der russischen Winteroffensive im Januar 1945. Die *Vertreibung* (oder auch „organisierte Ausweisung"[11]) der Deutschen aus den Ostgebieten und ihre Überführung nach Deutschland wurde am 2. August 1945 auf der „Konferenz von Potsdam" von den Alliierten manifestiert, hatte sich aber zuvor schon in Polen, Tschechien, Ungarn usw. in Gang gesetzt.

Welcher Nutzen lässt sich nun für den Familienforscher, der sich mit dem Thema „Flucht und Vertreibung" auseinandersetzte, aus diesem hier vorgestellten Forschungsprojekt ziehen? Die Herangehensweise an die Bearbeitung eines Themas, welches sich mit Flucht, Vertreibung und Umsiedlung auseinandersetzt, weist sicherlich eine Vielzahl von Überlappungen auf. Das im Folgenden in Kurzform dargestellte Verfahren, lässt sich beliebig auf jedes historische Zeitzeugenprojekt übertragen. So steht das Ausfindigmachen von für das Thema geeigneten Zeitzeugen an erster Stelle. Hierbei können Archive, Suchdienste u.a. Institutionen und Personen hilfreich sein. Haben sich geeignete Interviewpartner gefunden, so wird der Zeitzeuge in Form eines narrativ geführten Interviews befragt. Dabei wird das Gesagte auf Tonträger aufgezeichnet und später dann komplett transkribiert. Durch die parallel stattfindende Recherche in Archiven und anderen für die Arbeit wichtigen Institutionen kann dann das Zeitzeugenmaterial interpretiert und analysiert werden. Letztlich führt die Verwendung von Originaldokumenten und Fotos, genauso wie die Hinzuziehung von Zeitzeugenschilderungen im Zusammenhang mit der Arbeit und der Recherche in Archiven zu einem abgerundeten historischen Bild (siehe hierzu die genannten Archive).

2 DAS DORF MISCHENY – AUSZÜGE AUS EINER DORFCHRONIK

In seiner Rede vom 27. Januar 1999 vor dem deutschen Bundestag sprach der damalige Bundespräsident Roman Herzog davon, dass wir „in einer

---

11 Brelie-Lewien, Doris von, Flucht, Vertreibung, Integration. Flüchtlinge und Vertriebene in der westdeutschen Nachkriegsgeschichte, Kurseinheit 2, Fernuniversität Gesamthochschule Hagen, Hagen 1994, S. 22ff.

Zeit des Übergangs von der Erinnerung an Erlebtes zur Erinnerung an Mitgeteiltes"[12] leben. Die Geschichte des kleinen Ortes „Mischeny" in Bessarabien ist ein gutes Beispiel hierfür. Aufgrund des äußerst dürftigen Quellenmaterials über den Ort sind wir heute auf die Berichte der „Erlebnisgeneration" (und auch ihrer direkten Nachkommen) angewiesen. Im Folgenden soll nun die Geschichte Mischenys in kurzer Form dargestellt werden.

Das kleine Dorf Mischeny ist heute fast von der Landkarte verschwunden. Es weist, wie der gesamte Teil Bessarabiens, eine wechselvolle Geschichte auf. Der Name „Mischeny" kommt nach heutigem Kenntnisstand aus dem Bulgarischen und leitet sich von „Mischkow" ab. Unter den Rumänen wurde dann aus „Mischkow" „Mischenn", bis der Ort schließlich unter russischer Herrschaft den Namen „Mischeny" bekam, den er auch bis in die heutige Zeit behalten hat.[13] Das 1912 noch russische Dorf wurde von den damals dort ansässigen Bulgaren an Christian Verwied (aus Tarutino) und Christoph Kuch (aus Brienne) verkauft.[14] Einige der Bulgaren hatten in Mischeny zwar Land gepachtet, um es hier zu bewirtschaften, wohnten aber selbst nicht in dem Dorf. Es gab vier Stammfamilien in Mischeny: Außer den Verwieds und Kuchs gab es noch die beiden Familienzweige der Familie Wiederrich und der Familie Ritz.[15] Mischeny hatte eine Größe von etwa 519 Hektar (inklusive Gebäuden und wirtschaftlichen Einrichtungen).[16] Die meisten Häuser in Mischeny wurden mit so genannten „Patzen" (einer Art Lehmziegel) gebaut und einmal im Jahr von außen neu gekälkt. Außer der Viehwirtschaft (Kühe, Schafe, Schweine) wurde in Mischeny auch Weinanbau betrieben. Zusätzlich besaßen viele der Höfe zur Bewirtschaftung ihrer Felder ein oder auch mehrere Pferde.[17] Mischeny besaß u. a. ein Bet- und Schulhaus sowie eine Küsterwohnung, finanziert aus Mitteln, die von der kleinen Gemeinde erwirtschaftet worden waren.[18]

12 Stiftung für die Rechte zukünftiger Generationen (Hg.), Was bleibt von der Vergangenheit? Die junge Generation im Dialog über den Holokaust, Berlin 1999, S. 18.
13 Aufzeichnungen nach Aussagen von Herrn Rudolf Wiederrich (03.08.01).
14 Kern, Albert (Hg.), Heimatbuch der Bessarabiendeutschen, Hannover, o.J., S. 352.
15 Aufzeichnungen nach Aussagen von Herrn Erwin Verwied (27.01.01) und Herrn Rudolf Wiederrich (03.08.2001).
16 Kern o.J., S. 352.
17 Aufzeichnungen nach Aussagen von Herrn Oskar Motz (04.08.2001) und Herrn Erwin Verwied (s.o.)
18 Kern, o.J., S. 352.

Bis zum Ende des 1. Weltkriegs blieb das Dorf russisch, wurde dann aber ab 1918 rumänisch. Von nun an, bis 1940, war für die Bewohner des Ortes Mischeny, wie für alle Bessarabiendeutschen, die neue Sprach- und Staatsform rumänisch.[19] Unter der neuen Regierung kam es zu einer Agrarreform, die auch für Mischeny nicht ohne Folgen blieb. Einige der Bauernsöhne, denen durch die Landteilung zu wenig Land geblieben war, wanderten in andere Gebiete aus, um weiter existieren zu können. Sie nutzten u. a. die Möglichkeit, sich neu im Kaukasusgebiet anzusiedeln, wo sie für wenige Rubel Land kaufen konnten.[20] Aufgrund der eklatanten wirtschaftlichen Einschnitte durch die Agrarreform war es der Gemeinde Mischeny nicht mehr möglich, alleine für den Schulunterricht der Kinder sorgen zu können. Eine vollständige Lehrerstelle konnte nicht mehr finanziert werden. Religion und Deutsch wurde von nun an im Elternhaus unterrichtet.[21] Hier wurde oftmals die Bibel als Unterrichtsmittel oder auch als Unterrichtsstoff eingesetzt. Im eigentlichen Schulunterricht fand der Dorfschullehrer von Mischeny seinen Unterrichtsstoff oftmals in aktuellen Zeitungen. Unterkunft und Verpflegung wurden ihm von den Dorfbewohnern kostenlos zur Verfügung gestellt.[22]

Zwischen 1938 und 1940 stieg die Einwohnerzahl in Mischeny (Landkreis Kahul) von 83 auf 100 Bewohner.[23] Nach ersten Gerüchten über eine geplante Umsiedlung der Bessarabiendeutschen kam es in Mischeny 1940 zu einer Zusammenkunft aller Bewohner im Dorfhaus. Konnten sich viele der Bewohner Mischenys damals noch nicht vorstellen, ihre Höfe aufzugeben, so änderte sich dies schlagartig mit dem Einmarsch der Russen in Bessarabien noch im gleichen Jahr. Unter russischer Herrschaft wurde der private Besitz aufgeteilt, ehemals deutsches Eigentum wurde beschlagnahmt. Kein Haus durfte in Mischeny jetzt mehr als drei Zimmer haben.[24] Die Umsiedlung nach Deutschland war somit für die Bewohner Mischenys unausweichlich geworden. Hierin lag, wie für alle Bessarabiendeutschen, der Anfang eines langen und beschwerlichen Weges.

---

19 Baumann 2000, S. 15.
20 Aufzeichnungen nach Aussagen von Herrn Erwin Verwied.
21 Kern, o.J., S. 352.
22 Aufzeichnungen nach Aussagen von Herrn Erwin Verwied.
23 Heer 1981, S. 546.
24 Aufzeichnungen nach Aussagen von Herrn Rudolf Wiederrich und Herrn Erwin Verwied.

3 Das Leben in Mischeny – Schilderung einer Zeitzeugin

Obwohl ich 1940 erst sieben Jahre alt war, als wir, meine Eltern und meine zehn Geschwister, unseren Hof in Bessarabien verlassen mussten, kann ich mich doch an viele Dinge noch sehr genau erinnern. Ich sehe unseren Hof, der sich ganz am Ende des kleinen Dorfes befand, noch genau vor mir:

Das einstöckige Haupthaus, das sehr lang gebaut war und ein äußerst schräges Dach hatte sowie die vielen verschiedenen Nebengebäude. In der Mitte des Hofes befand sich ein Ziehbrunnen mit Trinkwasser. Wie fast alle Häuser in Bessarabien, so waren auch unsere aus Patzen (Lehmziegeln) gebaut, die aus Lehm, Pferdedung, Stroh und Wasser bestanden. Von den Pferden zu einem Lehmbrei getreten, kam dieses, ein wenig aufdringlich riechende, Gemisch in eine Form. Hieraus entstand dann später, nach dem Trocknen, der eigentliche Lehmziegel. Jedes Jahr aufs Neue wurden unsere Häuser von außen gekälkt, sodass sie wieder weiß aussahen.

Im Haupthaus hatten wir eine so genannte „Sommerküche", einen großen Essraum mit einer offenen Küche und einem riesigen Backofen. Wenn ich jetzt meine Augen schließe, dann kommt es mir vor, als könnte ich den leckeren Duft von frisch gebackenem Brot oder Kuchen riechen. Neben der Sommerküche war ein kleines Blumen- und Kräutergärtchen. Wie die meisten Bewohner Bessarabiens, besaßen wir noch zusätzlich einen Wein- und einen Melonengarten mit verschiedenen Sorten Melonen (zum Beispiel Wasser- und Honigmelonen).

Im Haupthaus befand sich noch ein kleiner Raum, in welchem meine Mutter oder unsere Magd Käse und Butter selbst machten. Von hieraus gelangte man in den Keller. Dort standen viele Rot- oder auch Weißweinfässer, als auch Behälter, die mit selbst eingestampftem Sauerkraut, Gurken, Wassermelonen oder einer bestimmten Art von Äpfeln gefüllt waren. Bei dem Gedanken daran, läuft mir noch heute das Wasser im Munde zusammen.

Soweit ich mich erinnere, schloss sich direkt an das Haupthaus eine Art Halle und die große Tenne (in der u.a. das Pferdegeschirr aufbewahrt wurde) an. In unserem Pferdestall hatten wir damals etwa neunzehn erwachsene Pferde und noch einige Fohlen. Dazu kam noch ein Kuhstall mit sieben Kühen (die jeden Tag mehrmals gemolken wurden), als auch ein Hühnerstall mit etwa fünfzig Hühnern. Im Schafstall hatten wir über hundert Schafe. Vor allem die so genannten Karakulschafe waren sehr wertvoll: Sie schmeckten äußerst lecker und aus dem Fell ihrer Lämmer wurden die teuren Persianerpelze gefertigt.

Ganz oben, am Ende dieser ganzen Gebäude, befand sich ein großer Dreschplatz. Links davon stand eine große Scheune mit Stroh und einigen Maschinen. Hinter dem Dreschplatz war der riesige Obstgarten. Hier hatten wir u.a. Früchte, die man in Deutschland nicht kennt, wie zum Beispiel die weißen oder blauen Maulbeeren, die so süß und saftig waren.

Frei von den anderen Gebäuden stand der Schweinestall mit sechs bis acht Schweinen. Aber außer den Schweinen, wurden auf dem Hof auch Tauben geschlachtet. Ab und zu hat mein Vater aber auch einen Hasen geschossen, den meine Mutter dann zubereitete. Wir Kinder mussten schon sehr früh auf dem Hof mithelfen, denn schließlich hatten meine Eltern zwischen 280 und 300 Morgen eigenes Land und doppelt so viel noch dazu gepachtet. In der Erntezeit gab es am meisten zu tun. Auf den Feldern wurde hauptsächlich Mais, Weizen und Zuckerrohr angepflanzt. Des Weiteren Säuebohnen (Futter für die Schweine), Sonnenblumen und Kartoffeln. Und zwar alles nur für den eigenen Bedarf. Als zusätzliche Hilfskräfte hatten wir, außer der schon erwähnten Magd, noch einen Hirten und einen Knecht. Diese halfen dann nicht nur bei der Ernte auf dem Feld, sondern auch bei der Weinlese.

V Archive und Suchdienste

1. Landsmannschaft der Bessarabiendeutschen
   Florianstraße 7
   70188 Stuttgart
   Tel.: 0711 / 262 5481
   Fax: 0711 / 262 80 92
   www.bessarabien.de
2. Verein zur Suche und Bergung vermisster Soldaten in Moldawien e.V.
   Postfach 66
   67122 Altrip/Rh.
   www.vermisst-in-bessarabien.de
3. North Dakota State University
   The Libraries (German from Russia Heritage Collection)
   The Libraries, North Dakota State University
   P.O. Box 5599
   1201 Albrecht Blvd
   Fargo, ND 58105-5599
   www.lib.ndsu.nodak.edu/grhc
4. Suchdienst „Deutsches Rotes Kreuz"
   Suchdienst München
   Chiemgaustr. 109
   D-81549 München
   Tel.: 089 - 68 07 73 – 0
   Fax: 089 - 68 07 45 92
   E-Mail: info@drk-suchdienst.org
   www.drk.de/suchdienst/index.html
5. Kirchlicher Suchdienst
   Lessingstraße 3

80336 München
Telefon: (0 89) 544 97 – 201
Telefax: (0 89) 544 97 – 207
E-Mail: ksd@kirchlicher-suchdienst.de
www.kirchlicher-suchdienst.de

6. Gräbernachweis des Volksbundes Deutsche Kriegsgräberfürsorge e.V.
Bundesgeschäftsstelle
Werner-Hilpert-Straße 2
D 34112 Kassel
Telefon: 0180 / 570 09 – 99
Telefax: 05 61 / 70 09 – 221
E-Mail: info@volksbund.de
www.volksbund.de/graebersuche

7. Internationaler Suchdienst Bad Arolsen
Große Allee 5-9
34444 Bad Arolsen
Tel.: 056 91 / 629 0
Fax: 056 91 / 629 501
E-Mail: itstrace@its-arolsen.org
www.its-arolsen.de

8. Bundesarchiv in Berlin, hier das „Berlin Document Center" (BDC)
Bundesarchiv
Abteilung Deutsches Reich
Finckensteinallee 63
12205 Berlin
E-Mail: berlin@barch.bund.de
www.bundesarchiv.de

Genealogie im Internet – Genealogische Datenbanken[1]

von Günter Junkers

Die Grundfragen der Familienforscher sind immer die gleichen: Wer sind meine Ahnen und woher kommen sie? Die private Geschichtsschreibung über die eigene Familie fördert das Geschichtsbewusstsein der Menschen und führt sie hin zu Quellen und Archiven. Die Anleitung durch die zahlreichen regionalen genealogischen Vereine und die Fachliteratur ist notwendig, weil viele, besonders junge Menschen große Schwierigkeiten haben, die alten Handschriften zu lesen oder das eigentümliche Deutsch oder die lateinischen oder französischen Texte zu verstehen. Mit der Hinführung zu den Quellen und der Aufbereitung der gesammelten Daten und Informationen üben die genealogischen Vereine eine wichtige Funktion aus.

1 Datenbanken auf CDs

Der Computer hat sich dabei als Hilfsmittel längst eingebürgert, 75% aller Haushalte verfügen über einen Personalcomputer (PC). Der Anteil der Internet-Nutzer steigt ständig. Allerdings muss immer wieder betont werden, dass genealogische Informationen im Internet fast ausschließlich noch Sekundärquellen sind. Auch auf Compact Discs (CD, DVD) werden zahlreiche Datenbanken angeboten, die aus den verschiedensten Quellen gespeist wurden (Abb. 1).

Durchsuchbare Abschriften (Verkartungen) von rheinischen Kirchenbüchern haben die Westdeutsche Gesellschaft für Familienforschung e.V., Sitz Köln,[2] oder der Heimatverein der Erkelenzer Lande e.V.[3] herausgegeben. Auch unsere niederländischen Freunde bieten vergleichbare Datenbanken aus dem Limburger Raum (grenzüberschreitend) an.[4] Die erste digitali-

---

1 Gekürzter und aktualisierter Text des Vortrages auf der VDA-Tagung der staatlichen Archive am 11.03.2005 in Brühl

2 Tobias Kemper u.a. Internet: http://www.wgff.net.

3 Genealogische Datenbank des Heimatvereins der Erkelenzer Lande e.V., Johannismarkt 17, 41812 Erkelenz

4 Stichting Limburgs Genealogisch Archief/Stichting Geschiedkunde "De Maaskèntj (SGM) Dross. Ecrevissestraat 32, NL-6171 JM Stein, Niederlande Internet: http://www.gendawin.nl/gendalim5D.htm.

sierte Kirchenbuch-Abschrift mit Ortsfamilienbuch von Schevenhütte auf der CD „Schevenhütter"[5] von 1996 ist eines der ersten Beispiele aus dem Rheinland mit Vorbild-Charakter. Heute werden in der Edition Brühl und der Edition Detmold des Patrimonium-Transcriptum-Verlages[6] in Bonn digitalisierte Kirchenbücher aus den Nordrhein-Westfälischen Personenstandsarchiven in Brühl und Detmold in hervorragender Bildqualität angeboten, die nun auf freiwillige Familienforscher warten, die bereit sind, diese Quellen am heimischen PC zu verkarten und so dem Nutzer die Möglichkeit geben, die Originalquelle zu erschließen. Eine weitere nützliche Erschließung einer Originalquelle ist die vom Hauptstaatsarchiv Düsseldorf angebotene Datenbank der Auswanderer aus dem Rheinland.[7] Digitalisierte Sekundärquellen von schwer zugänglichen Publikationen, z.B. den Deutschen Geschlechterbüchern mit Namensregistern[8] erscheinen mehr und mehr.

Gebräuchliche Telefon-CDs sind nicht unbedingt als interessante Quelle für Genealogen erkennbar. Enthalten sie aber eine Landkarte (oder Routenplaner), so lässt sich auf einer Deutschlandkarte die geografische Verteilung der Familiennamen ermitteln. Inzwischen ist auch eine Webseite „Geogen"[9] verfügbar, die die Verbreitung von Familiennamen auf einfache Weise darstellt.

Die Mormonen (Kirche Jesu Christi der Heiligen der Letzten Tage) bieten in ihren Family Search Vital Records Index CD-Serien (Abb. 2)[10] für alle Länder der Welt Auszüge aus Kirchenbüchern und Zivilstandsregistern an, u.a. auch für Deutschland, Frankreich, Österreich, Italien, Spanien und die Benelux-Länder. Diese Daten sind nicht mit den im Internet verfügbaren Datenbanken identisch, z.T. enthalten sie im Einzelfall sogar mehr Informationen.

5   Genealogie-Service.de Internet: http://shop.ahnenforschung.net/.
6   Patrimonium-Transcriptum-Verlag, Bonn, Internet: http://www.patrimonium-transcriptum.org/shop/.
7   Veröffentlichungen der Staatlichen Archive des Landes NRW, Reihe C: Band 37; Internet: http://www.archive.nrw.de/dok/publikationen/Veroeffentlichungen_der_staatl_Archive.pdf.
8   Deutsche Geschlechterbücher aus dem C.A. Starke Verlag Internet: http://www.genealogieservice.de/download/.
9   Geogen-Webseite Internet: http://christoph.stoepel.net/Geogen.aspx.
10 Online Distribution Center Internet: http://www.ldscatalog.com -> Family History -> Software & Databases.

Abb. 1 Datenbanken auf CDs

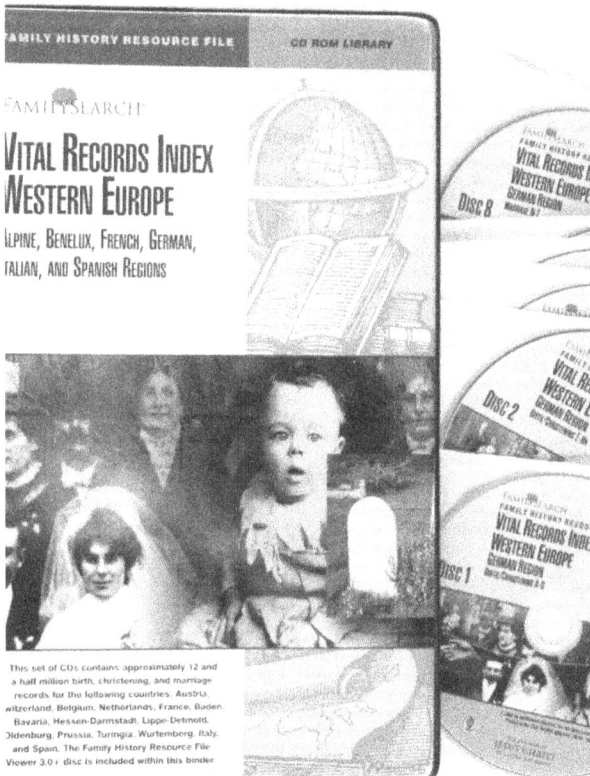

Abb. 2 Mormonen-CDs (Vital Records Index Western Europe)

Abb. 3 und 4 Cyndi's List –
Kategorie Datenbanken

Abb. 5 Startseite von RootsWeb.com

2   Durchsuchbare Datenbanken im Internet

Einen hervorragenden Überblick über genealogische Online-Datenbanken im Internet bietet Cyndi's List (Abb. 3 u. 4)[11], eine kategorisierte Linkliste, die viele Hinweise auf durchsuchbare Datenbanken im Internet gibt. In den Datenbanken der Kategorie Lineage-Linked sind Informationen enthalten, die genealogisch verknüpfte Daten, also komplette Stammbäume und Ahnentafeln bzw. entsprechende Listen enthalten, die in der Regel aus den freiwillig von Einzelforschern zur Verfügung gestellten Ergebnissen ihrer Familienforschungen bestehen.

Als bekanntes Beispiel soll hier der älteste und größte kostenlose US-Genealogie-Server RootsWeb.com[12] genannt werden (Abb. 5). Seit 2001 werden die Server von der Firma Ancestry.com gesponsert, die ihrerseits im Besitz der Firma MyFamily.com ist. Im Suchfenster der Startseite können Familienname (und Vorname) eingegeben werden – bei der Eingabe links werden zahlreiche kostenfreie Datenbanken durchsucht wie z.B. der US-Sozialversicherungs-Index (alle verstorbenen US-Bürger mit Sozialversicherungs-Nummer werden mit Geburts- und Sterbedaten und Orten genannt) oder als Datenbank mit genealogisch verknüpften Daten („World Connect" ca. 420 Millionen Namen), die von den freiwilligen Eingaben von Einzelforschern gespeist wird. Im rechten Suchfenster sind im kommerziellen Teil des Anbieters Ancestry.com kostenpflichtig z.B. die US-Volkszählungsdaten von 1800-1930 oder Todesanzeigen/Nachrufe in historischen Zeitungen und weitere genealogische Datenbanken durchsuchbar.

Gibt man den Familiennamen BUSH in die Suchfenster ein, so erhält man über 25.000 Einträge im US-Sozialversicherungs-Index und 135.500 Treffer in World Connect. Bei Ancestry.com werden 673.559 Treffer angeboten. Natürlich findet man unter den Treffern auch die Genealogien aller amerikanischen Präsidenten, so auch von George W. Bush. Dafür sind sogar eigene Webseiten zu finden (**Abb 6**).[13]

Wer genealogisch relevante Datenbanken für einzelne US-Staaten sucht, der findet z.B. für Texas Online-Datenbanken für Geburten, Heiraten und Sterbefälle von etwa 1800 bis heute, für Volkszählungsdaten, Militärregis-

---

11 Internet: http://www.cyndislist.com/database.htm und : http://www.cyndislist.com/lin-linked.htm.
12 Internet: http://www.rootsweb.com.
13 Internet: http://www.genealogy.com/famousfolks/georgeb/.

ter oder Daten auf Grabsteinen. Die Datenschutzgesetze unterscheiden sich in den einzelnen Bundesstaaten; derartig freien Zugang wie in Texas findet man nicht überall (Abb. 7). Allerdings gilt in den USA allgemein der Grundsatz „Kein Datenschutz für Verstorbene".

Die bedeutendsten genealogischen Online-Datenbanken werden von den Mormonen betrieben und kostenlos unter „FamilySearch"[14] angeboten. Ancestral File und Pedigree Resource File enthalten genealogisch verknüpfte Daten. Die am häufigsten durchsuchte und größte Datenbank ist der Internationale Genealogische Index (IGI), der Geburten/Taufen und Heiraten aus der ganzen Welt enthält (Abb. 8).

Da die Suche nach Personen in einzelnen Orten nicht vorgesehen ist, haben findige Forscher als Hilfsmittel die Batch-Nummern[15] entdeckt und eigene Register[16] dafür angeboten. Damit können alle gespeicherten Daten aus einzelnen Orten bzw. Kirchenbüchern durchsucht werden. Die Qualität der angebotenen Daten ist trotz der von den Mormonen behaupteten Überprüfung nicht immer so, dass man ihnen volles Vertrauen schenken sollte. Es sind viele Doppeleinträge vorhanden. Auch die Vollständigkeit der einzelnen Kirchenbuch-Abschriften muss in jedem Fall kontrolliert werden.

Als letztes Beispiel einer US-Datenbank seien die Passagierlisten der Einwanderer 1892-1924 von Ellis Island[17] genannt (Abb. 9 u. 10). Nach der Eingabe des Familiennamens, Auswahl einer Person aus der Ergebnisliste und kostenloser Registrierung kann man die vollständige Schiffsliste aus dem Staatsarchiv in Washington in eingescannter Form einsehen.

Als genealogische Datenbank im europäischen Ausland ist die in Frankreich beheimatete Datenbank Geneanet.org[18] mit 120 Millionen Einträgen aus Genealogien einzelner Forscher, aber auch historischen Volkszählungslisten aus Frankreich zu finden. Die schwedische Firma Genline[19] bietet auf ihrer Webseite fast 12 Millionen Scans aus schwedischen Kirchenbüchern an. Die auf Microfiches frei zugänglichen Kirchenbücher werden von der Firma Genline nach und nach eingescannt und in guter Qualität online kostenpflichtig zur Verfügung gestellt. Auf der Portalseite des dänischen

---

14 Internet: http://www.familysearch.org.
15 Internet: http://wiki.genealogy.net/wiki/Batchnummern.
16 Christoph Wahler IGI-Index Internet: http://igi-index.de.
17 Internent: http://www.ellisisland.org.
18 Internet: http://www.geneanet.org.
19 Internet: http://www.genline.se.

Staatsarchivs[20] kann man die von Microfiches eingescannten Kirchen-buchseiten (bis 1892) und Volkszählungslisten kostenlos einsehen.[21]

Genealogisch interessierte Mitglieder des Bayreuther Bürgernetz-Vereins haben ca. 830 Kirchenbücher aus 26 Gemeinden des Evangelischen Kirchenkreises Bayreuth (ca. 430.000 Seiten) in hervorragender Qualität mit einem Buchscanner (Omniscan 6.000 Color der Fa. Zeutschel) eingescannt. Diese Bilder sollen interessierten Forschern mit Hilfe eines Zugangs- und Abrechnungsverfahrens auf der Webseite „Kirchenbuch Virtuell"[22] zur Verfügung gestellt werden (Abb. 11). Jeder kann Abschriften, Register und Ortsfamilienbücher erstellen, die ebenfalls online angeboten werden sollen. Nach langen Verhandlungen mit dem Landeskirchlichen Archiv der Evangelisch-Lutherischen Kirche in Nürnberg sind offensichtlich die größten Hemmnisse für den kostenpflichtigen Zugang beseitigt.

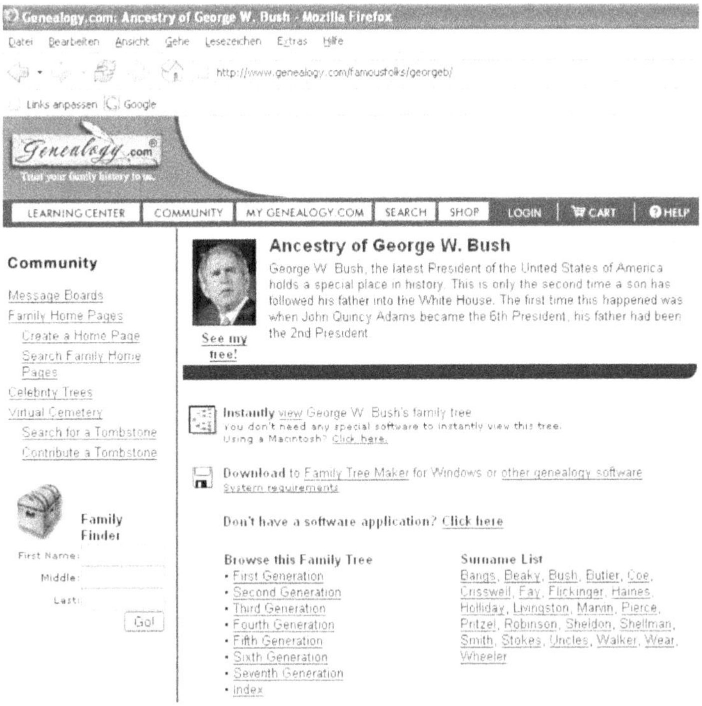

Abb. 6 Genealogie George W. Bush

20 Internet: http://www.sa.dk.
21 Internet: http://www.arkivalieronline.dk.
22 Internet: http://www.kirchenbuch-virtuell.de.

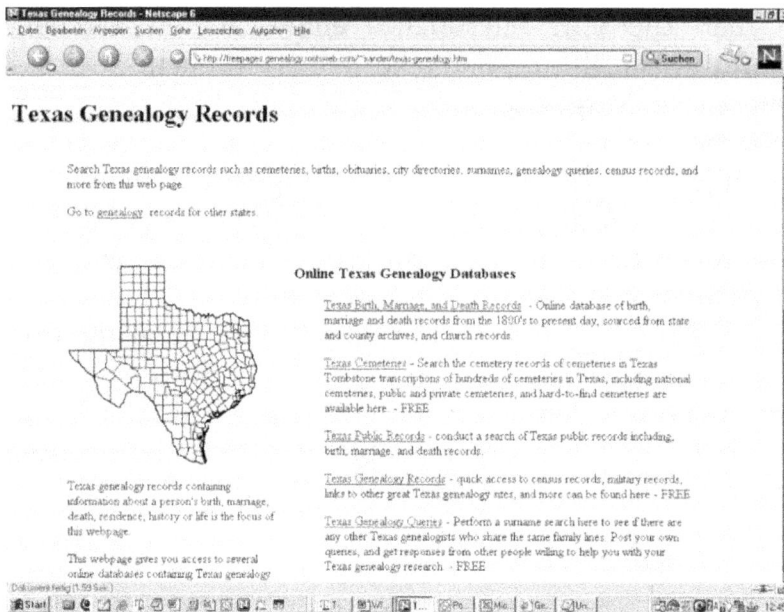

Abb. 7 Genealogisches Portal für einzelne US-Bundesstaaten, hier als Beispiel Texas[23]

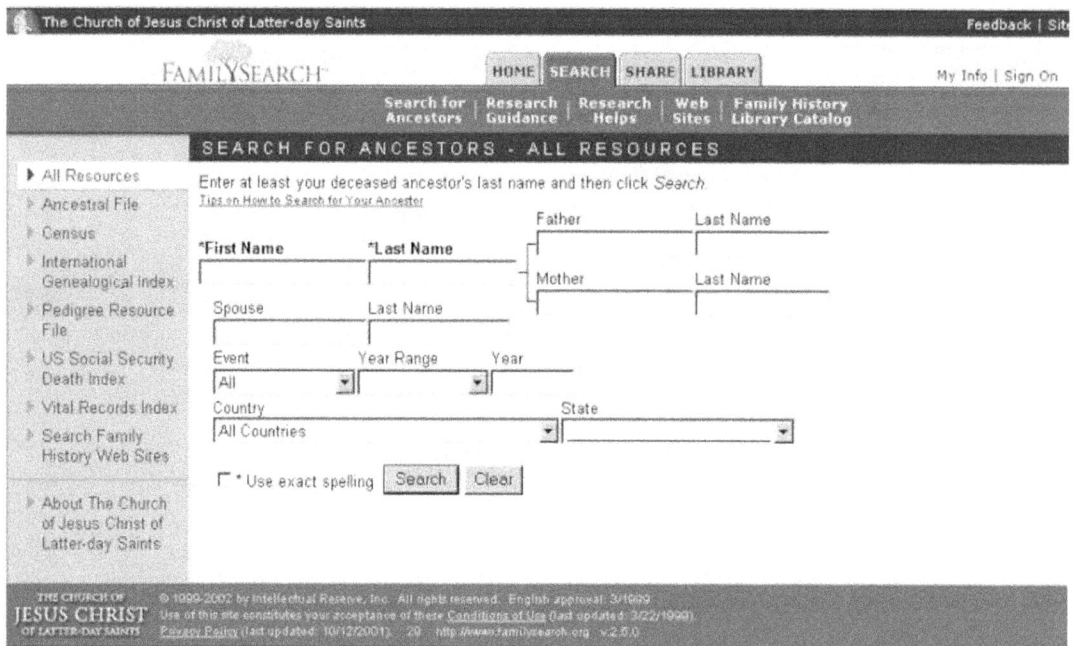

Abb. 8 Mormonen-Datenbanken

23 Internet: http://freepages.genealogy.,rootsweb.com/~xander/texas-genealogy.htm.

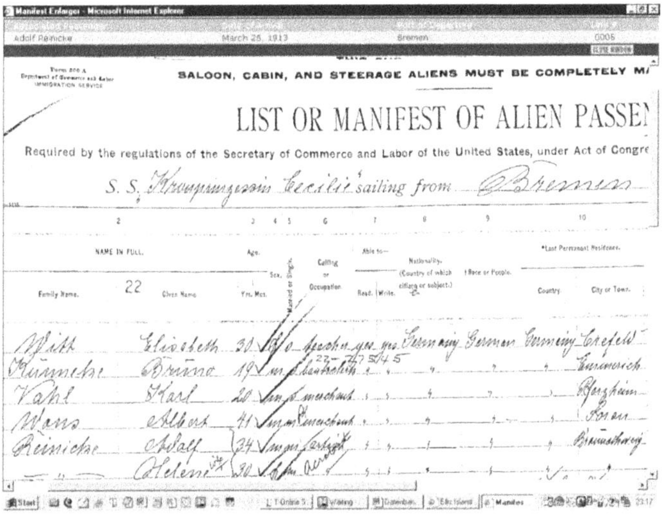

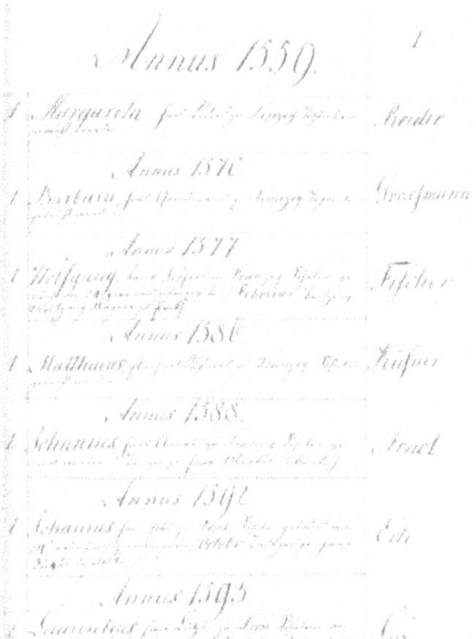

Abb. 9/10 (oben) Passagierlisten Ellis Island
Abb. 11 Kirchenbuch virtuell: Beispielseite aus dem
Geburtenbuch Berk

285

3 Deutschsprachige Online-Datenbanken

Der zentrale Sammelpunkt für genealogische Informationen aus dem gesamten deutschsprachigen Raum ist Genealogienetz.de[24] (genealogy.net), der vom Verein für Computergenealogie e.V.[25] betrieben wird (Abb. 12). Nach dem Vorbild des schnell wachsenden Wikipedia[26] (seit 2001 in über 200 Sprachen, mehr als 400.000 deutsche Artikel) wurde ein Genealogisches Wiki[27] kreiert, in dem die Datenbanken einen wichtigen Teil bilden. GenWiki und Datenbanken können von jedem Familienforscher mit Informationen auf einfache Weise gefüllt werden. Allerdings ist dafür eine kostenlose Registrierung notwendig, um den Urheber der Information jederzeit identifizieren zu können.

Eine einfache Suche nach Familien- und/oder Ortsnamen in mehreren Datenbanken ist als Metasuche[28] möglich. Die Ergebnisliste führt zu verknüpften Daten in GEDBAS, der genealogischen Datenbank, für die Familienforscher ihre Forschungsergebnisse anbieten, oder zu den einfachen Forscherkontakten (FOKO), in der Namen, Orte und Zeitbereich für erforschte Genealogien genannt werden. Weitere Datenbanken werden von Vereinen betrieben, z.B. mit Angaben zu deren Mitgliedern und ihrem Forschungsgegenstand, Historische Adressbücher[29], in denen die Bewohner auch straßenweise aufgelistet werden können, Familienanzeigen[30] aus meist aktuellen Zeitungen und Ortsfamilienbücher, in denen die Familien eines Ortes genealogisch verknüpft zusammengestellt wurden.

Die digitale Darstellung der Ortsfamilienbücher[31] sind eine hervorragende Möglichkeit, umfangreiche Zusammenstellungen aller Familien eines Ortes anzubieten, um Ergänzungen zu bekommen oder den teuren Druck einzusparen, wenn der Umfang zu groß ist (Abb. 13). Auch wenn die Informationen nicht vollständig für einen Ort herunterladbar sind, stellt die Datenbank eine hervorragende Werbung für parallel zur Datenbank gedruckte oder bereits vergriffene Bücher dar.

---

24 Internet: http://www.genealogy.net oder http://www.genealogienetz.de.
25 Verein für Computergenealogie e.V., Vors. K-P. Wessel, Lampehof 58, 28259 Bremen
    Internet: http://compgen.de.
26 Internet: http://de.wikipedia.org „wiki" (hawaianisch) bedeutet „schnell".
27 Internet: http://wiki.genealogy.net .
28 Internet: http://meta.genealogy.net.
29 Internet: http://adressbuecher.genealogy.net.
30 Internet: http://db.genealogy.net/familienanzeigen.
31 Internet: http://www.ortsfamilienbuecher.de oder http://online-ofb.de.

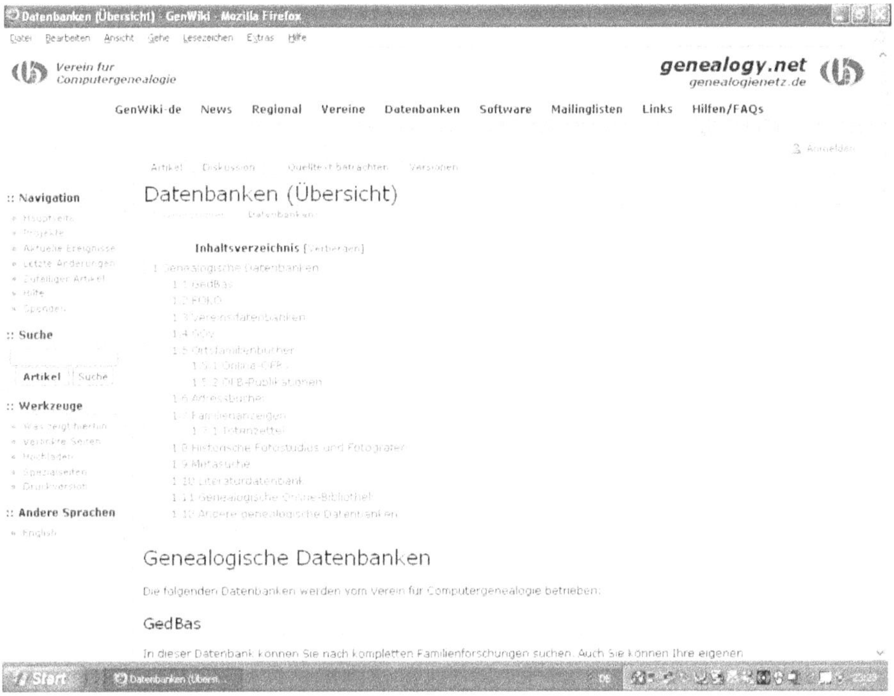
Datenbanken (Übersicht) - GenWiki - Mozilla Firefox
Verein für Computergenealogie
genealogy.net
genealogienetz.de
GenWiki-de News Regional Vereine Datenbanken Software Mailinglisten Links Hilfen/FAQs
:: Navigation
Datenbanken (Übersicht)
Inhaltsverzeichnis
:: Suche
Artikel Suche
:: Werkzeuge
:: Andere Sprachen
Genealogische Datenbanken
GedBas

Abb. 12 Datenbanken in genealogischen Wiki

Abb. 13 Ortsfamilienbücher im Internet

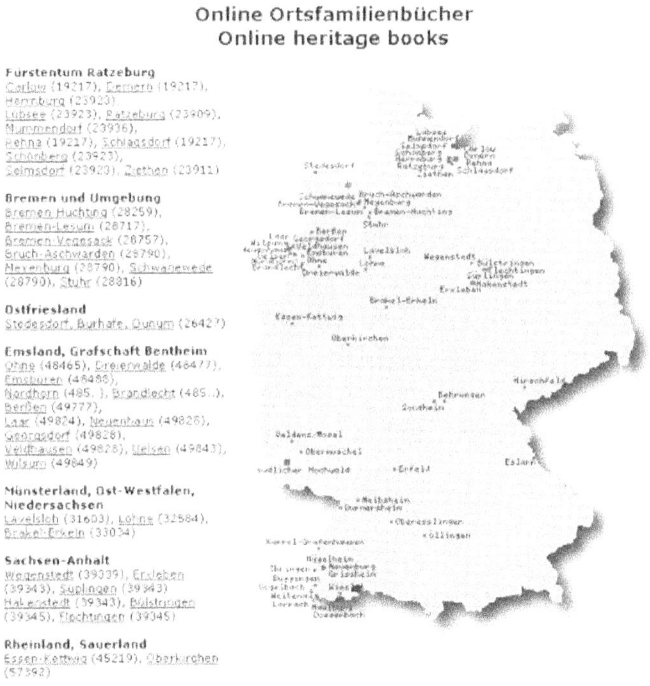
Online Ortsfamilienbücher
Online heritage books
Fürstentum Ratzeburg
Carlow (19217), Demern (19217), Herrnburg (23923), Lübsee (23923), Ratzeburg (23909), Mummendorf (23936), Rehna (19217), Schlagsdorf (19217), Schönberg (23923), Selmsdorf (23923), Ziethen (23911)
Bremen und Umgebung
Bremen Huchting (28259), Bremen-Lesum (28717), Bremen-Vegesack (28757), Bruch-Aschwarden (28790), Meyenburg (28790), Schwanewede (28790), Stuhr (28816)
Ostfriesland
Stedesdorf, Burhafe, Dunum (26427)
Emsland, Grafschaft Bentheim
Ohne (48465), Dreierwalde (48477), Emsbüren (48488), Nordhorn (485..), Brandlecht (485..), Berßen (49777), Laar (49824), Neuenhaus (49828), Georgsdorf (49828), Veldhausen (49828), Uelsen (49843), Wilsum (49849)
Münsterland, Ost-Westfalen, Niedersachsen
Lavelsloh (31603), Lohne (32584), Brakel-Erkeln (33034)
Sachsen-Anhalt
Wegenstedt (39339), Erxleben (39343), Suplingen (39343), Hakenstedt (39343), Bülstringen (39345), Flechtingen (39345)
Rheinland, Sauerland
Essen-Kettwig (45219), Oberkirchen (57392)

Abb. 14 Zeitschrift für Computergenealogie

Das Genealogische Ortsverzeichnis (GOV)[32] ist ein Projekt zur Identifizierung von Orten im deutschsprachigen Raum. Angegeben werden die geografische Lage und hierarchische Zuordnung zur Verwaltungs- oder kirchlichen Einheit.

Ein neues Projekt unter den Datenbanken ist die familienkundliche Literaturdatenbank[33]. Sie schließt an die gedruckten Bibliographiebände[34] an, die von der Deutschen Arbeitsgemeinschaft Genealogischer Verbände (DAGV) herausgegeben wurden. Die neueste Datenbank, die erst nach Abschluss des Vortragsmanuskriptes eröffnet wurde, ist die Genealogische Online Bibliothek,[35] die genealogisch relevante Literatur wie z.B. das Gemeindelexikon des Deutschen Reiches von 1892 oder Ritters Geographisch-

---

32 Internet: http://gov.genealogy.net.

33 Internet: http://famlit.genealogy.net.

34 Henning, Eckart/Jochums, Gabriele, Familiengeschichtliche Bibliographie N.F. Bd. 1 Jahrg. 1945-60, Stuttgart 1997.

35 Internet: http://genealogie.dilib.info.

statistisches Lexikon von 1895 in eingescannter Form enthält. Aktuelle Informationen über die ständigen Aktualisierungen und neue Projekte bietet die Vierteljahres-Zeitschrift COMPUTERGENEALOGIE, die vom Verein für Computergenealogie herausgegeben wird (Abb. 14), oder der kostenlos zugängliche Newsletter[36], der monatlich im Internet erscheint.

Zusammenfassung

Genealogische Informationen im Internet sind oft an vielen Stellen versteckt. Die größte Vielfalt ist in den USA zu finden, wobei dort der Datenschutz viel weniger als Behinderung erlebt wird. Zumeist sind sekundäre Quellen veröffentlicht, die oft von freiwilligen Helfern erschlossen wurden. Darunter leidet die Qualität der angebotenen Daten, so dass immer empfohlen wird, die Informationen mit denen in der Originalquelle zu vergleichen. Dem versierten Familienforscher wird der Blick in das Originaldokument immer mehr Freude bereiten. Die Digitalisierung von Kirchenbüchern und anderen Quellen wird zunehmen, da Technik und Speicher nahezu unbegrenzt zur Verfügung stehen. Vorbildlich sind hier die skandinavischen Länder mit online verfügbaren Digitalisaten, aber auch die qualitativ hochwertigen Digitalisierungen der Personenstandsarchive Brühl und Detmold stellen neue Standards dar. Genealogische Datenbanken im Internet und Digitale Bibliotheken werden weiter wachsen.

36 Internet: http://www.computergenealogie.de.

Autorinnen und Autoren

Bechtel, Wolfgang, Sprecher des Genealogischen Abends beim Naturwissenschaftlichen und Historischen Verein für das Land Lippe, Detmold

Boden, Dr. Ragna, Landesarchiv Nordrhein-Westfalen, Abt. Öffentlichkeitsarbeit und Grundsatzfragen, Düsseldorf

Gabrielsson, Dr. Peter, Staatsarchiv der Freien und Hansestadt Hamburg

Gorißen, Dr. Stefan, Fakultät für Geschichtswissenschaft, Philosophie und Theologie, Universität Bielefeld

Günther, Wolfgang, Archiv der evangelischen Kirche in Westfalen Bielefeld

Joergens, Dr. Bettina, Landesarchiv Nordrhein-Westfalen Staats- und Personenstandsarchiv Detmold

Junkers, Dr. Günter, Westdeutsche Gesellschaft für Familienkunde Köln

Kailer, Dr. Thomas, Historisches Institut, Justus-Liebig-Universität Gießen

Kaim, Klaus, Fachverband der Standesbeamtinnen und Standesbeamten Westfalen-Lippe e.V. und Standesamt Hamm

Kretzschmar, Dr. Robert, Präsident des Landesarchivs Baden-Württemberg Stuttgart, Vorsitzender der Fachgruppe 1 im VdA-Verband deutscher Archivarinnen und Archivare

Kriedte, Dr. Peter, Max-Planck-Institut für Geschichte Göttingen

Oepen, Dr. Joachim, Historisches Archiv des Erzbistums Köln

Reinicke, Dr. Christian, Landesarchiv Nordrhein-Westfalen Personenstandsarchiv Brühl

Reininghaus, Prof. Dr. Wilfried, Präsident des Landesarchivs Nordrhein-Westfalen Düsseldorf

Rügge, Dr. Nicolas, Niedersächsisches Landesarchiv Staatsarchiv Osnabrück

Schäfer, Dr. Udo, Staatsarchiv der Freien und Hansestadt Hamburg

Schmidt, Dr. Christoph, Landesarchiv Nordrhein-Westfalen Staatsarchiv Münster

Schneider, Maja, Archiv der Lippischen Landeskirche Detmold

Schütte, Friedrich, Amerikanetz Westfalen-Lippe, Löhne

Verwied, Simone, Biographie- und Autorenservice, Radevormwald

Wiesekopsieker, Dr. Stefan, Bad Salzuflen

Abbildungsverzeichnis

Einband Vorderseite: Kirchenbuchduplikate aus dem Staats- und Personenstandsarchiv Detmold

Einband Rückseite: Personenstandsarchiv Brühl, Zivilstandsregister aus der Zeit der französischen Verwaltung Zivilstandsregister, Wardt S Jahr XII der Republik; Till S Jahr VII der Republik, Tönisberg H Jahr XII der Republik)

S. 23 o. Lesesaal im Personenstandsarchiv Brühl (Foto: Gisela Fleckenstein)

S. 23 u. Lesesaal im Staats- und Personenstandsarchiv Detmold

S. 55 Kirchenbücher des 17. bis 19. Jahrhunderts aus dem Personenstandsarchiv Brühl (Kirchenbücher BA 89 kath. Bachem, BA 101 ev.-ref. Baelen, BA 137 kath. Beeck)

S. 121 Personenstandsregister im Personenstandsarchiv Brühl (Foto: Gisela Fleckenstein)

S. 145 o. Auswandererfamilie Sprute aus Schönemark (Lippe), undatiert [spätes 19. Jahrhundert], StA Dt D 75 Nr. 6767

S. 145 u. Flüchtlingsfamilie in Detmold um 1950, StA Dt D 75 Nr. 6451

www.ingramcontent.com/pod-product-compliance
Lightning Source LLC
Chambersburg PA
CBHW080231270326
41926CB00020B/4210